Hermann Jacoby

Allgemeine Pädagogik auf Grund der christlichen Ethik

Hermann Jacoby

Allgemeine Pädagogik auf Grund der christlichen Ethik

ISBN/EAN: 9783743334755

Hergestellt in Europa, USA, Kanada, Australien, Japan

Cover: Foto ©ninafisch / pixelio.de

Manufactured and distributed by brebook publishing software
(www.brebook.com)

Hermann Jacoby

Allgemeine Pädagogik auf Grund der christlichen Ethik

Inhalt.

Einleitung.

Der Begriff der Pädagogik.

Die Pädagogik ist die wissenschaftliche Darstellung der er=
ziehenden Thätigkeit. Die Begründung und Abzweckung der=
selben ist aus der Ethik zu erkennen, an welche sich die Päda=
gogik als Kunstlehre anschließt. Insofern die Ethik sowohl von
der positiven Voraussetzung des christlich=sittlichen Bewußtseins
als der allgemeinen Voraussetzung des menschlich=sittlichen Be=
wußtseins ausgehen, vom theologischen und vom philosophischen
Standpunkte aus bearbeitet werden kann, so läßt auch die Pä=
dagogik die Gestaltung zu einer theologischen und zu einer philo=
sophischen Disziplin zu.

Der Inhalt des Begriffs der Erziehung kann nur aus der
Ethik erkannt werden; denn die Aufgabe, die jene zu lösen hat,
liegt in der Zueignung des sittlichen Ideals an das heranwachsende
Geschlecht. Deshalb ist die Ausübung der erziehenden Thätigkeit
sittlich begründet, sie ist die Pflicht der gereiften Generation. Die
Erziehung ist ein sittliches Handeln. Doch bildet die Pädagogik
nicht einen integrierenden Bestandteil der Ethik; denn diese letztere
verfolgt die Verwirklichung sittlicher Aufgaben nur insoweit, als
sie an ausschließlich ethische Bedingungen geknüpft sind. Sofern
außerethische, natürliche Faktoren die Vollziehung der sittlichen
Aufgabe vermitteln, fällt die wissenschaftliche Bearbeitung der Ver=
wirklichung der sittlichen Idee den ethischen Kunstlehren zu [1]).

---

1) Vgl. Schleiermacher: „Erziehungslehre", herausgegeben von

So ist die Pädagogik als ethische Kunstlehre zu bezeichnen, da die Bestimmung der pädagogischen Aufgabe allerdings der Ethik, die Erkenntnis der pädagogischen Mittel dagegen nur zu einem Teil dieser, zum andern der Psychologie, Ästhetik und Katechetik entnommen werden muß.

Wie nun die Ethik vom theologischen und philosophischen Standpunkt aus bearbeitet werden kann, je nachdem das spezifisch christlich=sittliche oder das allgemein menschlich=sittliche Bewußtsein den Ausgangspunkt bildet, so wird auch die Pädagogik als ethische Kunstlehre sowohl der Theologie als der Philosophie zuzuweisen sein.

Doch gestehen wir ein, daß, wenn auch der Charakter der Pädagogik als ethischer Kunstlehre die allgemeine Möglichkeit theologischer Behandlung begründet, die innere Berechtigung hierzu aus diesem Gesichtspunkt allein nicht abgeleitet werden kann.

Auch die Politik ist eine ethische Kunstlehre, und doch wird sie gegenwärtig niemand der Theologie zuweisen. Das Maß, die Fülle ethischer Elemente allein kann entscheiden. Die Thatsache, daß diese auf pädagogischem Gebiete den überwiegenden Stoff bilden, daß dagegen die übrigen, unmittelbar außerethischen Faktoren zurücktreten, sie ist es, welche das Recht zu theologischer Behandlung der Pädagogik verleiht.

Suchen wir schließlich die Frage zu beantworten, ob die Pädagogik als theologische Disziplin von dem Gegensatz der Konfessionen bestimmt ist. Auch hier wird die Stellung der Ethik zu diesem maßgebend sein. Und daß diese keineswegs vom Unterschied kirchlicher Gestaltungen unberührt geblieben ist, unterliegt keinem Zweifel. Katholische und protestantische Ethik stimmen insoweit überein, als sie auf dem gemeinsamen Boden christlich=sittlicher Gesamtanschauung stehen; aber in der Ausführung der allgemeinen Grundzüge entfernen sie sich von einander. So wird denn auch in der Pädagogik der Gegensatz zwischen Protestantis=

C. Platz (Berlin 1849), S. 13; „Entwurf eines Systems der Sittenlehre", herausgegeben von A. Schweizer (Berlin 1835), S. 69. 70; „Grundriß der philosophischen Ethik", mit einleitender Vorrede von A. Twesten (Berlin 1841), S. 252. Th. Waitz, Allgemeine Pädagogik (Braunschweig 1852), S. 3. 4.

mus und Katholicismus hervortreten, und wir werden genötigt
sein, unseren evangelisch=protestantischen Standpunkt zur Geltung
zu bringen.

Anders urteilen wir über den ethischen Wert des Unter=
schiedes zwischen lutherischer und reformierter Gestaltung des Pro=
testantismus. Sind wir auch davon überzeugt, daß derselbe keines=
wegs nur in abweichenden dogmatischen Vorstellungen, sondern
vielmehr im Gegensatz religiös=sittlicher Gesamtanschauungen wurzelt,
also allerdings ethisch bedingt ist, so sind wir doch auch nicht min=
der dessen gewiß, daß dieser Gegensatz keinen Widerspruch in sich
schließt, sondern, polarischer Natur, zur Ergänzung auffordert.
Und in der That hat sich die religiös=sittliche Gedankenwelt beider
Abteilungen des evangelischen Protestantismus immer mehr aus=
geglichen und der Prozeß gegenseitigen Austausches dauert fort.
Von verschiedenen Ausgangspunkten aus haben beide Parteien
sich immer mehr genähert, und in der Differenz, die übrig ge=
blieben ist, wird das ethische Element bei weitem vom psychischen
und nationalen überwogen. Der ethische Gegensatz ist minimal,
ein verschwindender Rest; nur der psychische Unterschied, in eigen=
tümlicher Volks= und Stammesart begründet, ist nicht beseitigt;
und die evangelische Frömmigkeit hat kein Interesse daran, daß
es geschehe [1]).

§ 2.
Der Wert der Pädagogik.

Praktischer Wert eignet der Pädagogik, insofern sie das
Verständnis der Individualitäten erleichtert, den Blick auf die
pädagogischen Mittel erweitert und die Erkenntnis ihrer Be=
dingungen erschließt. Auch die Glieder der Volksgemeinschaft,
welchen die pädagogische Wissenschaft unzugänglich bleibt, ge=
nießen ihre Früchte. Doch bildet die wissenschaftliche Einsicht
in die Pädagogik keinen Ersatz für das Fehlen pädagogischer

---

[1]) Vgl. Palmer, Evangelische Pädagogik (Stuttgart 1869), 4. Aufl.,
S. 164—183.

1*

Begabung, die jene vielmehr nur pflegen will. Das Binde=
glied zwischen pädagogischem Wissen und pädagogischem Kön=
nen ist der pädagogische Takt.

Der Pädagogik ist häufig aller praktische Wert abgesprochen
worden. Und die unbestreitbare Thatsache, daß oft hervorragende
pädagogische Theoretiker nicht zu erziehen verstehen und ausge=
zeichnete Erzieher keine Kenntnis der pädagogischen Wissenschaft
besitzen, scheint jener Behauptung Berechtigung zu geben. Und
doch ist sie unbegründet. Vor allem übersieht sie, daß die Päda=
gogie eine Kunst ist und, wie jede Kunst, eine besondere Gabe
voraussetzt.

Freilich dürfen wir sie nicht mit der bildenden Kunst ver=
gleichen. Denn in dieser waltet die Freiheit. Die schaffende
Phantasie des bildenden Künstlers erfüllt den toten Stoff, ihn be=
lebend, mit dem Ausdruck frei erzeugter Anschauungen. Das Objekt
des Pädagogen dagegen bildet die individuell bestimmte Persönlich=
keit des Zöglings, welche dem Gebiet willkürlichen Gestaltens ent=
zogen ist und entzogen bleiben soll. Das Können des Pädagogen
ist vielmehr der Thätigkeit des Arztes vergleichbar, welcher dem
Gesunden die Lebensweise vorschreibt, welche die Bedingung für
die Erhaltung und Stärkung der Gesundheit bildet, den Kranken
aber auf den Weg der Heilung führt [1]). Und beide bedürfen als
Diagnosten und Therapeuten derselben Gabe, individuelle Erschei=
nungen auf allgemeine Gesetze zu beziehen und die Modifikationen
der allgemeinen Gesetze durch die Individualität der Erscheinungen
zu erkennen.

Diese Gabe will und kann die pädagogische Wissenschaft und
pädagogische Übung nicht erzeugen, wohl aber fördern. Wir kön=
nen daher Waitz nicht beistimmen, wenn er in erfolgreicher päda=
gogischer Thätigkeit ausschließlich die Wirksamkeit erworbener, nicht
angeborener Talente erblickt [2]).

So bereitwillig wir zugestehen, daß ein gewisses Maß päda=
gogischer Gabe durch fortgesetzte eifrige Übung und anhaltendes
Studium erworben werden kann, ebenso zuversichtlich behaupten

1) Vgl. Waitz a. a. O., S. 21 f.
2) a. a. O.

wir, daß pädagogisches Talent in angeborenen Anlagen begründet ist. Waitz erkennt dasselbe in der scharfen Auffassung der Ver= änderungen: in der äußeren Erscheinung des Zöglings, welche durch innere Erregungen hervorgerufen werden; in der Kombination der= selben zu einem Gesamtbild und in der Deutung des inneren Vorgangs, der es erzeugt hat; in dem Geschick, die Züge einer fremden Physiognomie sofort zur Einheit zusammenzufassen und nach Analogie früherer, durch Erfahrungen berichtigter Auslegungen aus der Phantasie zu ergänzen, ohne eine Analyse der Einzel= heiten vorzunehmen, die doch immer mehr oder weniger mißlingen würde; in der Fähigkeit endlich, die jedesmalige innere Disposition des Zöglings für den Erziehungszweck selbst oder die ihm unter= geordneten Zwecke geschickt zu benutzen. Keine Frage, daß damit die pädagogische Begabung durchaus zutreffend gezeichnet ist! Aber auch kein Zweifel, daß sie hier an Bedingungen geknüpft ist, die nicht von jedem verwirklicht werden können. Unmittelbare Na= turen, denen anhaltende Reflexion, stete Beobachtung widerstreitet, werden nie zu der Sicherheit pädagogischer Beobachtung gelangen, die zum Erwerb eines pädagogischen Talents unerläßlich ist. Die ihnen eigene Lebhaftigkeit des Empfindens bildet für sie ein un= übersteigliches Hindernis. Ebenso werden scharf und einseitig aus= geprägte Charaktere nie die Vielseitigkeit der Anschauung und die Objektivität des Urteils gewinnen, um stark abweichende Indi= vidualitäten und deren Entwickelung zu begreifen.

Aber, wie die moralische Aufgabe der Erziehung uns auf die Voraussetzung eines angeborenen Talents hinweist, so auch die ästhetische und intellektuelle. Gewiß kann und soll jeder Pädagog ein gewisses Maß ästhetischen Interesses und ästhetischer Bildung sich zu eigen machen, aber ein höherer Grad derselben ist immer das Ergebnis eigentümlicher Dispositionen des Gemüts. Eine prosaisch geartete Natur wird immer nur ein schwaches Schön= heitsgefühl besitzen. Und wenn wir Beherrschung des Unterrichts= stoffs, Klarheit, Anschaulichkeit, Faßlichkeit in der Darlegung des= selben von jedem Lehrer erwarten dürfen, so bleibt doch die Frische, die dialektische Kraft und die fesselnde Gewalt des Vortrags das Privilegium des pädagogischen Talents, das durch Arbeitseifer und Berufstreue nicht ersetzt werden kann.

Wie gesagt, ein nicht gering zu schätzendes Maß pädagogischen Könnens mag fleißigem Studium und steter Übung beschieden sein, das pädagogische Talent ist eine ursprüngliche Gottesgabe.

Aber auch für dieses, und um wie viel mehr für schwächere Anlage, ist pädagogisches Studium in Verbindung mit pädagogischer Übung ein wesentliches, unumgängliches Bildungsmittel. Der einseitige Praktiker wird öfter fehlgreifen als der zugleich theoretisch geschulte Erzieher. Da jener sich nur auf Grund beschränkter Erfahrungen eine gewisse Routine gebildet hat und der Einsicht entbehrt, die nur aus einer umfassenden Erkenntnis des menschlichen Geistes= lebens erwachsen kann, wird er oft vor Rätseln stehen, für welche dieser eine Lösung findet. Denn die Pädagogik erweitert den Blick und erschließt die Mannigfaltigkeit individueller Gestaltungen; der Irrwege, die hier und dort sich verführend öffnen; der Ret= tungspfade, auf denen der Verirrte wiedergewonnen werden kann.

Und fast noch unersetzlicher ist ihr Wert für die Zueignung ästhetischer und intellektueller Bildung. Denn von der methodischen Ausgestaltung des Unterrichtsstoffs, deren Prinzipien die Pädagogik entwickelt, ist die sichere Beherrschung desselben vonseiten des Schülers, die Leichtigkeit und Klarheit in der Auffassung, der Fortschritt im Erkennen abhängig.

Unwillkürlich legen auch die Praktiker für den Wert päda= gogischen Studiums Zeugnis ab, wenn sie so bereitwillig sind, Mißerfolge des Unterrichts auf mangelhafte Lehrmethode zurück= zuführen, und bei traurigen Erfahrungen auf dem Gebiet der mo= ralischen Erziehung sich genötigt sehen, an pädagogische Institute zu appellieren, welche planmäßig die Erziehungsaufgabe zu lösen suchen.

Allerdings bleibt die schon vorhin anerkannte Thatsache be= stehen, daß hervorragende pädagogische Theoretiker oft schlechte pädagogische Praktiker waren. Aber nach unserer Begriffsbestim= mung der Pädagogie als einer Kunst, deren virtuelle Ausübung an gewisse Gemütsqualitäten geknüpft ist, kann diese Thatsache nicht mehr befremden. Sie war meistens in gewissen psychisch= ethischen Mängeln des Erziehers begründet, in Reizbarkeit, Leiden= schaftlichkeit, Ungeduld. Solche ungünstigen Gemütsdispositionen werden den pädagogischen Erfolg immer in Frage stellen. Daß derselbe ferner durch sittliche Vergehungen aufgehoben wird, bedarf keines Beweises. Aber auch körperliche Gebrechen können als Hemmungen für den Erwerb und die Aufrechterhaltung der pädagogischen Autorität die Thätigkeit des Erziehers schädigen. Nur, wer die Tragweite des Unterschieds zwischen Wissen und Können nicht zu würdigen vermag, kann an der in Rede stehenden That= sache Anstoß nehmen.

Gewichtigere Bedenken muß die Erwägung veranlassen, daß die Verpflichtung, wenigstens zur moralischen Erziehung, auch da vorhanden ist, wo die Möglichkeit pädagogischen Studiums fehlt. Denn dies ist immer nur der wissenschaftlichen Aristokratie des Volkes zugänglich, während die Masse von demselben ausgeschlossen bleibt. Und dennoch ist auch dies Bedenken hinfällig. Denn, wie an den Ergebnissen, den reifen Früchten wissenschaftlicher Arbeit, das Volk als Ganzes teilnimmt, obwohl diese Arbeit selbst von wenigen angeeignet, von einem kleinsten Teil erzeugt wird, so ge= nießt auch das Volk als Ganzes die Resultate pädagogischer Er= kenntnis. Das Kapital pädagogischer Weisheit, von pädagogischer Wissenschaft erworben, wird ein Gemeingut des Volkes. Durch Vermittelung der litterarischen Organe bildet sich eine öffentliche pädagogische Meinung, die, wie mangelhaft und der Berichtigung bedürftig sie auch sei, doch als wertvolle Wegweisung zu schätzen ist. Vor allem aber verbreitet die Schulpraxis in den Schülern und deren Eltern ein wohlbegründetes pädagogisches Bewußtsein.

Fragen wir endlich, wie pädagogisches Handeln an päda= gogisches Erkennen sich anschließt, dieses in jenes sich umsetzt. Ohne Zweifel bedarf es eines Bindegliedes zwischen ihnen. Ein allgemeiner Plan moralischer Erziehung, eine bestimmte Methode des Unterrichts schließt eine Anleitung, einzelnen sittlichen Ver= gehungen oder einzelnen Fehlern in der Lösung von Lehraufgaben entgegenzutreten, keineswegs in sich, und die Notwendigkeit einer unmittelbaren Reaktion in diesem wie in jenem Falle gestattet nicht, durch pädagogisches Studium sich Rat zu holen. Hier muß der pädagogische Takt leiten. Der Takt wurzelt in der Sphäre der Unmittelbarkeit des geistigen Lebens und stellt die Natur ge= wordene Einheit zwischen Urteil und Handeln dar. Er bildet sich durch stete Verwandlung allgemeiner Erkenntnisse in Urteile, welche

das Handeln bestimmen sollen, sowie durch Umsetzung von Einzel=
beobachtungen und Einzelurteilen in allgemeine Erkenntnisse. Er
ist der zum bleibenden inneren Besitz gewordene Ertrag vielseitiger
Erfahrung, nach Maßgabe der Innerlichkeit und des Umfangs
derselben intensiv und extensiv wachsend.

I.

Die Prinzipien der Erziehung.

§ 3.

Der Zweck der Erziehung.

Die Pädagogie hat die Erzeugung einer sittlich bestimmten Persönlichkeit durch zusammenhängende und planvoll geordnete sittliche Einwirkungen zu ihrem Inhalt; sie setzt voraus, daß der Zögling, welcher das Objekt ihrer Thätigkeit bildet, noch nicht das Maß sich in sich abschließender Charakterbildung erreicht hat, welches der Aufnahme fremder Einflüsse widerstreitet. Indem sie das Kulturerbe der älteren, gereiften Generation der jüngeren, heranwachsenden zueignet, vermittelt sie den Fortschritt der geschichtlichen Entwickelung der Menschheit.

Den Zweck der Erziehung bildet die Erzeugung einer sittlich bestimmten Persönlichkeit. Da diese durch Aneignung des geistig-leiblichen Naturorganismus, in welchem die Wurzeln der Individualität liegen, an den vernünftigen, denkenden und wollenden Geist, der das allgemein menschliche Prinzip in sich schließt, entsteht, so muß die Pädagogie einerseits den universellen Faktor kräftigen, damit er die Herrschaft über den individuellen Faktor gewinne und behaupte, andererseits diesem ebensowohl den Spielraum gewähren, den er zur Entwickelung seiner Eigenart bedarf, als ihm die Schranken ziehen, deren Innehaltung allein seine Unterordnung unter den universellen Faktor verbürgt.

Die Pädagogie setzt voraus, daß der Zögling noch nicht eine charaktervolle Bestimmtheit erlangt, sein inneres Leben, die Rich=

tung seiner Gedanken und Bestrebungen noch nicht eine feste Ge=
stalt angenommen hat.

Ob und in welchem Maße die Erziehung eine sittliche Thätig=
keit sei, diese Frage wird verschieden beantwortet werden, je nach
der Stellung, welche das pädagogische System zu der allgemeinen
Frage einnimmt, ob und inwieweit die menschliche Seele und die
Vorgänge in ihr als frei oder als unfrei anzusehen sind. Sieht
die deterministische Psychologie, sensualistisch geartet, in der mensch=
lichen Seele eine leere Tafel, die ausschließlich durch äußere Ein=
drücke ihre Bestimmtheit empfängt, so muß es als ein Zufall er=
scheinen, wenn die von der Erziehung ausgehenden Einflüsse die
ihr widerstreitenden überwiegen. Aber auch deterministische Systeme,
welche der Seele ursprüngliche Spontaneität zuerkennen, werden
doch die Erziehung immer nur als einen Naturvorgang betrachten
können, der in der höheren geistigen Sphäre sich abschließt. Der
sittliche Charakter derselben kann von diesem Standpunkt aus nicht
voll und ganz gewürdigt werden. Die Qualität und Mischung
der psychischen Elemente des Zöglings muß als der entscheidende
Faktor der geistigen Entwickelung erscheinen, die Pädagogie nur
als Thätigkeit zur Weckung, Steigerung, Ordnung jener. Aber
auch der absolute Indeterminismus wird dem Begriff der Er=
ziehung als einer sittlichen Einwirkung nicht gerecht. Bleibt
das sittliche Leben immer flüssig, unberechenbar, so kann die Er=
ziehung auf keinen dauernden Erfolg hoffen; sie ist dann einem
Steinchen vergleichbar, der, in das Wasser geworfen, wenige Augen=
blicke die Oberfläche desselben kräuselt, aber keine anhaltende Ver=
änderung darin hervorzubringen vermag. Die Erziehung kann
nur dann im vollen Sinne als sittliche Einwirkung erscheinen,
wenn sie sich an das wollende Ich wendet und dasselbe in der
Aneignung seiner Kräfte, in dem Erwerb der Herrschaft über sie
leitend unterstützt. Gewiß darf nicht geschieden werden, was zu=
sammengehörig eine innerlich begründete Einheit bildet, das wollende
Ich und die Kräfte, durch welche es seine Individualität gewinnt;
aber ebenso wenig darf identisch gesetzt werden, was in der Ein=
heit unterschieden werden muß, das wollende Ich und die Kräfte,
in denen es sich verwirklicht. Vielleicht dürfen wir das Verhält=
nis beider zu einander durch die Analogie der Beziehung Gottes

zur Welt veranschaulichen, obwohl wir uns wohl bewußt sind, wie ein wesentlicher Unterschied die Berechtigung dieser Analogie beschränkt. Wie Gott der Welt immanent und transcendent ist, so steht das Ich in der Welt seiner Kräfte und über ihr. Die Immanenz des Ichs konstituiert die Individualität, die Transcendenz die Universalität der Persönlichkeit. Wir unterscheiden also die Freiheitsfunktion und den Naturorganismus der Persönlichkeit.

Die Erziehung wendet sich an jene, aber durch Vermittelung dieses. Wie der transcendente Gott in einem unzugänglichen Lichte wohnt, so ist auch das menschliche Ich unmittelbar unerreichbar. Nur mittels Erregung seines geistig-leiblichen Naturorganismus können wir ihm nahen. Alle Affektionen desselben treffen auch das Ich selbst und sollicitieren es, gegen diese zu reagieren. Welcher Art diese Reaktion sein wird, das kann die Pädagogie nach Maßgabe der erkannten Persönlichkeit des Zöglings mit einer gewissen Wahrscheinlichkeit bestimmen, mit absoluter Gewißheit allerdings nicht. Wohl aber vermag sie die Erregung des geistig-leiblichen Naturorganismus, welche sie hervorbringen wird, vorauszusehen und zu berechnen. Denn in diesem Naturorganismus herrscht, wie in der Natur überhaupt, eine unbedingte Notwendigkeit. Deshalb kann die Pädagogie planvoll verfahren und ist kein auf zufällige Erfolge gewiesenes Handeln.

In der Erziehung überträgt die ältere Generation ihren geistigen und moralischen Besitz auf die jüngere, heranwachsende. Das Kulturerbe, das sie selbst einst empfangen, pflanzt sie fort. Den Inbegriff von Erkenntnissen, durch den sie das Erbe vergrößert hat, überliefert sie; die moralischen Kräfte, welche sie erworben, teilt sie mit. So bewahrt die Erziehung die Kontinuität der menschlichen Entwickelung, dispensiert das neu aufsteigende Geschlecht von der Notwendigkeit, aus eigenen Mitteln ein Kulturleben zu erzeugen, die schon zurückgelegten Wege von neuem zu betreten, und beschleunigt den geschichtlichen Verlauf der menschlichen Arbeit.

Der Begriff der Erziehung steht mit dem Begriff der Geschichte in einem inneren Zusammenhange. Wie diese, so ist auch jene der Menschheit eigentümlich. Nur die Menschheit ist auf

eine innere, durch die Aufeinanderfolge der Geschlechter sich ver=
mittelnde, fortschreitende Entwickelung angewiesen. Innerhalb der
Tierwelt bewahrt die folgende Generation den Standpunkt der
vorangegangenen, aber geht nicht über ihn hinaus, deshalb zeigt
ihr Leben kein neues Geschehen, sondern nur die Wiederholung
früheren Geschehens.

Die Erziehung unterstellt den Pflegling auch wider seinen
Willen ihren Einwirkungen; sie zögert nicht, wenn ihre Zwecke
es heischen, Gewalt anzuwenden; und dennoch kann sie nicht der
Vorwurf treffen, daß sie die Freiheit verletze; und dennoch unter=
scheidet sie sich himmelweit von der Thätigkeit, die von der Dressur
ausgeht. Denn die Erziehung hat, auch wenn sie Zwang an=
wendet, die Absicht, die Zustimmung des Pfleglings für ihre Ziele
zu gewinnen; ja, sie will durch Ausübung des Zwangs die Welt
der niederen Begierden dämpfen, welche die Entstehung eines freien
Selbstbewußtseins unmöglich machen. Und es sind nicht willkür=
liche Zwecke, welche die Erziehung verfolgt, sondern notwendige
Zwecke, durch deren Erfüllung der Mensch seinen Begriff ver=
wirklicht.

Aus unserer Darlegung ergiebt sich, daß der Erzieher eine
gereifte Persönlichkeit sein muß, ein Repräsentant des Kultur=
besitzes seiner Gegenwart; ein lebendiger Spiegel der göttlichen
Ideen, zu deren Realisierung die Menschheit berufen ist; getragen
von dem Bewußtsein, daß diese allein dem menschlichen Leben
Wert verleihen, und entschlossen, mit aller Entschiedenheit für sie
einzutreten. Ein Erzieher, der diese Bedingungen nicht erfüllt,
arbeitet vergeblich.

§ 4.
Die Individualität des Zöglings.

Die allgemeine Aufgabe der Erziehung muß durch Rück=
sicht auf die Individualität des Zöglings sich ergänzen. Diese
schließt teils Elemente in sich, welche bekämpft, teils wert=
volle Thatsachen, die gepflegt werden müssen.

Schon das Naturleben zeigt uns eine Mannigfaltigkeit der
einzelnen Exemplare innerhalb jeder Gattung der Erscheinungen;

und je höher die Stufe ist, zu der wir aufsteigen, mit der fort=
schreitenden Entwickelung wächst auch das Maß der individuellen
Merkmale. In der Menschenwelt wird der Umfang derselben
nicht nur größer, sondern die Individualität, auch hier ursprüng=
lich eine Naturbestimmtheit, dringt in das Zentrum des Personen=
lebens ein, wird von ihm angeeignet und vertieft.

Die Individualität ist zu einem Teil das Ergebnis leiblicher
Bedingungen, welche die Richtung des Gemütes und das Interesse
des Geistes bestimmen. Leibliche Schwäche bildet den Anlaß zu
einer nach innen bezogenen und rein geistigen Beschäftigungen zu=
gewandten Thätigkeit der Seele. Ein schwächliches Kind wird die
Reize von Spielen nicht empfinden, bei denen körperliche Kraft
vorausgesetzt wird. Da es hier nur Niederlagen zu erwarten
hat, da ihm die Kraftfülle fehlt, die in diesen Spielen sich ihrer
selbst freudig bewußt wird, wird es sich gern von ihnen fernhalten.
Auch der Mut, insofern er aus dem Bewußtsein leiblicher Kraft
hervorgeht, kann sich in ihm nicht entwickeln. Ist derselbe bei
leiblicher Schwäche vorhanden, so ist er das Ergebnis einer sitt=
lichen Thätigkeit, welche ja leiblich bedingter Impulse entraten
kann, weil sie unter dem entscheidenden Einfluß höherer geistiger
Potenzen steht.

Kränklichkeit, welche schmerzliche Empfindungen mit sich führt,
ist häufig die Ursache einer bitteren und herben Gemütsstimmung;
während Kränklichkeit, die nur das Gefühl der Schwäche erzeugt,
oft Milde und Sanftmut des Sinnes hervorbringt.

Körperliche Schwerfälligkeit, zumal wenn sie von geistiger
Schwerfälligkeit begleitet wird, muß die Neigung zu gesellschaft=
licher Isolierung wecken, da das gesellschaftliche Leben nur uner=
freuliche Erfahrungen bringen kann.

Und welchen Einfluß übt Nervosität auf das Stimmungs=
leben der Seele aus! Reizbarkeit, Leidenschaftlichkeit, Ungeduld,
Launenhaftigkeit sind von ihr untrennbar.

Endlich wie bedeutungsvoll für die Entwickelung und Rich=
tung des geistigen Lebens ist die Qualität der Sinne! Das Inter=
esse an der bildenden Kunst fordert Schärfe des Auges und Viel=
seitigkeit des Blicks, und die Empfänglichkeit für die Musik ist
von der Feinheit des Gehörs bedingt.

Zu einem andern Teil wurzelt die Individualität in Quali=
täten der Seele; und hier sind es die Temperamente, auf welche
wir die Aufmerksamkeit zu lenken haben.

Die Einteilung der Temperamente, wie sie in neuerer Zeit
üblich geworden ist, hat Kant zu ihrem Urheber. Er unterscheidet
Temperamente des Gefühls und der Thätigkeit und in jedem der=
selben zwei Arten, je nachdem eine Erregbarkeit (intensio) oder
eine Abspannung (remissio) der Lebenskraft wahrgenommen wer=
den kann. Als Temperamente des Gefühls betrachtet er den
Sanguinismus und die Melancholie, jenen als Repräsentanten der
Intensivität, diese als Repräsentanten der Remission; die Tem=
peramente der Thätigkeit sind ihm der Cholerismus und das
Phlegma, jener Vermittler der Lebenskraft, dieses Ursache der Ab=
spannung [1]).

Dieser Einteilung Kants folgt Schleiermacher. Er geht von
den Gegensätzen zwischen Spontaneität und Rezeptivität einerseits,
zwischen langsamer und beschleunigter Bewegung andererseits aus.
„Folgen in einem Leben die selbstthätigen Momente mit einer ge=
wissen Langsamkeit aufeinander, ohne durch eine große Lebhaftig=
keit der Rezeptivität unterbrochen zu werden, so wird das sehr
nahe mit dem phlegmatischen Temperamente zusammenfallen; folgen
sie sehr rasch aufeinander, ohne von lebhafter Rezeptivität unter=
brochen zu werden, so wird das sehr dem cholerischen entsprechen.“
„Das Bestimmtsein in kleinen Momenten ist das sanguinische, und
dasselbe in großen der Typus des melancholischen.“ „Das ist
also der Charakter des melancholischen, daß er lange in einer
Stimmung beharrt, und daß jeder Eindruck leicht Stimmung wird.
Dieses Beharren der Neigung, auf dieselbe Art affiziert zu wer=
den, müssen wir uns denken unter der Form der Schwingung, sie
wird allmählich abnehmen; aber, je stärker das Temperament ist,
desto länger wird sie dauern.“ „Die Rezeptivität bewegt sich bei
dem sanguinischen Temperament in kleinen Momenten. Sehen
wir das rein als den Gegensatz des melancholischen an, so ist es
ein Mangel an Stimmung, der Charakter der Veränderlichkeit, so

---

1) „Anthropologie“. Werke, Ausgabe von Hartenstein, Bd. X,
S. 318 f.

daß der vorige Eindruck keine bedeutende Nachwirkung ausübt auf den folgenden." [1])

Dieselben Grundanschauungen finden wir bei R. Rothe. Er unterscheidet Temperamente des Verstandesbewußtseins und der Willensbestimmtheit. Als erstere bezeichnet er das sanguinische und melancholische, als letztere das cholerische und phlegmatische Temperament. Andererseits stellt er wieder das sanguinische und cholerische Temperament als gesteigerte Irritabilität dem melancholischen und phlegmatischen als gesteigerten Depressionen gegenüber. Daher sich denn Sanguinismus und Cholerismus, Phlegma und Melancholie mit einander vertrügen, während sich Sanguinismus und Melancholie, Cholerismus und Phlegma ausschlössen [2]).

Eigentümlich hat H. Lotze die Lehre von den Temperamenten gestaltet. Er weist darauf hin, wie besondere Altersstufen des Einzelnen und Entwickelungsstufen der Völker das Vorwalten gewisser Temperamente begünstigen. Kinder und unzivilisierte Völker seien sanguinisch; ein Umstand, der für sie sehr wichtig sei, indem er das Aufnehmen einer Mannigfaltigkeit von Eindrücken erleichtere. Das Jünglingsalter des Einzelnen und der Völker zeige eine Hinneigung zum Melancholischen und Sentimentalen; es suche den Gefühlswert der Verhältnisse, hänge träumerisch Phantasieen nach, lebe den Idealen, aber scheue den Eintritt in die Wirklichkeit, die Mühen der Arbeit. Dem Mannesalter eigene der Cholerismus, das praktische, auf bestimmte Ziele gerichtete Temperament. Das Phlegma endlich sei das natürliche Temperament des Alters, ausgezeichnet durch das Gleichgewicht der Seele, die, innerlich teilnehmend an allen Geschicken und Erfahrungen, die sie berühren, doch von ihnen nicht zu leidenschaftlichen Bewegungen fortgerissen werde [3]).

Die Temperamente sind an sich keine ethischen Qualitäten, sondern ausschließlich Naturbestimmtheiten; aber im Verlauf der menschlichen Entwickelung verschmelzen sie mit dem geistigen Leben

---

1) „Psychologie", herausgegeben von L. George (Berlin 1862), S. 301 f.

2) „Theologische Ethik", 2. Aufl. (Wittenberg 1867), Bd. I, S. 493 f.

3) „Mikrokosmus", 1. Aufl. (Leipzig 1858), Bd. II, S. 355—364.

und werden integrierende Faktoren desselben. Eben deshalb muß die Erziehung darauf Bedacht nehmen, das Entstehen der geistigen Gemütsdispositionen, welche durch die individuellen Temperamente begünstigt werden, zu überwachen, bald zulassend, bald hemmend. Vergegenwärtigen wir uns die Grundzüge der eigentümlichen Gesamtanschauungen, zu welchen die Temperamente veranlassen.

Der Sanguiniker ist geneigt, in vielseitige Beziehungen einzutreten, aber es wird ihm schwer, ein konzentriertes Interesse einer derselben zuzuwenden; leicht schickt er sich in alle Verhältnisse, aber oft vermissen wir an ihm Treue der Gesinnung und Festigkeit des Charakters. Optimistisch, hoffnungsfroh und freudig sieht er der Zukunft entgegen; nach neuen Anregungen begierig, erwartet er vom Wechsel der gegenwärtigen Zustände Gewinn und ist daher liberalen Ideen zugänglich. Die Wirklichkeit erscheint ihm als ein ungetrübter Spiegel göttlicher Gedanken.

Der Melancholiker dagegen steht der sichtbaren Welt zurückhaltend gegenüber, vorwiegend ist sein Blick auf ihre Mängel, ihr Unzureichendes gerichtet; kritisch gestimmt, fühlt er sich von ihr oft verletzt und gehemmt. Auch das Mißverhältnis zwischen eigenem Wollen und Vollbringen drückt ihn schwer, ohne daß er den kräftigen Impuls empfände, dasselbe zu beseitigen oder zu mindern. Hingegeben an die Arbeiten seines Berufs, fehlt ihm doch die Kraft, innere Freiheit ihnen gegenüber zu gewinnen. Einer Veränderung in den bestehenden Verhältnissen steht er mißtrauisch gegenüber, ein geborener Pessimist, und schließt sich daher gern an die konservativen Parteien.

Der Choleriker ist von gesteigertem Selbstgefühl durchdrungen; vor einer Autorität sich zu beugen, schonende Rücksicht gegen andere zu üben, fällt ihm schwer; dagegen ist er geneigt, Maßnahmen, die nicht von ihm ausgegangen sind, scharf zu beurteilen. Abgeschlossen in der eigenen Überzeugung, tritt er anderen Ansichten mit einseitigem Eifer entgegen; Tapferkeit und feuriger Mut zeichnen ihn aus, aber durch Aufwallen in maßloser Leidenschaft beschränkt er selbst den Erfolg seines Wirkens.

Der Phlegmatiker endlich tritt für die harmonische Gestaltung des Lebens ein und sucht die Gegensätze, welche dieselbe stören, auszugleichen. Da er vom Wechsel in der Lage der Dinge eine

Aufhebung des bestehenden Einklanges fürchtet, ist er demselben ab=
geneigt und daher aus Liebe zum Frieden konservativ. Ein wohl=
thätiges, mäßigendes Element im Kampf der feindlichen Parteien
und Interessen, gerät er doch leicht in die Gefahr, da zum Frieden
zu raten, wo nur der Kampf entscheiden kann, und gleichgültig
dem Widerstreit entgegengesetzter Bestrebungen zuzuschauen, wo
eigene Überzeugung und entschlossenes Eintreten für dieselbe ge=
boten ist.

Ein nicht minder bedeutungsvolles Element, welches die In=
dividualität konstituiert und Beachtung vonseiten der Erziehung
fordert, ist der Gegensatz der Geschlechter. Schon der Unterschied
in der äußeren Erscheinung ist nicht ohne Einfluß auf die ab=
weichende Richtung des Gemüts. Das höhere Maß der Kraft,
das dem Körper des Mannes eignet, giebt ihm ein Übergewicht,
das er leicht rücksichtslos mißbraucht; während das schwächer ge=
bildete Weib genötigt ist, durch geistige Mittel, sei es durch Klug=
heit des Sinnes und Gewandtheit der Rede, sei es durch Milde
und Sanftmut, sei es durch Weichheit und Zartheit der Empfin=
dung, die ihr gebührende Stellung zu behaupten. Auch die scharfen
Linien, welche der Umriß des männlichen Körpers bildet, wie die
weicheren, sich rundenden Linien, welche den weiblichen Körper um=
schließen, erzeugen eine entgegengesetzte Gesamtrichtung des Gemütes;
hier eine Entschlossenheit in der Verfolgung gesteckter Ziele, welche
durch Rücksicht auf die Schönheit bestehender Formen sich nicht be=
stimmen läßt; dort ein vorsichtiges, zögerndes Verfahren, das gern
innehält, wenn es die vorhandene Harmonie der Verhältnisse bedroht
sieht, ein Eintreten für die Behauptung und Wiederherstellung des
Friedens mit allen Mitteln, die zugebote stehen ¹).

Tiefer sind die Gegensätze, die unmittelbar in der geistigen
Eigentümlichkeit der Geschlechter gegründet sind. Der männliche
Genius ist auf das Allgemeine und Objektive gerichtet, er besitzt

---

1) Shakespeare, Der Widerspenstigen Zähmung, 5. Akt, 2. Scene:
„Weshalb ist unser Leib zart, sanft und weich,
Kraftlos für Müh' und Ungemach der Welt,
Als daß ein weicher Sinn, ein Herz voll Milde,
Gefällig stimmt mit unserm äußern Bilde?"

daher ein lebhaftes Gefühl für den Wert der Rechtsnormen, welche den gesellschaftlichen Verhältnissen der Menschen gebieten; aber ihm liegt auch die Gefahr nahe, in den rechtlichen Formen als solchen, auch wenn sie nicht mehr fördernden Zwecken dienen, ein unbedingtes Gut zu schätzen; dagegen ist der weibliche Genius dem individuellen Leben zugewandt, voll Verständnis für die Erfordernisse des Augenblicks, immer darauf bedacht, die harten Formen des Rechts zu erweichen oder sich ihnen zu entziehen, aber er ist auch geneigt, allgemeine Gesichtspunkte der Beurteilung aus dem Auge zu verlieren und schnell wechselnde Wünsche zum Maßstab des Handelns zu wählen. Der männliche Geist ist für die Aufgabe und Methode wissenschaftlicher Thätigkeit ausgerüstet und empfindet ein Interesse, was unmittelbar als Ganzes erscheint, in die Vielheit seiner Teile aufzulösen; aber freilich büßt er dabei oft den Genuß ein, den die Anschauung des Ganzen gewährt, das sich ihm verbirgt. Dagegen erschließt sich der weibliche Geist vorwiegend künstlerischer Auffassung, welche das Auge auf das Ganze und die Einheit richtet und dieselbe zu verlieren fürchtet, wenn die Untersuchung der Vielheit der einzelnen Teile sich zuwendet, aus deren Zusammenwirken die Schönheit des Gesamtbildes hervorgeht. Nicht der objektive Zusammenhang der Dinge, sondern seine Beziehung auf das Gemütsleben des Subjekts erregt seine Teilnahme. Das Selbstgefühl beider Geschlechter mag gleiche Stärke besitzen, aber verletzt reagiert es in entgegengesetzter Weise. Der Zorn des Mannes schreitet zur That und begehrt Rache; aber ist dem Zorn Genüge geschehen, so tritt dauernder Friede ein, und der Vergebung ist Raum gewährt. Das Weib verschließt den Zorn in ihrem Innern und verzichtet, ihn in Thaten umzusetzen; vielleicht deutet es ihn nicht einmal im Worte an, aber die Bitterkeit der Stimmung bleibt, und das Wort der Vergebung wird nicht gesprochen [1]).

Andere individuelle Bestimmtheiten ergeben sich endlich aus der Eigenart der Rasse, der Nationalität, des Stammes, welchem der Zögling angehört, aus dem Typus der Familie, deren Glied

---

[1]) Vgl. Lotze a. a. O., Bd. II, S. 367—375; Rothe a. a. O., Bd. II, S. 265—271; Schleiermacher, Psychologie, S. 290—301.

er bildet; aus der Kulturstufe und den herrschenden Strömungen des geistigen Lebens, unter deren Einfluß er gestellt ist. Wir verzichten darauf, ein Bild der mannigfachen und auseinander= gehenden Gestaltungen des geistigen Lebens zu zeichnen, deren Ent= stehen und Beharren von der Einwirkung dieser Faktoren bedingt ist. Wir verzichten darauf, teils, weil die Vielheit der Erschei= nungen zu groß ist, als daß wir sie in der Einheit eines Ganzen umspannen könnten; teils, weil jede Pädagogik, um ein erreich= bares Ziel zu verfolgen, den Blick ausschließlich auf die eigene Nation und die geschichtliche Gegenwart beschränken muß, mag sie auch gelegentlich auf Vorzüge anderer Nationen hinweisen, die wir uns aneignen, und auf Elemente des Zeitgeistes, die wir bekämpfen sollten.

Wohl aber müssen wir die Thatsache näher in das Auge fassen, daß auch ethische Qualitäten, abgesehen von der sittlichen Selbstbestimmung ihres Inhabers, ursprünglich, durch die Geburt gesetzt, jedem Menschen einwohnen. Es scheint dies allerdings einen gewissen Widerspruch mit dem Wesen des Sittlichen zu in= volvieren, insofern dies in der Freithätigkeit, im eigenen Ent= schließen und Handeln sich verwirklicht. Nichtsdestoweniger werden wir doch von ursprünglichen ethischen Qualitäten als Zuständen des Einzelnen reden dürfen. Es unterliegt ja keinem Zweifel, daß ein stetig dieselbe Richtung einschlagendes Handeln eine Ge= mütsdisposition hervorbringt, welche ihren Träger eben nach dieser Seite hintreibt. So bildet sich durch das sittliche Handeln ein sittlicher Typus, eine sittliche Natur aus, die, je mehr sie sich be= festigt, immer größere Schwierigkeiten dem Versuche, sie umzu= wandeln, entgegenstellt. Dieser sittliche Typus wird bei fortgesetztem sittlich=gutem Handeln selbst eine sittlich=gute Qualität annehmen; bei fortsetztem sittlich=bösem Handeln eine sittlich=böse Qualität [1]). Diese sittliche Qualität ist teils eine unmittelbar geistige, wenn sie auch durch sinnliche Erfahrungen sich vermittelt, teils eine unmittelbar geistig=sinnliche, insofern sinnliche Affekte und geistige Regungen zu einem Ganzen verschmelzen. Diese sittlichen Qualitäten sind nun keineswegs nur das Eigentum ihres ursprünglichen Trägers, son=

---

1) „Das aber ist der Fluch der bösen That, daß sie fortzeugend Böses muß gebären.“

dern verbreiten sich durch die unbewußte und bewußte Einwirkung, welche er ausübt, auf alle, welche dieser unterstellt sind; noch mehr, sie vererben sich durch die Erzeugung und werden so eine sittlich gute oder sittlich böse Mitgift, welche die Eltern auf die Kinder übertragen. So kann es uns nicht befremden, wenn wir bei erwachendem Bewußtsein des Kindes dasselbe bald zur Begehrlichkeit der Selbstsucht und des Neides, zur Widersetzlichkeit des Eigensinnes, zur Feigheit der Lüge, zur Rücksichtslosigkeit der Leidenschaft, zur Trägheit des Handelns geneigt finden; bald dagegen zu selbstloser Güte, zu willigem Gehorsam, zu zarter Schonung, zu Offenheit und Wahrhaftigkeit, zu maßvoller Selbstbeschränkung, zu eifriger und sorgfältiger Thätigkeit bereit sehen. —

Die Thatsachen, welche wir bis jetzt uns vergegenwärtigten, bilden die teils konstitutiven, teils accessorischen Faktoren der individuellen Persönlichkeit, welche der Erziehung bald unüberschreitbare Schranken entgegenstellen, die sie zu achten hat, bald Hemmungen bereiten, die sie nur schwer überwindet. In jenen soll der Erzieher wertvolle Qualitäten erkennen, deren Pflege ihm anvertraut ist, und die er nur gegen die Gefahr der Entartung zu schützen hat. Entsprechen sie der eigenen Individualität, so wird ihm die Lösung dieser Aufgabe nicht schwer fallen; aber er darf sich derselben auch nicht entziehen, wenn ihm im Zögling eine heterogene Individualität entgegentritt. Er hat kein Recht, Abbilder seiner selbst zu schaffen, er darf nicht wie Goethes Prometheus sprechen:

> „Hier sitz' ich, forme Menschen
> Nach meinem Bilde,
> Ein Geschlecht, das mir gleich sei", —

vielmehr soll er sich freuen, daß unter seiner leitenden Aufsicht sich ein Wesen bildet, schlechthin neu, welches kein gleiches hat, ein eigenartiger Sproß am Baum der Menschheit. Diesen Beruf hat treffend, wie G. Baur[1]) erinnert, Schiller gezeichnet, wenn er in Max Piccolominis Worten Wallensteins persönliches Wirken schildert (Piccolomini, 4. Akt, 1. Aufzug, Max zu Questenberg):

---

1) „Grundzüge der Erziehungslehre", 2. Aufl. (Gießen 1849), S. 140.

„Und eine Lust ist's, wie er alles weckt
Und stärkt und neu belebt um sich herum,
Wie jede Kraft sich ausspricht, jede Gabe
Gleich deutlicher sich wird in seiner Nähe.
Jedwedem zieht er seine Kraft hervor,
Die eigentümliche, und zieht sie groß,
Läßt jeden ganz das bleiben, was er ist,
Er wacht nur drüber, daß er's immer sei."

Anders dagegen ist die Stellung, welche der Erzieher zu den accessorischen Qualitäten der Individualität des Zöglings einzunehmen hat. Accessorisch nennen wir die moralischen Eigenschaften, welche durch die Geburt sich übertragen; wir nennen sie so, weil sie im Verlaufe der sittlichen Entwickelung sich verlieren können, weil sie nicht, wie die konstitutiven Faktoren, zu dem unveräußerlichen Erbe der Individualität gehören. Ist der Erzieher auch hier oft in der Lage, nur zu pflegen, zu fördern, ergänzende Richtungen der Seele zu wecken, um das Gleichgewicht zu erhalten, so muß er doch noch häufiger entgegenwirken und bekämpfen und darauf Bedacht nehmen, fehlerhafte, sittlich=schlechte Eigenschaften auszurotten. Wäre dies nicht möglich, so wäre auch für die Erziehung kein Raum.

§ 5.

Die mannigfaltigen Einflüsse, welche die Außenwelt auf den Zögling ausübt, dürfen nicht abgewehrt werden, weil sie unentbehrliche Momente der Bildung, der intellektuellen und sittlichen Bildung, in sich schließen; wohl aber müssen sie einer beaufsichtigenden, berichtigenden und beschränkenden Kontrolle unterworfen werden. Durch stetige sittliche Arbeit an sich selbst muß der Erzieher aus der Sphäre der von ihm ausgehenden Einflüsse die ungünstig wirkenden Elemente auszuscheiden sich bemühen.

Außer den konstitutiven und accessorischen Faktoren, welche die Entstehung und Entwickelung der individuellen Persönlichkeit bedingen, üben die Einflüsse der Außenwelt auf die Bildung und Entfaltung derselben eine Einwirkung aus, welche die Erziehung

zu beschränken, zu berichtigen und auszugleichen, aber nicht zu be=
seitigen vermag. Ja, selbst wenn sie dazu imstande wäre, fehlte
ihr doch die Berechtigung, ihren Pflegling diesen Eindrücken zu
entziehen und der Welt gegenüber abzuschließen. Kann sich die
Individualität nur im Weltzusammenhange zur sittlichen Persön=
lichkeit ausgestalten; ist die menschliche Gemeinschaft die Stätte, in
welcher sie sich bewährt, so muß sie auch zur Gemeinschaft in der
Gemeinschaft erzogen werden. Und ist Freiheit und Selbständig=
keit das formelle Ziel, zu dessen Erreichung dem Zögling die Wege
gebahnt werden müssen; hat das Sittlich=Gute nur insoweit Wert,
als es das eigenste Besitztum der individuellen Persönlichkeit bildet;
so muß auch die Erziehung zu einem selbständigen Leben in der
Gemeinschaft Raum gewähren. Vorsichtig und langsam wird sie
das Maß der Freiheit erweitern, das ursprünglich zugemessene kleine
Gebiet, entsprechend der erworbenen sittlichen Kraft, ausdehnen; sie
wird die Wahl der Gemeinschaft unter ihre Aufsicht stellen, bald
zulassend, bald abwehrend; sie wird ungünstigen Einwirkungen ent=
gegentreten. Aber dennoch sind ihr Schranken gezogen, die sie nicht
überschreiten kann, und Einflüsse werden ausgeübt, die sie nicht
zu berechnen vermag.

Schon der Gang durch die Straßen, zumal in einer größeren
Stadt, setzt den Zögling in Beziehung zum öffentlichen Leben.
Eine reiche Fülle von Bildungsmitteln bietet sich ihm dar. Litte=
rarische, künstlerische, industrielle Erzeugnisse breiten sich vor seinen
Augen aus. Und zugleich offenbart sich ihm in der Art des Ver=
kehrs die Stufe der moralischen Kultur, auf welcher die Bevölke=
rung sich befindet. Eine Welt von Vorstellungen, Urteilen, Be=
gehrungen wird so in seiner Seele geweckt, darunter neben vielen,
welche die Erziehung willig bestätigt, manche, deren Entstehung sie
bedauern, deren Fortwirken sie bekämpfen muß.

Tiefer greifende Einwirkungen übt der freundschaftliche Um=
gang mit Altersgenossen aus; als Glied einer Gemeinschaft, gebend
und empfangend, wird sich der Zögling der eigenen Kraft bewußt,
zugleich der Grenzen, welche sie erreicht, der Schranken, welche sie
nicht zu überschreiten vermag. Die Bedingungen alles Zusammen=
lebens, die Geltung der eigenen Individualität, die Schonung der
fremden, die Unterordnung selbstischer Interessen unter allgemeine

Zwecke, leicht und unwillkürlich werden sie im kameradschaftlichen Verkehre als Regeln des Handelns angeeignet. Auf der andern Seite liegen hier mancherlei Schwierigkeiten, auf deren Überwindung die Erziehung Bedacht nehmen muß. Kinder, die nach Grundsätzen erzogen werden, welche den eigenen widersprechen, erschüttern im Zögling die sittliche Überzeugung, welche wir pflegen; der Gegensatz von Erlaubtem und Verbotenem, welcher ihm bis dahin als ein zweifellos feststehender erschien, verliert die Unbedingtheit des Charakters und verwandelt sich ihm in ein Zufälliges und Willkürliches, wechselnd nach der Eigenart der pädagogischen Autorität. So wird der Zögling in die Widersprüche der herrschenden Weltanschauungen hineingezogen, und der Erziehung erwächst die Aufgabe, den absoluten oder relativen Wert der eigenen durch die innere Autorität, welche ihrem Träger einwohnt, und durch die Erfahrung der fördernden Wirkungen, welche die maßgebende Ordnung ausübt, im Bewußtsein des Zöglings zur Geltung zu bringen. Freilich kann sich auch der Erzieher genötigt sehen, wenn er durch den näheren Umgang des Zöglings mit Altersgenossen das eigene System gefährdet sieht, denselben zu verbieten; ein Verfahren, das immer eingeschlagen werden muß, wenn Sitten und Charakter des gewählten Freundes die Reinheit der Gesinnung im Zögling bedrohen, welche die Erziehung bewahren und befestigen will. —

Endlich müssen wir auch den Einfluß in das Auge fassen, welcher von der individuellen Persönlichkeit des Erziehers ausgeht. Kein Zweifel, daß auch hier eine ethische Aufgabe von nicht geringer Schwierigkeit gelöst werden muß. Denn die unerfreulichen Eigenschaften, welche dem Charakter des Erziehers eigen sind, bedrohen die sittliche Gestaltung des Zöglings, an welcher er arbeitet. Nun kann sich der Erzieher allerdings der Hoffnung hingeben, daß der Gesamteindruck seiner sittlichen Persönlichkeit im Bewußtsein des Zöglings die Spuren seiner Fehler verwischen werde, zumal, wenn er stets darauf Bedacht nehme, dieselben wieder auszugleichen, die Äußerungen leidenschaftlicher Ungeduld, reizbarer Stimmung durch die Rückkehr zu objektiverem Verhalten unwirksam zu machen. Und in der That ist diese Erwägung im allgemeinen zutreffend, wenn bei dem Zögling Unbefangenheit des Gemüts vorausgesetzt werden kann. Fehlt aber diese, so kann leicht die Autorität des Erziehers erschüttert werden und eine Entfremdung Platz greifen, welche die Erreichung der Erziehungszwecke erschwert. Aber auch, wenn die Unmittelbarkeit des Sinnes dem Zögling eigen ist, welche dem Entstehen dieser Gefahr vorbeugt, so ist doch zu besorgen, daß hier eine Furcht sich seiner Seele bemächtigt, welche das Vertrauen zum Erzieher untergräbt, dort eine Mißachtung Raum gewinnt, welche eine erziehende Einwirkung unmöglich macht.

Nichtsdestoweniger ist die Gefahr, welche unleugbar dem Zögling aus den unverdeckten Schwächen des Erziehers erwächst, eine geringere, als wenn sich dieser eine Objektivität des Verhaltens seinem Zögling gegenüber anzueignen suchte, in welcher sein persönliches Empfindungsleben erstickt würde und er selbst nur als Träger des sittlichen Gesetzes erschiene. Schwindet aus dem Verkehr des Erziehers das Moment der Selbstdarstellung, ist sein Verhalten zum Zögling nur von der Absicht geleitet, so wird sich auch hier des Dichters Wort bewähren:

„Man merkt die Absicht, und man wird verstimmt.“

Es kann sich bei Maßgabe dieser pädagogischen Grundsätze keine Beziehung des Gemüts zwischen Erzieher und Zögling entwickeln; und für die Motive zum sittlichen Handeln würde der Raum fehlen, welche aus der Liebe des Zöglings zum Erzieher entspringen.

Es ist nur ein Weg, welcher dem Erzieher gewiesen ist, wenn der Einfluß seiner Persönlichkeit auf den Zögling ein ausschließlich fördernder sein soll. Er muß stetig an der sittlichen Bildung seines Charakters arbeiten, die Stimmungen und Begierden seiner Seele beherrschen, damit die Zucht, der er sein Empfindungsleben unterwirft, ihm zu einer zweiten Natur werde, und so, was ursprünglich Ergebnis der Freiheit und Selbstbestimmung war, die Gestalt der Notwendigkeit annehme.

§ 6.
Der Erfolg der Erziehung.

Da die erziehende Thätigkeit durch eine Vielheit von Faktoren beschränkt wird, deren Einwirkung sie teils nicht aus-

schließen kann, teils nicht ausschließen darf, und da sich nicht
bestimmen läßt, ob die freie Selbstentscheidung des **Zöglings**
sich den Zwecken der Erziehung erschließen werde oder eine
ihnen entgegengesetzte Richtung wählen, so kann die Erziehung
auf keinen unbedingten Erfolg rechnen. Doch ist derselbe in
dem Maße ein wahrscheinlicher, als die Erziehung sorgfältig
ihre Verpflichtungen erfüllt hat; und darf diese, wenn der er=
strebte Erfolg ausbleibt, sich doch der Hoffnung hingeben, daß
die sittlichen Einwirkungen, welche sie ausgeübt hat, im Be=
wußtsein des Zöglings einen Widerstand geschaffen haben, wel=
cher seinen Fall erschwert, das Maß desselben mindert und
Impulse zur Wiedererhebung gewährt.

Kühner und unbedingter ist wohl von keinem Philosophen
oder Pädagogen neuerer Zeit der Glaube an die zweifellose
Sicherheit des Erfolges, falls die rechte Erziehungsmethode ge=
wählt und durchgeführt werde, ausgesprochen worden, als von
J. G. Fichte in den „Reden an die deutsche Nation" [1]). Hier er=
klärt er, daß in dem „Rechnen auf einen freien Willen des Zög=
lings der erste Irrtum der bisherigen Erziehung und das deutliche
Bekenntnis ihrer Ohnmacht und Nichtigkeit liege. Denn indem
sie bekennt, daß nach aller ihrer kräftigsten Wirksamkeit der Wille
dennoch frei, d. i. unentschieden schwankend zwischen Gutem und Bösem
bleibe, bekennt sie, daß sie den Willen und, da dieser die eigentliche
Grundwurzel des Menschen selbst ist, den Menschen selbst zu bilden
durchaus weder vermöge, noch wolle oder begehre, und daß sie dies
überhaupt für unmöglich halte. Dagegen würde die neue Erziehung
gerade darin bestehen müssen, daß sie auf dem Boden, dessen Be=
arbeitung sie übernehme, die Freiheit des Willens gänzlich vernich=
tete, und dagegen strenge Notwendigkeit der Entschließungen und
die Unmöglichkeit des Entgegengesetzten in dem Willen hervor=
brächte, auf welchen Willen man nunmehr sicher rechnen und auf
ihn sich verlassen könnte." Die Widerlegung dieser kühnen Er=
wartung, welche Fichte in Beziehung auf die Ergebnisse der Er=
ziehung hegt, liegt zu einem Teil schon in unserer bisherigen Dar=
legung, welche darauf hinweisen wollte, wie viele unüberschreitbare

---

1) Zweite Rede, neue Auflage (Leipzig 1824), S. 36. 37.

Schranken die Macht der Erziehung hemmen, wie viele Einflüsse auf den Zögling ausgeübt werden, denen wir ihn bald nicht entziehen können, bald nicht entziehen dürfen. Nur die Thatsache haben wir noch nicht in das Auge gefaßt, daß alle pädagogischen Einwirkungen von der freien Selbstentscheidung des Zöglings abhängig sind.

Ist es auch die Aufgabe der Erziehung, die Freiheit des Zöglings zu bestimmen, aus der Unentschiedenheit herauszutreten und fest und entschlossen die Richtung einzuschlagen, welche das sittliche Gesetz gebietet, so ist doch diese Selbstbeschränkung der Freiheit im Sinne der sittlichen Idee das letzte Ziel der erziehenden Thätigkeit, welches dann erreicht ist, wenn sie ihr Ende gefunden hat. So lange aber die Erziehung währt, fehlt dem Willen die von ihr erstrebte Entschiedenheit. Er mag im günstigen Fall die Linie betreten haben, die er nicht verlassen soll; aber, ob er auf ihr verbleiben wird, darüber haben wir keine Gewißheit.

Es ist richtig, daß jeder Schritt vorwärts diese Gewißheit steigert, weil er die Unentschiedenheit des Willens mindert; aber wir dürfen nicht vergessen, daß im Verlauf der Entwickelung auch neue Versuchungen an die Seele herantreten, deren Reiz sie vielleicht nicht Widerstand leistet.

Wir müßten anders urteilen, wenn wir die Kindesseele lediglich als eine unbeschriebene Tafel betrachten dürften; denn in diesem Falle möchte mit einer gewissen Sicherheit vorausgesetzt werden können, daß es der Erziehung gelingen müsse, infolge der großen Gewalt, welche sie über ihren Pflegling ausübt, auch das Übergewicht über alle ihr entgegengesetzten Impulse zu erlangen. Und noch günstiger würde unser Urteil lauten, wenn wir zu der Annahme berechtigt wären, daß in einem anerschaffenen sittlichen Bewußtsein die pädagogische Weisung ein williges Organ fände, auf dessen Wirken sie vertrauen könnte. Aber weder das eine noch das andere ist der Fall. Denn nicht ein sittliches Bewußtsein, sondern nur die formalen Bedingungen eines solchen gehören zur ursprünglichen Ausstattung der menschlichen Natur, und nichts ist früher ein Bestandteil des Bewußtseins, als das selbstische Begehren. Tritt nun diesem letzteren die Autorität der sittlichen

Idee gegenüber, dasselbe zu beschränken und Impulse zur Liebe und Selbstverleugnung zu wecken, so zeigt uns die Erfahrung, daß auch jetzt die selbstische Begierde sich behaupten und durchsetzen will, wenn auch ein abgestuftes Maß dieses Widerstandes erkennbar ist. Als Ergebnis allgemeiner Erfahrung stellt sich heraus, daß den Anfang des sittlichen Bewußtseins der Widerspruch bildet zwischen der Autorität der sittlichen Idee auf der einen, dem selbstischen Begehren auf der andern Seite. Diesen Widerspruch aufzuheben, den Zögling zu veranlassen, jenes dieser unterzuordnen, das ist die Aufgabe der Erziehung. Aber, wenn wir erwägen, daß gleichzeitig mit dem Wachstum der Autorität der sittlichen Idee für das Bewußtsein des Zöglings die Reize sich mehren, welche das selbstische Begehren locken, und daß so viele einzelne Reize an Intensivität im Laufe der Zeit gewinnen, so bleibt es immer unsicher und unberechenbar, nach welcher Seite der Zögling sich wenden wird, nach der Seite des selbstischen Begehrens oder nach der Seite der sittlichen Idee.

Dagegen könnte allerdings eingewandt werden, daß wir der Macht des sittlichen Lebens vertrauen dürfen, welche durch das Christentum in die Welt getreten ist; den Impulsen, welche von diesem ausgehen, und der Einwirkung des Geistes Gottes, welche ihnen Macht über den Geist des Menschen verleiht. Und wie gern möchten wir uns die ergreifenden und schönen Worte aneignen, die Schleiermacher am Grabe seines einzigen Sohnes Nathanael gesprochen: „Wie ich diese Welt immer ansehe als die, welche durch das Leben des Erlösers verherrlicht und durch die Wirksamkeit seines Geistes zu immer unaufhaltsam weiterer Entwickelung alles Guten und Göttlichen geheiligt ist, — warum denn hätte ich nicht glauben sollen, daß der Segen der christlichen Gemeinschaft sich auch an ihm bewähren würde, und daß durch christliche Erziehung ein unvergänglicher Same in ihm wäre niedergelegt worden? warum sollte ich nicht auch für ihn, wenn er strauchelte, auf die gnädige Bewahrung Gottes hoffen? warum nicht fest vertrauen, daß nichts ihn werde aus der Hand des Herrn und Heilandes reißen können, dem er ja geweiht war?" [1]

---

1) „Predigten", Bd. IV, S. 838.

Kein Zweifel, daß diese Worte Schleiermachers eine Wahr=
heit aussprechen, deren Wert wir nicht antasten; daß christ=
liche Gesittung, christliches Kulturleben, eine im Sinne Christi
thätige Erziehung eine Bürgschaft geben, welche durch nichts an=
deres ersetzt werden kann, und deren Größe und Bedeutung auch
die Boten einer Christus fremden Aufklärung ahnen, wenn sie gern
die eigenen Kinder den Einflüssen derselben entziehen und der Lei=
tung frommer Christen anvertrauen. Nichtsdestoweniger müssen
wir doch die Hoffnung, welche auf diese Bürgschaft gesetzt wird,
beschränken. Zu häufig sehen wir Männer bald schwer fallen,
bald untergehen, welche eine sorgfältige christliche Erziehung em=
pfangen und eine christlich reine Atmosphäre genossen haben. Und
es dünkt uns unbillig, wenn, wie es so oft geschieht, pädagogische
Mißerfolge als Schuld fehlerhafter Erziehung angesehen werden.
Jene Bürgschaft wäre in dem Falle gewiß eine zuverlässige, wenn
die christliche Welt nur die Stätte christlicher Gesinnung wäre; aber
nun, da sie zugleich Nichtchristentum und Unchristentum Raum
gewährt, Unglaube und Unsittlichkeit in sich birgt, haben wir keine
Gewißheit, ob die freie Selbstentscheidung des Zöglings den
Reizen eines Zusammenhangs mit der Welt selbstsüchtiger Begierde
folgen oder dem empfundenen Wert der Gemeinschaft sittlicher
Gesinnung den Preis geben werde. Nur der Hoffnung darf christ=
liche Erziehung sich getrösten, daß ihre Einwirkungen ein Gegen=
gewicht gegen die Macht der Versuchung bilden werden, welches
den Einfluß derselben hemmt; daß ein sittliches Bewußtsein im
Zögling entstehen werde, welches vielleicht der Stärke des Angriffs
seitens der Begierde nicht gewachsen ist, aber doch kräftig genug,
um strafend und mahnend seine Stimme zu erheben. Mit einem
Worte, christliche Erziehung stattet den Zögling mit einer Waffen=
rüstung aus, welche die Entwickelung und Bewahrung sittlicher
Gesinnung erleichtert, und giebt ihm Schutzmittel in die Hand,
die auf den Weg der Hilfe und Rettung weisen. Und so ist auch
uns die Erziehung, wenn auch nicht die unfehlbare Bürgschaft
einer sittlichen Gesinnung des Zöglings, so doch das einzige Werk=
zeug, durch welches diese hervorgebracht werden kann, und deshalb
ein Gut von höchstem Werte.

§ 7.

Das Ziel der Erziehung.

Das Ziel, welches die Erziehung erreichen will, stellt sich uns zuerst als eine Vielheit von Aufgaben dar, welche einander bedingen. Die Kräfte des Zöglings sollen allseitig und harmonisch entwickelt werden; sie sollen in der Aneignung und Erzeugung der Ideen, welche allein dem menschlichen Leben Wert verleihen, den sie bestimmenden Inhalt gewinnen; der Zögling soll endlich in der Einheit mit dieser Ideenwelt die Freiheit erlangen, durch welche er über die Impulse der Begierden hinausgehoben wird. Fassen wir die Vielheit dieser Aufgaben zur Einheit zusammen, so erscheint als das Ziel der Erziehung die Bildung einer vollkommenen, geistigen, sittlichen Persönlichkeit. Die pädagogische Betrachtung hat sich daher auf der einen Seite den Kräften, die gepflegt, den Ideen, welche angeeignet, den Begierden, welche gezügelt werden sollen, zuzuwenden und darauf zu achten, wie einzelne Ideen mit einzelnen Kräften und einzelnen Begierden im Zusammenhang stehen; sie hat auf der andern Seite darzulegen, wie diese einzelnen Vorgänge sich gegenseitig bedingen und ergänzen. Gehen wir nun davon aus, daß die geistigen Thätigkeiten in den Formen des Erkennens und Handelns sich vollziehen, und daß diese wie jene in Erregungen des Gefühls und der dieses begleitenden Phantasie bald ihren Ausgangspunkt, bald ihre Vollendung, immer aber ihre Lebendigkeit erhalten; vergegenwärtigen wir uns sodann, wie das Erkennen auf die Wahrheit, das Handeln auf die Gerechtigkeit, Gefühl und Phantasie auf die Schönheit als die ihnen eigentümlichen Ideen gerichtet sind; wie endlich hier die Trägheit des Denkens, dort die Selbstsucht des Wollens, dort endlich die Begierde nach sinnlichem Genuß überwunden werden müssen, so haben wir die Einteilung gefunden, welche den pädagogischen Stoff erschöpfend umfaßt. Als intellektuelle, moralische und ästhetische Erziehung stellt sich uns das eine Objekt der Pädagogie dar; indem wir alle drei Gestalten der Erziehung auf einander beziehen, werden wir der Gefahr entgehen, zu zertrennen, was ein inneres Ganzes bildet; und, indem wir die einzelnen Gestalten der Erziehung sondern, wird es uns gelingen, die eigentümlichen Richtungen, welche die Thätigkeit des Geistes einschlägt, und welchen die Erziehung folgen muß, anschaulich darzustellen.

Die Vielheit von Kräften, deren Träger der Mensch ist, erscheinen ursprünglich teils als schlummernd oder doch regellos nach zufälligen Impulsen sich bethätigend, teils folgt ihr Zusammenhang Gesetzen, welche aufgehoben werden müssen, wenn der Mensch zu einer vollkommenen, geistigen, sittlichen Persönlichkeit sich entfalten soll. Nach beiden Seiten hin soll die Erziehung einwirken, das Schlummernde wecken, zur Thätigkeit reizen und nötigen, diese Thätigkeit ordnen; sie soll zugleich die Herrschaft der niederen sinnlichen Kräfte, die als solche selbstisch sind, brechen und die höheren geistigen, ethischen Kräfte entbinden und stärken, damit sie die Leitung des Lebens übernehmen. Sie hat zu diesem Zwecke das Bewußtsein des Zöglings der Welt der Ideen zu erschließen, den ewigen Gedanken Gottes, welche die sittliche Ordnung des menschlichen Lebens in sich tragen. Nur durch die Gebundenheit des Menschen an die Ideen werden seine geistigen Kräfte sittliche Kräfte. Und je tiefer die Ideen sich in die geistigen Kräfte einsenken, je vielseitiger sie dieselben erfüllen, desto mehr wird der entscheidende Einfluß den niederen, sinnlichen und selbstischen Kräften genommen. Die ethische Lebensführung ist dann gesichert, die Freiheit gewonnen und geschützt. Denn nur in der inneren Einheit mit den Ideen gestaltet sich unser Selbst, entsprechend den Zwecken, zu deren Verwirklichung es geschaffen ist und denen es bewußt und unbewußt entgegenstrebt. In der Abhängigkeit von den Ideen erlangt es Autonomie, denn die Ideen sind nicht dem geistigen Selbst fremde, sondern ihm immanente Gesetze. Dagegen befindet sich das dem Gesetz der Begierden gehorsame Selbst im Zustande der Heteronomie; denn die Begierde ist blind, rücksichtslos, auf das einzelne Lustobjekt als einzelnes gerichtet, von den zufälligen Impulsen des flüchtigen Moments bedingt; sie ist unvernünftig. Daher ist die Abhängigkeit von der Begierde Knechtschaft, die Abhängigkeit von den Ideen Freiheit.

Das Ergebnis einer Entwickelung in und zur Freiheit ist die vollkommene, geistige, sittliche Persönlichkeit. Die Vollkommenheit der Persönlichkeit entsteht durch diesen Prozeß, weil der göttliche Plan, durch dessen Ausführung jedes Menschenleben zu einem Kunstwerk erbaut werden soll, welches Gottes Herrlichkeit ehrt, auf diesem Wege vollendet wird, die Zwecke Gottes, welche die wahren Zwecke des Menschen sind, so zur Wirklichkeit werden.

Aber auch eine geistige Persönlichkeit erwächst durch eine solche Entwickelung, d. h. ein unbedingt durch die Idee bestimmtes Sein. Endlich ist dies durch die Idee bestimmte Sein ein sittliches, weil die Einheit zwischen Idee und Sein durch Akte freier Selbstbestimmung gewonnen wird. Die Form, in welcher diese Vorgänge sich vollziehen, und welche teils ihre Voraussetzung, teils ihre Folge bildet, ist die Persönlichkeit, d. h. die Identität von Selbstbewußtsein und Selbstbestimmung; ein Selbstbewußtsein, das alle eigene Thätigkeit begleitet; eine Selbstbestimmung und Selbstthätigkeit, deren Motiv, Richtung und Ziel vom Selbstbewußtsein umfaßt ist. Es liegt auf der Hand, daß nur bei normaler, d. h. zur Vollkommenheit, Geistigkeit, Sittlichkeit führender Entwickelung voll und ganz der Begriff der Persönlichkeit realisiert wird. Bei abnormer Entwickelung kommt ein Selbst, das von den Begierden unterschieden ist, dem diese das Objekt der Bearbeitung bilden, nicht zustande; vielmehr fällt je länger je mehr die Begierde und das Selbst in eins zusammen. Die Selbstbestimmung wird zur Thätigkeit der Begierde, das Selbstbewußtsein zum Bewußtsein der Begierde von sich. Infolge dieser Depotenzierung geht allmählich der humane Charakter der Entwickelung verloren, und an seine Stelle tritt der Typus des intelligenten Tieres [1]).

Die Kräfte, deren Weckung, Regelung und Stärkung den Inhalt der Erziehung ausmacht, treten in dreifacher Gestalt hervor, als Erkennen, Handeln, Fühlen. Erkennend nehmen wir die Außenwelt in unser Bewußtsein auf, indem wir die durch Wahrnehmung und Beobachtung in uns erzeugten Vorstellungen nach den Gesetzen des Denkens bearbeiten; handelnd prägen wir der

---

1) Diese psychologisch = ethischen Darlegungen ruhen auf dem System R. Rothes.

Außenwelt den Inhalt unseres Erkennens ein und verwandeln es in den Spiegel unseres Selbstbewußtseins. Erkennend lassen wir die Außenwelt unverändert, handelnd verändern wir diese, aber auch zugleich uns selbst [1]).

Das Gefühl begleitet diese Vorgänge; dem Erkennen wird es Impuls, denn die unerkannte Welt drückt belastend auf die Seele, welche erkennend von dieser Last sich befreit. So lange daher das Erkennen das Wort der Lösung noch nicht gefunden hat, verharrt die Seele im Zustande der Spannung, welche, je wertvoller das Objekt des Erkennens ist, sich zu innerer Beängstigung steigert. Ist dagegen das verschleierte Bild enthüllt, so atmet die Seele in Freiheit und Befriedigung auf. Nicht minder hat das Handeln das Gefühl zum unzertrennlichen Gefährten. Alles Handeln ist eine Aufgabe, die gelöst werden soll. So lange dies nicht geschehen ist, legt sich dieselbe lastend auf die Seele, versetzt sie in Unruhe, Bangigkeit, Leidenschaftlichkeit, und erst, wenn die Aufgabe vollbracht ist, kehrt Friede und Freude in das Gemüt ein. Und ebenso kommen die Impulse des Handelns aus dem Gefühl; mag es das stille ernste Pflichtbewußtsein sein, das zum Handeln treibt, mag starke Begeisterung den Anstoß zum Handeln geben. Mit dem Gefühl verschmelzen aber die Gebilde der Phantasie, bald als Ideale vorschwebend, bald in der Gestalt erfreuender oder schreckender Möglichkeiten die Seele erfüllend.

Aber auch unabhängig vom Gefühl, dasselbe vielmehr bedingend und erzeugend, als schöpferisches Erkennen und Handeln, erscheint die Phantasie in der Sphäre der Dichtung und Kunst. Hier erhebt sie uns aus dem Gebiet des Wirklichen und bildet dasselbe um, indem es Mögliches und Notwendiges eint, jenes zum Ausgang, dieses zum Ziel wählend. Indem wir dem Zuge dieser schaffenden Phantasie folgen, entäußern wir uns der selbstischen Interessen, und das Gefühl wird von Objekten gefesselt, welche zum eigenen Sein keine Beziehung haben; nur insofern, als das Los des menschlichen Geschlechts, sein Denken, Anschauen und Empfinden, sein Handeln und Wirken, sein Genießen und Leiden dem Einzelnen zukommt, wird die ästhetische Erfahrung zum Inhalt des eigenen Erlebnisses.

---

[1]) R. Rothe, Theologische Ethik, 2. Aufl., Tl. II, S. 109.

Welcher Art nun auch das Gefühl sei, immer bedeutet sein Erwachen, sein Aufsteigen in der Seele, die innerliche Lebendigkeit, die dem Erkennen und Handeln, dem Schaffen und Nachschaffen, dem Aufnehmen und Einverleiben eigen ist. Nur, was wir mit Bewegungen des Gefühls begleiten, ist unser Eigentum geworden, in den Bestand unseres persönlichen Seins eingetreten.

Das Ziel des Erkennens bildet die Wahrheit. Mit diesem Worte wird häufig ein Mißbrauch getrieben, den zu vermeiden wir bedacht sein müssen. Die Erkenntnis der Wahrheit fällt nicht mit der Erkenntnis der Wirklichkeit zusammen, wenn sie auch ohne diese nicht zu erlangen ist. Auch wenn das geheimste Räderwerk des Naturlebens sich uns enthüllt hätte; auch wenn die Seele des Menschen wie ein offenes Buch vor unseren Augen läge; auch wenn die wirkenden Kräfte der Geschichte unserm geistigen Blick erschlossen wären: von der Wahrheit hätten wir damit noch keineswegs Besitz ergriffen. Die Wahrheit entspricht einem Interesse des Gemüts, und dem Gemüt ist es gleichgültig, ob die Gesetze, welche dies zeitliche Dasein regieren, erkannt sind oder nicht. Nur insoweit diese Erkenntnis die Voraussetzung bildet, ohne welche der Sinn der Welt, die Bedeutung des Lebens uns verborgen bleiben müßten, nur insoweit ist das Gemüt bei der Arbeit der Erkenntnis der Wirklichkeit beteiligt. Denn darauf kommt es ihm an, den Sinn des Lebens, die Bedeutung der Welt zu verstehen. Und das ist denn auch der Inhalt der Wahrheit, ihr wesentlicher Begriff. Hieraus ergiebt sich, inwieweit die Erkenntnis der Wirklichkeit die Bedingung für die Erkenntnis der Wahrheit bildet, inwieweit diese von jener unabhängig ist.

Die Erkenntnis der Wirklichkeit ist eine stetig wachsende und daher nur am Abschluß der Geschichte vollendet. Wäre die Erkenntnis der Wahrheit schlechthin von der Erkenntnis der Wirklichkeit abhängig, so wäre nur die letzte Generation der Menschheit der glückliche Besitzer der Wahrheit, die Sehnsucht der Menschheit nach Wahrheit wäre nur für eine kleinste Minderzahl erfüllbar.

Die vollendete Erkenntnis der Wirklichkeit ist aber auch so umfassend, schließt eine solche Fülle von einzelnen Thatsachen in sich, daß kein Menschengeist sie ganz in sich aufzunehmen vermöchte.

So kann die Erkenntnis der Wahrheit nicht an die Erkenntnis der Wirklichkeit gebunden sein. Aber ebenso wenig kann jene dieser entraten, wenn sie nicht grundlosen Spekulationen oder willkürlichen Phantasieen preisgegeben sein soll. Den Sinn des Lebens, die Bedeutung der Welt kann nur verstehen, wem die Kräfte der Welt und die Gesetze des Lebens erschlossen sind. Aber so, scheint es, ist ja doch wieder die Erkenntnis der Wahrheit an die fortschreitende, erst am Ende der Geschichte vollendete und auch dann von niemandem ganz zu umfassende Erkenntnis der Wirklichkeit gebunden. Allerdings wäre es so, wenn das Maß der erkannten Wirklichkeit auch das Maß der erkannten Wahrheit bildete. Aber eben dies ist es, was wir bestreiten. Es ist eine geringe Summe von Thatsachen der Wirklichkeit, deren Erkenntnis die Voraussetzung für die Aneignung der Wahrheit bildet. Mit der fortschreitenden Erforschung der Wirklichkeit finden sich neue Gesichtspunkte, unter welchen wir die Wahrheit erblicken, neue Belege für ihre Geltung; aber sie selbst, ihr Inhalt, erleidet keine Veränderung. Jede Wirklichkeit liefert den Stoff, dessen sie bedarf, um sich darzustellen und zu bezeugen; sie selbst aber stammt nicht aus der Erkenntnis der Wirklichkeit. Ihre Quellen liegen auf einem andern Gebiete. Es ist die Religion, aus der sie entspringt. Denn in der Religion erfassen wir die Zwecke und den Willen Gottes, durch welche uns der Sinn des Lebens und die Bedeutung der Welt erschlossen wird. Wir werden in der Religion über das Endliche, die endlichen Zwecke und Willensbestrebungen hinausgehoben und in das Reich der unendlichen, die Welt bedingenden Zwecke versetzt.

So giebt es nur in der Religion Wahrheit, diese ist nur auf dem Wege der Religion zu erlangen. Sind wir nun durch Religion im Besitz der Wahrheit, so gewinnt auch die Erkenntnis der Wirklichkeit einen höheren Wert, indem sie zu jener in Beziehung tritt. Jede Stufe des Daseins predigt uns in eigentümlicher Weise Gottes Macht, Weisheit, Heiligkeit und Liebe, fordert uns auf, vor derselben uns zu beugen, sie anzubeten, ihren Willen zu thun.

So steht die Wahrheit in innigem Zusammenhang mit der Gerechtigkeit, mit der Aufnahme des göttlichen Willens in den menschlichen Willen, mit der Gestaltung des menschlichen Willens nach den Zwecken, welche der göttliche Wille diesem stellt.

Der Begriff der Gerechtigkeit ist eine formale Bestimmung und bezeichnet die Übereinstimmung des subjektiven Willens mit einer ihm geltenden Norm. Doch ist mittelbar schon ein materiales Moment in ihm enthalten, da die Voraussetzung zugrunde liegt, daß diese Norm ihre Geltung der Idee des Guten dankt, welche sie vertritt. Es ist die uns sittlich bindende Idee des Guten, der wir gehorchen, wenn wir die Gerechtigkeit verwirklichen. Diese Idee des Guten ist uns ihrem allgemeinsten Inhalt nach im Gewissen gegenwärtig. Wie wechselnd auch die Aussagen desselben sind, je nach der sittlichen Bildungsstufe des Zeitalters und der Gemeinschaft, welcher das Individuum angehört, sowie nach der inneren Lebendigkeit und Stärke, welche es in den einzelnen Subjekten besitzt, so stellt dasselbe doch von dem ersten Augenblick seines Erwachens an das sittliche Ideal in seiner bindenden, verpflichtenden Kraft dar. Seinen näheren, bestimmten Inhalt empfängt es freilich von den objektiven Faktoren, welche auf das Subjekt wirken. Wie es ein heidnisches und jüdisches Gewissen giebt, so auch ein christliches. Ja auch der Gegensatz zwischen Protestantismus und Katholicismus übt eine Einwirkung auf den Inhalt des Gewissens. Der Katholik bringt, von seinem Gewissen getrieben, das sagrificio d'intelletto, welches der Protestant um seines Gewissens willen als Verleugnung der Wahrhaftigkeit verweigert. Und wieder auch in derselben religiösen Gemeinschaft finden Wandlungen inbezug auf den Inhalt der Gewissensforderung statt. Der Protestantismus ebenso wie der Katholicismus des sechzehnten Jahrhunderts verhängte im Namen des Gewissens Religionsverfolgungen, welche wenigstens der Protestantismus unserer Zeit um des Gewissens willen verbietet. Aber auch bei Gleichheit der objektiven Faktoren ist die Macht des Gewissens auf die einzelnen Subjekte eine sehr verschiedene. Denn teils erschließt sich das sittliche Ideal des Gewissens, so weit es objektiv im bestimmenden Gemeingeist verwirklicht ist, den einen voll und ganz, den andern nur in beschränktem Maße; teils findet es hier eine lebhafte Bereitwilligkeit zum Gehorsam, während es dort auf harten Widerstand stößt. So giebt es denn auch eine Ab-

3 *

stufung in der Verwirklichung der Gerechtigkeit, weil Unterschiede in der Gestaltung des Gewissens, sowie in der Entwickelung der Gewissenhaftigkeit. Welcher Inhalt aber auch den Forderungen des Gewissens eigne, dasselbe repräsentiert immer das Interesse des Allgemeinen gegenüber dem Individuellen; gebietet immer, daß das Interesse des Subjekts sich dem Interesse des Ganzen unter= und einordne. Das Gewissen ist der sittliche Trieb, welcher dem Naturtrieb gegenübersteht, der als solcher selbstisch ist und nur auf die Befriedigung des Selbst gerichtet.

Sowohl die Wahrheit wie die Gerechtigkeit können ästhetische Wirkungen, den Eindruck der Schönheit, erzeugen, unter der Vor= aussetzung, daß sie Gegenstand der Anschauung, der inneren gei= stigen Anschauung, geworden sind. Denn die Fähigkeit des Ge= müts, von der Betrachtung des Harmonischen, der Zusammen= fassung einer Vielheit unter eine Einheit, also dem Anschauen eines gegliederten Ganzen mit Gefühlen des Wohlgefallens, der Lust, erfüllt zu werden, ist die Wurzel der ästhetischen Empfindung. Und deshalb muß die Wahrheit, welche die verworrene Vielheit der Erscheinungen beleuchtet, indem sie ihren Sinn erschließt, sie auf einen beherrschenden Zweck bezieht, eine Lustempfindung im Gemüt wachrufen. Deshalb muß die Gerechtigkeit, weil sie die zerstreute Vielheit der natürlichen Triebe dem sittlichen Trieb unterwirft und so ordnet, das Gefühl des Wohlgefallens hervor= bringen. Der Begriff der Schönheit bezeichnet also den Wert, welcher für das Gemüt harmonischen Gestaltungen eigen ist. Und es ist dabei gleichgültig, ob diese Harmonie auf dem Gebiet der sinnfälligen Welt oder innerhalb der Sphäre des unsichtbaren Da= seins sich vollzieht, von physischen oder ethischen Kräften erzeugt wird. Dies müssen wir festhalten, um die verschiedenen Rich= tungen zu begreifen, welche Kunst und Dichtung einschlagen. Doch bedarf es vorher noch eines Wortes, um den Unterschied der von der menschlichen Phantasie frei erzeugten Schönheit von der in der Natur vorgefundenen und der durch sittliche Thätigkeit ent= stehenden Schönheit zu bestimmen.

In dem ästhetisch=regen Gemüte lebt ein Schönheitsideal, welches dasselbe in der physischen und ethischen Welt teils findet, teils nicht findet, indem dieses hier und dort nur mangelhaft verwirklicht ist. So entsteht das Bedürfnis, dieses Schönheitsideal in einer Scheinwelt hervorzubringen, welche insofern an die Wirklichkeit gebunden ist, daß sie innerhalb derselben als möglich erscheint, die Grenzen innehält, welche durch die Kräfte und Gesetze der Wirklichkeit gezogen sind; insofern aber diese überschreitet, als sie thatsächlich hier keinen Raum hat. In der Scheinwelt der Schönheit sind die Schranken und Hemmungen beseitigt, welche der absoluten Realisierung der Schönheit auf dem Boden des irdischen Daseins entgegenstehen. Die Schönheit, als Erzeugnis der frei schaffenden Phantasie, trägt also immer ein objektives und subjektives Element in sich; letzteres, insofern das Schönheitsideal des schaffenden Subjekts sich offenbart; ersteres, insofern die Qualität der wirklichen Welt der Willkür der Phantasie Schranken zieht. Diese Scheinwelt der Schönheit wird nun in der Dichtung mittels des Wortes, in der Kunst mittels sinnlichen Materials dargestellt. Daraus ergeben sich von vornherein gewisse Differenzen. Die Dichtung ist allseitig, es giebt keine Art der Schönheit, welche sie nicht darzustellen vermöchte; sie ist zugleich unendlich beziehungsreich; fähig, die zartesten Empfindungen, das geheimste Begehren, die flüchtigsten Bewegungen der Gedanken, die sich so vielfach kreuzenden und so schnell einander ablösenden Vorstellungen zu vergegenwärtigen. Anders die Kunst; teils ist sie beschränkt in der Wahl des Objekts, teils vermag sie den inneren geistigen Gehalt der Schönheit nur anzudeuten, indem sie bald, wie in der Musik, nur die Beziehungen des unbestimmten, in der Allgemeinheit bleibenden Empfindungslebens, bald nur, wie in der bildenden Kunst, die Spiegelungen des Geistigen im Sinnlichen wiederzugeben imstande ist. Dagegen ist es ihr gegeben, in einem höheren Maße, als die Dichtung es vermag, die Realität der Schönheit zum Bewußtsein zu bringen. So ergänzen sich Poesie und Kunst; für jene ist das sinnliche Element nur Mittel, eine geistige Welt der Schönheit im Bewußtsein zu erzeugen, so daß der äußere Stoff ganz in die Idee aufgenommen und von ihr verzehrt wird; für diese versenkt sich das geistige Element in den sinnlichen Stoff, ihn verklärend, aber auch in ihm aufgehend. So ist die Dichtung die Prophetin der Idealität alles Seins, die Kunst die Prophetin der Realität der Idee. Wo aber auch immer die Welt der

Schönheit sich erbaut, ob sie in der physischen oder in der ethischen Sphäre dem empfänglichen Sinn als in der Wirklichkeit enthalten sich darstellt, ob sie durch die schöpferische Phantasie in Poesie und Kunst entsteht, immer ist es die Harmonie der Kräfte und Erscheinungen, durch welche sie wirksam ist und einen eigentümlichen Wert für das Gemüt gewinnt.

Darin ist aber auch ihre ethische Bedeutung begründet, indem sowohl die Erzeugung als auch die Aneignung der Schönheit uns über die Disharmonieen der Wirklichkeit erhebt und das Interesse an einer harmonischen Gestaltung derselben durch eigene sittliche Lebensführung und ihre Verbreitung in der Welt erweckt. Es wird später unsere Aufgabe sein, die Bedingtheit des sittlichen Wertes der ästhetischen Bildung zu erweisen und es begreiflich zu machen, weshalb diese oft genug sittlicher Kräfte entbehrt. Hier kam es uns nur darauf an, die Thatsache festzustellen, daß die ästhetische Bildung ethische Qualität besitzt, und daß die Erziehung deshalb nicht von ihr abzusehen vermag.

§ 8.
Der christliche Charakter der Erziehung.

Der christliche Charakter der Erziehung und daher auch der Erziehungslehre ist teils in der eigentümlichen Bestimmung des Bildungsideals, teils in der eigentümlichen Motivierung des Bildungsstrebens, von welcher der Erzieher geleitet ist, und welche er auch im Zögling hervorzubringen beabsichtigt, begründet. Die Wahrheit, welche Christus dem Glauben verbürgt; die Gerechtigkeit, welche von der durch Christus erzeugten Liebe verwirklicht wird; die Schönheit, welche als Schönheit der Welt Gottes der Glaube gegenwärtig sieht, die Liebe hervorbringt, die Hoffnung in sehnsüchtigem Warten und seliger Gewißheit ahnt; die Schönheit der Welt Gottes, welche durch Christus offenbar geworden ist, — das sind die objektiven Faktoren der christlichen Bildung. Die subjektiven Elemente derselben liegen in dem Bewußtsein, zum Bilde Gottes geschaffen und zum Kinde Gottes berufen zu sein, sowie in dem demütigen Bewußtsein der Schranken eigenen Kön-

nens und dem freudigen Vertrauen auf die durch Christus ver=
mittelte, versöhnende, erlösende und heiligende Gnade Gottes.

Es kann die Frage aufgeworfen werden, ob im Unterschiede
von der allgemein humanen die spezifisch=christliche Erziehung wert=
voll und zulässig sei, oder nicht vielmehr als ein störendes Element
betrachtet werden müsse. Die Gegner einer christlichen Erziehung
könnten behaupten, daß alle Momente derselben, die berechtigt
seien, auch von der Humanitätserziehung bewahrt würden; was
sie aber als Eigentümliches festhalte, teils gleichgültig für den
pädagogischen Zweck sei, teils im Gemüt des Zöglings keine
Wurzel fasse, teils sogar den Widerspruch desselben errege. Wir
bekennen gern, daß auch wir der allgemein humanen Erziehung
einen sehr hohen Wert zuerkennen und nicht daran zweifeln, daß
sie eine Bahn betritt, die eine lange Strecke hindurch mit der
Bahn der christlichen Erziehung identisch ist. Aber diese sogenannte
humane Erziehung ist auch nichts anderes als eine Frucht der
christlichen Erziehung, wie ja die Idee der Humanität auf christ=
lichem Boden erwachsen ist. Sollte unsere Zeit in einem noch
höheren Maße, als es schon geschehen, der christlichen Weltan=
schauung sich entfremden, so würde auch die Humanitätsidee ihr ver=
loren gehen und ein rücksichtsloser Egoismus, hier und da ästhetisch
aufgeputzt, Platz greifen. So hat die Erziehung zur Humanität
keinen Grund, sich als ein Höheres der christlichen Erziehung ent=
gegenzustellen, da sie vielmehr aus ihr hervorgegangen ist.

Aber vielleicht haben wir in der Erziehung zur Humanität
den bleibenden Kern der christlichen Erziehung zu erkennen, so daß,
was dieser eigentümlich ist, nur als vergängliche Hülle und Schale
erscheinen müßte. Gestehen wir zu, daß die christliche Erziehung
ihr letztes Ziel, die Erzeugung christlicher Frömmigkeit und Sitt=
lichkeit, nur in einer geringen Zahl von Fällen in ihren Zöglingen
während der Zeit, in welcher diese ihr anvertraut sind, verwirklicht
sieht; gestehen wir ferner zu, daß sie von den spezifisch religiösen
Motiven, die ihr eigen sind, nur in beschränktem Maße Anwen=
dung machen kann, so durchweht sie doch ein Geist heiligen Ernstes
und einer nie ermüdenden Liebe, so schöpft sie doch aus nie ver=
siegenden Quellen, so ist sie doch auf die höchsten Ziele gerichtet,
denen unbewußt das Menschenherz entgegenstrebt, und vermag

deshalb Einwirkungen auszuüben, welche der humanen Erziehung versagt sind. Das christliche Lebensprinzip ist auch da thätig und entwickelt auch da seine Kraft, wo es seine letzten Gründe, Motive und Ziele verbirgt. Es ist die Atmosphäre der heiligen Liebe, in welche es alle versetzt, welche in Beziehung zu seinen Trägern treten. Und je mehr der Zögling heranwächst, desto mehr vermag die christliche Erziehung den Schleier zu lüften und die ganze Herrlichkeit zu offenbaren, welche der christlichen Gesamtanschauung eigen ist; desto mehr kann sie den Einfluß, den sie in Haus und Schule übt, durch die Einwirkung des kirchlichen Lebens verstärken. Es ist gewiß richtig, und wir werden Gelegenheit nehmen, uns darüber eingehender zu äußern, daß die Zueignung der christlichen Heilswahrheit durch die Empfänglichkeit des Zöglings bedingt ist; aber daraus folgt nur, daß diese Zueignung eine abgestufte sein muß, je nach dem Maß der Empfänglichkeit, welche der Zögling besitzt; es ist ebenso richtig, daß die Einfassung der christlichen Heilswahrheit in die dogmatische Terminologie der Schule den Widerspruch einer zur Skepsis geneigten Jugend hervorrufen kann; aber daraus folgt nur, daß die dogmatische Terminologie der Schule durch eine lebendige, an die biblische Bezeugung sich anschließende Darstellung ersetzt werden muß.

Haben wir so den guten Grund einer eigentümlich christlichen Erziehung erwiesen, so treten wir nun an die Aufgabe heran, den Inhalt derselben, ihre Ziele und Motive, uns zu vergegenwärtigen. Zuerst richten wir unsere Blicke auf das Ideal, welches der christlichen Erziehung vorschwebt. Die Bildung zur Wahrheit ist ihre Aufgabe, aber die Antwort auf die Frage: „Was ist Wahrheit?" schöpft sie aus der in Christus vollendeten Offenbarung Gottes. Die Frage nach der Wahrheit ist ihr nicht eine offene, sondern eine durch Christus beantwortete Frage. Seine Erziehung, sein Wort und Werk ist das Licht, in welchem sie den Sinn der Welt und ihren Zweck versteht.

Damit ist der Gedanke zurückgewiesen, als ob irgendwie der wissenschaftlichen Forschung eine Schranke gezogen wäre. Die Wahrheit, um welche es sich hier handelt, ist für die wissenschaftliche Forschung unerreichbar, weder von ihr zu begründen noch zu widerlegen. Sie erwächst aus der eigentümlichen ethischen Erfah-

rung, welche durch Vermittelung der Kirche gewonnen wird. Wer
diese Erfahrung gemacht hat, kann sie auch wissenschaftlich be=
währen, kann abweichende Lösungen des in Frage stehenden Pro=
blems durch Nachweis der Widersprüche, welche sie in sich schließen,
der Disharmonie, welche sie in sich tragen, verdächtigen; er kann
die Angriffe, welche gegen die christliche Lösung des Problems er=
hoben werden, abwehren, die Mißverständnisse zeigen, auf welchen
sie ruhen, den beschränkten Blick, der sie veranlaßt hat, erweisen;
aber eine wissenschaftliche Forschung im Sinne der exakten Unter=
suchung ist hier ebenso wenig möglich wie auf dem Gebiet der
metaphysischen Spekulation. So bleibt also die wissenschaftliche
Forschung in ihrer Freiheit gewahrt, die christliche Beantwortung
der Frage nach der Wahrheit ist gar nicht in der Lage, jene zu
beschränken. Nur in einer Beziehung findet eine Berührung zwi=
schen der christlichen Wahrheit und der wissenschaftlichen Forschung
statt. Wenn diese die Einzelergebnisse zusammenfaßt, um von
einem bestimmten Standort aus eine Gesamtauffassung der Welt
und des Lebens zu zeichnen, so versucht sie eine, wenn auch be=
schränkte, Antwort auf die Frage nach der Wahrheit zu geben, so
wie es von ihrem Standort die christliche Erfahrung unternimmt.
Aber indem die wissenschaftliche Forschung diese Aufgabe zu lösen
sucht, betritt sie das Gebiet der metaphysischen Spekulation und
geht somit über ihre Grenzen. Hier also nur trifft sie mit den
Antworten zusammen, bald feindlich bald freundlich, welche die
christliche Wahrheit giebt; nur soweit es sich um die Verknüpfung
des Einzelnen zu einem Ganzen handelt, kann eine Kollision ein=
treten, nicht zwischen der christlichen Wahrheit und der wissen=
schaftlichen Forschung, sondern nur zwischen der christlichen Wahr=
heit und der metaphysischen Spekulation. Denn nur die Aussagen
dieser beiden gehen darauf aus, ein Ganzes hervorzubringen, eine
Gesamtanschauung zu erzeugen. So ergiebt sich, in welchem
Sinne wir von dem Unterricht fordern, daß er christlich sei. Wir
fordern nicht, ja wir halten es nicht einmal für heilsam, daß eine
häufige Beziehung auf die christliche Wahrheit stattfinde. Die stete
Berufung auf die letzten und höchsten Instanzen entkräftet die Wir=
kung des Urteilspruchs, aber sobald der Unterricht eine Gesamt=
anschauung des Lebens gewährt, also das Gebiet betritt, auf

dem allein die Frage nach der Wahrheit aufgeworfen werden kann, da soll diese Frage im christlichen Sinne beantwortet werden.

Es sind ähnliche Gedankengänge, in welche uns die Betrach= tung des moralischen Ideals der christlichen Bildung leitet. Die Gerechtigkeit, wie sie Christus fordert, die Gerechtigkeit, welche die selbstverleugnende Liebe übt, erscheint so hoch und erhaben, so widersprechend kindlichem Sinne, so weit entfernt von den Be= strebungen der heranreifenden Jugend, daß die Frage aufgeworfen werden kann, ob wir nicht vielmehr die Grundsätze antiker Moral oder alttestamentlicher Sittlichkeit der Erziehung zugrunde legen sollten und die Wertschätzung des sittlichen Ideals des Christen= tums der Entscheidung des gereiften Mannes, der gereiften Frau überlassen. Und solche Bedenken könnten sich darauf berufen, daß die moralische Erziehung von der Einprägung des Dekalogs ihren Ausgang nimmt, und daß die Schüler gelehrter Bildungsinstitute in die sittliche Ideenwelt der Antike eingeführt werden, dieselbe ihrem Bewußtsein sich einverleibt. Aber die Gegner übersehen, daß unsere Erziehung nicht schlechthin das israelitische oder griechisch=römische Ideal der Jugend als Muster sittlicher Lebensführung vergegen= wärtigt, sondern jenes, von der nationalen Schranke entkleidet, dieses nur nach seinen sittlich=reinen Elementen zur Geltung bringt. So geht unsere Erziehung von einem Standpunkt aus, der über der alttestamentlichen und über der antiken Sittlichkeit liegt; vom Standpunkt der Humanitätsidee, welche auf dem Boden des Christentums erwachsen ist, und eignet sich aus dem Alten Testa= ment und der Antike nur die sittlichen Bestandteile an, welche sich an das christliche Ideal anschließen, dasselbe sowohl vorbereiten als auch in ihm ihre Reinigung und Vollendung finden. Und nun geben wir gern zu, daß es vorzugsweise die im Lichte des Christentums angeschaute sittliche Ideenwelt des Alten Testaments und der Antike ist, welche wir der Jugend einprägen sollen. Aber allerdings nicht diese allein soll als Höchstes und Letztes dem jugendlichen Gemüt erscheinen; vielmehr soll die spezifisch=christliche Bestimmung des sittlichen Ideals, soll sein überweltlicher Inhalt den Sinn erheben; soll die Liebe Gottes, die in Christus ver= söhnend und erlösend uns offenbar geworden ist, soll die Idee des Reiches Gottes das Herz entzünden. Nur so kann die harte

Rinde der Selbstsucht gebrochen werden, nur so Harmonie und Frieden in die Seele einkehren. Anfänglich nur als ein Licht aus der Ferne schimmernd, aber doch den ganzen Horizont in einen himmlischen Strahlenglanz hüllend, soll die christliche Sittlichkeit, je länger desto tiefer eindringend, eine heilige Innerlichkeit erzeugen und die Lebensgestaltung erneuernd umwandeln. Und für das christliche Lebensideal, nicht losgelöst von der Idee der Humanität, sondern mit ihr geeint, ist der Kindessinn, ist das jugendliche Gemüt nicht verschlossen, sondern geöffnet.

Auch die Richtung, in welche uns die Betrachtung des ästhetischen Ideals des Christentums lenkt, liegt den Gedankengängen nicht fern, welchen wir bis jetzt gefolgt sind. Auch hier kann die Frage aufgeworfen werden: Giebt es eine eigentümlich christliche Schönheit, zu deren Verständnis und Erzeugung die Jugend erzogen werden soll, oder ist es nicht vielmehr die Schönheit schlechthin, die Schönheit, mag sie in der antiken, mag sie in der christlichen Kunst und Dichtung hervortreten, für welche wir den Sinn erwecken, das Gemüt erwärmen sollen. Auch hier kann die Antwort nur lauten: Die christliche Betrachtungsweise der Kunst und Dichtung findet ihre Stätte, wenn sich der Blick auf das Ganze der ästhetischen Bestrebungen richtet. Die Geschichte des ästhetischen Schaffens zeigt uns eine Stufenfolge, aus deren Verlauf wir erkennen, daß dem christlichen Ideal der Wert des Abschließenden und Vollendenden eignet. Die Kunst der Antike stellt uns die Einheit des Sittlichen und Natürlichen dar, die Identität des Allgemeinen und Individuellen, wie ja die Skulptur mit Vorliebe die Götter darstellt und in ihnen nicht sowohl Persönlichkeiten, sondern Typen. Und wo sie sich, wie in den Niobiden und im Laokoon in die Tiefen des individuellen Menschenlebens, in seine Leiden und Schmerzen versenkt, da ist es der Zwiespalt, das Unversöhnte, was sie zur Anschauung bringt. Auch in den Porträtstatuen und Büsten erkennen wir die Spuren des eigentümlichen Genius der Antike. Geistiges und Sinnliches steht im vollen Gleichgewicht, Unendliches und Endliches gehen in einander auf; es ist die ihrer selbst bewußte und in sich ruhende Kraft, welche dargestellt wird. Einen andern Eindruck empfangen wir von der hellenischen Poesie. Konnte die antike Kunst in uns die Vorstellung erregen, daß der

Grieche, die Harmonie des Daseins genießend, vom Gefühl der Befriedigung durchdrungen sei, so wird durch die hellenische Poesie die entgegengesetzte Empfindung hervorgerufen. Epos und Drama haben den leidenden und kämpfenden Menschen zum Gegenstand, und weder des Leidens Ursprung noch sein Ausgang sind rein ethisch begründet. Eine dunkle Schicksalsmacht waltet niederbeugend über dem Menschengeschlecht. Nur vereinzelt tritt die ethische Bestimmtheit des Seins und Geschicks, der Sieg der ethischen Idee, die Macht der inneren Freiheit hervor.

Die ästhetische Produktion innerhalb der Welt des Christentums steht nun in einem doppelten Gegensatz zu der Antike, indem sie einmal die unbedingte Einheit von Geistigem und Leiblichem in der Sphäre der Kunst löst und auf poetischem Gebiet die fehlende Einheit erzeugt. Das Christentum bringt die Ewigkeit des Geistes gegenüber der Zeitlichkeit und Vergänglichkeit der sinnlichen Erscheinung zum Bewußtsein, giebt damit dem Geiste Freiheit und kann daher nur eine Kunst erzeugen, in welcher der Überschuß des Geistes über die Sinnlichkeit zur Darstellung kommt. Es bevorzugt daher die Malerei vor der Skulptur, weil in jener die Sinnlichkeit in höherem Maße als in dieser zurücktritt. Die Körperlichkeit, durch welche die Skulptur auf dieselbe Linie mit der Wirklichkeit tritt, wird in der Malerei zum Schein herabgesetzt; und die Farbe, durch welche diese den Schein erzeugt, weckt das Empfindungsleben und spricht so zum Gemüt, der Wurzelstätte christlicher Frömmigkeit. Auf poetischem Gebiet dagegen ist das Christentum der Bote der Versöhnung, welcher den Zwiespalt löst und Frieden stiftet; der Prediger der großen Heilsgedanken und Heilsthaten, aus deren Aneignung das Reich Gottes und in ihm die Harmonie des Menschenlebens erwächst. Es ist hier die höchste Stufe poetischer Produktion erreicht. Größer, vielseitiger, wahrer kann das sittliche Ideal nicht erfaßt werden, als es hier geschieht; tiefer der Abstand nicht erkannt, welcher die Wirklichkeit vom Ideal scheidet; umfassender, vollkommener die Versöhnung nicht gedacht, welche Ideal und Wirklichkeit vereint. In eine weitere Perspektive als hier ist nie Natur und Geschichte gestellt, nie ist zugleich Selbständigkeit und Abhängigkeit der Entwickelung beider so harmonisch zur Geltung gebracht worden.

Es wäre eine sehr beschränkte Auffassung, wenn wir christliche Poesie nur da suchten, wo der Heilsrat Gottes ihren unmittelbaren Inhalt bildet; wir finden sie vielmehr überall da, wo die christliche Gesamtanschauung den offenbaren oder verborgenen Hintergrund bildet, auf dem die Gedanken= und Empfindungswelt ruht. Nun aber erhebt sich die Frage, ob für uns, die auf dem Boden des Christentums stehen, die ästhetische Produktion der Antike ihren Wert verloren habe, und wir, wenn wir es vermöchten, moderne Produktionen im Sinn der Antike von den künstlerischen Schätzen der Menschheit auszuschließen hätten. Daß wir diese Frage verneinen müssen, liegt auf der Hand. Die Antike repräsentiert nicht bloß eine Entwickelungsstufe geistigen Lebens, die überwunden ist; sie stellt auch Momente dar, welche für alle Zeit innere Wahrheit und daher bleibenden Wert haben. Diese Harmonie zwischen Innerem und Äußerem, zwischen Seele und Leib, findet sich noch gegenwärtig auf der Entwickelungsstufe des Kindes und bildet dessen eigenen Reiz; beobachten wir sie ferner nicht häufig bei Gliedern des weiblichen Geschlechts und erkennen darin einen besonderen Schmuck desselben; ja giebt es nicht im Leben jedes Menschen vorübergehende Zustände, in denen er einen solchen Einklang genießt! Und wenn wir personifizierend Idealgestalten in der Phantasie erzeugen und das Siegel innerer Freiheit ihnen aufdrücken, so ist es wieder diese Harmonie von Innerem und Äußerem, die sich dem Auge darstellt. Ja noch mehr, versuchen wir es, ahnungsvoll den Zustand der Vollendung uns zu vergegenwärtigen, einer Thätigkeit ohne Kampf, eines Friedens ohne Erschlaffung, einer Freiheit ohne Willkür; immer ist es jene, wenn auch vertiefte, Harmonie, wie wir sie in der Antike finden, auf welche wir als auf herrliche Vorbilder den Blick richten. Es ist nicht anders mit der Poesie der Antike. Der innere Zwiespalt, der gerade in den höchsten klassischen Schöpfungen zum Ausdruck kommt; das ungetröstete Menschenherz, das unter der Last des ungelösten Welträtsels seufzt; das ungestillte Menschenleid, der schwere Kampf des Lebens, die nur in der Resignation ertragen werden, gewiß das christliche Bewußtsein kann sich in ihnen nicht spiegeln. Und doch es giebt auch für uns Zeiten, in denen diese Töne in unserer Brust laut werden und einen Wiederhall finden, und sind sie dann auch nicht unser letztes, so doch unser erstes und zweites Wort. Unser Leben ist nicht ein stetes Weilen im Allerheiligsten, sondern ein Gehen zum Allerheiligsten; und der Weg führt durch Vorhalle und Heiligtum.

Und so ist es ein Moment unseres geistigen Seins, das uns in der Ideenwelt der Antike begegnet. Sie steht uns nicht fremd gegenüber, sondern wir können sie als ein Entwickelungs= stadium im Prozeß unseres sittlichen Lebens nachempfindend an= eignen. Und vermöge der Klarheit und Bestimmtheit, der An= schaulichkeit und Lebendigkeit der Darstellungsformen, in welchen hier das innere Leben sich bezeugt, wird uns die klassische Poesie der Alten zu einem hellen Spiegel, an dessen Bildern unser Welt= und Selbstbewußtsein sich klärt und gestaltet.

Die Wahrheit, Gerechtigkeit und Schönheit im Lichte der in Christus vollendeten Offenbarung Gottes bilden die objektiven Ziele für die Erziehung. Die Wahrheit, Gerechtigkeit und Schön= heit, wie sie uns Christus enthüllt hat, soll der Zögling erkennen und lieben und in liebendem Erkennen sich aneignen. Diese An= eignung ist aber durch die Erzeugung der subjektiven, sittlichen Qualität bedingt, welche Christus von den Seinen fordert und ihnen verleiht.

Das christliche Bewußtsein wurzelt in der Gewißheit, zum Kinde Gottes berufen zu sein. In dieser Gewißheit ist aber eine Reihe von Erfahrungen zusammengefaßt, die ihre Voraussetzungen bilden, ohne welche sie der inneren Begründung entbehrt. Die heilige Liebe Gottes, welche uns zu ihrem Bilde geschaffen hat; die sittlichen Aufgaben, welche infolge dessen uns gestellt sind, müssen erkannt und empfunden sein. Wir müssen inne geworden sein, daß die Macht der Sünde uns an der Verwirklichung des von Gott uns gestellten Berufs hindert; wir müssen endlich das Vertrauen zu Christus besitzen, daß er uns als der Träger der rettenden Liebe Gottes von den hemmenden Schranken der Sünde befreien, zur Lösung unserer sittlichen Aufgabe kräftigen will und kann. Die Erziehung im Sinne Christi darf daher nicht mit dem beginnen, was abschließen soll; sie darf keine Treibhaus= pflanzen ziehen, sie darf die vorausgesetzten Entwickelungsstufen nicht überspringen wollen. In der christlichen Erziehung soll alles

innere Wahrheit sein; leere Worte, Selbsttäuschungen, Nachempfin=
dungen, aus denen nur Heuchelei entsteht, haben hier kein Recht,
für sie ist hier kein Raum.

Im Bewußtsein der Gotteskindschaft wurzelt die demütige
Gesinnung des Christen; wer die Macht der Sünde erfahren hat,
der Schranken seines sittlichen Könnens inne geworden ist; wer
aus der göttlichen Gnade die Kraft der Freiheit geschöpft hat,
wandelt im Geiste der Demut. Zu dieser Demut müssen wir
erziehen. Wir können sie aber nicht voraussetzen, bevor die Er=
fahrungen gemacht sind, aus denen allein sie entstehen kann. Aber
in dem Maße, als diese Erfahrungen gemacht sind, können wir
sie auch zu finden hoffen. Die kleineren oder größeren Ver=
gehungen, welche jeder Zögling sich zuschulden kommen läßt;
die Verzeihung, die er vom Erzieher erbittet und empfängt; die
mahnende Liebe des letzteren, die sich dem Reuigen wieder zu=
wendet und ihn aufrichtet, das sind die Thatsachen des inneren
Lebens, aus denen sie erwächst. Schärft sich des Zöglings sitt=
licher Blick, so enthüllt sich seinem Auge eine Reihe von Ver=
gehungen, um derenwillen er sich Gott verantwortlich fühlt, Gottes
in Christo offenbare vergebende und rettende Liebe erbittet. Dann
ist die christliche Demut Wirklichkeit geworden.

Im Bewußtsein der Gotteskindschaft wurzelt aber auch das
Vertrauen. Wissen wir, daß uns in Christus das Auge der
Vaterliebe Gottes anschaut, die uns versöhnt und erlöst, Gedanken
des Friedens für uns hegt und auf Wegen des Heils uns leitet,
so öffnet sich auch unser Auge, schaut freudig und vertrauend zu
Gott empor und legt in seine treuen Liebeshände das eigene Sein
und Geschick. Zu diesem Vertrauen zu Gott sollen wir erziehen.
Es erwächst im Vertrauen zum Erzieher. Das Kind kann nicht
an die Vaterliebe Gottes glauben, das nicht des irdischen Vaters
Liebe erfahren hat. Wer dem irdischen Vater nicht vertraut, wird
schwerlich dem himmlischen Vater vertrauend sich erschließen. Wer
seinem irdischen Vater nicht offen und frei in das Auge blicken
kann, wird es schwerlich lernen, ein klares Auge zum himmlischen
Vater aufzuschlagen. Aber wie das Vertrauen zum Vater sittlich
bedingt ist; wie das Kind dasselbe verliert, welches nicht auf den
Wegen des Rechts und der Wahrheit geht, weil es damit eine

Scheidewand zwischen sich und dem Vater errichtet, so ist auch des Kindes Vertrauen zum himmlischen Vater zerstört, wenn es sich durch den Wandel auf den Wegen des Verderbens von ihm trennt. Allerdings ist aber auch das Vertrauen des Kindes zum Vater durch das Verhalten des letzteren bedingt. Er darf nicht eine Strenge üben, durch welche er das Kind von sich entfernt; nicht in eine Unnahbarkeit sich hüllen, welche den inneren, freien Zugang zu ihm dem Kinde unmöglich macht. Eine solche Strenge und Unnahbarkeit wird aber auch auf die Vorstellung des Kindes von Gott wirken, Gott wird ihm dann nur als hart und zürnend erscheinen, ein Gegenstand der Furcht und des Schreckens, den er gern flieht und meidet. Nur aus dem Vertrauen zum irdischen Erzieher kann des Zöglings Vertrauen zum himmlischen Erzieher erwachsen. Ist jenes Vertrauen vorhanden, so wird auch das Vertrauen zu Gott in der Kinderseele entstehen und sich bethätigen. Giebt es doch auch im Leben des Kindes so manche Not und Sorge, für welche es Gottes Hilfe und Beistand in Anspruch nehmen wird, wenn es Vertrauen zu Gott besitzt. Und wenn es innerlich teilnimmt an den Geschicken der Eltern und Geschwister, so wird es auch mit ihnen vertrauensvoll betende Hände zu Gott erheben.

Die objektiven und subjektiven Elemente des christlichen Bildungsideals stehen mit einander in einem inneren Zusammenhange. Im Bewußtsein unserer Gotteskindschaft sind wir im Besitze der Wahrheit, stehen wir im Mittelpunkte derselben, denn wir haben den Weltzweck Gottes erkannt. Erfüllt uns der Geist der Demut, welcher, der Schranken eigenen Könnens bewußt, aus den Quellen der göttlichen Gnade schöpft, so ist die Gerechtigkeit unser eigen geworden, welche Gottes Gesetz erfüllt. Waltet in uns das Vertrauen zu Gott, so zieht in unser Gemüt die Harmonie des Friedens ein, die, selbst schön, auch in uns die Stimmung erzeugt, welche der Schönheit der Welt sich erschließt und schaffend oder genießend am Kunsterbe der Menschheit teilnimmt. Die im Vertrauen zu Gott wurzelnde harmonische Stimmung der Seele ist die sittliche Qualität, an welche ästhetisches Schaffen und Genießen geknüpft ist. Denn die Poesie des absoluten Pessimismus ist ein krankhaftes Gebilde, ein Widerspruch in sich selbst,

indem sie mit ästhetischen Mitteln die Verwirklichung des äst=
hetischen Zwecks vereitelt, innere Unschönheit in schönen Formen
darstellt.

§ 9.
Die Familie als Erziehungsstätte.

Die Entwicklung der christlichen Bildung im Zögling
setzt voraus, daß dieselbe schon in der Gemeinschaft realisiert
ist, in welche er hineingeboren ist, und in welcher als seiner
Heimstätte ihm Kindheit und erste Jugend verläuft, im Hause.
Es ist vor allem das sittliche Ideal, dessen Wirklichkeit er hier
erfahren soll. In einfacher Gestalt treten ihm hier die sitt=
lichen Gesetze alles Gemeinschaftslebens vor Augen; und die
Naturbasis, auf welcher das Familienleben ruht, begünstigt
die Verwirklichung sittlicher Gesinnung, wie sie derselben eine
eigentümliche Autorität verleiht. Die sittliche Idee wirkt hier
zugleich als Naturpotenz und als ethischer Faktor. In wel=
chem Maße intellektuelle und ästhetische Impulse vom Hause
ausgehen, ist von der Stufe allgemeiner, geistiger Entwick=
lung bedingt, auf welcher dasselbe steht. Die fundamentalen
Elemente auch in der intellektuellen und ästhetischen Bildung
kann und soll jedes Haus den Kindern vermitteln.

Es ist eine unerläßliche Bedingung der Erziehung, daß der
Zögling das Bildungsideal, auf dessen Aneignung er gewiesen ist,
vor allem die moralische Seite desselben, schon in der Gemein=
schaft realisiert sieht, welcher er von Natur gliedlich einverleibt
ist. Denn die Erziehung vermittelt sich nie ausschließlich durch
Fordern, sondern immer zugleich durch Geben. So muß denn
im Hause das Sittlich=Gute nicht nur in der Gestalt des Gesetzes
erscheinen, sondern als eine geistige Atmosphäre wirksam sein,
welche unmittelbar alle Glieder erfüllt und sich ihnen mitteilt.
Erst dadurch, daß der Geist und die Ordnung des Hauses von
christlicher Gesinnung getragen und durchdrungen sind, gewinnt
diese für das sittliche Bewußtsein des Zöglings die unbedingte
Autorität, deren sie zu voller Wirksamkeit bedarf. Denn die
Autorität jeder Idee ist von dem Maß der Realität, welches sie

sich erworben hat, bedingt. Die Idee, der die objektive Geltung fehlt, die machtlos gebietet, erscheint leicht als subjektives Gebilde, als eine Illusion.

Das sittliche Ideal, wie es im Hause Realität gewinnt, erscheint als sittliche Gestaltung eines eng geschlossenen und auf einen kleinen Kreis beschränkten Gemeinschaftslebens. Das Haus ist eine Welt im Kleinen, es soll eine sittliche Welt im Kleinen sein. So ist die Erziehung im Hause und für das Haus zugleich eine Erziehung für die Welt; durch die Teilnahme an der sittlichen Organisation der Familie wird das Kind zur Teilnahme an der sittlichen Organisation der Welt erzogen. Das sittliche Ideal hat ein Gemeinschaftsleben zum Inhalt, für die Gemeinschaft und in ihr sollen wir leben und wirken. Für die Gemeinschaft kann aber nur in der Gemeinschaft und durch sie erzogen werden.

In der Familie schließt sich die sittliche Idee unmittelbar an Verhältnisse, welche Gott durch die Natur gestiftet hat, und gewinnt so eine eigentümliche Autorität. In objektiven Naturbeziehungen wurzelnd, erscheint das Sittlich-Gute hier als die Fortsetzung der Naturzwecke und insofern, als auf der festesten Basis ruhend, willkürlicher Bestimmung entzogen. Gleichsam mit einem Naturleibe bekleidet, besitzt hier das Sittlich-Gute das erreichbar größte Maß der Autorität. Das Natürliche wird der Ausgangspunkt des Sittlichen. Die natürlich bedingte Abhängigkeit der Kinder von den Eltern wird das Motiv zur sittlichen That des Gehorsams, die je länger je mehr die sinnlichen Elemente der Furcht ablegt, und, auf den Boden der Freiheit tretend, sich in verehrender, dankbarer Liebe begründet. Die Gemeinschaft der Abstammung, die Gleichheit der natürlichen Verhältnisse, sowie die innere Verwandtschaft, welche Geschwister mit einander verbindet, wird der Quell einer Liebe, die in gegenseitiger Anerkennung, Wertschätzung und Unterstützung, sowie im vertrauensvollen Austausch von Erfahrungen und Urteilen sich bewährt. Die Befähigung, ein Freundschaftsleben zu führen, wird hier erworben; aber auch, wenn ein solches entstanden ist, behält der ideale Gehalt der geschwisterlichen Beziehungen seinen eigentümlichen Wert und bildet eine unersetzliche Ergänzung.

Aber auch in sozialer Hinsicht schließt das Haus eine Fülle

erziehlicher Kräfte in sich). Je normaler sein Organismus ge=
staltet ist, je zuverlässiger seine Träger erscheinen, je geregelter seine
Funktionen sich vollziehen, desto mehr erinnert die ihm eignende
Festigkeit an die Wirklichkeit des Naturlebens. Stellt das Haus
auf der einen Seite eine Versittlichung der Natur, eine Fort=
setzung ihrer Zwecke in der Sphäre der Freiheit dar, so erkennen
wir in ihm auf der andern Seite eine Verkörperung des sittlichen
Lebens, eine Naturwerdung desselben.

Die Pflege des leiblichen und geistigen Lebens vermittelt sich
für die Kinder durch die Eltern, und daraus erwächst diesen eine
auf sozialer Basis ruhende Autorität. Eignet sie auch beiden
Teilen, dem Vater wie der Mutter, so besitzen sie dieselbe doch
nicht in gleichem Maße und üben sie nicht in gleicher Weise aus.
Die Thätigkeit des Vaters, welche die Existenzbedingungen des
Hauses schafft, dessen Interesse die Ordnung desselben bestimmt,
dessen soziale Stellung auch über die soziale Wertschätzung des
Hauses entscheidet, macht ihn zu einem Gegenstande der Ehr=
furcht. Die hingebende Liebe der Mutter dagegen, aus deren
Hand das Kind fast alles Erfreuende und ihm Wertvolle un=
mittelbar empfängt, erzeugt unwillkürlich Gegenliebe und inniges
Vertrauen.

Obwohl so in verschiedener Weise ausgeübt und auch in nicht
gleichem Maße behauptet, erscheint die elterliche Autorität doch
als Einheit, vermöge der gleichen Richtung, welche die Erziehung
einschlägt; vermöge der Übereinstimmung, welche zwischen Vater
und Mutter stattfindet. Von dieser Gemeinschaft zwischen beiden
Eltern, die auf dem Grunde gegenseitiger Liebe ruht und durch
eine Unterordnung und Nachgiebigkeit sich erhält, welche doch die
Selbständigkeit beider Teile nicht aufhebt, gehen für die Kinder
neue sittliche Impulse aus. In vorbildlicher Weise stellen sich
ihnen die Bedingungen dar, an welche jedes sittlichen Gemein=
schaftslebens Bestand geknüpft ist, freie Selbstbeschränkung und
Behauptung der eigenen Selbständigkeit, beide mit einander inner=
lich geeint.

An diesem Vorbilde kann und soll sich das Verhältnis der
Geschwister zu einander normieren; und die Erziehung soll er=
gänzend weiter führen, was durch unmittelbaren Eindruck ent=

4 *

standen ist, durch Festsetzung, Mahnung und Strafe. Jedes Kind
soll die Rechtsphäre des andern achten und die eigene Rechts=
sphäre gegen Übergriffe der Geschwister behaupten, soll, sich selbst=
beschränkend, die eigene Begierde zügeln und doch auch sein eigenes
Recht und den Wert des eigenen Seins zur Geltung bringen.
Aber was es dem Fordernden versagt, soll es in freier Liebe zu
gewähren bereit sein.

Andere erziehliche Kräfte schließt das Haus in sich, indem es
im Gesinde Elemente in sich aufnimmt, welche, nicht durch Bluts=
gemeinschaft ihm einverleibt, doch dem Hause angehören, durch
ihre Thätigkeit die Erhaltung desselben vermitteln und an seinen
freudigen und schmerzlichen Geschicken innerlich teilnehmen. Das
öffentliche Leben tritt hier in das Leben des Hauses ein, und
dieses hat die Aufgabe, sich jenes zu assimilieren. Die rechtlichen
Gegensätze zwischen Vorgesetzten und Untergebenen, Herrschaft und
Dienst, Leistung und Gegenleistung sollen hier ihre herbe Schärfe
verlieren und durch Güte und Milde, Eifer und Treue, gegen=
seitige Teilnahme moralisch ausgeglichen werden. Wenn hier die
Eltern, soweit die Ordnung des Hauses es gestattet, ihr Herr=
schaftsrecht zart verhüllen, das Gesinde in die Interessen des
Hauses hineinziehen, werden auch die Kinder lernen, die ange=
messene Stellung demselben gegenüber einzunehmen, und die Er=
ziehung wird die Macht der dahin gehenden Impulse steigern. Das
Gesinde muß gegen die herrischen Neigungen und willkürlichen
Ansprüche der Kinder geschützt sein. Auf der andern Seite freilich
ist auch eine große Vertraulichkeit der Kinder dem Gesinde gegen=
über nicht wünschenswert; wenigstens nicht, wenn jene schon die
ersten Entwicklungsstufen überschritten haben. Denn Vertraulich=
keit setzt Gleichheit der Bildung voraus. In dieser Beziehung
steht mit früher Kindheit das Gesinde auf gleichem Boden, oder
richtiger, das Gesinde besitzt ein höheres Maß der Bildung. Dies
Verhältnis ändert sich aber bald. Bleibt dann trotz der Ungleich=
heit der Bildung dieselbe Vertraulichkeit, so ist dies ein Beweis,
daß sich das Kind auf der erreichten Bildungsstufe nicht wohl
fühlt, also sie innerlich und wahrhaft noch nicht beschritten hat.
Nur in dem Fall, daß das Gesinde sich durch ein seltenes Maß
des Gemütslebens und durch Feinheit des Urteils auszeichnet,

wird eine fortgesetzte Freundschaft zwischen dem Gesinde und den Kindern eine erfreuliche Erscheinung sein.

Aber auch der sittlichen Einwirkung des Haushalts müssen wir hier gedenken. Die Ordnung und Regelmäßigkeit desselben, welche allen Familiengliedern das Gefühl des Vertrauens und Behagens verleiht, setzt voraus und fordert von allen Hausgenossen die Unterordnung des eigenen Beliebens unter ein allgemeines Gesetz und nötigt zur Selbstbeschränkung. Die Ordnung des Haushalts ist die erste Nötigung der Kinder zur Stetigkeit.

Ist das Haus ein abgeschlossenes Ganzes, in dessen geschützte Räume der Lärm des Tages nicht eindringt, so soll es sich doch auch nicht gegen die Welt, gleichsam wie durch eine Mauer, völlig abschließen und in ein Kloster verwandeln. Für Menschenfreude und Menschenleid sollen seine Pforten geöffnet sein, und Freunde sollen ein- und ausgehen. So entwickelt das Haus eine neue erziehliche Wirkung. Das Bewußtsein des Wertes, welcher der Gastfreundschaft und gemütvollen Geselligkeit eignet, wird durch die Beziehungen des Hauses geweckt. Die Ehrerbietung, welche den Freunden des Hauses vonseiten der Eltern bezeugt wird, pflanzt sich auch auf die Kinder fort, und so wird ihnen die Gastfreundschaft des Hauses eine Schule, in der sie rücksichtsvolles und zuvorkommendes Begegnen gegen Fremde lernen.

Endlich erinnern wir uns an die unwillkürliche Einwirkung, welche die im Lauf des täglichen Lebens von den Eltern ausgesprochenen sittlichen Urteile und die darin sich bezeugende Weltanschauung ausüben. Vermöge der Autorität, von welcher diese Urteile ausgehen, werden dieselben zum Eigentum der Kinder, welche allmählich aus der Vielheit der einzelnen vernommenen Worte sich eine sittliche Gesamtanschauung bilden.

Aber alle diese Bethätigungen sittlicher Gesinnung, deren Träger die Familie ist, werden nur dann das höchste Maß erziehlicher Kraft, welches ihnen einwohnen kann, entfalten, wenn sie auf dem Grunde des christlichen Geistes ruhen. Das ideale Haus ist das christliche Haus. Hier wird die elterliche Autorität im Sinne der heiligen Liebe geübt, welche im eigenen Kinde die unsterbliche, zur Gotteskindschaft berufene Seele erkennt und dasselbe als ein Heiligtum betrachtet, das sie erbauen und bewahren

soll; im Sinne jener erbarmenden Liebe, welche auch dem ver=
irrten Kinde nachgeht; es sucht, bis sie es findet, es hebt und
trägt; im Sinne jener Liebe, die unnachsichtig mit eiserner Strenge
die Sünde bekämpft und doch zugleich mit warmem Herzschlag
und innigem Empfinden das Kind in seine Arme schließt; mit
einem Worte im Sinne der heiligen Liebe, welche Ernst und
Milde in sich vereint und ebenso Freiheit gewährt, wie sie die
Schranken fester Ordnung und Zucht wahrt. Hier wächst die
elterliche Autorität, indem sie sich der göttlichen Autorität unter=
ordnet, sich in ihren Dienst stellt, aber deshalb auch in ihrem
Namen handelt. In der Familienandacht walten die Eltern ihres
priesterlichen Amtes, stellen sich und ihr Haus vor Gottes Ange=
sicht und legen die Fürsorge für dasselbe in Gottes Hand. Aber
selbst Priester, erziehen sie auch die Kinder zu priesterlichem Thun,
lehren sie beten und vor Gottes Angesicht wandeln. So wird
das Haus ein heiliges, Gott geweihtes Haus, eine Stätte des
heiligen und heiligenden Geistes. Er lehrt auch die Eltern, in
Wort und Werk der Majestät kindlicher Unschuld zu gedenken und
jeder Verletzung derselben, jedes Ärgernisses, sich zu enthalten; er
schärft in ihnen das Bewußtsein der Verantwortlichkeit für sie
vor Gott. Eltern sollen Engel Gottes sein, die wachend und
betend, leitend und zurückhaltend, auf ihre Kinder nieder= und zu
Gott emporschauen.

Hinter dem tief= und weitgreifenden Einfluß, den das Haus
inbezug auf die moralische Bildung ausübt, steht seine Einwirkung
auf die Entwicklung der Erkenntnis bei weitem zurück. Nur in
den seltensten Fällen werden die Eltern selbst den Unterricht in die
Hand nehmen können, es wird ihnen die dazu erforderliche Zeit
und Befähigung fehlen. Wo es dennoch der Fall ist, werden wir
dies als einen Notstand ansehen, dessen unerfreuliche Spuren sich
in den Mängeln und Einseitigkeiten der geistigen Entwicklung
und wissenschaftlichen Bildung des Kindes zeigen werden. Anders
ist es, wenn eine dazu befähigte Persönlichkeit als Glied der Fa=
milie in das Haus aufgenommen wird, um den Unterricht zu er=
teilen. Es erweitert sich dann die Familie und gliedert sich die
Schule ein; wie sie sich ja auch durch Errichtung einer Haus=
kapelle und Anstellung eines Hausgeistlichen die Kirche einverleiben

kann. Solche Zustände entsprechen aber nur elementaren Kultur=
stufen und haben kein Recht, wenn Kirche und Schule sich zu
selbständigen Organisationen gestaltet haben; nur als Ausnahmen
und Notverhältnisse können sie noch gegenwärtig statthaft erscheinen.

Aber es giebt allerdings auch Einwirkungen des Hauses auf
die intellektuelle Bildung der Kinder, welche ihm immer bleiben
werden und bleiben müssen. Zuerst fällt die elementare Vorbe=
reitung auf die Schule dem Hause zu; hier lernt das Kind sich
in seiner nächsten Umgebung orientieren, eine Fülle von Eindrücken
sammeln, ordnen, gestalten. Die Sinne werden wach und eignen
sich die sinnlich wahrnehmbare Welt an. Sprechend tritt das
Kind in die geistige, unsichtbare Welt ein, indem sich für das
Bewußtsein das Allgemeine des Gattungsbegriffs bildet, dem die
Vielheit des Einzelnen untergeordnet wird, denn das Wort be=
zeichnet ein Allgemeines.

Alle diese Vorgänge im Kindesleben, wie spontan sie sich
auch entwickeln, sie setzen nicht bloß die Zugehörigkeit des Kindes
zu einer geistig gebildeten Gemeinschaft, sondern auch eine be=
wußte Thätigkeit, ein leitendes und berichtigendes Handeln der=
selben voraus.

In umfassenderer Weise vermag das Haus auf die Pflege
ästhetischer Bildung Einfluß auszuüben. Der Schmuck der Räume
mit Bildwerken, die geschmackvolle Form der Möbel, die Schön=
heit der Teppiche und Decken, die Ordnung der zur Ausstattung
der Zimmer bestimmten Gegenstände, ja auch schon die Sauberkeit
und Reinlichkeit der Räume dürfen wir als Faktoren der Ge=
schmacksbildung betrachten. In einem höheren Maße bedeutungs=
voll für diese ist die Bibliothek des Hauses; enthält dieselbe, so=
weit sie der Jugend zugänglich ist, ihrem Bedürfnis und Ver=
ständnis entsprechend, ausschließlich Schriften, welche durch Schön=
heit der Sprache, durch sittliche Reinheit, durch Gedankenfülle und
Tiefe der Empfindung ausgezeichnet sind; nehmen die Erzieher
darauf bedacht, das Verständnis derselben ausdeutend und berich=
tigend zu vermitteln; ist diese Lektüre in die Zeitschranken einge=
schlossen, ohne deren Bewahrung ein Überwuchern der Phantasie
und eine Abneigung gegen pflichtmäßige Arbeit zu befürchten ist,
so fließt hier die reichste Quelle ästhetischer Bildung. Daß in der

Hausbibliothek unsere deutschen Klassiker die erste Stelle einnehmen
müssen, unterliegt keinem Zweifel; aber ebenso bedarf es keiner
Begründung, daß dieselben nur der reiferen Jugend übergeben
werden dürfen. Unsere großen Dichter haben nicht für Kinder
geschrieben.

Bevorzugt ist das Haus, in welchem Ausübung der Kunst,
Musik, Zeichnen, Malen, eine Stätte findet, die ausübenden Glie=
der der Familie tiefer in ihr Verständnis eindringen, reicher sie
genießen, die anderen teilnehmend die Gaben der Kunst empfangen.
Am wertvollsten erscheint für die Pflege ästhetischen Sinnes nächst
der Poesie die Musik. Es ist in neuerer Zeit üblich geworden,
mit einer gewissen höhnischen Mißachtung auf die Eltern zu blicken,
welche auch musikalisch wenig begabten Kindern Musikunterricht
erteilen lassen; man hat darin eine Entweihung der Musik, eine
Marterung der Lernenden und der gezwungen Hörenden zu er=
blicken gemeint. Wie uns dünkt, mit Unrecht. Es läßt sich nicht
einsehen, warum auf künstlerischem Gebiet unerlaubt sein soll, was
auf wissenschaftlichem geboten ist. Es fällt niemandem ein, welcher
zu den höheren Klassen der Gesellschaft gehört, seinen Sohn deshalb
dem Gymnasium zu entziehen und etwa einer Bürgerschule anzu=
vertrauen, weil er, wenig begabt, mit vielen Schwierigkeiten zu
kämpfen hat und kaum Aussicht, jemals auf wissenschaftlichem Ge=
biet Namhaftes zu leisten. Mag hier auch die Erwägung den
Ausschlag geben, daß die bevorzugten Stellungen im öffentlichen
Leben an den Besitz wissenschaftlicher Bildung geknüpft sind, so
wirkt doch auch gewiß bei vielen Eltern der Wunsch mit, ihren
Söhnen die wissenschaftliche Bildung zu geben, welche ihnen das
Verständnis unseres Kulturlebens erschließt, und ihnen an der
weiteren Entwicklung desselben fördernd teilzunehmen ermöglicht.
So läßt sich nicht absehen, weshalb den weniger dazu Befähigten
die Welt der Töne verschlossen bleiben, weshalb nicht auch ihnen
der Zugang zu derselben offen stehen soll. Wenn wir nichtsdesto=
weniger denen zustimmen, welche ihren musikalisch schwach begabten
Söhnen den Unterricht in der Musik nicht gewähren, so bestimmt
uns dazu ausschließlich der Umstand, daß denselben infolge der
von der Schule notwendig gestellten Forderungen die Zeit fehlt,
welche sie musikalischer Übung zuwenden müßten, um auch nur

geringen Ansprüchen genügende Erfolge zu erzielen. Dagegen bleibt den Töchtern Muße genug, um das Maß von Zeit und Mühe der Musik zuzuwenden, welches auch bei schwacher Befähigung ihnen die Erreichung eines erfreulichen Resultats sichert. Nur in dem Fall würden wir auch hier von musikalischem Unterricht absehen, wenn für eine andere Kunst dem jungen Mädchen ein größeres Talent eigen wäre. Es ist in der That nichts Willkürliches, wenn gegenwärtig die Töchter zu irgendeiner Kunstübung angehalten zu werden pflegen.

Wie der männliche Genius in erster Linie zu wissenschaftlicher Thätigkeit berufen ist, so der weibliche Genius zu künstlerischer. Diese wie jene versetzt in eine ideale Welt; diese wie jene erhebt uns in eine Sphäre, in der wir Freudigkeit gewinnen, die Last der Wirklichkeit leichter zu tragen.

Auch durch die Feste, welche das Haus feiert, tritt ein ästhetisches Element in seine Räume. Der Schmuck, den diese anlegen; die äußere Erscheinung der Glieder des Hauses und der Gäste; die Freude und Heiterkeit, welche die Gemeinschaft erfüllt; die Selbstdarstellung des Einzelnen zum Genuß für die anderen, alle diese von festlicher Geselligkeit unablöslichen Momente tragen einen ästhetischen Charakter. Innerlich und äußerlich soll das Arbeitskleid abgestreift werden, um, in wie bescheidenem und beschränktem Maße auch immer, eine in Freiheit genießende Gemeinschaft zu bilden. An den Festen des Hauses nehmen allerdings die Kinder nur insoweit teil, als Alter und Bildung gestattet; aber auch, wenn sie unmittelbar von denselben ausgeschlossen sind, bleiben sie doch nicht von allen ästhetischen Eindrücken unberührt, welche hier ausgeübt werden.

Aber es giebt auch Feste des Hauses, zu deren Teilnahme alle Kinder berufen sind; Feste, welche Familienereignisse zu ihrem Anlaß haben, Geburtstage, Taufen, Hochzeiten. Hier verknüpft sich das ästhetische mit einem sittlichen Element, welches jenes vertieft. Eine ernste Bewegung des Gemüts klingt in heiteren Tönen aus. Und zu diesen Festen zählen wir auch das Weihnachtsfest. Religiöse, ethische und ästhetische Beziehungen durchdringen sich hier, einander ergänzend; Haus und Kirche schließen sich zusammen. Die Liebe Gottes, die den eingeborenen Sohn giebt, weckt dankbare, frohe Gegenliebe; die gebende Liebe Gottes ruft auch unsere gebende Liebe hervor; und die, welche Gott als die nächsten zusammengefügt hat, knüpfen von neuem das Liebes= band, welches sie vereinigt, und erfreuen sich durch Zeichen der Liebe. Im Weihnachtsfest wird der übersinnliche Hintergrund menschlicher Liebe offenbar, ihre zeitlich=irdische Erscheinung leuchtet im Glanz ewig=himmlischen Wesens. Und so ist die Weihnachts= feier ein Mysterium, welches in das Haus Kräfte ewigen Lebens leitet.

Gedenken wir endlich der Feste, welche der Kinderwelt aus= schließlich gewidmet sind. So lange dieselben einen kindlichen Charakter tragen und sich von allen Versuchen fernhalten, das ge= sellschaftliche Leben der Erwachsenen zu kopieren; so lange sie durch Einfachheit der Bewirtung und Angemessenheit der Spiele sich innerhalb der kindlichen Sphäre bewegen, dürfen wir sie ge= wiß zu den wertvollen ästhetischen Einwirkungen des Hauses zählen. Denn der wesentlichste Inhalt kindlicher Freude ist das Spiel; und wir werden später zu zeigen haben, welche ästhetischen Elemente dasselbe in sich schließt. Diese Kinderfeste haben aber auch eine sittliche Bedeutung: einmal, insofern sie eine Bezeugung elterlicher Liebe sind, welche neue Motive zu dankbarer Gegenliebe giebt; dann aber auch, weil die freiere Bewegung, die hier gewährt wird, zur Entfaltung und Selbstdarstellung der eigentümlichen Individualität einen weiteren Spielraum bietet und so Gelegen= heit giebt, dieselbe schärfer zu beobachten und dem entsprechend zu leiten.

Es bleibt uns noch die Frage übrig, inwieweit das Haus zu christlicher Gesinnung und christlichem Leben erziehen kann. Es wird diese Aufgabe vor allem dadurch erfüllen, daß es selbst mit dem Geiste des Evangeliums sich durchdringt und denselben in allen Einwirkungen, welche es auf die Kinder ausübt, bewährt. Indessen darf es sich auch nicht besonderen Handlungen und Ver= anstaltungen entziehen, welche der Weckung und Pflege christlicher Frömmigkeit gewidmet sind. Die Hausandacht soll die Glieder der Familie vereinen und das Tischgebet die gemeinsame Mahlzeit weihen. Die Kinder müssen einen Eindruck davon empfangen, daß die Eltern sich vor Gott und dem Heiland beugen, in ihm

Kraft und Frieden suchen. So wird vermöge der Autorität, welche die Eltern besitzen, auch das religiöse Leben derselben den Kindern als ein Gegenstand der Pietät erscheinen. Aber auch die Kinder selbst sollen zum Gebet angehalten werden. Freilich müssen wir hier davor warnen, hohe Ansprüche zu stellen. Das formularische Gebet muß den Anfang im Gebetsleben des Kindes machen, die regelmäßige Fürbitte für die Glieder des Hauses schließt dasselbe ab. Besondere Gelegenheiten, wie Krankheiten der Angehörigen und Freunde, geben Anlaß zur Erweiterung des Gebets. Das freie Gebet muß aus der Initiative des Kindes hervorgehen; und diese wird nicht früher eintreten, als bis dasselbe sich eine eigene, persönliche Frömmigkeit erworben hat, nicht mehr ausschließlich von der Frömmigkeit des Hauses lebt. Man mag wünschen, daß dieses Ziel möglichst früh erreicht werde, und Gott darum bitten, und gewiß giebt es Fülle genug, in denen wir schon den Kindessinn zu persönlicher Frömmigkeit sich er= schließen sehen; aber die Erziehung kann unmittelbar nicht dahin wirken. Sie muß sich davor hüten, Treibhauspflanzen groß zu ziehen oder der Heuchelei Vorschub zu leisten. Jene welken schnell in der Wirklichkeit des Lebens, diese untergräbt das Fundament nicht bloß der Frömmigkeit, sondern auch der sittlichen Gesinnung.

§ 10.
Die Schule als Erziehungsstätte.

Die Aufgabe der Erziehung kann nicht ausschließlich von der Familie gelöst werden, die pädagogische Thätigkeit der= selben bedarf der Fortführung und Ergänzung. Eine solche gewährt die Schule in moralischer Hinsicht, insofern sie im Unterricht die sittliche Gesamtanschauung erweitert, in der Be= ziehung zu den Mitschülern ein umfassenderes Gebiet sittlicher Verhältnisse erschließt und ihre Glieder in einem Gemein= schaftsleben zusammenfaßt, für welches die objektiven Ord= nungen ein höheres Maß von Festigkeit besitzen, als ihnen im Schoße des Familienlebens zuerkannt wird. Vor allem aber ist die Schule Unterrichtsgemeinschaft und vermittelt nach bewährter Methode die Aneignung zusammenhängender Kennt=

nisse und übt so eine Thätigkeit aus, zu welcher im Hause Zeit und Fähigkeit fehlt. Als Unterrichtsanstalten wollen die Schulen durch Vermittelung allgemeiner geistiger Bildung die Vorbedingungen schaffen, an welche die Ausübung eines Berufs, der dem öffentlichen Leben dient, geknüpft ist. Den Begriff der allgemeinen Bildung verwirklicht die Volksschule durch Zueignung der Elemente des Wissens und Könnens, auf einen wissenschaftlichen Unterricht verzichtend. Indem sie den Religionsunterricht zum Fundament ihrer Arbeiten wählt, gewinnt sie eine innere Einheit. Dagegen ist das Gymnasium eine spezifisch wissenschaftliche Bildungsanstalt, teils, indem dasselbe seinen Schülern die Fähigkeit verleiht, die Genesis unserer Kultur in eigener Erfahrung zu erleben, teils, indem es die Übung in energischem, abstraktem Denken vermittelt. Der Realschule endlich ist die Aufgabe gestellt, eine gesteigerte allgemeine, aber nicht wissenschaftliche Bildung zu erzeugen, indem sie den Kulturbestand der Gegenwart zueignet.

In mannigfacher Weise vermittelt die Schule ästhetische Bildung, teils durch Darbietung der Schätze der Dichtung nach Maßgabe der gewonnenen Empfänglichkeit für dieselben, teils durch Einführung in die heilige Schrift, die nach Form und Inhalt eine ästhetische Einwirkung ausübt, teils durch Gesangesübung, die an Volkslied und Kirchenlied sich anlehnt, teils endlich, indem sie im Zeichenunterricht das Verständnis der bildenden Künste vorbereitet und durch Turnübungen den körperlichen Bewegungen die Freiheit und Leichtigkeit zu verleihen sucht, welche eine Bedingung der Schönheit körperlicher Erscheinung bilden.

Die Schule ist in erster Linie ein Institut zum Zwecke des Unterrichts, sie ist aber eben dadurch auch eine Organisation im Interesse moralischer Bildung. Denn dürfen wir auch in der Erkenntnis des Sittlich-Guten nicht den ausreichenden Grund für die Entstehung einer moralischen Gesinnung sehen, so doch sicher die unumgängliche Bedingung derselben. Die sittliche Erkenntnis ist ein wesentlicher Faktor für die Erzeugung einer sittlichen Gesinnung. Und deshalb muß die Erweiterung und Vertiefung jener fördernd auf die Bildung und Befestigung dieser wirken. Be-

trachten wir daher zuerst die Schule als Vermittlerin sittlicher
Erkenntnis! Unser Blick richtet sich hier keineswegs ausschließlich
auf den Religionsunterricht, welcher **die** Darstellung und Zueig=
nung der vom Evangelium geforderten und **gewirkten** sittlichen
Gesinnung **zu** seinem wesentlichen Inhalt hat, sondern auf sämt=
liche Disziplinen, die im Lehrplan unserer Schulen enthalten sind.
Bald mehr, bald weniger **vermittelt jede** von ihnen sittliche Er=
kenntnis, und im Fortschritt des Unterrichts wächst ihr Umfang
und ihre Kraft.

Der Vortrag der Geschichtswissenschaft giebt ein anschauliches
Bild aller Kräfte, mit denen die Menschenwelt ausgestattet ist,
der Thätigkeiten und Wirkungen, welche von diesen Kräften aus=
gehen, der Bedingungen ihrer **Entwickelung und ihres Erfolges.**
Sie zeigt die sittlichen **Ziele,** welche der Menschheit gesetzt sind,
die sie zum Inhalt ihres freien **Schaffens und Strebens** wählen
soll. **Vor allem** aber zeichnet sie die **Gestalt der Heroen,** in denen
die gesammelte Kraft **des** Menschengeistes erscheint. Die Geo=
graphie vergegenwärtigt **die Wechselwirkung,** in welcher sich die
Thätigkeit des Menschen, seine Individualität, sein Zustand mit
der Erde, dem Schauplatz seiner **Thätigkeit und Entwicklung,**
befindet.

Das Studium der Sprachen erschließt das Verständnis nicht
nur für den intellektuellen, sondern auch für den moralischen Ge=
nius der Völker; **die Einführung in ihre Litteratur eröffnet dem**
Blick ihre **hier niedergelegte sittliche Gesamtanschauung.** Und
vermöge der Auswahl, die getroffen ist, werden die Schüler mit
den sittlich=wertvollsten **Schriften** bekannt gemacht. So kräftigt
die Lektüre die moralische Gesinnung. Und der Unterricht in der
Muttersprache übt, abgesehen **von dem sittlichen Wert,** den er mit
allem Sprachunterricht gemeinsam hat, insofern eine ihm eigen=
tümlich=sittlich bildende **Einwirkung aus,** als die **Aufsätze,** zu
deren Abfassung die Schüler hier angehalten **und** angeleitet wer=
den, diese nötigt, ihre Weltanschauung **zu prüfen** und zu begründen,
dem Lehrer aber Anlaß giebt, diese zu berichtigen und zu ergänzen,
zu erweitern und zu vertiefen.

Auch die Mathematik **und die** Naturwissenschaften üben eine
sittliche Einwirkung aus, indem sie alles Sein **als ein gesetzlich**

bestimmtes, der Willkür entnommenes, darstellen und damit die Autorität des Gesetzes, welches dem sittlichen Sein gebietet, bestätigen. Zugleich richten sie durch den Nachweis des gesetzlichen Zusammenhangs der Dinge den Blick auf eine unendliche Intelligenz, welche ihn leitet, wie viele ungelöste und vielleicht unlösbare Probleme hier auch übrig bleiben.

Um ihre unterrichtlichen Aufgaben lösen zu können, muß sich die Schule zu einem sozialen Organismus gestalten. Daraus erwächst ihr aber eine Fülle moralisch bildender Kräfte. Als vermittelnder Übergang steht sie zwischen dem Hause und den Institutionen des öffentlichen Lebens. In der Schulordnung, in der unbedingten Autorität, mit der sie sich zur Geltung bringt, erscheint ein Analogon des staatlichen Gesetzes. Der Zögling lernt dem unpersönlichen Gesetz Achtung zollen und Gehorsam leisten. Denn die Autorität des Lehrers ruht auf keinem Naturzusammenhange, sondern ausschließlich auf seiner Teilnahme an einer durch Gesetze begründeten und erhaltenen Institution. Es ist ein allgemeines Gesetz, welches der Lehrer vertritt, das in ihm, in seinem autoritativem Handeln, Wirklichkeit gewinnt. Und doch tritt das Gesetz hier noch nicht in seiner Starrheit und Strenge, in seiner unerschütterlichen Objektivität dem Schüler entgegen. Mannigfachen Modifikationen desselben, durch die Individualität des Schülers, durch die Ansprüche des Erziehungszwecks bedingt, ja sogar zeitweiligen Suspensionen desselben darf in der Schule Raum gegeben werden. Das Rechtssystem der Schule kann in einem höheren Maße als das Rechtssystem des Staats von der frei waltenden Macht der Gnade durchbrochen werden. Das Interesse an dem Einzelnen darf hier ein bestimmendes Moment werden. Und doch immer in einem weit geringeren Maße, als dies im Hause möglich und zulässig ist. In der Schule wird das Interesse an dem Einzelnen durch das Interesse am Ganzen beschränkt.

Noch in einer andern Beziehung macht sich der objektive Maßstab geltend, den die Schule anlegen muß. Sie kennt keine natürlichen Sympathieen und Antipathieen, ihre Wertschätzung ist nur sittlich bedingt, das Ergebnis der eigenen Leistung, der eigenen moralischen Lebensführung der Schüler. So weckt und stärkt sie im Zögling das Bewußtsein, daß der Wert, welcher auf allgemeine Anerkennung rechnen darf, nur durch eigene Thätigkeit erworben werden kann, und leitet so, bald hebend, bald beugend, zu einer sittlichen Selbstbeurteilung nach objektiver Norm.

Von hoher Bedeutung für die moralische Bildung ist endlich die Eingliederung des Zöglings in ein Ganzes gleich berechtigter und gleich verpflichteter, zu gleichem Zweck verbundener Altersgenossen. Auch diese Beziehung veranlaßt zu objektiver, sittlicher Selbstbeurteilung.

Jeder Schüler wird von seinen Mitarbeitern nach seinem wirklichen Wert geschätzt. Körperliche und geistige Kraft, Ehrenhaftigkeit, kameradschaftliches Verhalten finden Anerkennung; Hochmut und Eitelkeit werden verspottet; Eigensinn wird durch Nichtachtung gebrochen, Feigheit und Unehrlichkeit durch Verachtung gestraft. Die imaginären Werte der Abstammung steigern weder noch mindern sie das Ansehen.

Freilich schließt der Umgang mit den Schulgenossen auch die Möglichkeit mannigfacher Gefahren in sich. Der Gemeingeist der Schule oder Klasse hat vielleicht die Richtung auf das Sinnliche und Rohe genommen, die Pietät gegen die Lehrer ist erschüttert. Die schwache Moralität des einen Zöglings kann durch die Immoralität eines imponierenden Mitschülers völlig entwurzelt werden. Nichtsdestoweniger wird der hohe moralische Wert der Schule dadurch nicht aufgehoben. Gegen jene Schäden reagiert die Schule selbst, und einem von sittlicher Energie erfüllten Lehrerkollegium wird es auch gelingen, den verderblichen Gemeingeist zu besiegen und durch einen sittlich=gesunden zu ersetzen. Es ist sodann in Rechnung zu ziehen, daß die moralische Kraft des Hauses dem der Schule angehörigen Kinde verbleibt und schützend und behütend es trägt. Wie die Wirksamkeit des Hauses von dem Einfluß der Schule ergänzt und weitergeführt wird, so auch dieser von jener. Der Geist des Hauses kann und soll da bewahren, wo die Schule ihre Zöglinge nicht zu bewachen vermag. Doch geben wir auch dies zu, daß zeitweise die sittliche Wirkung des Hauses nicht ausreichend ist, um ungünstige Einflüsse, die innerhalb des Schullebens ausgeübt werden, zu überwinden, so darf doch die Hoffnung nicht aufgegeben werden, daß es schließlich dem Hause gelingen wird, über jene feindlichen Mächte den Sieg davonzutragen, dem

Hause in seinem Zusammenwirken mit der Schule. Die moralisch bildende Kraft der Schule kann nicht in Zweifel gezogen werden. Sie stellt auch insofern den Übergang vom Hause zum öffentlichen Leben dar, als sie auf die Freiheitsproben vorbereitet, welche dieses niemandem erspart. Mag der Zögling mehrfach in den Versuchungen unterliegen, welche in der Schule an ihn herantreten, er darf ihnen nicht entzogen werden. Besser, daß der erste Sündenfall im Schulleben als im öffentlichen Leben erfolgt, dort ist das Aufstehen leichter als hier; und vielleicht, daß dem Zögling, der in der Schule, wenn auch nach manchen Niederlagen, der Versuchung Widerstand zu leisten gelernt hat, das Maß sittlicher Kraft zueigen geworden ist, welches ihm den Sieg über die Versuchungen des öffentlichen Lebens verbürgt.

Zu den moralisch bildenden Potenzen des Schullebens zählen wir auch die Feste, die teils bei Beginn und Schluß der einzelnen Abschnitte der Schulzeit die Schulgemeinschaft versammeln, teils bei Gelegenheit vaterländischer Gedenktage die Arbeitszeit unterbrechen. Wecken diese patriotischen Sinn und die Wertschätzung des Staats, der seine Segnungen schon der Jugend gewährt, indem er ihr die Teilnahme am Kulturerbe ihres Volks vermittelt, so zeichnen jene ein Totalbild der Gesinnung, welche den sittlichen Grund des Schullebens bildet, und suchen das Gemüt für sie zu erwärmen. Die Aufgabe, welche die Schule lösen will; der Geist, welcher die Schüler erfüllen muß; die letzten Ziele, welche erreicht werden sollen, erscheinen in ihrer Notwendigkeit, in ihrem unbedingten Werte, und werben um die freie Zustimmung der Schüler.

Wenn wir jetzt die Schule als Unterrichtsanstalt ins Auge fassen, so tritt zuerst die Frage an uns heran, ob die Kenntnisse, auf deren Zueignung sie bedacht ist, ihren Wert von den Forderungen empfangen, welche das öffentliche Leben an alle richtet, die in demselben eine wirksame Stellung einnehmen und auf dasselbe einen Einfluß ausüben wollen, oder ausschließlich von der das geistige Leben bildenden Kraft. Blicken wir auf die gegenwärtig bestehenden Schulen, so scheint die Antwort, die wir erhalten, eine verschiedene zu sein. Kein Zweifel, daß die Gymnasien vor allem mit Rücksicht auf die allgemeine bildende Einwirkung die

Wahl der Unterrichtsobjekte bestimmen, während die Realschulen vielmehr, ohne eine allgemeine Bildung aus dem Auge zu lassen, die Vorbereitung auf gewisse, praktische Berufszweige sich zum Ziele setzen, die Volksschulen endlich in ihrer einfachsten Gestalt, oder, falls sie weiter entwickelt sind, auf der niederen Stufe die Fundamente allgemeiner Bildung legen, auf der höheren Stufe dagegen ebenfalls zugleich für bestimmte praktische Berufsarten ausstatten. Erwägen wir nun, daß auch die Gymnasien zugleich eine unmittelbare Vorbereitung auf die höchsten sozialen Berufsstellungen vermitteln, so ergiebt sich, daß jede der bestehenden Schulanstalten sowohl Kenntnisse zueignet, welche das öffentliche Leben beansprucht, als auch eine allgemeine Bildung sich zum Ziele setzt. Diese doppelte Aufgabe, welche die Schule zu lösen sucht, ist nun aber keineswegs eine Zusammenkoppelung heterogener Faktoren, sondern die Vereinigung zusammengehöriger Interessen. Es wäre anders, wenn das öffentliche Leben nicht auf allgemeiner geistiger Bildung ruhte, oder wenn der Besitz allgemeiner Bildung nicht die Befähigung zur Teilnahme am öffentlichen Leben verbürgte. Aber weder das eine noch das andere ist der Fall. Die Schule soll also sowohl allgemeine geistige Bildung ihren Zöglingen verleihen, als auch für gewisse Berufszweige ausrüsten, aber sie soll die letztere Aufgabe lösen, indem sie die erste erfüllt. Damit scheiden wir von der Schule alle Disziplinen und technischen Übungen aus, welche ausschließlich für einen besonderen Beruf vorbereiten, und lassen nur eine solche Vorbereitung für besondere Berufszweige zu, welche durch allgemeine geistige Bildung erworben wird. Diese letztere umfaßt aber gegenwärtig ein so weites Gebiet, daß es nur wenigen beschieden ist, es ganz zu umfassen. Den Realschülern bleibt die Kenntnis der griechischen und hebräischen Sprache verschlossen, auch die lateinische Sprache und Litteratur ist für sie ein spärlich bebautes Feld; dagegen bleibt dem Gymnasiasten die englische Sprache völlig, die Chemie zum größten Teile fremd, und seine Kenntnis der französischen Sprache und Litteratur ist gemeiniglich dürftig und lückenhaft. Und doch gehören gewiß sowohl diese wie jene Kenntnisse zur allgemeinen geistigen Bildung. Der Begriff dieser letzteren als eines gemeinsamen Kulturbesitzes aller Glieder der höheren Stände kann daher im strengen Sinne nicht mehr festgehalten werden. Ist diese Thatsache gewiß sehr bedauerlich, weil sie die geistige Einheit der Führer der Nation gefährdet, so ist doch ein Versuch, diese dadurch wiederherzustellen, daß in einem Realgymnasium die von dem Gymnasium und der Realschule ausgeschlossenen Disziplinen vereinigt werden, eine unmögliche Schöpfung, indem ein solches Institut entweder eine Überbürdung der Schüler oder eine allgemeine wissenschaftliche Oberflächlichkeit und Untüchtigkeit herbeiführen muß [1]). Bei dem gesteigerten Kulturleben der Gegenwart ist die Beherrschung aller in ihm enthaltenen Elemente allgemeiner Bildung überhaupt nur wenigen möglich; und die Schule muß darauf verzichten, diese hohe Aufgabe sich zu stellen. Der Begriff allgemeiner Bildung hat aber damit nicht aufgehört, eine angemessene, entsprechende Bezeichnung zu sein; die quantitative Bedeutung hat er verloren, die qualitative behalten. Wenn wir ein Unterrichtsobjekt als Träger allgemeiner Bildung bezeichnen, so wollen wir damit den Wert ausdrücken, der ihm zukommt, seine Fähigkeit, allgemeine Bildung zu vermitteln, ohne damit darüber zu entscheiden, ob in einem bestimmten Falle der Zögling diese Disziplin sich aneignen soll oder nicht; ohne darüber ein Urteil abzugeben, ob nach Lage der Dinge nicht vielmehr die allgemein bildenden Elemente einer andern Disziplin vorzuziehen sind. Der Begriff allgemeiner Bildung kann gegenwärtig nur als qualitativer Wertbegriff, aber nicht mehr als quantitative Grenzbestimmung eine innere Berechtigung in Anspruch nehmen.

Vergegenwärtigen wir uns nun die Art und das Maß, in welchen die pädagogischen Institute der Gegenwart den Begriff allgemeiner Bildung zu realisieren suchen, und richten zuerst unseren Blick auf die Volksschule. Hier haben wir vor allem die Frage

---

1) Dieses Urteil trifft die Lehrinstitute nicht, welche gegenwärtig in Preußen Realgymnasien heißen, denn dieselben sind geblieben, was sie waren, Realschulen, und haben nur den Namen gewechselt. Doch wollen wir nicht unterlassen, es hier auszusprechen, daß wir den neuesten Anordnungen der preußischen Regierung, welche auf eine Ausgleichung des Gegensatzes zwischen Gymnasium und Realschule gerichtet sind, unsere Zustimmung versagen müssen Es ergiebt sich dies als notwendige Konsequenz der hier dargelegten Grundanschauung.

zu beantworten, **ob wir die** Volksschule als das Fundament aller
Schulen zu betrachten haben, so daß **diese nur als** die höheren
Klassen jener anzuziehen wären, oder ob wir die Volksschule **als**
eine besondere eigentümliche Schule ansehen sollen, **welche** sich in
der Zueignung des Bildungsstoffs vom Interesse bestimmter **Be=**
rufszweige leiten läßt. Die Reformation hat sich im ersten **Sinne**
ausgesprochen, und die Volksschule Schottlands hat **bis in die**
neueste Zeit auf ihren höheren Stufen Disziplinen des Gym=
nasiums oder der Realschule vorgetragen. **Eine Schülerin** der
Dorfschule, welche Julius Cäsar, ein Schüler derselben Schule,
der Virgil und Xenophons Anabasis gut übersetzten, waren **nichts**
Seltenes [1]). Die Volksschule als allgemeines, nationales Bil=
dungsinstitut ist also keineswegs ein Utopien; es fragt sich nur,
ob die Bedingungen ihrer Realisierung bei allen Kulturvölkern der
Gegenwart verbreitet sind. Diese Bedingungen **suchen wir** in
einer gesteigerten Idealität der Gesinnung und des Geistes „Der
Lerneifer", sagt Wiese, „ist in Schottland immer sehr groß ge=
wesen; im 17. Jahrhundert dauerte der Schulunterricht hie und
da bis zu zehn Stunden täglich." Einem solchen Lerneifer be=
gegnen wir in Deutschland sehr selten. Wir müßten ihn aber
nicht bloß bei den Kindern, sondern auch bei den Eltern voraus=
setzen, wenn die universelle Volksschule Wirklichkeit werden sollte.
Denn wie viele Jahre hindurch müssen Eltern ihre Kinder der
Schule überlassen, **wenn diese das** Ziel höherer **wissenschaftlicher**
Bildung erreichen sollen! **Und welches Bild** bietet sich uns jetzt?
Herrschte nicht **die gesetzliche Pflicht des Schulbesuchs**, wie viele
Kinder würden überhaupt nicht die Schule besuchen; **und wie**
viele Eltern sehnen den Zeitpunkt herbei, **an welchem die Schul=**
pflicht erlischt, um ihre Kinder als Gehilfen der Arbeit **zu ver=**
wenden oder aus dem Hause zu selbständigem **Erwerb zu entlassen!**
Der gesteigerte ideale Geist fehlt unserem Volke, **welcher zur Er=**
richtung der universellen Volksschule berechtigen würde; und un=
seres Volkes Armut erklärt diesen Mangel hinreichend. Unserem
Volke fehlt aber auch die Voraussetzung einer gesteigerten idealen

---

1) L. **Wiese**, Deutsche **Briefe** über englische Erziehung (Berlin 1877),
Bd. II, S. 73 f.

Gesinnung. Es wird als Thatsache zugestanden werden müssen, daß mit der Zunahme geistiger Bildung die Abneigung gegen anhaltende harte, körperliche Arbeit und die Ansprüche an den Komfort des Lebens wachsen. Wir wollen nicht behaupten, daß dieser Zusammenhang ein unbedingt notwendiger sei; Männer, wie Hans Sachs, Jakob Böhme, Gerhard Tersteegen, Baruch Spinoza, beweisen das Gegenteil; aber diese Männer waren auch sehr ideal gerichtete Persönlichkeiten. Nur bei großer Idealität sind wissenschaftliche Bildung, anspruchslose Einfachheit der Lebensweise, anhaltende körperliche Arbeit wohl vereinbare Elemente; aber dies Maß der Idealität mag das schottische Volk besitzen, unser deutsches Volk als Ganzes besitzt es gegenwärtig nicht. Und so lange ihm diese Idealität der Gesinnung fehlt, muß ihm auch die universelle Volksschule versagt bleiben; diese ohne jene könnte nur zu gesteigerter Unzufriedenheit führen und infolge dessen zu einer sozialen Revolution, welche niederreißen, aber nicht aufbauen würde. Wenn wir nun auf die universelle Volksschule verzichten, so können wir die Volksschule nur als Vermittlerin eines Maßes allgemein bildender Elemente betrachten, welches durch das Interesse bestimmter Berufszweige bestimmt ist. Dies schlöße natürlich nicht aus, daß sie auch von Kindern besucht würde, welche später zum Gymnasium oder zur Realschule übergehen. Zum Zwecke der Ausgleichung des Unterschieds der Stände ist eine solche, wenn auch nur kurze, Gemeinsamkeit des Unterrichts befürwortet worden. Aber dies an sich durchaus zu erstrebende Ziel würde so keineswegs erreicht werden; vielmehr könnten wir mit Sicherheit voraussehen, daß sich eine Absonderung der Kinder der höheren Stände von denen der niederen Stände vollziehen und der Gegensatz nur schärfer hervortreten würde. Die Verschiedenheit der Lebensgewohnheiten hier und dort würde eine unverwischbare Grenzlinie ziehen, und Eitelkeit und Hochmut der einen, Mißgunst, Neid, Bitterkeit der anderen reichen Nahrungsstoff finden. Auch didaktische Bedenken stellen sich einer solchen zeitweisen Gemeinsamkeit des Unterrichts entgegen. Es wird nicht in Zweifel gezogen werden können, daß, wie viele Ausnahmen auch zuzugeben sind, bei den Kindern der höheren Stände ein größeres Maß geistiger Regsamkeit vorhanden ist als bei den Kindern der niederen Stände. Infolge deſſen iſt zu erwarten, daß die Fortſchritte dieſer einen längeren, die Fortſchritte jener einen kürzeren Zeitraum in Anſpruch nehmen. Denken wir uns nun beide Gruppen in einer Klaſſe vereinigt, ſo wäre dieſe ſehr ungleichartig zuſammengeſetzt, und wir müßten beſorgen, daß bei ſchnellerem Fortſchreiten des Unterrichts die einen, bei langſamerem die anderen benachteiligt würden. Eine gewiſſe Ungleichartigkeit dieſer Art wird ſich nun ja allerdings in jeder Schule finden, und es fragt ſich in unſerem Falle nur, ob die Ungleichartigkeit ſo groß ſein würde, daß der Unterrichtszweck für einen Teil der Schüler vereitelt würde. Dieſe Frage wird in einigen Gegenden bejaht, in anderen verneint werden. In letzterem Falle ſtände von didaktiſchen Geſichtspunkten aus dieſer zeitweiſen Gemeinſamkeit des Unterrichts nichts im Wege. Und ebenſo wollen wir auch gern zugeben, daß auch jene moraliſchen Bedenken da wegfallen, wo im ſozialen Leben die Gegenſätze der Stände ſich ausgeglichen haben. Dieſe Frage können wir alſo nicht unbedingt entſcheiden; wir müſſen uns darauf beſchränken, auf die Bedingungen hinzuweiſen, an welche eine bejahende Ant= wort geknüpft iſt, und die Hinderniſſe zu bezeichnen, welche über= wunden werden müſſen, wenn die Volksſchule als zeitweiſe gemein= ſame Unterrichtsſtätte aller Stände zuläſſig erſcheinen ſoll.

Kommen wir nun zu dem Ergebnis, daß die Volksſchule eine eigentümliche Geſtaltung des Schullebens darſtellt, ſo haben wir die Frage zu beantworten, worin wir die Eigentümlichkeit ihrer Aufgabe erkennen ſollen. Handelt es ſich um die allgemeine Beſtimmung des Zwecks der Volksſchule, ſo iſt dieſe leicht zu finden. Die Volksſchule ſoll elementares Wiſſen und elementares Können vermitteln. Schwerer iſt es, die Grenzen zu zeichnen, die nicht überſchritten werden ſollen. Denn mit der Zunahme allgemeiner Bildung, mit dem Wachstum des Kulturlebens werden die Grenzen ſich erweitern. Die Anforderungen, welche das öffentliche Leben, die einzelnen Berufszweige, ſtellen, werden größer. Wie weit alſo die Grenzen der elementaren Disziplinen gezogen werden ſollen, darüber entſcheidet der Kulturſtandpunkt der jedes= maligen Gegenwart. Aber auch hier werden wir gewiſſe Unter= ſchiede anerkennen müſſen, indem in einem und demſelben Volke in einer und derſelben Zeit es geiſtig regere und geiſtig trägere

Kreise giebt, daher hier die Grenzen enger, dort weiter gesteckt werden können.

Vermögen wir so nicht unbedingt die Linie zu zeichnen, bis zu welcher hin der Unterricht in der Volksschule reichen darf, so giebt uns doch der Begriff des Elementarischen, der diesem Unterricht eignen muß, eine sichere Wegweisung. Er schließt die Gestalt wissenschaftlichen Vortrags, die Absicht, zu wissenschaftlicher Thätigkeit hinzuleiten, aus. Die Volksschule soll sich die Aufgabe stellen, Kenntnisse und Fertigkeiten zuzueignen, auf beschränktem Gebiet ein sicheres Können und ein genaues Kennen zu vermitteln; das Gebiet der Wissenschaft soll sie nicht betreten.

Indem wir diese Grenze ziehen, scheint aber der pädagogische Wert des Unterrichts in der Volksschule auf ein geringes Maß beschränkt zu werden. Soll aller Unterricht nicht bloß die intellektuelle Vorbildung für gewisse Berufszweige gewähren, sondern auch eine in sich zusammenstimmende, ethisch begründete Weltanschauung erzeugen, so entsteht die Frage, auf welchem Wege die Volksschule diese zweite Aufgabe lösen soll; die Mittel dazu scheinen ihr zu fehlen. Und dies ist auch in der That der Fall, wenn sie darauf verzichtet, im Religionsunterricht ihre Einheit, das tragende Fundament zu suchen. Nur dieser kann bewirken, daß ihre Disziplinen nicht ein lockeres Aggregat darstellen. Sobald aber die Religion nicht bloß eine Disziplin neben anderen bildet, sondern die Seele des Unterrichts wird, ist es auch der Volksschule möglich, ebenso wie die weiterführenden Schulen dies Ziel erreichen können, eine Gesamtanschauung der Welt ihren Zöglingen als Mitgift für die Arbeiten und Kämpfe des Lebens zu gewähren. Denn das ist ja der Religion eigentümlich, die tiefsten Gründe und die letzten Ziele des menschlichen Lebens zu enthüllen, eine sichere Wegweisung in die verschlungenen Pfade, die wir gehen sollen, eine starke Waffenrüstung für die Kämpfe, die unserer warten, zu verleihen, das Verständnis für die sittliche Weltordnung uns zu erschließen und über die Weltkräfte zur Freiheit der Kinder Gottes uns zu erheben. Nur der Religionsunterricht als Mittelpunkt alles Unterrichts giebt der Volksschule die Einheit, verbürgt ihr die Erreichung eines höchsten sittlichen Ziels, sichert ihr einen innerlich begründeten ethischen Wert.

Einen besonders schwierigen Gegenstand pädagogischer Beurteilung bilden die Realschulen. Während Gymnasium und Volksschule historische Erscheinungen sind, die bei aller Veränderung im einzelnen doch im Verlauf ihrer nach Jahrhunderten zählenden Entwicklung einen festen Typus gewonnen haben, sehen wir in den Realschulen moderne pädagogische Gestaltungen, die seit der Zeit ihres Bestehens mehrfache prinzipielle Wandlungen erfahren haben. Ursprünglich, im Ausgang des vorigen Jahrhunderts, Vorbereitungsinstitute für eine Vielheit von Gewerben, geben sie dann das Gepräge der Fachschule auf und stellen sich allgemeinere Zwecke. Sie nehmen die Gestalt einer erweiterten und zu höheren Stufen fortschreitenden Bürgerschule an. Und gegenwärtig sehen wir die Realschulen den Anspruch einer den Gymnasien gleichwertigen, wie sie der Universität entgegenführenden Bildungsanstalt erheben. Es liegt nahe, aus diesen Wandlungen im Laufe des Jahrhunderts den Schluß zu ziehen, daß die Realschule ein haltungsloses Zwittergebilde sei, zwischen Volksschule und Gymnasium schwankend, ein Bastard, der mit der Zeit notwendig zum Typus seiner Stammformen zurückkehren müsse. Und dennoch wäre dieser Schluß unberechtigt. Die Realschule ist das Produkt des modernen sozialen Lebens, und ihre Wandlungen sind aus dem Entwicklungsgange des letzteren hervorgegangen. Die zweite Hälfte des vorigen Jahrhunderts war eine Zeit regsamer industrieller Thätigkeit; wie weit auch entfernt von der Vielseitigkeit, dem Umfang und der Energie, welche dieser gegenwärtig eigen sind. Die intellektuelle Mitgift, welche die Volksschule ihren Zöglingen gewährte, reichte nicht aus; und die Studien, welchen das Gymnasium gewidmet war, entsprachen nicht dem Bedürfnis. Die Realschule sollte den Interessen des praktischen Lebens dienen, das Maß von Bildung verleihen, welches eine vielseitig entwickelte ökonomische, technische, industrielle Thätigkeit voraussetzt. Aber welcher Art ist diese Bildung? Diese Frage wurde zuerst durch Errichtung von Instituten beantwortet, die eine äußere Zusammenfassung einer Vielheit von Fachschulen darstellten. Hier fehlte die Einheit, hier fehlte der Charakter einer allgemeinen Bildung, hier zeigte sich nur ein Aggregat technischer Vorbereitungsklassen; die beschränkte Zahl von Disziplinen allgemeineren Wertes, die in den Lehrplan aufgenommen war, konnte der Auflösung dieser Realschule nicht wehren. Sie war ein unorganisches Gebilde, dem Untergang geweiht. Die Realschule nahm eine neue Gestalt an, die technischen Disziplinen wurden ausgeschieden, nur allgemeinen Bildungselementen wurde der Zugang gewährt. In dieser einfacheren Gestalt erschien die Realschule gleichsam als eine Volksschule höheren Stils, wie dies auch der nicht selten gewählte Name „höhere Bürgerschule" anzeigte. In dieser einfachen Verfassung genügte sie den nicht allzu großen Ansprüchen, welche die industrielle Thätigkeit der von den schweren Kämpfen gegen Frankreich nur langsam sich erholenden Nation erhob. Sie genügte aber nicht mehr, als seit der Mitte unseres Jahrhunderts Technik und Industrie, Handel und ökonomische Bestrebungen einen neuen Aufschwung nahmen. Es war konsequent, daß jetzt auch an die Realschule höhere Ansprüche gestellt wurden. So kam sie in die kritische Lage, in der sie sich jetzt befindet. Nicht zu einer erweiterten, zu ihren höchsten Zielen führenden Volksschule, sondern zu einer dem Gymnasium ebenbürtigen wissenschaftlichen Bildungsanstalt will sie sich gestalten. Auch ihren Zöglingen, fordert sie, soll die Universität offen stehen. Dies ist der Preis, um den sie kämpft.

Aber sie wird ihn nicht erringen, sie kann und soll ihn nicht gewinnen. Weshalb sie dies Ziel nicht erreichen kann, vermögen wir erst zu erkennen, wenn wir uns die Aufgabe und die Bestimmung des Gymnasiums vergegenwärtigt haben. Wir verlassen daher auf einige Zeit das Thema, welches uns beschäftigte, um mit neuen Gesichtspunkten zur Entscheidung der vorliegenden Frage zurückzukehren.

Das Gymnasium ist ein spezifisch-wissenschaftliches Bildungsinstitut. Dieser Charakter eignet ihm in erster Linie deshalb, weil es ein Verständnis unseres Kulturlebens durch Rückgang zu den Fundamenten, auf denen es ruht, vermittelt. Der Zögling des Gymnasiums wird in die Lage versetzt, die Genesis unserer Kultur in sich zu erleben. Unsere moderne Kultur wurzelt in der Aneignung der klassischen Sprache und Litteratur. Wer in der Welt der Griechen und Römer nicht durch eigene Forschung heimisch geworden ist, muß auf ein lebendiges Verständnis der Entstehung unserer Kultur verzichten, er kann diese wissenschaftlich, d. h. durch Erkenntnis ihres Kausalnexus, nicht ergründen. Unsere moderne Kultur ist aber auch durch und durch protestantisch; und Katholiken, welche an derselben wissenschaftlich teilnehmen, sie er= gründend und fortbildend, vermögen dies nur, weil und insoweit sie eine protestantische Atmosphäre einatmen. Unsere Kultur ist durch und durch protestantisch; in welchem Sinne? Infolge der Renaissance der Antike ist der verloren gegangene Schlüssel zum Verständnis der heiligen Schrift wiedergefunden worden. Wir vermögen jetzt zu erkennen, was das Christentum im Sinne Christi und seiner Apostel sei; wir vermögen eben deshalb auch eine selb= ständige, kritische Stellung zur kirchlichen Gestaltung des Christen= tums einzunehmen, dieselbe aus der heiligen Schrift zu begreifen und nach derselben zu beurteilen. Die Entwicklung des kirchlichen Lebens zeigt sich uns nun teils als eine unmittelbare Wirkung der ursprünglichen Heilswahrheiten des Christentums, teils als das Ergebnis zeitlich bedingter und deshalb wechselnder geschichtlicher Kräfte und Erscheinungen, welche bald eine Entfaltung, bald eine Verdunklung der Ideen des Christentums herbeiführten. Wir sind also in der Lage, das kirchliche Leben nach seinen kausalen Zusammenhängen wissenschaftlich zu begreifen.

Dieses Verständnis ist aber an die Kenntnis der griechischen Sprache geknüpft; nur wer sie beherrscht, kann die heilige Schrift in ihrem originalen Text auslegen und sich aneignen. Wohl giebt die evangelische Kirche die heilige Schrift frei und vertraut sie der ganzen Gemeinde an, aber unter der Voraussetzung, daß die= selbe die Ergebnisse der wissenschaftlichen Schriftauslegung sich aneignen werde. Mag der fromme Laie in vielen Fällen tiefer in den Zusammenhang der heiligen Schrift eindringen als der wissenschaftliche Forscher, wenn dieser nicht auf dem Boden christ= lichen, evangelischen Glaubens steht; vor Abwegen zu willkürlichen Spekulationen ist auch er nur geschützt, wenn die Resultate wissen= schaftlicher, objektiver Schriftauslegung auch für ihn maßgebend sind. Der Protestantismus steht und fällt mit der sicheren Be= herrschung der Sprachen, welche die Ermittelung des ursprünglichen Schriftsinnes verbürgt. Deshalb hat Luther recht, wenn er in der Schrift „An die Bürgermeister und Ratsherren aller Städte Deutschlands, daß sie christliche Schulen aufrichten und halten sollen" (1524) bezeugt: „So lieb nun als uns das Evangelium ist, so hart lasset uns über den Sprachen halten — — — und lasset uns das gesagt sein, daß wir das Evangelium nicht wohl werden erhalten ohne die Sprachen. Die Sprachen sind die Scheide, darinnen dies Messer des Geistes steckt. Sie sind der Schrein, darinnen man dies Kleinod trägt. Sie sind das Gefäß, darinnen man diesen Trank fasset. — Darum ist es gewiß, wo nicht die Sprachen bleiben, da muß zuletzt das Evangelium unter= gehen. — — Darum ist es gar viel ein ander Ding um einen schlechten Prediger des Glaubens, und um einen Ausleger der Schrift, oder, wie es St. Paulus nennet, einen Propheten. Ein schlechter Prediger (ist wahr) hat so viel heller Sprüche und Terte durchs Dolmetschen, daß er Christum verstehen, lehren und heilig= lich leben und anderen predigen kann. Aber die Schrift auszu= zulegen und zu handeln für sich hin, und zu streiten wider die irrigen Einführer der Schrift, ist er zu geringe, das lässet sich ohne Sprachen nicht thun. Nun muß man ja in der Christen= heit solche Propheten haben, die die Schrift treiben und aus= legen, und auch zum Streit taugen, und ist nicht genug am hei= ligen Leben und recht lehren. Darum sind die Sprachen stracks und aller Dinge vonnöten in der Christenheit, gleichwie die Propheten oder Ausleger, ob es gleich nicht not ist noch sein muß, daß ein jeglicher Christ oder Prediger ein solcher Prophet sei, wie St. Paulus sagt" (1 Kor. 12, 8. 9. Eph. 4, 11). Es ist also die prophetische Funktion der Kirche, zu welcher das Studium der griechischen Sprache in erster, der hebräischen und lateinischen Sprache in zweiter Linie befähigt, zu welcher also das Gymnasium seine Zöglinge bereitet. Daher ist mit Recht das Amt der Kirchenleitung an den Besitz der Kenntnisse geknüpft, welche auf dem Gymnasium erworben werden. Der Zusammenhang des Protestantismus mit dem Gymnasium wurzelt in seinen eigensten Interessen, daher denn die Reformatoren selbst viel mehr als der Volksschule dem Gymnasium ihre Teilnahme und Arbeit zuwandten. Das Gymnasium war und ist eine Lebensfrage des Protestan= tismus.

Es ist endlich noch ein dritter Gesichtspunkt, unter welchen wir die Studien des Gymnasiums zu stellen haben, um den eigen= tümlich wissenschaftlichen Charakter desselben zu erkennen, die An=

leitung zum abstrakten Denken. Zu diesem nötigt das feine logische Geäder der griechischen und lateinischen Sprache. Der Unterricht in beiden Sprachen ist ein Unterricht in der Logik. Im gewissen Sinne ist dies ja jeder sprachliche Unterricht; aber, wie sehr steht der logische Gehalt der neueren Sprachen hinter der Feinheit und hinter dem Beziehungsreichtum der beiden alten klassischen Sprachen zurück! Wer diese sich angeeignet hat, ist im Besitz der allgemeinen Bedingungen, an welche das Verständnis des Zusammenhangs des geistigen Lebens geknüpft ist. Nun kann ja allerdings die Frage aufgeworfen werden, ob diese Nötigung zu abstraktem Denken nicht ein sehr zweifelhafter Vorzug sei; ob die Jugend nicht vielmehr zum Grün des goldnen Lebensbaumes als zum Grau der abstrakten Theorie geführt werden solle. Und trotzdem, daß Goethe Mephistopheles diesen Rat in den Mund legt, kann es nicht dem Zweifel unterliegen, daß unsere Jugend zu den frischen Brunnen der konkreten Wirklichkeit geleitet werden muß; muß es als unumstößliche Regel gelten, daß das Denken einer Ergänzung durch die Anschauung, die Aneignung des Allgemeinen einer Ergänzung durch die Betrachtung des Individuellen bedarf. Aber der eigentümliche Wert des abstrakten Denkens wird dadurch nicht in Frage gestellt. Nur durch seine Vermittelung gelingt es dem Geiste, die Vielheit der Erscheinungen dem ordnenden Gesetze zu unterwerfen, aus dem Chaos eine Welt zu gestalten, welche durch die Beziehungen des kausalen und finalen Zusammenhangs bestimmt ist. Die Erforschung der physischen und ethischen Welt gewinnt, wenn die wissenschaftliche Arbeit von einem an abstraktes Denken geübten Geiste unternommen wird.

Treten wir jetzt von neuem an die Frage, worin wir die eigentümliche Aufgabe der Realschule zu erkennen haben; indem wir sie in den Gegensatz zum Zweck des Gymnasiums stellen, werden wir die Antwort finden. Sie ist eine zwiefache. Die Realschule vermittelt eine Bildung, deren Quellen ausschließlich in den geistigen Kräften der Gegenwart ruhen; es ist der Kulturbestand der Gegenwart, in welchen sie einführt; wie derselbe entstanden ist, das ist eine Frage, deren sie sich entschlägt. Allerdings nicht in dem Sinne, daß die Geschichtswissenschaft keinen Raum im Lehrplan der Realschule fände; sondern in dem Sinne, daß die geschichtliche Betrachtung, weil sie nicht durch Quellen= studium unterstützt werden kann, nur vom Standpunkt der Gegen= wart aus stattfindet. In der Welt der Griechen und Römer kann der Realschüler nicht heimisch werden; wie lebendig und an= schaulich auch immer der geschichtliche Vortrag sei, die Bilder aus dem Leben der klassischen Völker werden dem Hörer immer fremd= artig bleiben, weil er nur vom Standpunkt der Gegenwart aus in die Vergangenheit zu schauen vermag. Auf die Gegenwart ist die Realschule gewiesen; die geistigen Elemente, welche dieser eigen sind, bilden die Quellen, aus denen sie schöpfen muß. Auch die Richtung des Religionsunterrichts wird von der eigentümlichen Aufgabe der Realschule bedingt. Kein Zweifel, die ethische Kraft des Evangeliums ist an keine wissenschaftlichen Voraussetzungen geknüpft; sie bewährt sich in gleichem Maße dem empfänglichen Sinne jedes Jünglings, welcher Schule er angehöre, und Christus ist in seinem Worte dem Gläubigen gegenwärtig, in welcher Sprache dasselbe auch erschallt. Daß die Unabhängigkeit des Wortes Jesu von sprachlicher Gestaltung erkannt werde, sind die Worte Jesu nicht in den Lauten, die er unmittelbar selbst angewandt hatte, aufgezeichnet worden, sondern in den Sprachzeichen eines fremden Volks. Aber wer dieselben nicht zu deuten weiß, besitzt nicht den wissenschaftlichen Schlüssel für das Verständnis der urkundlichen Bezeugung des Christentums; er ist an die Thätigkeit derer ge= wiesen, welche dieselbe in die Sprache der Gegenwart übertragen und der Anschauung der Gegenwart zueignen. Wieder sehen wir die Notwendigkeit, die Vergangenheit auf den Boden der Gegen= wart zu versetzen, während die Zöglinge des Gymnasiums in der Lage sind, die Ideenkreise der Gegenwart zeitweise abzustreifen und in die Gedankenwelt der Vergangenheit einzutreten. Die Realschule lebt für die unmittelbare Gegenwart, das Gymnasium verbreitet den universalgeschichtlichen Sinn, der den inneren Zu= sammenhang der Zeiten lebendig erfaßt.

Es ist ebenso charakteristisch für die Realschule, daß sie auf die konkrete Erscheinung in Natur und Geschichte gewiesen ist, während das Gymnasium viel mehr auf das allgemeine Gesetz den Blick richtet. Die Energie des Abstraktionsvermögens, welche der Zögling des Gymnasiums durch das Studium der alten Sprachen gewinnt, fehlt dem **Zögling** der Realschule. Es ist vielmehr die Vielheit der individuellen Erscheinungen, in der er sich orientieren muß. In der Verschiedenheit des Geschichtsvortrags und des Religionsunterrichts wird dieser Gegensatz am schärfsten hervortreten; die Fähigkeit, umfassende Gedankengruppen zur Einheit zu verbinden, die Fähigkeit philosophischen Denkens wird die Realschule bei ihren Zöglingen nicht voraussetzen können. Fragen wir endlich, worin hat die Realschule ihre ideale Einheit zu suchen, ihre sittlich=bildende Kraft? Nicht in der Mathematik, nicht in den Naturwissenschaften. Wie hoch wir auch diese Disziplinen schätzen; die Naturwissenschaften, welche uns die Herrschaft des ordnenden Gesetzes über die Vielheit wirksamer Kräfte offenbaren; die Mathematik, welche uns die geheimnisvolle Welt der Formen und Zahlen enthüllt; zu sehr entbehren sie der Einwirkung auf das Gemüt, als daß wir in ihrem Studium den Herzschlag der Realschule erkennen könnten. Wir finden denselben vielmehr in der modernen klassischen Litteratur. Sie birgt eine reiche Ideenwelt, sie befruchtet Geist und Gemüt und ist in ihren poetischen Erscheinungen dem Verständnis des Realschülers zugänglich. Durch ihr Studium sind ihm die **Höhen** allgemeiner Bildung erreichbar. Denn eine gesteigerte allgemeine Bildung, aber nicht spezifisch=wissenschaftliche Bildung ist die Aufgabe der Realschule. Sie bereitet daher auch nicht auf die Universität vor; die Frage: „Sollen die Lehrsäle der Universität auch den von der Realschule entlassenen Jünglingen offen stehen?" beantworten wir verneinend. Der Zögling, welcher nach Absolvierung des Kursus der Realschule nicht unmittelbar in einen bestimmten Beruf eintritt, sondern eine weitere Vorbereitung für technische Thätigkeit sucht, ist nicht auf die Universität, sondern **auf das Polytechnikum angewiesen!**

Es wird nur weniger Worte bedürfen, um die ästhetische Bildung, welche die Schule vermittelt, zu vergegenwärtigen. In erster Linie ist es die klassische Litteratur, durch deren Lektüre und Studium sie gewonnen wird. Auf dem Gymnasium stehen die Schätze der antiken und modernen Litteratur offen; auf der Realschule bleibt jene fast verschlossen, während diese vielseitiger angeeignet wird. In beschränktestem Maße sind die Klassiker den Zöglingen der Volksschule zugänglich; doch ist unsere deutsche Litte=

ratur an dichterischen Erzeugnissen reich, welche sich an Geist und Gemüt aller Glieder der Nation wenden und jedem eine Gabe bieten, veredelnd, erhebend, vertiefend. So entbehrt auch die Volksschule nicht einer Lektüre, aus welcher sie ästhetische Bildung zu schöpfen vermag. Nichtsdestoweniger läßt sich die unerfreuliche Thatsache nicht leugnen, daß unsere Klassiker in ihren hervorragendsten und wertvollsten Werken dem Volke als Ganzem fremd bleiben müssen und nur einer geistigen Aristokratie zugänglich werden können. Der reiche Gedankengehalt, die philosophische Färbung, welche unserer klassischen Dichtung eigen sind, haben eine Schranke errichtet, welche alle zurückhält, die nicht Energie der Abstraktion besitzen. Eine Poesie, die eine durch Reflexion vermittelte Gesamtanschauung der Welt und des Lebens in sich trägt, kann nicht Gemeingut der Nation werden. Desto notwendiger ist es, daß in allen Schulen die Elemente gepflegt werden, welche auf ästhetischem Gebiete ein Bindeglied zwischen allen Klassen des Volks bilden, das Volkslied, das Kirchenlied, die heilige Schrift. Die Wertschätzung der beiden ersten Arten der Dichtung wird uns obliegen, wenn wir uns dem Unterricht in der Kunst des Gesanges zuwenden; wir versparen uns daher die Erörterungen, die hier eine Stätte finden sollten, auf jenen Ort, um nicht unnötiger Wiederholung uns schuldig zu machen, und gedenken hier nur der ästhetischen Bildung, welche die heilige Schrift vermittelt. Es sind keineswegs nur die unmittelbar poetischen Bestandteile derselben, welche wir hier vor Augen haben, die Psalmen des Alten Testaments und die Gleichnisse des Herrn; es ist auch nicht nur die sprachliche Darstellung, welche in so vielen geschichtlichen Abschnitten durch ihre Schlichtheit, Anschaulichkeit und Frische, sowie durch Innigkeit und Ernst, einem Epos oder einem Bilde gleich, unsere Phantasie und unser Gemüt erregt, auf welche wir uns beziehen; es ist der Inhalt der heiligen Schrift selbst, der poetischen Charakter trägt. Wir sagen dies nicht im Sinne der modernen Kritik, welche die biblische Geschichte zu einem großen Teile in Mythen, in Erzeugnisse einer unbewußt schöpferischen Phantasie auflöst, sondern mit voller Anerkennung der wesentlichen geschichtlichen Zuverlässigkeit der biblischen Schriftsteller. Poesie und Geschichte schließen sich nicht aus, nicht einmal in der Sphäre der

Weltvorgänge und im individuellen Leben. Wie oft auch hier das ideale und empirische Sein auseinandergehen, und in der Verfolgung endlicher Zwecke der unendliche Grund, auf dem alle irdischen Beziehungen ruhen, das ewige Ziel, dem sie auch unbewußt entgegenstreben, unserem beschränkten Blick sich entzieht; wie oft auch auf sündigem Abwege der Menschengeist vom Göttlichen sich entfernt und die göttliche Ordnung zu zerstören sucht, in der Weltgeschichte und in dem Leben des Einzelnen finden sich doch bald häufiger, bald seltener lichte Punkte, in denen Ewiges und Zeitliches, Himmlisches und Irdisches, Unendliches und Endliches sich berühren und vereinigen. In diesen Punkten erblicken wir das Bild einer Harmonie, die unser ästhetisches Bewußtsein erregt, erkennen wir eine Schönheit, welche der Zauber der Poesie umfließt. Und diese Erscheinung sittlicher Harmonie auf Grund der Religion ist es, die uns in den Gestalten der biblischen Geschichte entgegenleuchtet, die wir schlechthin vollendet in der Persönlichkeit Jesu Christi, des eingebornen Sohnes Gottes, erblicken, der allein sprechen durfte: „Wer mich siehet, der siehet den Vater.“ Aber noch mehr. Die biblische Geschichte bildet eine Einheit, ein planvolles Ganzes. Es ist die Entwicklung, die Begründung und Vollendung des Reiches Gottes auf Erden, sein sieghafter Gang durch die Welt, der zum vernichtenden Gericht über das Böse wird; es ist die werdende Harmonie zwischen Unendlichem und Endlichem in der Menschheit, verbürgt durch die vollendete Harmonie in Christus, welche hier uns offenbar wird. Es ist das Drama der Weltgeschichte sowie der Geschichte des einzelnen Menschen in den tiefsten ethischen Prinzipien erfaßt, das hier vor unseren Augen sich entfaltet. Und weil die letzten Ziele und höchsten Aufgaben der Menschheit uns in der biblischen Geschichte offenbar werden, weil die Probleme des Menschenlebens hier ihre Lösung finden, deshalb bringt dies Drama die tiefsten Wirkungen auf unser Gemüt hervor; wir werden erschüttert von der Macht der Sünde, die so tief in den Herzen wurzelt, so weit sich verzweigt, so entsetzliche Geschicke erzeugt; wir werden von der Liebe Gottes bewegt, die sich zu dem Verlorenen herabläßt, es zu suchen; die in Jesu Christo den Sündern die rettende Hand reicht und in die dunkelste Nacht für sie hinabsteigt, um sie zur lichtesten

Höhe zu erheben; wir seufzen mit den Leidenden, wir begleiten die Kämpfer in die Versuchungen hinein, bangend und hoffend, ihre Niederlagen schmerzlich beklagend, ihren Siegen freudig zu= jauchzend; und endlich jubeln wir: „Dein ist das Reich und die Kraft und die Herrlichkeit in Ewigkeit. Amen." Freilich nicht unsere sinnliche Phantasie findet hier reiche Nahrung, es fehlen bunte Farben, an denen sie sich erfreuen könnte, aber einer inner= lich vertieften Phantasie zeigt sich ein Bild von einem unendlichen Gedankengehalt und einer unerschöpflichen Fülle von Beziehungen zu unserm Gemüt. Es gleicht einem Karton, dessen wechselnde Ausführung der Lauf der Zeit, die Erfahrung der Geschichte, bietet.

Eine die Tiefen des Gemüts weckende ästhetische Einwirkung übt aber auch die Schule durch den Gesangunterricht aus. Sehen wir zuerst vom Objekt des Gesanges ab und betrachten diesen nur als unmittelbare Selbstdarstellung des Gemüts im Wort. In der gesteigerten Erregung des Gefühls, welche entweder einer leb= haft empfundenen Harmonie Ausdruck verleihen oder eine die Seele belastende Disharmonie in eine höhere Harmonie auflösen will, erkennen wir das innere Motiv des Gesanges. Er ist ent= weder Äußerung vorhandener Lust oder des Verlangens, den Schmerz in neu gewonnener Lust zu überwinden; er ist so Träger der Freude oder der Wehmut. Der Schmerz als Empfindung der Disharmonie kann sich im Gesang, der als solcher immer Harmonie darstellt, nicht realisieren. Nur aufgehoben, in Er= gebung und Hoffnung verklärt, als Ton der Wehmut findet auch der Schmerz im Gesang eine Stätte. Ebenso werden wir den Gesang als Äußerung der Aktivität und als Darstellung der Re= ceptivität des Subjekts unterscheiden.

Der Text hat, wie mit Recht behauptet wird, eine gewisse Gleich= gültigkeit gegen die Melodie oder diese zu jenem. Ein und derselbe Text kann nach entgegengesetzten Melodieen gesungen werden, wie z. B. der Choral: „Wie soll ich dich empfangen" in Seb. Bachs Weihnachtsoratorium nach der Melodie von: „O Haupt, voll Blut und Wunden" vorgetragen wird, um die Sehnsucht des verzagten Herzens darzustellen; und ein und dieselbe Melodie kann Texten ent= gegengesetzten Inhalts dienen, wie das Passionslied: „Herr Jesu

Chrift, dein teures Blut", nach der Melodie des Weihnachtsliedes: „Vom Himmel hoch, da komm' ich her", gesungen wird. Der innere Zusammenhang zwischen Text und Melodie ist bewahrt, wenn die Stimmung, welche die Melodie ausdrückt, vom Gedankengang des Textes bestätigt wird. Und es sind nur die allgemeinen Gegensätze der Stimmung, wie wir sie vorhin zeichneten, welche in Betracht kommen. Konkrete Gedanken abzubilden, ist nicht Aufgabe der Musik und deshalb auch nicht der Melodie.

Nach diesen Ausführungen werden wir schon dem Gesang an sich einen hohen ästhetischen Wert zuerkennen, insofern derselbe das Stimmungsleben der Seele reinigt, ordnet, vertieft, die zügellosen Begierden und Triebe bändigt und zu harmonischer Gestaltung leitet.

Blicken wir nun auf den Gesang als Vortrag eines wertvollen Textes! Hier ist es vor allem das Volkslied und Kirchenlied, welche in der Schule zum Gesangesvortrag gewählt werden, und die wir daher näher in das Auge fassen müssen. Das deutsche Volkslied ist durch Reinheit, Tiefe, Vielseitigkeit der Empfindungen und Schlichtheit der Darstellung ausgezeichnet. Alle Situationen, die eine poetische Auffassung zulassen, haben sie hier auch gefunden. Alle Empfindungen des Gemüts, die in der menschlichen Natur begründet sind und in den mannigfachen Beziehungen des Lebens erwachsen, gewinnen hier einen Ausdruck. Und dieser Ausdruck ist fast immer ernst; ernst, auch wenn der Ton des Liedes heiter und scherzhaft klingt. In die Tiefe blickend, den herben Geschicken und harten Gesetzen des irdischen Daseins in das Auge schauend, frei von den Illusionen des flachen Optimismus, trägt das deutsche Volkslied einen vorherrschend wehmütigen Charakter, der leise Ton des Schmerzes mischt sich auch in die Freude. So eignet es vor allem der Jugend, es entspricht dem idealen Zuge derselben und kräftigt ihn; es bildet ein Gegengewicht gegen die sinnliche Weltanschauung, die sich ihr versuchend naht; gegen das so leicht in Rücksichtslosigkeit und Roheit ausartende Selbstgefühl. Es ist die ideale Stimmung des Volksliedes, welche ihr einen so hohen pädagogischen Wert verleiht.

Je mehr das Volkslied in den Ernst des Lebens blickt, und sich in die Tiefen desselben versenkt, hoffend oder ergebungsvoll

das Auge auf den dichten Schleier richtet, welcher das Rätsel des
irdischen Daseins geheimnisvoll und die Ahnung weckend umschließt,
desto mehr klingt es in religiösen Tönen aus. Und so knüpft der
Choral an die Stimmungswelt des Volksliedes an; aussöhnend,
über die Widersprüche des Lebens, seine gescheiterten Hoffnungen,
seine unerfüllten Wünsche trostvoll hinaushebend. Es ist die
Harmonie der unsichtbaren Welt, in welche wir hier versetzt werden. Freilich weckt das Kirchenlied das Bewußtsein neuer, tief-
greifenderer Widersprüche; lockend strahlt das Licht der Gerechtigkeit in die Seele und erregt sehnendes Verlangen; aber zugleich
erwacht das lastende Gefühl der Sünde und Schuld. Und doch
auch dieser Gegensatz erwacht nicht, ohne im Bewußtsein der er-
lösenden Gnade ausgeglichen zu werden, ohne daß das Bild Christi
der Seele erscheint, ohne daß bußfertiger Glaube sich ihm erschließt. Ein freudiges Begehren ergreift jetzt das Gemüt, Christus
nachzufolgen, im Gefühl neugewonnener Kraft die Sünde zu besiegen und die Welt zum Reiche Gottes zu gestalten. Hoffnungs-
voll schaut die Seele auf die siegreiche Vollendung des Kampfes
und atmet die Luft weltüberwindender Freiheit. Irdische Not,
schmerzliche Geschicke des Lebens, das Dunkel des Todes erblickt
sie im Lichte der göttlichen Liebe, die durch Schmerz und Leid
reinigt und vollendet, um uns für eine höhere Stufe des Daseins
zu bereiten. Der Geist der Ergebung, des Vertrauens, der Hoffnung zieht in das Herz ein und erfüllt es mit seligem Frieden.

Wir haben mit wenigen Worten den Gedankenkreis des
Kirchenliedes gezeichnet, um seine Bedeutung für die ästhetische
Bildung in das Licht zu stellen. Die Heilswahrheiten der christlichen Religion werden durch das Kirchenlied in ihrem Stimmungs-
wert zum Bewußtsein gebracht. Es ist die Stimmungswelt des
evangelischen Christentums, die sich uns im Kirchenlied darstellt,
wie es aus ihr geboren ist. Darstellend breitet es sie aus und
pflanzt sie fort. Diese Stimmungswelt muß dem Zögling eigen
werden, damit sein Gemüt Einheit und inneren Zusammenhang
erlange, und so gegenüber dem Wechsel widerspruchsvoller Erregungen
seine Freiheit sich behaupte. An der Lösung dieser Aufgabe nimmt
das Kirchenlied einen wertvollen Anteil.

Unter einen wesentlich andern Gesichtspunkt stellen wir den

Unterricht, durch welchen die Schule die Elemente der bildenden Kunst den Zöglingen zueignet, den Unterricht im Zeichnen. Während Gesang und Lied, aus der Subjektivität herausgeboren, auch auf diese vor allem wirken, trägt die bildende Kunst einen wesentlich objektiven Charakter. Die Welt der äußeren Formen ist das Gebiet, auf welchem sie sich bewegt. Aus der Versenkung in die Umrißlinien entstanden, welche die sichtbaren Erscheinungen umschließen, durch welche für den beschauenden Blick die Gebilde der Wirklichkeit, besondere Gestalt gewinnend, sich von einander abheben, beschränkt sich die bildende Kunst zuerst darauf, von der Lust der Nachschaffung erfüllt, die Formen der erscheinenden Dinge möglichst treu wiederzugeben, und verzichtet darauf, umändernden Einwirkungen der Phantasie in der Erzeugung des Nachbildes Raum zu gewähren. Erst auf den Höhepunkten der bildenden Kunst, nachdem der Geist die Gestaltenfülle der Wirklichkeit aneignend durchmessen hat, stellt sie sich die höhere Aufgabe, beides zugleich und mit einander innerlich verschmelzend darzustellen, die Welt der äußeren Erscheinung und die Welt der frei schaffenden Phantasie. Jene geht durch das Medium der Subjektivität hindurch, diese entnimmt aus jener das Material und bindet sich an die Gesetze, die in ihr über die Bedingungen der Existenz entscheiden. Die Kunst wählt nicht mehr ausschließlich das Seiende, sondern auch das Sein-Sollende zu ihrem Gegenstande; sie gleicht Ideal und Wirklichkeit aus; ihr Inhalt ist die Schönheit; die Wirklichkeit, die sie nachschafft, soll einen idealen Charakter tragen.

Diesem Entwicklungsgang der bildenden Künste entsprechen die Aufgaben, welche sich der Unterricht im Zeichnen stellen soll, und das Ziel, auf welches er gerichtet sein muß. Er soll auf der niederen Stufe zur Wiedergabe der Formen anleiten, welche die Umrisse der Wirklichkeit bilden; er soll auf der höheren Stufe befähigen, in künstlerischer Produktion ideale Erscheinungen, denen das Gepräge der Schönheit eignet, darzustellen. Diese Stufe wird allerdings nur von den wenigen Zöglingen, die künstlerische Begabung besitzen, betreten werden, aber der Zeichenunterricht wird dieses höchste Ziel doch immer im Auge behalten müssen. Die niedere Stufe ist es aber vor allem, deren pädagogische Bedeutung wir uns zu vergegenwärtigen haben, weil auf ihr der größte Teil der Schüler ver-

harren wird. Auch hier werden wir jedoch Unterschiede im Fort=
schritt des Unterrichts beachten müssen. Er beginnt mit Vor=
übungen; er stellt dann die Aufgabe, nach Vorzeichnungen, also
nach dem Muster einer schon ideal umgearbeiteten Wirklichkeit, zu
zeichnen; er schließt mit der Wiedererzeugung der unmittelbaren
Naturformen. Hier wird bei begabten Zöglingen der Übergang
zur künstlerischen Thätigkeit wahrgenommen werden. Wird der
Zeichenunterricht, je weiter er fortschreitet, eine Anleitung zur
Kunstübung, so steht er in seinen Anfängen im Zusammenhange
mit zwei Disziplinen, sie unterstützend, mit der Geometrie und
der Kalligraphie. Die Vorübungen des Zeichenunterrichts wollen
zu der reinen Darstellung der Linien und Grundformen befähigen,
welche von jenem vorausgesetzt wird.

Fragen wir nun nach dem pädagogischen Wert des Zeichen=
unterrichts, so dürfen wir denselben nicht nach dem Maß der ge=
wonnenen Darstellungskraft, nicht nach dem Maß des Könnens
bestimmen. Zu sehr ist dasselbe von Anlagen abhängig, welche
Fleiß und Eifer nicht ersetzen können. Vielen ist es versagt, über
eine niedere Stufe sich zu erheben, viele müssen auf ein geringes
Maß des Könnens sich beschränken. Die Produktion ist hier nicht
Zweck, sondern Mittel; der Zeichenunterricht soll das Verständnis
der bildenden Künste erschließen, die Vorbereitung für die Aus=
übung derselben wird er nur einer kleinen auserwählten Zahl sein
können.

Die Produktion steht hier ganz im Dienste der ästhetischen
Rezeptivität, die Übung der Hand soll die Übung des Auges ver=
mitteln. Die elementaren Gesetze der künstlerischen Technik sollen
durch Übung erkannt, die Bedingungen für die Entstehung des
Schönen der Kunst dem Verständnis erschlossen werden. Auf hö=
heren Stufen wird zugleich der ideale Gehalt des Natur= und
Kunstschönen durch die Übung sich dem Gemüt offenbaren. Und
hier werden die Disziplinen, in denen klassische Werke der Dich=
tung erläutert werden, zur Lösung der Aufgaben des Zeichenunter=
richts mitwirken.

Endlich gedenken wir an dieser Stelle auch des Turnunter=
richts. Denn wenn derselbe bezweckt, körperliche Gewandtheit,
Leichtigkeit und Freiheit der Bewegung zu erzeugen, so stellt er

sich eine ästhetische Aufgabe. Er will die Schwerfälligkeit der körperlichen Erscheinung überwinden, dem Geist ein höheres Maß der Herrschaft über den Leib verleihen, und so mithelfen, daß derselbe Organ des Geistes werde. Die belastende, niederdrückende Trägheit des Körpers soll gebrochen werden.

§ 11.
Der Unterricht der weiblichen Jugend.

Die Frage, ob die Teilnahme des weiblichen Geschlechts am Schulleben wünschenswert ist, wird verschieden beantwortet werden, je nachdem wir das Interesse der moralischen oder die Aufgabe der intellektuellen Bildung in das Auge fassen. Gehen wir vom ersten Gesichtspunkt aus, so werden wir vor allem die Thatsache anerkennen müssen, daß hier die Motive fehlen, welche den Besuch der Schule für den Knaben und Jüngling wertvoll, ja unentbehrlich machen. Die dem weiblichen Geschlecht durch seine Natur zugewiesene Stätte der Thätigkeit ist das Haus; in das öffentliche Leben wirksam einzutreten, ist dasselbe nur in sehr beschränktem Maße berufen. Sodann liegen aber auch im Schulleben Gefahren, vor denen wir unsere Töchter zu schützen verpflichtet sind. In einer öffentlichen Schule sammeln sich sehr gemischte Elemente; und wir haben keine Bürgschaft, daß die Berührung mit denselben nicht schädliche Einwirkungen ausübt, wenigstens die Zartheit sittlichen Empfindens trübt. Endlich ist auch zu erwägen, daß der dem Schulleben eignende Charakter allgemein gültiger Objektivität der auf freie, individuelle Entfaltung angelegten weiblichen Natur Schranken auferlegt, die bei den einen psychische Herabstimmung, bei den anderen Widerstreben hervorrufen. Stellen wir uns dagegen auf den Standpunkt der intellektuellen Bildung, so werden wir den Besuch einer Schule auch vonseiten des heranwachsenden weiblichen Geschlechts, mit Rücksicht sowohl auf die reichlichere Ausstattung mit Lehrmitteln und Lehrkräften als auch auf die gesteigerte geistige Anregung, welche das Zusammenarbeiten mit Altersgenossinnen gewährt, befürworten müssen. Eine Aus-

gleichung der entgegengesetzten Forderungen, welche nach Maß=
gabe der moralischen und intellektuellen Bildungsinteressen er=
hoben werden müssen, werden wir in Schulen finden, welche
sich auf einen kleinen Kreis von Zöglingen beschränken und
daher auf der einen Seite die Gefahren vermeiden oder doch
sehr vermindern, die sich an den Schulbesuch der Mädchen
leicht knüpfen, auf der andern Seite aber die Vorteile bieten,
die dieser in sich schließt. Freilich wird die Teilnahme an
diesen Schulen nur den Kindern finanziell bevorzugter Eltern
zugänglich werden können; der bei weitem größere Teil der
weiblichen Jugend ist an die allgemeinen Schulen gewiesen.
Doch darf gehofft werden, daß die Einflüsse der häuslichen
Erziehung die ungünstigen Einwirkungen, welche die Schule
ausübt, überwinden und ausgleichen werden.

Die Erörterungen dieses Paragraphen gehen von der Vor=
aussetzung aus, daß die Emanzipationsbestrebungen der Gegen=
wart, welche auf eine gleiche oder fast gleiche Teilnahme des weib=
lichen und männlichen Geschlechts am öffentlichen Leben ausgehen,
keine innere Berechtigung haben. Können wir es auch nur bil=
ligen, daß manche bis dahin dem weiblichen Geschlecht verschlossene
Erwerbsthätigkeit und Berufsarbeit ihm jetzt eröffnet ist; und ge=
stehen wir es gern zu, daß im Lauf der Zeit noch manche Thür
sich zeigen wird, welche ihm den Zugang zum öffentlichen Leben
vermittelt, so ist es uns doch keinem Zweifel unterworfen, daß
nur auf sehr beschränktem Gebiet ihm leitende Stellungen zufallen
werden; daß in den meisten Fällen nur eine ergänzende und
unterstützende Thätigkeit ihm zugewiesen ist. Teils die körperliche
Individualität, teils Dispositionen des Geistes und Gemütslebens,
die mit jener im Zusammenhange stehen, schließen das weibliche
Geschlecht von einer unmittelbaren Arbeit am öffentlichen Leben,
wie sie Aufgabe des Mannes bildet, aus. Nur wenigen hervor=
ragenden Frauen ist es gegeben, diese Schranken ohne schwere
körperliche und geistige Schäden zu überschreiten; dem weiblichen
Geschlecht als Ganzem ist die Beseitigung dieser Schranke versagt;
und wer es dennoch unternimmt, sich über sie hinwegzusetzen, trägt
Schaden davon, die einen leiblich, die anderen geistig, die meisten
in beiden Beziehungen. Die besondere individuelle Eigentümlich=

keit beider Geschlechter bedingt auch einen besonderen Beruf, fordert ein besonderes Arbeitsfeld [1]).

So fallen denn für das weibliche Geschlecht die aus dem Interesse moralischer Bildung hervorgehenden Motive fort, welche den Besuch der Schule für dasselbe wünschenswert machen könnten; das bescheidene Maß des Anteils am öffentlichen Leben, zu welchem es berufen ist, setzt keine andere Gestaltung sittlicher Bildung voraus, als auch innerhalb des Hauses, welches ja in mannigfacher Beziehung zum öffentlichen Leben steht, erreicht werden kann. Ja, es droht sogar die Gefahr, daß der Besuch der Schule eine ungünstige Einwirkung auf das weibliche Gemütsleben ausübt. Die Zöglinge, die sich in einer öffentlichen Schule vereinigen, sind durch den Zufall zusammengeführt; daß sich unter ihnen auch Elemente finden werden, deren Einfluß sittlich=ernste Eltern ihre Töchter nicht aussetzen mögen, ist von vornherein als wahrscheinlich anzunehmen. Nun wollen wir gern voraussetzen, daß das sittlich tüchtige Mädchen, vom Geist des Hauses geschützt, alle Erscheinungen unlauterer Gesinnung, die ihr in der Schule entgegentreten, kräftig zurückweisen werde; aber wir können nicht verhüten, daß, wenn auch nur flüchtig hinübergleitend, trübende Schatten das Seelenleben berühren. Und wie, wenn das Gemüt des jungen Mädchens noch nicht das Maß sittlicher Festigkeit erlangt hat, um unmittelbar und entschieden jene störenden Elemente abzuweisen; wenn es, leicht erregbar und bestimmbar, sie in sich aufnimmt? Gewiß auch selbst dann wird nur in seltenen Fällen eine ernstere sittliche Schädigung eintreten, die Frucht der häuslichen Erziehung wird vor einer solchen schützen; aber wir mögen mit Recht unsere Töchter nicht Versuchungen aussetzen, die wir unseren Söhnen nicht ersparen dürfen. Sind wir auch weit von dem Gedanken entfernt, daß die weibliche Entwicklung aller Arbeit an sich selbst, allen Kämpfen und Versuchungen entnommen sein könne, daß dieselbe sich mit der Sicherheit und Stetigkeit eines Naturwesens vollziehen solle, so hegen wir doch allerdings die Überzeugung, daß die Überwindung der sittlichen Hemmungen, welche das Mäd-

---

[1] Vgl. die Schrift des Verfassers: „Die Grenzen der weiblichen Bildung“. Gütersloh, C. Bertelsmann, 1872.

chen bekämpfen soll, durch Beschränkung des Gebietes, auf dem sie ihm entgegengetreten, für dasselbe erleichtert werden, daß die Zartheit und Reinheit des Empfindens, welche den köstlichsten Schmuck des weiblichen Geschlechts bildet, durch Abwehr aller sie bedrohenden Elemente geschützt und gepflegt werden muß. Die Versuchungen, gegen welche das weibliche Geschlecht zu streiten berufen ist, liegen teils auf beschränktem Gebiet und sind deshalb auch geringer, teils treten sie erst in späteren Lebensstufen hervor. Das männliche Geschlecht, zu selbständigem Wirken im öffentlichen Leben berufen, muß schon in der Jugend lernen, die Versuchungen störender Elemente zu überwinden, vor deren Berührung wir unsere Töchter schützen können und sollen.

Aber auch die Organisation einer öffentlichen Schule entspricht wenig der Eigentümlichkeit des weiblichen Genius. Je größer die Zahl der Zöglinge ist, welche eine Schule in sich schließt, desto weniger vermag sie der Individualität derselben Rechnung zu tragen. Die Objektivität des allgemeinen Gesetzes und des Wertes der Leistung werden die entscheidenden Maßstäbe für die Beurteilung. Die Schule verfährt wie das öffentliche Leben. Sie ist daher die vorzügliche Vorbereitungsstätte der männlichen Jugend für das letztere. Das weibliche Geschlecht soll aber in erster Linie nicht nach seinen Leistungen, sondern nach dem Wert seines individuellen Seins geschätzt werden; und nicht in dem Gehorsam gegen ein äußeres Gesetz, sondern in der freien Gestaltung des Pflichtgebotes bewährt sich weibliche Sittlichkeit. Die weibliche Individualität ist zu erregbar, zu sehr innerlich lebhaft bewegt, als daß der Zwang des Schullebens nicht belastend wirken sollte. Die einen, welche sich ihm leicht und willig fügen, empfangen eine gewisse Steifheit der Bewegung, welche die Freiheit weiblicher Anmut stört; die anderen, welche ihn ungern tragen, suchen seinen Bann zu durchbrechen. Und wenn wir Schülerinnen treffen, die weder jenen noch diesen Schaden davongetragen haben, welche auf ihre Schulzeit mit warmer Liebe, ja Begeisterung zurückblicken, so dürfen wir mit ziemlicher Sicherheit annehmen, daß, sehr charakteristisch für den Genius des weiblichen Geschlechts, die persönliche Verehrung für Lehrer, auch Lehrerin, ihrem Schulleben die ideale Gestalt verliehen hat.

Stellen wir uns dagegen auf den Standpunkt des Interesses intellektueller Bildung, so werden wir den Besuch der Schulen seitens des weiblichen Geschlechts nur befürworten können. Abgesehen von dem reicheren Material an Lehrmitteln, welches Lehrinstitute beschaffen können, ist der Privatunterricht anstrengender und weniger anregend, als Lehrstunden, an denen mehrere Schülerinnen teilnehmen. Er ist anstrengender, weil die Schülerin stetig gespannte Aufmerksamkeit beweisen muß, während bei der Teilnahme mehrerer von den einzelnen Schülerinnen nicht immer die gleiche Höhe der geistigen Anspannung gefordert wird, dieselbe vielmehr bald nachläßt, bald steigt; letzteres, wenn das Lehrgespräch sie unmittelbar angeht, ersteres, wenn die anderen Schülerinnen in dasselbe gezogen werden. Der Privatunterricht ist aber auch weniger anregend; der Wetteifer, der bald beschämend ermuntert, bald den Sieger antreibt, den errungenen Platz durch angestrengten Fleiß zu behaupten; der immer den Maßstab zu objektiver Selbstschätzung verleiht; die Kraft, welche die Schülerinnen besitzen, ebenso erkennen läßt, wie die Fähigkeiten, die ihnen fehlen; dieser Wetteifer kann im Privatunterricht nicht entstehen. Endlich wollen wir auch nicht übersehen, welche Erleichterung in der Aneignung der Lehrobjekte dadurch erwächst, daß ein und derselbe Unterrichtsstoff von mehreren Schülerinnen bald in derselben, bald in individueller Gestalt, bald richtig, bald berichtigt zum Vortrag kommt.

Suchen wir die entgegengesetzten Forderungen, welche das Interesse der moralischen und intellektuellen Bildung erheben, auszugleichen, so werden wir eine Schule von geringem Umfang als die wünschenswerte Stätte weiblichen Unterrichts bezeichnen. Ist die Zahl der Zöglinge klein, so kann die Schule die Freiheit des Tons und der Bewegung, welche die Familie gestattet, wenn auch in beschränktem Maße, bewahren; wie auch die geringe Zahl der Lehrstunden, deren es hier bedarf, die kurze Zeit, die jeder Zögling in der Schule verweilt, die geschlossene, gesetzlich geordnete Organisation des Schullebens, die dem weiblichen Genius so wenig entspricht, unnötig macht.

Aber freilich, die immer beträchtlichen Kosten, welche der Besuch einer solchen Schule auferlegt, verschließt sie dem größeren

Teil der weiblichen Jugend, sie sind nur den günstiger gestellten Ständen zugänglich. So sind größere Mädchenschulen unentbehrlich, und es muß gehofft werden, daß die häusliche Erziehung vor den unerfreulichen Wirkungen der Schule möglichst schützen, diese selbst aber durch Beschränkung der Lehrstunden, durch sorgfältige Berücksichtigung der individuellen Eigentümlichkeiten und durch gemütvolle Gestaltung der Beziehungen zwischen Lehrenden und Schülerinnen die Ähnlichkeit mit dem Familienleben, so weit es angeht, erstreben werde.

§ 12.

Der christliche und der konfessionelle Charakter der Schule.

Als Erziehungsanstalt muß die Schule auf dem Boden christlicher Frömmigkeit gegründet werden, weil die tiefsten Motive sittlicher Gesinnung und sittlichen Handelns in der Religion wurzeln. Dieselbe Forderung erheben wir aber auch, wenn wir die Schule als Unterrichtsgemeinschaft in das Auge fassen, insofern sie als solche es nicht bloß auf die Zueignung einer Summe von Erkenntnissen, sondern auch zugleich auf die Erzeugung des Ganzen einer Weltanschauung abgesehen hat, welches ohne religiöse Elemente nicht entstehen kann. Wir müssen daher prinzipiell die Konfessionalität aller Schulen fordern, ohne damit leugnen zu wollen, daß in gewissen Fällen Simultanschulen errichtet werden müssen, und ohne dem Eintritt von Lehrern, welche einer andern Konfession angehören, unbedingt wehren zu wollen. So weit dadurch der konfessionelle Charakter der Anstalt nicht gestört und ihr religiöses Wirken nicht gehindert wird, kann dasselbe als zulässig betrachtet werden.

Es kann hier nicht unsere Aufgabe sein, Wert und Notwendigkeit einer christlichen Erziehung darzulegen; wir könnten nur wiederholen, was wir früher (§ 8) ausgesprochen haben. Und da wir an dieser Stelle, wie die Familie, so auch die Schule als Stätten ansehen, an welchen christliche Gesinnung realisiert ist, und welche eben deshalb dazu berufen sind, die Erzeugung christ-

licher Gesinnung im Zögling zu vermitteln, so ist im Zusammen=
hange unserer Darstellung der christliche Charakter der Schule vor=
ausgesetzt. Auch für die Behauptung, daß die Schule als Unter=
richtsanstalt dem Christentum einen maßgebenden Einfluß einräumen
muß, dürfen wir uns, zum Teil wenigstens, auf frühere Erörte=
rungen beziehen, welche indessen hier eine Ergänzung und ab=
schließende Zusammenfassung fordern.

Daß ein Unterrichtsinstitut einer religiösen Grundlage ent=
behren könne, vermag nur zu behaupten, wer die einzelnen Lehr=
disziplinen desselben sowohl von einander isoliert, als auch jede
von ihnen nur in der Vielheit der Teile, nicht in ihrem letzten
Zweck und deshalb nicht als Ganzes beurteilt. So erscheinen sie
allerdings keiner religiösen Beziehung bedürftig, aber so ist ihnen
auch die sittliche Teleologie geraubt. Wer aber nach einem wert=
vollen Zweck fragt, welchem der Vortrag der Lehrobjekte der Schule
dienen soll, und sich nicht an einer Antwort genügen läßt, welche
ihn auf den praktischen Nutzen, auf die Verwertung im öffentlichen
Leben verweist, kann ihre innere Berechtigung nur in dem Ver=
hältnis erkennen, in welchem sie zur Wahrheit, teils als Verwirk=
lichung derselben, teils als Übungen zu ihrer Aneignung stehen.

Auf mannigfachen Wegen sollen die Zöglinge zur Erkenntnis
der Wahrheit geführt werden. Im Studium der Sprachen und
der Geschichte, der Mathematik und der Naturwissenschaften sollen
sie dieselbe suchen und finden, in der Natur des Menschengeistes
und in der sinnlichen Welt. Aber gelangen wir auf diesem Wege
wirklich zur Wahrheit oder nicht vielmehr nur zu einer Vielheit
von Erkenntnissen, welche nach einer Seite hin als wertvolle Ant=
worten gelten dürfen, nach der andern aber nur unausgesprochene
Fragen sind; zu Erkenntnissen, denen das letzte, wichtigste, ent=
scheidende Wort versagt bleibt? Wohl versucht jeder tiefer drin=
gende Forscher das bestimmte Arbeitsgebiet, das er bebaut, in das
Ganze einer Weltanschauung einzufügen und einen Beitrag zu
derselben zu geben. Aber indem er dies unternimmt, verläßt er
auch schon die Methode exakter Untersuchung und betritt das Reich
der Spekulation, in welchem wir wohl bald mehr, bald weniger
ausreichend begründete Hypothesen, aber nimmer allem Zweifel
entnommene Erkenntnisse suchen dürfen. Die Spekulation und

ihr Ergebnis, die Hypothese, fallen in die Sphäre der Dichtung;
spekulative Systeme sind poetische Erzeugnisse, wenn sie auch nicht
in der Sprache der Anschauung, sondern in den Worten begriff=
licher Abstraktion reden. Wir sagen dies nicht in der Absicht,
die Spekulation herabzusetzen und ihren Wert zu vernichten; nicht
im Interesse, sie aus der Reihe der Werke menschlichen Denkens
herauszustoßen, welche der Erkenntnis der Wahrheit gewidmet sind.
Das kann nur behaupten, wer in der Poesie bloß ein leichtes
Spiel oder höchstens einen mehr oder weniger zutreffenden Spiegel
der Wirklichkeit sieht. Wer aber in den Dichtungen unserer klassi=
schen Meister, in Dantes „Göttlicher Komödie“, in den Dramen
Shakespeares, in Goethes „Faust“ Darstellungen des Menschenlebens
und des irdischen Seins im Lichte der Ewigkeit erkennt, eine Be=
trachtung der Erscheinungen des Lebens vom Standpunkte ihrer
letzten Gründe und höchsten Zwecke sieht, wird nicht zögern, auch
in der Poesie ein Organ zu sehen, welches die Geheimnisse der
Wahrheit erschließt. In diesem Sinne ist auch die Spekulation
bei der Erkenntnis derselben beteiligt.

Sehen wir aber in ihr eine eigentümliche Gestaltung der
dichterischen Thätigkeit des menschlichen Geistes, so können wir
auch ihre tiefsten Wurzeln nur im Gemüt suchen, das in der
spekulativen Arbeit, in der Verkettung abstrakter Begriffe zu einem
geschlossenen Ganzen die Befriedigung findet, welche die, wenn
auch nur hypothetische, Verknüpfung einer Vielheit von Einzel=
untersuchungen zu einer harmonischen Einheit gewährt. So ist
für die Richtung der Spekulation die ethische Bestimmtheit des
spekulierenden Subjekts maßgebend, und so begreifen wir die
Vielheit der einander ablösenden philosophischen Systeme. Weil
aber ethisch bedingt, sind sie auch von religiösen Elementen ab=
hängig, ja sie stellen eine begriffliche Gestaltung des religiösen
Glaubens dar, welchen der Philosoph hegt. Das Bedürfnis des
Gemüts nach einer in sich zusammenstimmenden Weltanschauung
ist ein religiöses Bedürfnis.

Wer nun, wie wir es in unserer Darstellung thun, von der
Voraussetzung ausgeht, daß nur die Deutung des Weltlaufs allen
Ansprüchen des Gemüts Genüge gewährt, welche dem Sinne des
Christentums gemäß ist, auf seinem Boden sich gestaltet und inner=

halb der von ihm gezogenen Grenzen sich bewegt, muß die Forde=
rung erheben, daß die Schule als Unterrichtsgemeinschaft die im
Christentum enthaltene Lösung des Weltproblems als für sich maß=
gebend ansehe.

Die Universität ist in anderer Lage als die Schule; sie ist
nicht wie diese nur Unterrichtsgemeinschaft, sie ist in erster Linie
Gemeinschaft wissenschaftlicher Forschung. Und so sehr wir es
von unserem Standpunkt aus wünschen müssen, daß auch hier die
durch das Christentum gezeichneten Wege betreten werden, so
müssen wir doch ebenso entschieden die Forderung erheben, daß
hier im Interesse des wissenschaftlichen Fortschrittes die größte
Freiheit herrsche und auch abweichenden Gedankenreihen freier
Raum gegeben werde. Die Schule dagegen ist nur Unterrichts=
gemeinschaft; die Bildung der unmündigen oder doch noch nicht
mündigen Jugend ist ihre Aufgabe. Diese soll durch die Schule
zu einer Gesamtanschauung, die als solche religiöse Elemente in
sich schließt, erzogen werden.

Man entgegne nicht, dies sei die Aufgabe des Lebens, die
Arbeit freier Selbstentscheidung, welche der gereifte Mann, die ge=
reifte Frau vollbringen müsse; wer in Kindheit und Jugend keine
Antwort auf die Frage nach der Wahrheit empfangen hat, wird
skeptisch oder indifferent in das Leben treten und deshalb, eines
festen Halts entbehrend, den Weg einer idealen Gestaltung seines
Seins und Wirkens verfehlen und in den Kämpfen, die ihm be=
vorstehen, leicht erliegen. Wer dagegen im Besitz der Wahrheit
in das öffentliche Leben tritt, wird gewiß manchem Zweifel an
derselben ausgesetzt sein, mag vielleicht der Wegweisung des Glau=
bens sich entziehen, aber noch die Nachwirkungen desselben, das
Abendrot der religiösen Jugenderinnerungen, wird an vielen als
schützende und rettende Macht sich bewähren.

Man halte uns auch nicht entgegen, daß diesen Einfluß im
gleichen Maße eine allgemeine, vom Christentum absehende, religiös=
sittliche Anschauung ausüben könne. Eine solche, aus den konkreten
Religionen abstrahiert, ist viel zu farblos, um die gehoffte Wir=
kung hervorbringen zu können. Ein subjektives, willkürliches Ge=
bilde, losgelöst von aller geschichtlichen Wirklichkeit, weder durch
die Autorität göttlicher Offenbarung verbürgt, noch durch eine für

sie eintretende und sie durch ihr Wirken bewährende Gemeinschaft beglaubigt, dürftige Umrisse nicht überschreitend, weil jede weitere Ausführung in die Gegensätze der geschichtlichen Religionen hinein= ziehen müßte, schwebt sie in der Luft, findet keinen Zugang zum Gemüt; weder erwärmend noch erhellend, fehlt ihr die Fähigkeit zu kräftigen ethischen Impulsen.

Man verweise uns auch nicht auf die ergänzenden Einwir= kungen, welche von Haus und Kirche im Interesse spezifisch christ= licher Unterweisung ausgehen; denn die Einheit des religiös=sitt= lichen Bewußtseins kann nicht entstehen, oder muß, einmal erwachsen, gestört werden, wenn die Betrachtung des Weltzusammenhangs die Voraussetzungen entbehren zu können glaubt, welche die Weg= weisung, die in der Familie und in der Kirche zur Geltung ge= bracht werden, als unerläßlich ansieht.

Man entgegne uns endlich auch nicht, daß die Schule ja vor allem auf die Zueignung von Einzelkenntnissen ausgehe und sehr wenig in die Lage komme, eine Gesamtanschauung des Weltzu= sammenhangs zu vermitteln, für welche den Zöglingen die Be= dingung geistiger Reife fehle. So richtig es ist, daß auf den ge= lehrten Schulen in den niederen, vielleicht auch mittleren, Klassen wenig Raum für allgemeinere Betrachtungen bleibt, so werden diese doch auf den höheren Stufen nicht umgangen werden können; und die Volksschule, die auf so beschränkte Zeit gewiesen ist, wird von Anfang an darauf bedacht sein müssen, mit den ihr zu= gebote stehenden Mitteln eine religiös=sittliche Gesamtanschauung hervorzubringen. Und vergessen wir nicht, die Schule ist nicht bloß Unterrichtsgemeinschaft, sie ist auch Erziehungsanstalt und kann als solche des religiös=sittlichen Fundaments nicht ent= behren. —

Wir sind bis jetzt nur für die christliche Basis der Schulen eingetreten, aber auch der Gegensatz der christlichen Konfessionen fordert unsere Beachtung. Wie wir schon früher es aussprachen (siehe § 1), ist die Differenz zwischen Katholicismus und Prote= stantismus keineswegs eine ausschließlich dogmatische; vielmehr stehen sich hier zwei ethische Gesamtanschauungen gegenüber, die aus ethischen Wurzeln erwachsen sind. Auf dem Boden des Christen= tums stehend, haben sie sich doch zu zwei in entgegengesetzter Rich=

tung sich entwickelnden Gestaltungen religiös=sittlichen Gemeinschafts=
lebens ausgebildet.

Dort ruht das sittliche Bewußtsein auf der Verpflichtung
gegenüber einer äußeren Autorität, dem im Papst zusammenge=
faßten Priestertum; hier bildet die Entwicklung einer sittlich=
freien, nur durch das Wort Gottes gebundenen Persönlichkeit das
Ziel. Es liegt auf der Hand, daß dieser Gegensatz die Richtung
der Erziehung bestimmt, und daß derselbe auf den höheren Stufen
des Unterrichts vielfach hervortreten wird. Der Vortrag der Ge=
schichte, die Wertschätzung hervorragender Persönlichkeiten und tief=
greifender geistiger Bewegungen wird den konfessionellen Stand=
punkt des Lehrers offenbaren, die Bildung einer sittlichen Welt=
anschauung, der die Aufsätze in den oberen Klassen dienen, wird
hier und dort sehr von einander abweichenden Einflüssen ausgesetzt
sein; und auch die Darstellung des Entwicklungsganges der deut=
schen Litteratur wird schwerlich auf katholischer Seite die objektive
Würdigung erfahren, zu welcher der Protestantismus befähigt ist.

Bekennen wir uns zu dem Prinzip der konfessionellen Schule
und erkennen in den Lehranstalten, welche sich nicht auf die Basis
des Christentums stellen, oder welche den Gegensatz der für uns
maßgebenden christlichen Konfessionen ignorieren, pädagogisch unzu=
reichende Organisationen, so gestehen wir doch zu, daß unter den
gegenwärtigen Verhältnissen in Deutschland die Notwendigkeit ent=
stehen kann, Simultanschulen zu errichten. Ein Bedürfnis, schlecht=
hin konfessionslose, auch vom Christentum absehende Lehranstalten
zu gründen, fehlt überall. Aber es muß zugegeben werden, daß
in Orten von sehr gemischter Bevölkerung mitunter die Mittel
fehlen, um zwei konfessionell gesonderte Schulen zu gründen und
zu erhalten; daß daher hier die Simultanschule eine unumgäng=
liche Notwendigkeit sein wird.

Ja, auch dies räumen wir ein, daß in konfessionellen Schu=
len, soweit dies ohne Schädigung des christlichen und konfessionellen
Charakters derselben möglich ist, auch nichtchristliche Lehrer oder
Lehrer einer andern christlichen Konfession unterrichten können;
natürlich nur in solchen Disziplinen, die einer Durchdringung von
religiös=sittlichen Elementen überhaupt nicht oder doch nur in ge=
ringem Maße zugänglich sind, wie dies bei der Mathematik und

den Naturwissenschaften, dem Unterricht in der Grammatik, im Zeichnen und Turnen, der Fall ist. Jedoch werden auch hier nur insoweit Lehrer einer andern religiösen Gemeinschaft zuge= lassen werden können, als dies mit der Bewahrung des christlichen und des konfessionellen Charakters der Anstalt vereinbar ist und der bestimmte religiöse Geist, der vermöge desselben in ihr herrschen soll, keine Beeinträchtigung erleidet.

§ 13.
Staat und Kirche als Faktoren der Erziehung.

Die das öffentliche Leben bestimmenden Gemeinschaften des Staates und der Kirche nehmen, wenn auch in gleichem Maße, doch nicht in gleicher Weise des Wirkens an der Bil= dung der heranwachsenden Jugend teil. Der Staat tritt noch nicht in ein unmittelbares Verhältnis zu derselben; doch erwartet er, daß Haus und Schule, die nur unter seinem Schutz und seiner Fürsorge sich friedlich erbauen, ihre Auf= gabe mit Erfolg lösen und Freudigkeit des Schaffens gewin= nen und bewahren können, die Liebe zum Staat und die Verehrung der ihn leitenden Obrigkeit in den Herzen der Jugend wecken und nach dem Maße der erlangten Reife auf die Verpflichtungen gegen das Vaterland hinweisen. Zu der Kirche tritt aber auch schon die Jugend in ein unmittelbares Verhältnis. Durch die Festordnung, welche auch das häus= liche und Schul = Leben regelt, erfährt schon das Kind die Einwirkung der Kirche. In der Teilnahme am Gottesdienste, in dem von der Kirche erteilten Unterricht, welcher auf die Konfirmation vorbereitet; in der vollen Gemeinschaft des kirch= lichen Lebens endlich, welche durch die Konfirmation sich ver= mittelt, wird der Einfluß der Kirche auf die Jugend ein stetig wachsender.

Unmittelbar übt der Staat auf die Erziehung keinen Einfluß aus; sein Interesse an derselben fordert nur, daß eine Erziehung stattfinde, und daß dieselbe die Jugend befähige, die Kulturzwecke, die er sich stellt, zu verwirklichen. Er beschränkt sich daher auf die Forderung eines obligatorischen Schulbesuchs und auf die Be= aufsichtigung der Schule. Er würde keinen Anspruch auf diese Forderungen erheben können, wenn er nur die Bestimmung und Aufrechterhaltung des Rechts zu seiner Aufgabe sich setzte. Aber der Staat in den höheren Entwicklungsformen ist auch Kultur= staat, Bildungsgemeinschaft, und muß daher verlangen, daß die erreichte Bildungsstufe des in ihm zusammengefaßten Volks der heranwachsenden Jugend zugeeignet werde. Noch mehr, er ist Kultusgemeinschaft, er setzt sich sittliche Zwecke und muß sie sich setzen, weil sein Bestand an ethische Bedingungen geknüpft ist. Er würde sich auflösen, der Zersetzung anheimfallen, sobald seinen Bürgern Gewissenhaftigkeit, Pflichtbewußtsein, vaterländische Gesin= nung fehlte. Diese sittlichen Qualitäten können aber nur unter Voraussetzung religiöser Einwirkungen sich bilden. Und so muß der Staat auf Pflege religiös=sittlicher Gemeinschaft Bedacht neh= men. Ist der Staat unter den gegenwärtigen Verhältnissen bei dem Gegensatz der Konfessionen innerhalb desselben Volks nicht oder doch nur selten in der Lage, eine bestimmte Konfession zur Grundlage seiner religiös = sittlichen Einwirkungen zu wählen, so kann er sich doch auf den Boden des allgemein christlichen Be= kenntnisses stellen, dem bis auf geringe Bruchteile die Bevölkerung angehört. Es wäre ein abstrakter Doktrinarismus, wenn er um der jüdischen Volksgenossen und vereinzelter Freigeister und Atheisten willen auf den Namen und die Befugnisse eines christ= lichen Staats verzichten wollte. Die ethische Gesamtanschauung unseres Volks ist auf christlichem Boden erwachsen und wurzelt in ihm, und deshalb ist unser Staat ein christlicher und muß es bleiben. Es ist eine andere Frage, die wir hier nicht zu ent= scheiden haben, in welchem Maße die ethischen Normen des Chri= stentums vonseiten des Staats zur Geltung zu bringen sind; auf diesen Punkt sollte sich der Streit beschränken, dagegen sollte der christliche Charakter des Staats wenigstens unter den christlichen Gliedern desselben außer Frage stehen.

Wie sehr nun aber auch der Staat an der Erziehung der Ju= gend, daß sie in einem seinen Zwecken entsprechenden Sinne statt= finde, interessiert ist, so hat er doch kein Recht, sich als den aus= schließlichen Träger der Erziehung anzusehen und das Naturrecht an der Erziehung, welches nach göttlicher Ordnung den Eltern eignet, diesen zu entziehen. Der Staat steht nur dann auf der Höhe seines Berufs, wenn er den individuellen Gemeinschaften, die innerhalb seiner Grenzen sich entwickeln, Raum zu freier Bewegung gewährt, die Ausgestaltung selbständiger Einzelpersönlichkeiten und Kollektivpersönlichkeiten schützt und fördert. Eine Nationalerziehung, welche die Familienerziehung aufhebt, ist eine Tyrannei. Nur im Schoße der Familie kann das Kind die warme Luft einatmen, deren es zur Entwicklung seines Gemütslebens bedarf: hier allein das Verständnis, die schonende Pflege seiner Eigenart finden, ohne welche es verkümmert oder eine Herbigkeit und Starrheit des Empfindens empfängt, welche in ihm das Entstehen feinerer und zarterer Gefühle verwehrt oder doch erschwert und oft ganze Gebiete verschließt, in denen reiche und reine Quellen geistigen Genusses entspringen.

Aber Haus und Schule sind verpflichtet, eine nationale Gesinnung in der Jugend zu pflegen, den Wert der nationalen Eigenart ihrem Bewußtsein zu erschließen und so ein nationales Selbstgefühl in ihr zu wecken. Nicht im Sinne eines beschränkten Partikularismus, der mißachtend auf alle anderen Völker herabsieht; das entspricht auch nicht dem deutschen Genius, der durch das Verständnis für fremde Volkseigentümlichkeiten und durch ihre Wertschätzung vor allen anderen Nationen ausgezeichnet ist. Aber eben deshalb bedarf allerdings unsere deutsche Jugend mehr wie eine andere des Hinweises auf die Vorzüge des eigenen Volks, auf die Großthaten seiner Geschichte, auf die großen Männer, in denen wir die Verkörperung des deutschen Genius erblicken, damit unser Volk endlich von jenem Kult ausländischer Sitten geheilt werde, durch welchen es sich verächtlich macht. Die Pflege vaterländischer Gesinnung fordert aber ebenso die Erzeugung der Verehrung gegen den Monarchen, in dem sich das Volk zum Staat zusammenfaßt, in welchem es das Bild seiner Hoheit und Einheit erblickt. Haus und Schule müssen die nationalen Festtage, in denen diese Verehrung zum allgemeinen, öffentlichen Ausdruck kommt, zugleich als ihre Festtage feiern. Unterbleiben muß vor den Ohren der Jugend eine tadelnde Kritik der Maßregeln der bestehenden Regierung. Sie gebührt nur gereisten Männern, in der Jugend würde sie die Autorität des Monarchen untergraben und die Pietät gegen ihn zerstören.

Erfährt die Jugend die Segnungen des Staats nur in mittelbarer Gestalt, so tritt sie zur Kirche sowohl in mittelbare als auch in unmittelbare Beziehung. Ersteres durch die kirchliche Festordnung, welche für Haus und Schule gültig ist. Schon in der Feier des Sonntags, welcher den Schulunterricht unterbricht, an dem der Vater von der Arbeit seines Berufs befreit ist, offenbart sich ihr eine Gemeinschaft, welche keine weltlichen, irdischen Zwecke verfolgt, welche ausschließlich religiös = sittlichen Aufgaben dient, welche über das zeitliche Sein erhebt und in eine unsichtbare Welt versetzt. Und in dem mehr oder weniger festlichen Charakter, den dieser Tag dem Hause verleiht, in den vielfachen erfreuenden Auszeichnungen desselben erscheint ihr das kirchliche Leben in freundlicher Gestalt. Gerade der deutsche Sonntag, soweit er nicht durch Zügellosigkeit entweiht wird, ist geeignet, die Liebe zur Kirche zu erwecken. Soweit die Bestrebungen, welche auf die Heiligung des Sonntags gerichtet sind, uns den deutschen Sonntag bewahren und herstellen wollen, haben sie unsere volle Zustimmung. Wollen sie uns aber den englischen oder amerikanischen Sonntag importieren, ihn zu einer Stätte gesetzlicher Askese gestalten, so müssen wir auch vom pädagogischen Standpunkt aus widersprechen.

Von nicht geringerer Einwirkung auf das kindliche und jugendliche Gemüt sind die hohen Feste der Kirche: Weihnachten, Ostern, Pfingsten. Der Fülle ästhetischer und ethischer Elemente, welche das Weihnachtsfest in sich schließt, haben wir schon früher gedacht; wir ergänzen unsere frühere Darstellung, indem wir darauf hinweisen, wie hier auch die Kirche schon unmittelbar durch Veranstaltung einer Weihnachtsandacht im gottesdienstlichen Raum, an heiliger Stätte, dem kindlichen Bewußtsein entsprechend, eine nähere unmittelbare Beziehung zu demselben anknüpfen kann. Findet diese Feier unmittelbar vor dem Feste des Hauses am heiligen Abend statt, so wird die religiöse Basis, auf der letzteres ruht, sich dem kindlichen Gemüt tief einprägen. Aber auch die Symbolik, welche Ostern, Himmelfahrt und Pfingsten mit den in diese Zeit fallenden Wandlungen des Naturlebens verbindet, der Zusammenklang

7*

der Gedanken der Auferstehung, Verklärung, Belebung, die hier und dort in der Seele geweckt werden, sichert diesen Festen den Zugang zum Innern der Kinderwelt. Die Passionszeit dagegen, im Karfreitag sich zusammenfassend, findet bei ihr nur einen leisen Wiederhall. Zur Freude berufen und gestimmt, den Schmerz fliehend, Sünde und Schuld nur dunkel ahnend, wird das Geheimnis des leidenden und sterbenden Heilands ihr fremd bleiben; und nur im Ernst, der die Eltern erfüllt, wird ihr diese Feier der Kirche nahetreten.

In eine regelmäßige unmittelbare Gemeinschaft mit dem kirchlichen Leben tritt die Jugend durch die Teilnahme am Gottesdienst. Es ist wertvoll und in hohem Maße dankenswert, daß die Kirche durch Errichtung von Kindergottesdiensten es schon einem frühen Alter ermöglicht, zu gottesdienstlicher Feier an heiliger Stätte hinzutreten zu können; und ist nur zu wünschen, daß diese Kindergottesdienste an keinem Orte fehlen.

Entwachsen die Zöglinge diesen Gottesdiensten, wandelt sich die Kindheit zur Jugend, so entsteht das Verständnis für die Gottesdienste der Gemeinde und wird nach Maßgabe des wachsenden Verständnisses der Besuch der Gottesdienste ein häufigerer, bis die Jugend, durch unmittelbar kirchlichen Unterricht zu freiem Bekenntnis des Evangeliums bereitet, in die Reihe der vollberechtigten Glieder der Gemeinde tritt und alle Segnungen gottesdienstlicher Gemeinschaft erfährt.

II.

Die Methode der Erziehung.

---

§ 14.

Die Aufmerksamkeit.

Die erziehende Thätigkeit setzt als allgemeine Vorbedingung erfolgreichen Wirkens die Aufmerksamkeit des Zöglings
voraus. Die moralische Bildung ist an dieselbe gebunden,
insofern letztere es der sittlichen Idee möglich macht, ihren Forderungen das sittliche Bewußtsein des Zöglings zu erschließen.
Ebenso ist ästhetische Bildung ohne Aufmerksamkeit unerreichbar, weil nur durch ihre Vermittelung das ästhetische Objekt
der Anschauung einverleibt wird. Vor allem aber bedarf die
intellektuelle Bildung der Aufmerksamkeit, weil ohne sie jeglicher Unterricht erfolglos sein müßte.

Wir unterscheiden eine unwillkürliche und willkürliche Aufmerksamkeit; letztere wurzelt in der freien, im Gehorsam gegen das Pflichtbewußtsein gefaßten Entschließung des Zöglings,
erstere in der fesselnden Kraft, welche das Objekt ausübt.
Jene kann nur kurze Zeit währen; und der Unterricht muß
daher darauf Bedacht nehmen, teils alle Hindernisse zu beseitigen, welche das Entstehen oder Anhalten der unwillkürlichen Aufmerksamkeit hemmen; teils, wenn das Objekt selbst
nicht zu fesseln vermag, einen Ersatz zu schaffen, durch welchen unwillkürliche Aufmerksamkeit hervorgebracht wird. In
dieser Beziehung wird der anziehende Vortrag des Lehrers,

die Nötigung des Schülers zur Selbstthätigkeit sich als wirk=
sames Mittel erweisen; in jener der Gang des Unterrichts
von entscheidender Bedeutung sein. Ein Fortschritt desselben,
welcher dem Schüler stetig zu folgen gestattet und doch im=
mer neue Reize bietet; welcher sich ebenso von einer die Klar=
heit der Anschauung und die Beherrschung des Stoffs hin=
dernden Schnelligkeit als von einer ermüdenden Langsamkeit
fern hält; eine Ordnung des Lehrgangs, die dem Bedürfnis,
durch Wechsel der geistigen Beschäftigung das Gleichgewicht
des Gemüts herzustellen, Rechnung trägt und durch reichlich
zugemessene Unterbrechungen des Unterrichts der leiblichen Er=
frischung Raum giebt, wird die wesentlichsten Hindernisse un=
willkürlicher Aufmerksamkeit beseitigen. Auf ästhetischem Ge=
biet wird einer sich versenkenden Aufmerksamkeit durch Be=
schränkung der ästhetischen Objekte Vorschub geleistet werden.
In moralischer Beziehung muß das noch mangelhafte Inter=
esse an dem Inhalt der sittlichen Idee durch die Autorität
des Erziehers, welcher vonseiten des Zöglings pietätsvolle An=
erkennung gezollt wird, ausgeglichen werden. Und diese Aus=
gleichung wird dann am sichersten auf Erfolg rechnen dürfen,
wenn der Erzieher seinem Wort die Energie und Bestimmt=
heit mitteilt, durch welche seine eigene Autorität als in diesem
unmittelbar dargestellt erscheint.

Es giebt mehrere allgemeine Vorbedingungen, welche die Er=
ziehung herzustellen hat, um ihre Aufgabe zu erfüllen. Als erste
derselben nennen wir die Aufmerksamkeit. Die moralische, in=
tellektuelle und ästhetische Bildung setzt sie voraus. Sie pflegt
ausschließlich als Voraussetzung des Unterrichts geschätzt zu wer=
den, und die Darstellungen der Pädagogik erörtern sie unter diesem
Gesichtspunkt. Aber es kann keinem Zweifel unterliegen, daß sie
ebenfalls ein unentbehrlicher Faktor sittlicher Gestaltung sowie äst=
hetischen Genusses und Verständnisses ist.

Blicken wir zuerst auf jene. Niemand wird es in Abrede
stellen, daß Zerstreuung und Zerfahrenheit ein wesentliches Hinder=
nis für die Entstehung eines sittlich begründeten Charakters bildet.
Dieser erwächst aus der Selbstunterscheidung des Subjekts, ver=
möge deren dieses sich als Geist seiner Natur gegenüberstellt, über

seine Begierden sich als freies Ich erhebt. So lange das Ich sich mit seinen Begierden identifiziert, in dieselben versenkt ist, fehlt ihm der Besitz eines Charakters, ist überhaupt der Mensch noch nicht Geist, sondern Naturwesen. Der sittliche Prozeß, dessen Ergebnis der Charakter ist, hat noch nicht begonnen. Soll dieser Prozeß eingeleitet werden und einen befriedigenden, Erfolg verheißenden Verlauf nehmen, so ist eine stete Thätigkeit des Unterscheidens, in welcher das Ich aus seiner Naturgestalt, aus der Welt der Begierden, heraustritt, notwendig. Diese unterscheidende Thätigkeit vermittelt sich durch die Aufmerksamkeit. Setzt sie doch voraus, daß das Subjekt den Vorstellungskreisen und Interessen, die in ihm durch die Begierden hervorgebracht werden, sich entzieht, der Welt der sittlichen Ideen sich zuwendet und mit voller Teilnahme auf ihre gebietende Stimme achtet. Nun kann allerdings mit Recht entgegnet werden, daß auch derjenige Aufmerksamkeit übt, welcher diese den Impulsen der Begierden zuwendet, daß er sie nur nach entgegengesetzter Richtung lenkt. Wir gestehen dies willig zu. Es kann eine intensive Aufmerksamkeit auf Objekte der Begierde ebenso wie auf Ziele der sittlichen Idee gerichtet werden.

Dies leugnen wir nicht; aber unsere Behauptung, daß die Aufmerksamkeit das Medium ist, durch welches wir die sittliche Idee uns aneignen und uns über die Welt der Begierden erheben, wird dadurch nicht erschüttert. Die Aufmerksamkeit ist sittlich indifferent und kann entgegengesetzten Zwecken dienen. Wer auf das Wort des sittlichen Gebots aufmerksam ist, wird wenig auf das Wort der Begierde hören; wer diesem seine Aufmerksamkeit schenkt, wird jenes nicht vernehmen. Das sittliche Leben ist in seiner Entstehung und weiteren Entwicklung an die Bedingung geknüpft, daß das Subjekt auf die Stimme der Begierde nicht höre, sondern die volle Aufmerksamkeit auf die sittlichen Postulate richte und nur insoweit, als diese es gestatten, dem Wort der Begierde das Ohr erschließe. Indessen der Zustand, welchen die Erziehung gemeiniglich bei ihrem Zöglinge vorauszusetzen hat, ist ein anderer. Weder eine unbedingte Neigung, der Begierde sich zuzuwenden, noch eine völlige Teilnahme für die Forderungen der sittlichen Idee wird sie vorfinden, vielmehr einen gemischten Zustand, eine Bereitschaft, nach der einen und nach der andern Seite zugleich das Ohr zu richten, eine moralische Zerfahrenheit und Zerstreutheit, welche die Bildung eines sittlichen Charakters unmöglich macht. Aus dieser moralischen Verworrenheit muß der Zögling herausgerissen, zur Aufmerksamkeit, zur gespannten Aufmerksamkeit dem göttlichen Willen gegenüber, wie er sich in den Worten menschlicher Autorität offenbart, genötigt werden.

Mit wenigen Worten berühren wir den Wert der Aufmerksamkeit auf ästhetischem Gebiet. Der Poesie, zumal in der Gestalt der Erzählungslitteratur, pflegt die Jugend ein hohes Maß von Interesse zu schenken. Allein dasselbe ist gemeiniglich stofflicher Natur, das Auge fliegt über die Zeilen hinweg, die Handlungen und Ereignisse werden mit sich stetig steigernder Spannung verfolgt, die Lektüre eilt begierig dem Schlusse zu. Die psychologischen Motivierungen, die geschichtlichen Erläuterungen, die landschaftlichen Schilderungen, die moralischen Betrachtungen werden, wenn nicht überschlagen, so doch mit einer ebenfalls sich steigernden Unaufmerksamkeit gelesen. Wir machen eine ähnliche Erfahrung, wenn wir die Jugend bei der Betrachtung der ihr jetzt in so reicher Zahl zur Verfügung stehenden Illustrationen beobachten. Schnell eilt der Blick von der einen zur andern, flüchtig auf ihrem Hauptgegenstand verweilend, in keine sich mit ungeteilter Aufmerksamkeit versenkend.

So entsteht ein ästhetischer Materialismus, ein Stoffhunger, welcher einer ästhetischen Bildung ein unüberwindliches Hindernis bereitet. Nur eine Aufmerksamkeit, welche sich voll und ganz in ein poetisches Erzeugnis oder in ein Bild vertieft, welche nicht bloß auf das Thema, sondern auf die Ausführung desselben gerichtet ist, kann eine solche vermitteln. Vor allem ist es aber die intellektuelle Bildung, welche durch den Unterricht hervorgebracht wird, die auf eine volle Aufmerksamkeit des Schülers rechnen muß. Nur wenn die im Wort sich darstellenden Gedankenkreise des Lehrers vom Geiste des Schülers wieder erzeugt und alle mit einem andern Inhalt erfüllten Vorstellungsreihen von ihm niedergehalten werden, kann der Unterricht Erfolg haben. Und so werden wir zuerst die Bedingungen der Aufmerksamkeit, welche der Unterricht einhalten muß, und die Mittel, welche ihm zur

Erhaltung desselben zur Verfügung stehen, in das Auge fassen [1]).

Die Pädagogik unterscheidet die unwillkürliche und die willkürliche Aufmerksamkeit; die erstere wird unmittelbar durch den Unterricht hervorgebracht, durch die fesselnde Kraft, welche derselbe auf Geist oder Gemüt des Schülers ausübt; die letztere ist die Folge einer Willensentscheidung des Zöglings, durch die Motive des Pflichtbewußtseins bedingt. Ist diese nicht zu entbehren, da in jedem Unterrichtsobjekt Bestandteile sich finden, welche eine lebhaftere Teilnahme nicht zu erregen vermögen, auch der Lehrer nicht immer imstande ist, auf andere Weise das notwendige Interesse hervorzubringen, so darf der Unterricht doch immer nur für kurze Zeit auf willkürliche Aufmerksamkeit rechnen. Wird die Fähigkeit desselben auch stetig zunehmen, mit fortschreitendem Alter von einem Minimum zu einem Maximum sich erheben, so ist doch auch diesem eine enge Grenze gesteckt. Fällt es doch noch Erwachsenen schwer, einem längeren Vortrag mit gespannter Aufmerksamkeit zu folgen, der nicht unmittelbar, sei es durch Inhalt, sei es durch Form, fesselt. Willkürliche Aufmerksamkeit setzt eine Anspannung der geistigen Kraft voraus, welche, wie jede Anspannung, nur eine kurze Zeit anzuhalten vermag; und wenn wir sie vermöge kräftigen Pflichtbewußtseins länger auszudehnen versuchen, so erfahren wir, wie unmöglich dies uns ist; und je anhaltender wir gegen die andringende Zerstreuung gekämpft haben, desto mehr bemächtigt sich unserer eine Erschlaffung, die uns für geistige Arbeit unfähig macht. Es ist daher allgemein anerkannt, daß der Unterricht so wenig wie möglich willkürliche Aufmerksamkeit in Anspruch nehmen darf.

Auch stehen ihm viele Mittel zur Verfügung, da, wo das Objekt selbst nicht unmittelbar Teilnahme findet, einen Ersatz zu schaffen. Es ist zuerst die Persönlichkeit des Lehrers, welche hier eintreten muß. Wie der Schüler, sobald er empfindet, daß der Lehrer selbst in dem Unterricht keine Befriedigung findet, von der

---

1) Vgl. Waitz, Allgemeine Pädagogik (Braunschweig 1852), S. 345 bis 359. Ziller, Vorlesungen über allgemeine Pädagogik (Leipzig 1876), S. 266—314.

diesem eignenden Langeweile angesteckt wird, so teilt sich auch das Interesse, welches den Lehrer erfüllt, dem Schüler mit. Ein interessierter Mensch ist immer interessant. In mannigfacher Gestalt wird diese innere Teilnahme des Lehrers sich bezeugen, in der straffen Haltung der sinnlichen Erscheinung, in dem geistig belebten und geistig belebenden Blick des Auges, in dem Ton der Sprache, in der ausdrucksvollen Modulation, in der anschwellenden Stärke des Lauts, in der scharfen und bestimmten Accentuierung, auch im leisen und doch vernehmlichen Ton, der die Mitteilung als die Offenbarung eines Geheimnisses erscheinen läßt.

Es ist sodann die Aufmerksamkeit des Schülers von dem Maß der Selbstthätigkeit bedingt, in welche er versetzt wird. Eine solche wird teils durch Fragen hervorgebracht, deren Beantwortung gefordert wird; teils durch die Nötigung, den Vortrag des Lehrers schriftlich zu fixieren; teils endlich durch die Aufforderung, schriftlich oder mündlich eine Aufgabe zu lösen. In dieser Selbstthätigkeit wird ein unwillkürliches Interesse rege werden, auch wenn dasselbe nicht vom Objekt ausgeht. Es ist eine Beziehung des Subjekts zum Objekt eingetreten, durch welche dieses einen Wert für jenes erhalten hat. Der Anspruch des Objekts, vom Subjekt angeeignet zu werden, hat sich mit einer Dringlichkeit zur Geltung gebracht, die es dem Subjekt unmöglich macht, noch ferner diesen Anspruch abzulehnen. Es muß das Objekt anzueignen suchen. Indem es dies unternimmt, zeigt aber das Objekt einen Widerstand, den das Subjekt peinlich empfindet, und den es deshalb zu brechen sich bemüht. Die Aneignung wird zu einem geistigen Kampf, es erwacht die Kampfeslust, und mit jedem errungenen Erfolg wächst die Freude am Gelingen, das Gefühl der Freiheit, die Hoffnung auf Sieg. Als ein sekundärer Reiz tritt das Bewußtsein des Maßes der Wertschätzung hinzu, welche der Schüler infolge der richtigen Lösung einer Aufgabe oder Beantwortung einer Frage zu erwarten hat.

Die Aufmerksamkeit ist aber auch ferner abhängig vom Gange des Unterrichts. Derselbe kann nur dann auf die Teilnahme der Schüler rechnen, wenn diese immer in der Lage bleiben, alle in ihnen erzeugten Vorstellungsreihen klar zu übersehen und zu beherrschen. Sobald dieselben sich verwirren und verschieben, sobald die Klarheit des Bewußtseins getrübt wird, muß der Unterricht abbrechen, eine neue Mitteilung unterbleiben, da sie keinen Anknüpfungspunkt finden, kein Interesse voraussetzen könnte. Aufmerksamkeit ist durch Verständnis bedingt. Daher muß in dem vorausgesetzten Fall der Unterricht vielmehr darauf Bedacht nehmen, andere, ferner liegende Gedankenreihen hervorzubringen, da die bisher verfolgten nicht mehr fortgesetzt werden können, und erst die nächste Lehr= stunde hat die Aufgabe, die in der vorausgegangenen entstandene Verwirrung zu beseitigen. Freilich sollte das Entstehen derselben überhaupt vermieden werden; und es kann vermieden werden, wenn der Unterricht sich enthält, zu viel in das Detail einzugehen; wenn er sich entschließt, Abweichungen von der Grundregel nur sparsam aufzunehmen; wenn der Lehrer endlich nicht eher fortschreitet, als bis er sich von der sichern Aneignung des bis dahin mitgeteilten Stoffs, wenigstens seitens der überwiegenden Mehrzahl der Schüler, überzeugt hat.

Auf der andern Seite wird aber auch ein zu langsam fort= schreitender Unterricht das Sinken der Aufmerksamkeit verschulden. Ist das Lehrobjekt angeeignet, so mindert sich der Reiz, den es bis dahin ausübte, oder schwindet völlig. Damit hört aber auch die Spannung auf, in welche der Geist versetzt war, und die durch jene niedergehaltenen Vorstellungsreihen werden frei, be= mächtigen sich des Gemütes, und die Zerstreuung ist eingetreten.

Sodann ist aber auch die Aufmerksamkeit vom Wechsel des Lehrobjekts abhängig; nicht bloß, weil bei anhaltender Beschäf= tigung mit einem und demselben Gegenstande der Schüler schließ= lich in die Lage kommt, die anwachsende Zahl von Gedankenver= knüpfungen nicht mehr übersehen, ordnen und beherrschen zu können, sondern auch, weil im Laufe der Zeit der Reiz des Objekts sich verliert. Die Einheit des menschlichen Geistes vermittelt sich durch das Gleichgewicht der Kräfte. Jede geistige Thätigkeit ist aber eine zeitweise Aufhebung dieses Gleichgewichts, infolge der ein= seitigen Anspannung einer einzelnen Bethätigungsart des Geistes. Die dadurch niedergehaltenen Kräfte suchen nun das gestörte Gleichgewicht wiederherzustellen, indem sie sich zur Geltung brin= gen und Befriedigung heischen. Diesem Bedürfnis geschieht durch den Wechsel der geistigen Beschäftigung Genüge. Durch denselben

wird das Gleichgewicht wieder neu gewonnen. Auf höheren Entwicklungsstufen wird dies Gleichgewicht des geistigen Lebens durch
anhaltende Arbeit auf einem einzelnen Gebiet der Wissenschaft
schwerer gestört, weil vermöge des erlangten Bildungsreichtums
das Einzelne in der Vielheit seiner Beziehungen uns erscheint;
stehen wir dagegen auf niederer Entwicklungsstufe, so tritt das
Einzelne in seiner Isolierung uns gegenüber, das Gleichgewicht
wird leicht aufgehoben und ein häufiger Wechsel wird Bedürfnis.

Endlich gedenken wir der leiblichen Bedingungen der Aufmerksamkeit. Jede geistige Arbeit schließt eine Absorption von
leiblicher Kraft in sich; je länger jene dauert, desto mehr verzehrt
sich diese; es mindert sich, weil ihre körperlichen Bedingungen erschüttert werden, die Fähigkeit zu geistiger Thätigkeit, zu der
Spannung der geistigen Kräfte, welche die Aufmerksamkeit in Anspruch nimmt. Es sind daher nicht zu kurz bemessene Unterbrechungen jeglichen Unterrichts nötig, teils längere, teils kürzere,
damit die verlorene körperliche Kraft sich erneuere. Diese wird
auch von der dem kindlichen Körper eigenen Bewegungsbedürftigkeit
gefordert. Die anhaltende sitzende, mehr oder weniger gespannte
körperliche Lage, welche der Unterricht erfordert, kann nur bewahrt
werden, wenn eine häufige Auslösung der Spannung in freier
Bewegung erfolgt.

Es erübrigt uns, die Bedingungen der Aufmerksamkeit auf
dem ästhetischen und moralischen Gebiet in das Auge zu fassen. Für
das erstere, insoweit es ein Unterrichtsobjekt bildet, sind dieselben
Grundsätze maßgebend, welche wir eben dargestellt haben; jeder
Unterricht ist an sie gebunden, wenn sie sich auch je nach dem
eigentümlichen Inhalt desselben modifizieren. Dagegen haben wir
einige Gesichtspunkte für die Bewahrung der Aufmerksamkeit in
frei gewählten ästhetischen Beschäftigungen hervorzuheben.

Wir beschränken uns auf die poetische Lektüre. Schon früher
erwähnten wir die Neigung der Jugend, ausschließlich die stoffliche
Seite derselben mit Teilnahme zu begleiten und über die Darstellung, über die Ausführung des Themas flüchtig hinwegzueilen.
Nun können wir allerdings nicht erwarten, daß in jugendlichem
Alter schon ein lebhafteres Interesse an der poetischen Form als
solcher vorhanden sei. Dasselbe setzt kritische Neigungen voraus,

auf die wir nicht rechnen, deren Erwachen wir auch nicht wünschen dürfen, weil sie den unbefangenen Genuß der Werke der Dichtung stören würden. Was wir aber fordern müssen, ist die aufmerksame, nichts überschlagende Lektüre. Dies Ziel werden wir durch Beschränkung derselben erreichen, weil sie den Zögling nötigt, dasselbe Buch mehrere Male zu lesen. Bei der erneuten Lektüre ist aber das stoffliche Interesse gemindert; die Spannung, mit welcher die dargestellten Ereignisse verfolgt werden, hat nachgelassen; das Gemüt hat das Maß der Ruhe gewonnen, welches ihm gestattet, auch auf das Einzelne zu achten, und ist daher jetzt in der Lage, die bildenden Einwirkungen der Dichtung in sich aufzunehmen.

Eine eingehendere Betrachtung fordert die Pflege der Aufmerksamkeit auf dem moralischen Gebiet. Es sind erhebliche Hindernisse, welche sich hier der Erziehung entgegenstellen. Sie kann nicht auf ein hohes Maß unwillkürlicher Sympathie rechnen, das ihren Worten Eingang bereitete; im Gegenteil, da ihre Forderungen mit allen unmittelbaren Begierden der sinnlichen Natur und des Ichs im Widerspruch stehen, kann sie nur die Zustimmung des höheren geistigen Ichs, welches noch schlummert und durch sie geweckt werden soll, erwarten und erst vom gereiften Zögling die Anerkennung hoffen, daß seine bleibenden Interessen von ihr gewahrt seien. Je mehr daher die Erziehung in ihren ersten Anfängen sich befindet, desto weniger, je weiter sie mit Erfolg fortgeschritten ist, desto mehr darf sie auf unwillkürliche Aufmerksamkeit für ihre sittlichen Gebote rechnen. Aber auch auf den höheren Stufen der Entwicklung hat sie den Kampf mit den Begierden aufzunehmen, welche die volle Aufmerksamkeit gegenüber dem göttlichen Wort hemmen. Das Wort des Herrn von dem mancherlei Ackerland, auf welches der heilige Same fällt, findet hier Anwendung. Im Anfange der Erziehung ist die Gefahr vorhanden, daß das Wort an den Weg fällt [1]), im Fortgang, daß die Dornen es er-

---

1) Matth. 13, 19: „Wenn jemand das Wort von dem Reich höret und nicht verstehet, so kommt der Arge und reißt es hin, was da gesäet ist in sein Herz; und der ist es, der an dem Wege gesäet ist."

stiden [1]). Ist demnach nicht von der unwillkürlichen Aufmerksam=
keit dem sittlichen Gebot die Stätte bereitet, so muß doch mittel=
bar eine solche erzeugt werden. Sie wird durch die Autorität
des Erziehers und die ihr entsprechende Pietät des Zöglings her=
vorgebracht. Sind die Erzieher, Eltern und Lehrer, zu ihrer
Aufgabe befähigt, so umfließt sie der Nimbus der Autorität; sie
erscheinen dem Zögling als Träger einer vollkommenen Weisheit
und Güte; und die Machtfülle, welche ihnen eigen ist, erhebt sie
ihm über die Sphäre des Beschränkten und Schwachen, in die er
gebannt ist.

So entsteht im Gemüt des Zöglings die Pietät gegen die
Erzieher, eine Wertschätzung derselben, die in Verehrung und Ver=
trauen begründet ist. Die Autorität, welche sie genießen, die
Pietät, welche ihnen gezollt wird, verleiht ihrem Worte eine Be=
deutung, welche den Zögling nötigt, demselben volle Aufmerksam=
keit zuzuwenden, wie wenig der Inhalt desselben ihm auch sym=
pathisch ist. Und diese Aufmerksamkeit wird an Intensivität ge=
winnen, wenn der Erzieher in sein Wort die Energie und Be=
stimmtheit hineinlegt, welche es als unmittelbare Äußerung einer
autoritativen Persönlichkeit kennzeichnet. Jedem autoritativen Wort,
mag es Mahnung, Warnung oder Bestrafung in sich schließen,
muß die Kürze eignen, welche der Ausdruck der Entschiedenheit ist,
und die Lebhaftigkeit der Empfindung, in welcher die gesteigerte
Teilnahme des Redenden sich bezeugt. Dann wird demselben die
volle Aufmerksamkeit des Hörers entgegenkommen. Dagegen er=
müden längere Erörterungen, und je objektiver sie gehalten werden,
desto mehr erregen sie den Eindruck, daß der Redende mit Gleich=
gültigkeit, ohne innere Beteiligung des Gemüts, den Anlaß seines
Worts und den Zweck desselben beurteile. Autoritative Worte
büßen ihre pädagogische Kraft ein, wenn sie die Gestalt akademischer
Reden annehmen.

---

1) Matth. 13, 22: „Der aber unter die Dornen gesäet ist, der ist es,
wenn jemand das Wort höret, und die Sorge dieser Welt und Betrug des
Reichtums erstickt das Wort und bringt nicht Frucht."

Das Gedächtnis.

Das Gedächtnis vermittelt die Einheit des Bewußtseins innerhalb der zeitlichen Entwicklung und bietet zugleich dem Geiste den Stoff, aus welchem er bildend und gestaltend den Inhalt seiner Lebensweisheit schöpft; es ist also in formaler und materialer Beziehung ein konstitutiver Faktor für die Entstehung und Entfaltung des geistigen Lebens. Daraus folgt unmittelbar die große Bedeutung der Pflege des Gedächtnisses für die Erziehung. Denn auf die Thätigkeit des Gedächtnisses ist vor anderen Altersstufen die Jugend gewiesen, weil sie, wie reich auch formal durch die lebhafteste Bewegung geistiger Kräfte, doch nicht ohne gedächtnismäßige Aneignung der Objekte des Wissens, welche ihrer Gegenwart eigen sind, einen wertvollen Inhalt gewinnen kann. Wenn auch unmittelbar in Akten des Denkens sich vollziehend, ist das Gedächtnis doch die Bedingung sittlicher Gesinnung und ästhetischen Genusses.

Ebenso wie die Aufmerksamkeit, ist auch das Gedächtnis teils ein unwillkürliches, teils ein willkürliches; doch mehr als dort muß hier die freie Thätigkeit des Geistes in Anspruch genommen werden. Indessen, so weit als möglich, muß mit Rücksicht auf die Grenzen der jugendlichen Tragkraft das willkürliche Gedächtnis zugunsten des unwillkürlichen entlastet werden; und der Unterricht darf nie vergessen, daß die Fähigkeit des Gedenkens vom Maße des Verständnisses und Interesses abhängig ist. Die Mnemonik ist, von wenigen Ausnahmen abgesehen, teils wirkungslos, weil das Gedächtnis zweifach belastend, teils schädlich, weil das Gedächtnis mechanisierend. Die wertvollste Hilfe für das Gedächtnis bildet die Wiederholung, weil sie eine Erneuerung des Aktes ist, in welchem sich die erste Aneignung für das Gedächtnis vollzog.

Die Einheit unseres zeitlich sich entwickelnden Bewußtseins vermittelt sich durch das Gedächtnis. Was als äußeres Erlebnis

unwiederbringlich im wechselnden Verlauf der Dinge verloren ge=
gangen ist, bewahren wir als bleibendes Eigentum in der Er=
innerung. Und was in der Außenwelt einem naturgesetzlich oder
geschichtlich bedingten Zusammenhang angehörte oder als Glied
einer fremden Gedankenreihe Wirklichkeit besaß, verschmilzt durch
das Gedächtnis mit unseren eigenen Vorstellungen und Empfin=
dungen, erhält hier eine neue unserer Individualität entsprechende
Stellung und Bedeutung und wird, je länger, je häufiger und je
intensiver die Helle des Bewußtseins es beleuchtet, ein bildender
Faktor für die Gestaltung unseres inneren Lebens.

Vieles, was Wahrnehmung, Rede und Lektüre uns vermittelt,
erregt in uns nur schwaches Interesse und wird daher nicht kräftig
angeeignet; was diesem aber entgegenkommt, erfassen wir mit
Energie. So erklärt es sich, daß Vorstellungen und Bilder, schon
ursprünglich in unbestimmten Umrissen aufgenommen, bald ver=
blassen, um dann sich völlig aufzulösen; andere aber, in frischen
Farben, mit scharfem Auge erblickt und Gegenstand häufiger gei=
stiger Beachtung, ihre Kraft bewahren und ihre Gewalt behaupten.
Jene sind für die Wiedererzeugung des Gedächtnisses verloren, diese
steigen oft unwillkürlich aus dem Schoße des unbewußten Seelen=
lebens empor, oft werden sie durch die freie That des sich er=
innernden Geistes aus dem Dunkel hervorgerufen.

Aus der Fülle des Schatzes, welchen das Gedächtnis birgt,
schöpft der Geist den Stoff, den er zum Inhalt seiner Bildung
prägt; autoritative Urteile zum eigenen Urteil wählend, erfreuende
Bilder zu innerer Betrachtung sich vergegenwärtigend, geschichtliche
Ereignisse zum Verständnis der menschlichen Natur und der Ent=
wicklung des menschlichen Geschlechts sammelnd, eigene Erlebnisse
bald zu erneuerter Lust, bald zu wiederkehrendem Schmerz ver=
gegenwärtigend, und aus dem Reichtum dieser Erfahrungen eine
Summe von Erkenntnissen bildend, in welcher er nach dem ihm
zuteil gewordenen Maße die Weisheit des Lebens besitzt.

Je näher den Anfängen des Daseins, desto ärmer an Bil=
dungsstoffen ist der Geist, desto unfähiger zu begründeten Urteilen;
je weiter wir fortschreiten, desto mehr wächst unser Besitz an
Elementen des Erkennens und die Berechtigung zu eigenem Urteil.
Doch droht hier wie dort Gefahr. Die Jugend im erwachenden

Selbstgefühl, des eigenen sich kräftig regenden Vermögens bewußt, will ihre Stimme abgeben, ohne das Material zu kennen oder doch, ohne es zu beherrschen, welches vorher bearbeitet sein will; und das gereifte Alter, sich in die Anschauungskreise ängstlich einspinnend, die es durch eigene, bald mehr bald weniger beschränkte Erfahrung sich erworben, weigert sich, neuen, den gegenwärtigen Bestand ändernden Gedankenreihen das Bewußtsein zu erschließen. In der That aber weist die eigene Wissensarmut die Jugend vorzugsweise auf Anstrengung des Gedächtnisses, während, wenn die Mittagshöhe des Lebens erreicht ist, wir uns ein Wissenskapital gewonnen haben sollen, das groß genug ist, um eine langsame Mehrung zu gestatten, nie freilich so groß, um von seinen Zinsen zu leben. Denn je weiter wir fortschreiten, je weiter sich unseres Wissens Umfang ausdehnt, desto mehr zeigen sich uns auch Lücken, die wir auszufüllen begehren müssen.

Alle Beziehungen des geistigen Lebens sind durch das Gedächtnis vermittelt; thöricht, wer seinen Wert nur auf die intellektuelle Bildung beschränken wollte. Ohne Gedenken ist der Liebe, ist der Treue der Liebe die Wurzel ausgegraben. Ohne Gedenken an das Wort des göttlichen Willens, wie Gewissen und heilige Schrift, Haus, Schule, Kirche es bezeugen, ist eine sittliche Entwicklung nicht möglich. Keine schwierigere Aufgabe kann der Erziehung gestellt werden, als auf ein Kind einzuwirken, dessen Gemüt einem Sandboden gleicht, auf welchem alle Spuren sich schnell verwischen. Auch der ästhetische Genuß ist von der Thätigkeit des Gedächtnisses abhängig; ein Kunstwerk kann als Ganzes nur verstanden werden, wenn wir die Beziehung seiner Teile zu einander uns vergegenwärtigen, im successiven Fortschritt der Betrachtung, des Hörens, des Lesens, das früher Angeeignete im Gedächtnis festhalten. Auch wird nicht bezweifelt werden können, daß die Intensivität des ästhetischen Genusses von dem Reichtum an Erinnerungen bedingt ist, welche die Beschäftigung mit dem einzelnen Kunstwerk weckt, von den mitklingenden Saiten, welche die Erzeugung eines bestimmten Tones begleiten. Der ästhetischen Produktion aber leistet das Gedächtnis die wertvollsten Dienste, indem es die Gesetze künstlerischen Schaffens und mustergültige Ver-

wirklichungen desselben als Maßstäbe und Vorbilder vor das
Auge stellt.

Wie die Aufmerksamkeit teils eine unwillkürliche, teils eine
willkürliche ist, so auch das Gedächtnis. Was einen lebhaften
Eindruck auf das Gemüt ausgeübt hat, was hohe Freude ihm
gewährte oder mit tiefer Trauer es erfüllte, was wonnige Empfin=
dungen weckte oder Angst und Sorge erregte, klingt lange in der
Seele nach; und ist es durch andere Erfahrungen in den Hinter=
grund gedrängt, so kehrt es doch leicht in den Vordergrund zurück,
wenn verwandte Vorstellungen gleich weckenden Strahlen es be=
rühren. Und ebenso erhält sich lange im Gedächtnis, was mit
einer vorwiegenden Richtung unserer Gedankenbewegung sich in
Übereinstimmung befindet. Ja gelingt es, durch die Mittel, deren
wir vorhin gedachten, ein Interesse für Objekte hervorzurufen, die
unmittelbar ein solches nicht in Anspruch nehmen konnten, so ist
damit auch dem unwillkürlichen Gedenken die Bahn bereitet.
Doch mehr als in Beziehung auf Erregung und Bewahrung der
Aufmerksamkeit muß die Erziehung auf den freien Entschluß des
Willens zur Aneignung im Gedächtnis rechnen. Denn wenn uns
auch ein Gegenstand als Ganzes fesselt, so schließt er doch meistens
einzelne Bestandteile in sich, welche dies nicht vermögen. Ihnen
wendet sich die Aufmerksamkeit nur flüchtig zu, und die Erinnerung
an sie verblaßt sehr schnell. Hier bedarf es einer willkürlichen
Anstrengung, die nur vom Pflichtbewußtsein, von der Anerkennung
der Notwendigkeit ihre Motive empfängt.

Noch in einer andern Beziehung dürfen wir die Bedingungen
der Aufmerksamkeit und des Gedächtnisses mit einander vergleichen.
Wie jene als willkürliche nicht allzu lange anzuhalten vermag, so
dürfen wir auch diesem als willkürlichem keine großen Lasten auf=
erlegen. Das willkürliche Gedächtnis setzt eine geistige Energie
voraus, die allerdings im Wachsen begriffen ist, von einem Mi=
nimum zu einem Maximum sich erhebt, aber auch auf der Höhe
des letzteren eine begrenzte Größe bleibt. Auf jeder Stufe der
jugendlichen Entwicklung muß der Unterricht die Tragkraft er=
wägen, welche die geistige Energie der Zöglinge besitzt, und den
Umfang der Wissensstoffe sich vergegenwärtigen, deren Aneignung
ihnen zugemutet wird. So weit möglich, muß das willkürliche zu=

gunsten des unwillkürlichen Gedächtnisses entlastet werden. Oft genug wird als freie That des Gedächtnisses gefordert, was ohnedem sich leicht ihm eingeprägt hätte. So manche grammatische Anweisung könnte als Memorierstoff wegfallen, in der Erwartung, ihr Inhalt werde im Lauf der Lektüre unmittelbar angeeignet werden. Und auch noch in einer andern Hinsicht sollte mehr, als es geschieht, dem unwillkürlichen Gedächtnis Rechnung getragen werden.

Auch das Verständnis ist an vorhandene Interessen gebunden; Objekte, welche dies nicht in Anspruch nehmen dürfen, werden sich auch dem Verständnis des Zöglings nicht erschließen und daher auch nur momentan dem Gedächtnis eingeprägt werden können. Wir haben hier vor allem den historischen Unterricht im Auge. In den Anfängen desselben sollten die äußeren Vorgänge im Staatsleben, die Kämpfe, in die es verflochten wurde, sollten die großen Männer, die hier sich auszeichneten, fast ausschließlich den Inhalt der Darstellung bilden; die Arbeiten der Gesetzgebung aber, abgesehen von einigen leicht verständlichen Akten, einer höheren Stufe vorbehalten bleiben.

Verständnis und Interesse für den Gegenstand, welcher dem Gedächtnis dargeboten wird, erwecken, das ist die wichtigste Aufgabe, welche auch hier dem Unterricht gestellt ist. Daraus ergiebt sich die Forderung, daß der Memorierstoff ein organisch zusammenhängendes Ganzes bilde, denn nur so kann das Verständnis in ihn eindringen und das Interesse sich ihm zuwenden. Soweit dies nicht möglich ist, verknüpfe man ihn wenigstens mit organischen Zusammenhängen; Vokabeln sollen nicht, abgesehen von Gelegenheiten zu unmittelbarer Verwendung in Übersetzungsübungen, gelernt werden. Geschichtliche Jahreszahlen dürfen nur in Verbindung mit dem Verlauf der Ereignisse, dessen Abschnitte sie bezeichnen, Memorierpensa werden.

Die Mnemonik wird von der neueren Psychologie mit Recht verworfen, sie entlastet nicht das Gedächtnis, sondern belastet es vielmehr, zwiefachen Stoff darbietend; zugleich prägt sie willkürliche, zum Teil sinnlose Elemente ein und gewöhnt den Geist, nach mechanischer statt nach innerlich begründeter Gedächtnishilfe zu greifen. Auf beschränktestem Raum mag ihr indes Spielraum

8*

gewährt werden. Grammatische Regeln, welche eine Vielheit sonst zusammenhangsloser Wörter in sich fassen, werden durch Reim oder Rhythmus ein ästhetisches Interesse, wenn auch niedersten Ranges, wecken und so leichter im Gedächtnis bewahrt werden.

Eine hervorragende Stelle unter den Mitteln der Gedächtnispflege nimmt endlich die Wiederholung ein. Ist doch Memorieren nichts anderes als stetes, verständnisvolles Wiederholen eines Wortes oder Satzes, das so lange fortgesetzt wird, bis das Gedächtnis davon Besitz ergriffen hat. Aber bei der Fülle neuer Vorstellungen, welche das Gedächtnis aufnimmt, droht den früher überlieferten die Gefahr, verdrängt und, weil von der Helle des Bewußtseins nicht mehr beleuchtet, ihrer Farbenfrische und Bestimmtheit beraubt zu werden. Es ist die Wiederholung, welche dem Gedächtnis den wertvollen Wissensbestand sichert, indem sie ihn vor einer seine Integrität bedrohenden Verdunklung schützt [1]).

Die Methode der moralischen Erziehung.

§ 16.
Die zwiefache Richtung der erziehenden Thätigkeit.

Da die Pfleglinge der Erziehung ebensowohl eine Zustimmung zum Inhalt der sittlichen Idee wie eine Abneigung gegen die Verwirklichung desselben beweisen, bald sich in Abhängigkeit von den Impulsen des Naturorganismus, bald im Gehorsam gegen den im Gewissen sich bezeugenden göttlichen Willen befinden, so ist der Erziehung eine doppelte Aufgabe gestellt: einmal die negative, die Macht des sinnlichen Naturorganismus niederzuhalten und zu beschränken, sodann die positive, das Ich für die sittliche Idee zu gewinnen und so eine sittliche Gesinnung in ihm zu erzeugen. Zudem die po-

---

1) Vgl. zum ganzen Paragraphen: J. Huber, Das Gedächtnis (München 1878).

sitive und die negative Thätigkeit der Erziehung sich derge=
stalt zur Geltung bringen, daß auf der früheren Entwicklungs=
stufe diese hervor= und jene zurücktritt, auf der späteren aber
diese sich zurückzieht und jene überwiegt, spiegelt sich in der
menschlichen Erziehung die göttliche Erziehung der Menschheit,
welche zuerst in der gesetzlichen Gestalt die sittliche Idee be=
zeugte, dann sie aber im Evangelium als befreiende Wirklich=
keit offenbarte, zwischen beiden Heilsökonomieen durch die Ver=
heißung vermittelnd.

Die Aufgabe, eine kräftige sittliche Gesinnung zu erzeugen,
den Zögling zu einer Persönlichkeit zu bilden, welche in der Be=
stimmtheit des sittlichen Charakters ihre Freiheit besitzt, wird je
nach der Wertschätzung der ursprünglichen moralischen Qualität
des Zöglings sich sehr verschieden, ja widerspruchsvoll gestalten.
Gehen wir von der Voraussetzung aus, daß alle Hemmungen,
welche der Zögling der Erziehung entgegenstellt, nur als Ergebnis
davon zu betrachten sind, daß derselbe mit dem Inhalt der sitt=
lichen Idee nicht hinlänglich vertraut ist, oder, daß die sinnlichen
Impulse mit einer Stärke auf ihn einstürmen, welcher er nicht
zu widerstehen vermag, so werden wir die Aufgabe der Erziehung
darin erkennen, den Zögling teils durch Belehrung zur Einsicht zu
zu führen, teils ihn von Lagen fernzuhalten, deren versuchender
Kraft er nicht gewachsen ist. Sind wir dagegen der Überzeugung,
daß wir dem Zögling eine mit theoretischer Zustimmung wohl
vereinbare Abneigung gegen die Verwirklichung der sittlichen Idee
zuerkennen müssen, so werden wir von der Erziehung fordern, daß
sie darauf gerichtet sei, diese Abneigung zu überwinden. Im
ersteren Fall erscheint die Pädagogie als eine Hilfe des Schwachen,
dem das Wollen eignet, aber das Vollbringen fehlt, als eine
Thätigkeit, welche auf die volle Sympathie und den steten Dank
des Zöglings rechnen darf; im zweiten Fall dagegen befindet sich
die Erziehung zum Teil im Widerspruch, im offenen Kampf mit
demselben und muß sich darauf beschränken, seinen Dank erst später,
wenn das Erziehungswerk gelungen ist, zu ernten. Welche dieser
entgegengesetzten Voraussetzungen die berechtigte ist, oder ob sie
beide, sei es in Beziehung auf verschieden geartete Individualitäten,
sei es in Beziehung auf verschiedene Richtungen derselben Indi=

vidualität, ein gleiches Recht in Anspruch nehmen dürfen, diese Fragen werden sich nur durch Vergegenwärtigung der Bedingungen kindlicher und jugendlicher Entwicklung beantworten lassen.

In den Anfängen seines Daseins hat der Mensch nur als Naturwesen konkrete Wirklichkeit; die Freiheit, sich über den ihm eignenden Naturorganismus zu erheben, sich nach sittlichen Motiven zu bestimmen, schlummert. Die Persönlichkeit ist jetzt nur Anlage, Potenz, völlig in der Macht des Naturorganismus, von demselben abhängig. Dieses ursprüngliche Verhältnis, in welchem der Mensch in einer seiner Idee widersprechenden Gestalt erscheint, muß eben deshalb aufgehoben werden; es muß eine völlige Umkehr desselben eintreten. Der herrschende Faktor, der Naturorganismus, soll zum dienenden herabgedrückt, der dienende, die zur Freiheit berufene Persönlichkeit entwickelt und gestärkt werden, um den Naturorganismus bestimmen zu können. Diese Aufgabe zu lösen und dadurch das Schöpfungswerk Gottes fortzuführen und zu vollenden, ist die Erziehung berufen.

Es liegt in der Natur des ethisch-metaphysischen Prozesses, den die Erziehung einzuleiten, zu erhalten und zu bewachen hat, daß derselbe von schmerzlichen Empfindungen begleitet wird. Eine vorhandene Einheit soll aufgelöst, ein Friede gebrochen, ein Zwiespalt hervorgerufen werden. Das erwachende Ich soll die Bande zerreißen, mit denen es der Naturwille bis dahin fesselte; soll in einen Kampf eintreten, der ihm bis dahin fremd war; in einen Kampf, der nicht eher aufhören darf, als bis der Naturorganismus völlig der sittlichen Persönlichkeit dienstbar geworden ist; der also anhalten soll, so lange unser irdisches Dasein währt. Vergegenwärtigen wir uns nun, daß der Naturwille als solcher selbstisch ist, rücksichtslos auf das eigene Interesse gerichtet, schrankenlos begehrend und der Begierde Raum schaffend; daß dagegen die ethischen Motive die Unterordnung des Ichs unter die Zwecke des Ganzen, die Hingabe an das Allgemeine, eine intensive Selbstverleugnung fordern; bedenken wir endlich, daß das Ich längere oder kürzere Zeit im Schoße des von egoistischen Trieben erfüllten Naturorganismus geschlummert hat, so wird die Größe des moralischen Prozesses, sein Umfang, seine Schwierigkeit uns offenbar werden. Wahrlich unmöglich müßte uns ein befriedigender Aus-

gang desselben erscheinen, wenn wir nicht auf die hilfreiche Ein=
wirkung einer Gegenmacht rechnen könnten, welche die Freiheit der
sittlichen Persönlichkeit ebenso unmittelbar trägt, wie die egoistischen
Impulse des Naturwillens sie bedrohen, auf die starke Gegenmacht
des Gewissens. Es ist die sittliche Idee selbst, die im Gewissen
für ihre Verwirklichung eintritt, welche, alle Irrtümer im Ver=
ständnis ihres Inhalts, alle Entstellungen ihrer Gebote tragend,
aber auch je länger je mehr überwindend, den Fortschritt der sitt=
lichen Entwicklung der Menschheit sichert und verbürgt. Diese
Gegenmacht des Gewissens ist der Kooperator der Erziehung. Sie
ist es, welche dem Wort des Erziehers eine ideale Autorität im
Selbstbewußtsein des Zöglings verleiht, das Siegel des Unbedingten,
Göttlichen auf dasselbe drückt.

Aber auch die Selbstdarstellung des Erziehers, vor allem der
elterlichen Erzieher, bildet eine kräftige Gegenmacht. Die Güte
und Liebe, mit der sie das Kind in ihre Arme schließen, führen
und schützen; die Weisheit der Fürsorge, mit der sie seinem Be=
dürfen entgegenkommen und seinem Fuße die Wege ebenen,
vermitteln ihrem Wort einen Wert, der einen starken Damm
gegenüber den Versuchungen der Begierde bildet.

Unter solchen Bedingungen könnten wir erwarten, daß eine
schlechthin normale Entwicklung des Zöglings eintrete; das Gegen=
teil ist nicht in der Natur der Verhältnisse begründet. Und doch
ist es eine Thatsache, die wir an diesem Orte nur als solche zu
konstatieren haben, daß die Erziehung bei ihren Pfleglingen sowohl
Zustimmung zu den Geboten der sittlichen Idee als auch eine
Hinneigung zu den egoistischen Impulsen des Naturorganismus
voraussetzen muß. Beide werden wirksam und setzen sich in Be=
strebungen und Handlungen um. Bald gewinnen diese, bald jene
die Herrschaft, bald endlich, sich gegenseitig beschränkend, gleichen
sie sich im unerfreulichen Kompromiß einer mittleren Resultante
aus. So zeigt der moralische Zustand des Zöglings das Bild
der Disharmonie entgegengesetzter Kräfte, die mit einander um die
Herrschaft ringen. Die sittliche Idee fordert die Unterwerfung
des Naturorganismus unter ihre Gebote, verlangt die völlige
Hingabe des Selbst an ihre Zwecke und ist daher darauf gerichtet,
zuvörderst einen inneren Zwiespalt, einen energischen Kampf in

der Seele hervorzurufen, in welchem sich das Ich von den Mo=
tiven des Naturorganismus lossagt; der letztere dagegen begehrt,
den anfänglichen Zustand, der als solcher und zwar nur als sol=
cher berechtigt war, festzuhalten oder vielmehr wiederherzustellen,
sich als einzige maßgebende Instanz zur Geltung zu bringen.
Dort öffnet sich der Weg des Kampfes, der aber je länger je
mehr zu einer höheren Einheit, in welcher der Naturorganis=
mus der sittlichen Idee zugeeignet ist, leitet; hier eine Friedens=
bahn, deren letztes Ziel aber nur die Zerstörung der sittlichen
Persönlichkeit, ihr Aufgehen und Untergehen im Naturorganismus
bilden kann.

So ergiebt sich für die Erziehung die zwiefache Aufgabe:
einmal die negative, die Macht des Naturorganismus niederzuhalten,
ihm Schranken zu ziehen; sodann die positive, das Ich für die
sittliche Idee zu gewinnen, eine sittliche Gesinnung in ihm zu er=
zeugen.

Es liegt auf der Hand, daß diese zwiefache Aufgabe der Er=
ziehung der göttlichen Erziehung der Menschheit entspricht. Inner=
halb der vorchristlichen Menschheit, sowohl im alttestamentlichen
Volke wie in der römisch=griechischen Welt offenbart sich die sitt=
liche Idee vorwiegend als beschränkende Macht; als eine Gewalt,
welche dem Ansturm der Begierden wehrt, dort im Gesetz und in
den Propheten sich bezeugend, hier in staatlicher Ordnung, Philo=
sophie und Dichtung sich kund thuend. Aber wie groß auch der
Einfluß ist, den so die sittliche Idee gewinnt, sie vermag wohl
die Begierden innerhalb bestimmter Grenzen niederzuhalten und
lebhafte Sympathieen zu wecken, aber sie ist nicht imstande, eine
volle, ungeteilte Hingabe, ein freudiges Wirken für ihre Zwecke
hervorzubringen. Diese Aufgabe konnte nur das Evangelium lösen.
In Christus hat die sittliche Idee die volle Wirklichkeit gefunden,
in ihm ist das Wort Fleisch geworden. Und er, dessen Sein die
vollkommene Offenbarung des Seins Gottes unter menschlichen
Bedingungen darstellt, ist der Ausgangspunkt und unerschöpfliche
Quell, aus welchem die um ihn sich sammelnde Menschheit die
Kraft erlangt, die in ihm vollendete Einheit zwischen Idee und
Wirklichkeit auch in sich zu verwirklichen.

Diese Stufenfolge der heilsgeschichtlichen Entwicklung ist auch für die Erziehung von hoher Bedeutung und maßgebendem Wert. Nicht in dem Sinne freilich, als ob wir zuerst ausschließlich die sittliche Idee als Gesetz und Schranke und dann erst als Leben schaffende Wirklichkeit zur Geltung bringen sollten; das hieße noch über die alttestamentliche Stufe und die hellenische Entwicklung hinaus zurückgehen, welche uns, in wie unvollkommener Gestalt auch immer, doch viele Spuren der belebenden Gewalt zeigen, welche die sittliche Idee übte. Vielmehr werden wir auf der früheren Entwicklungsstufe des Zöglings die sittliche Idee als be= schränkende, auf der späteren die sittliche Idee als erzeugende Macht nur überwiegend hervortreten lassen. Auch dafür dürfen wir uns auf das Vorbild der göttlichen Heilsökonomie berufen. Das alttestamentliche Volk ist nicht bloß Träger des Gesetzes, sondern auch der Verheißung, also einer aus der Ferne angeschauten Vollendung gewesen; ja, es war sich auch dessen bewußt, daß es bis zu einer bestimmten Grenze hin dem Gesetze Genüge thun konnte. Und so, wie unvollkommen auch immer, hat sich auch hier die sittliche Idee als Leben spendend erwiesen. Und es wird nicht schwer sein, freilich durch das Heidentum getrübt und ent= stellt, auch aus dem Gebiet der außertestamentischen Kulturvölker ähnliche Erfahrungen zu sammeln. Christus erschien eben, als die Zeit erfüllet war, um zu vollenden. Nicht freilich, als ob nur der letzte Schritt hätte gethan werden müssen und Christus ihn gethan hätte; nein, es ist ein schlechthin neues Prinzip, das in Christus adäquate Verwirklichung empfangen hat. Dies ist kein Widerspruch. Vom Relativen zum Absoluten führt kein Weg, aber im Relativen kann das Absolute sich spiegeln in gebrochenen Strahlen, und so seine Verwirklichung vorbereiten.

Wenn wir daher in unserer Darstellung zuerst die beschrän= kende, dann erst die erzeugende Thätigkeit der Erziehung in das Auge fassen, so wollen wir damit nicht einen als gleichzeitiges Wirken sich ausschließenden Gegensatz behaupten, sondern zwei sich gegenseitig ergänzende Erziehungsmethoden vergegenwärtigen, welche für jede Entwicklungsstufe zugleich eingreifen müssen, jedoch dergestalt, daß auf der früheren die beschränkende, auf der späteren die erzeu= gende Thätigkeit hervortritt, auf der früheren die erzeugende, auf der späteren die beschränkende Thätigkeit sich zurückzieht.

§ 17.
Die beschränkende Erziehung.

Das Objekt der beschränkenden Erziehung bildet die Begierde. Das höhere Ich weckend, das niedere Ich hemmend, fordert jene durch Gebot und Verbot Gehorsam und sucht so die Macht der Begierde zu mindern. Nicht der Gehorsam als solcher, sondern der Gehorsam gegen die sittliche Idee ist das Ziel, auf welches sie gerichtet ist. Um diesen hervorzubringen, ist die Erziehung berechtigt und verpflichtet, Zwangsmittel anzuwenden, wenn die Willkür des Zöglings den Gehorsam verweigert.

Die Begierde erscheint nun als unmittelbar sinnliche, als sinnlich-geistige, als geistige Potenz; je mehr sie an körperliche Vorgänge gebunden ist, desto mehr bleibt ihr selbstischer Gehalt als ethischer Faktor verhüllt; je mehr sie durch freie Willensentschließungen sich verwirklicht, desto mehr tritt dieser hervor.

Die unmittelbar sinnliche Begierde manifestiert sich teils als negative, Unlust und Schmerz fliehende, teils als positive, die Erlangung eines wirklichen oder vorausgesetzten Genusses heischende Richtung des Bewußtseins. Jener vermag die beschränkende Erziehung nur in geringem Maße Abbruch zu thun, indem sie der Unlust durch Gewöhnung und dem Schmerz durch Ablenkung des Interesses begegnet; dieser dagegen kann sie teils vorbeugend, teils selbstische Willkür konsequent verneinend, wirksam wehren.

Die sinnlich-geistige Begierde, insofern sie als Unreinlichkeit und Unkeuschheit erscheint, wird von der beschränkenden Erziehung durch die Nötigung zur Reinlichkeit und Schamhaftigkeit mit Erfolg bekämpft werden. Die sinnlich-geistige Begierde ist aber auch durch die Qualität des Temperaments bedingt und nimmt daher mannigfache Gestalten an. Als Irritabilität zeigt sie sich in der Rastlosigkeit der Bewegung, wie sie dem früheren Kindesalter eigen ist, ferner als Leichtsinn, als Zorn, als Furcht. Der beschränkenden Erziehung fällt hier, den beiden erstgenannten Erscheinungen der Begierde gegenüber, die Aufgabe zu, den Spielraum der Willkür zu begrenzen, auf eine gewisse Konstanz in der Beschäftigung zu bringen und Flüchtigkeit der Arbeit nicht zu dulden, während sie dem Zorn mit dem Machtwort der pädagogischen Autorität entgegentreten und die Anlässe zur Furcht fern halten muß. Die störenden Einwirkungen einer gesteigerten Depression wird die beschränkende Erziehung durch stetige Irritation zur Thätigkeit zu überwinden suchen.

Innerhalb der geistigen Sphäre, auf der kindlichen und jugendlichen Entwicklungsstufe, erscheint der selbstische Trieb als Begehrlichkeit, Mißgunst, Streitsucht, Gewaltthat und Lüge. Der Begehrlichkeit wird die beschränkende Erziehung versagend, der Mißgunst durch Bewahrung der Rechtsordnung, dem Zank durch Trennung der Streitenden wehren. Gewaltthätigkeit kann nur geduldet werden, insofern sie ein Spiel körperlicher Kraftprobe ist; sobald sie dagegen Spuren der Roheit und unritterlichen Sinnes zeigt oder die Ruhe des Hauses stört, muß sie energisch unterdrückt werden.

Die gefährlichste Gestalt der egoistischen Begierde bildet die Lüge, welche die sittlichen Bedingungen des Gemeinschaftslebens und zugleich die sittliche Substanz des Zöglings zerstört. Die pädagogische Bekämpfung der Lüge wird die schwere Aufgabe, die ihr hier gestellt ist, nur lösen können, wenn sie sich den Umfang der Lüge richtig begrenzt und die mannigfachen, gradweise abgestuften Entwicklungsstadien derselben, sowie das bald größere, bald geringere Maß der Schuld, das von ihnen bedingt ist, sorgfältig beachtet. Durch eifrige Überwachung des zur Lüge geneigten Zöglings, durch Erforschung des Thatbestandes, durch eine dem Grad der Schuld angemessene Strafe wird sie mit Erfolg den Egoismus der Lüge bekämpfen.

Den unmittelbaren Gegenstand der beschränkenden Erziehung bildet die Begierde; sie will den Zögling von der Herrschaft befreien, welche jene über ihn ausübt. Rücksichtslos, keiner Hindernisse gedenkend, fordert die Begierde Befriedigung. Da stellt sich ihr die Erziehung entgegen und errichtet Schranken, die sie in ihrem Drange hemmen. Das Selbst des Zöglings ist die Stätte, auf welcher diese Schranke sich erhebt, die Begierde findet sie auf dem Gebiet ihres eigenen Wirkens. Wie das Selbst auf der einen Seite die Macht der Begierde empfindet, so auf der andern Seite seine Abhängigkeit von den pädagogischen Autoritäten, in deren Hand sein Wohl und Wehe liegt. Diese Autoritäten treten nun wehrend den Impulsen der Begierde entgegen, gestützt auf die physische Macht, welche ihnen zur Verfügung steht, aber nicht bloß auf diese; ja diese ist es nicht einmal in erster Linie, welche sie bestimmt, und auf welche sie sich berufen dürfen. Es ist die sittliche Idee selbst, es ist die sittliche Vernunft, in deren Dienste sie stehen, deren Forderungen sie gebietend und verbietend zur Geltung bringen. Sie repräsentieren ein Allgemeines, während die Begierde die Ansprüche des Individualwillens vertritt. Wendet sich die Begierde an das niedere Ich, an das in den Naturorganismus versenkte und von ihm umschlossene und gefangene Ich, so beziehen sich jene auf das höhere Selbst, das zum Gliede der unsichtbaren Welt, zur Sittlichkeit, berufen ist. Nicht, als ob wir im streng wissenschaftlichen Sinne ein Doppel=Ich, welches die Einheit der Persönlichkeit zerstören müßte, voraussetzten; aber das eine Selbst trägt eine Duplicität der Richtungen in sich, die Bestimmbarkeit von entgegengesetzten Impulsen, welche zu einer relativen Diremtion führen kann, ja führen soll. Und so dürfen wir von einem niederen und einem höheren Ich reden.

Es ist das höhere Ich, welches die beschränkende Erziehung wecken und zu einer Macht in dem Gemüt des Zöglings erheben will. Gebietend und verbietend heischt sie Gehorsam. Die Persönlichkeit, welche dem Kinde nicht bloß als ein Inhaber einer die eigene weit übertreffenden Macht erscheint, die sich ihm noch viel mehr als Träger einer Güte und Weisheit stetig offenbart, die auf sein, des Kindes, Wohl gerichtet ist, die seinen Lebensgang vorsehungsvoll überwacht, diese Persönlichkeit tritt den Ansprüchen der Begierde gegenüber und fordert Gehorsam. Sie entwickelt vielleicht nicht die Motive, welche sie leiten, weil dem Zögling noch das Verständnis für dieselben fehlt, oder deutet sie doch nur an; aber sie rechnet darauf, daß das Kind an der inneren Berechtigung ihres Verlangens nicht zweifelt, daß es vertrauend demselben Gehorsam leistet.

Der Gehorsam, den die Erziehung fordert, gilt der sittlichen Idee; nur insofern ist er wertvoll. Gehorsam, gleichviel, welcher Inhalt sich in ihm verwirklicht, kann nimmermehr als Aufgabe der Erziehung betrachtet werden. Der Gehorsam schlechthin ist nicht bloß keine erstrebenswerte, sondern eine verwerfliche Qualität des Handelns. Er würdigt den Menschen zum Sklaven herab, welcher den Befehl seines Herrn vollzieht, mag derselbe sittlich=gut oder sittlich=böse sein. Es ist nicht der leere, formale Gehorsam, welchen die Erziehung fordert; es ist nicht der Gehorsam gegen den Menschen, auf welchen sie es absieht; nein, es ist der Gehorsam gegen die sittlichen Ideen, gegen Gott, den Ursprung und die Wirklichkeit derselben, den sie verlangt. Nur als Vertreter Gottes darf der Erzieher Gehorsam fordern. Dieser Gehorsam allein führt zur Erhebung über die Natur, zerschlägt die Ketten der Begierde, welche das Ich fesselten, führt es zur Freiheit, während jener formale, leere Gehorsam die Herrschaft der Natur ungebrochen läßt, da er nur den Beweis liefert, daß die Willkür des Gebietenden der Willkür des sich Unterwerfenden überlegen ist. Der Gehorsam dagegen, den die Erziehung hervorbringen will, beweist die Macht der sittlichen Idee gegenüber der Willkür der Begierde.

Ist nun auch der Kampf gegen diese, in welchen die beschränkende Erziehung eintrit, durchaus ethisch begründet; sucht die pädagogische Autorität Anknüpfungspunkte im geistigen Leben des Zöglings: so kann sie ihre Aufgabe doch nicht erfüllen, ohne sich als eine die sinnliche Natursphäre desselben beherrschende Gewalt darzustellen. Reicht das Wort des Erziehers nicht aus, die Macht der Begierde zu brechen; behauptet sich diese jenem gegenüber; wagt sie, es zu mißachten: so muß die Erziehung den Thatbeweis führen, daß die sittliche Idee eine höhere Realität besitzt, als der selbstischen Begierde eignet. Wird der freie Gehorsam der Erziehung verweigert, so muß sie den Gehorsam erzwingen. Das Kind soll den Eindruck empfangen, daß aller Widerstand gegen die sittliche Idee vergeblich, jede Gegenmacht wider sie eine Ohnmacht ist. Die sittliche Idee darf dem Kinde nie als schwach erscheinen. Der Erzieher darf sich nie von der Verpflichtung dispensieren, für die Autorität der sittlichen Idee mit voller Energie

einzutreten; er hat die unerläßliche Pflicht, sie zur vollen Geltung zu
bringen. Die Konsequenz, mit welcher der Erzieher ihre Inter=
essen verfolgt, muß in dem Zögling das Bewußtsein erzeugen,
daß der sittlichen Idee die höchste Wirklichkeit eignet, daß das
moralische Gesetz mit derselben unvermeidlichen Notwendigkeit,
welche dem Naturgesetz einwohnt, die Welt beherrscht. Hierin
findet die pädagogische Strafe ihre Begründung; der Vollzug
derselben ist der Thatbeweis, daß der Versuch des Zöglings, sich
der unbedingten Abhängigkeit von der sittlichen Idee zu entziehen,
gescheitert ist; sie hat ihre Souveränität allem Widerstande gegen=
über behauptet.

Die Begierde, welche das Objekt der beschränkenden Erziehung
bildet, erscheint in dreifacher Gestalt: als ausschließlich sinnliche,
als sinnlich=geistige, als ausschließlich geistige. Die Sinnlichkeit ist
die ursprüngliche Stätte ihres Wirkens; als Verlangen nach Be=
friedigung sinnlicher Bedürfnisse offenbart sie sich zuerst, auf die
Aneignung sinnlicher Objekte gerichtet. Da aber die Begierde zu
ihrem wesenhaften Gehalt das selbstische Interesse hat, ist die
Sinnlichkeit nur ihre unmittelbarste Erscheinungsform, ist sie aber
nicht an die Schranken derselben gebunden. Im Fortschritt der
Entwicklung sucht sie auch in das geistige Gebiet einzudringen;
noch bildet das sinnliche Element den Ausgangspunkt, aber geistige
Interessen verschmelzen mit demselben; endlich gelingt es ihr, im
rein geistigen Stoff sich zu verkörpern. Es ist keine Frage, daß
die Begierde in dem Maße, als sie sinnliche Befriedigung sucht,
weniger, in dem Maße dagegen, als sie sich auf geistige Objekte
richtet, mehr das sittliche Leben gefährdet. In ihrer sinnlichen
Erscheinung ist sie die unmittelbare Äußerung des Naturtriebes,
unstätig wie dieser, mit ihm kommend, aber auch mit ihm gehend.
Sie ist an die Vielheit sinnlicher Erregungen gebunden, die, in
stetem Wechsel begriffen, bald stark anschwellen, bald sinken. Die
Begierde kann sich hier nicht sammeln und befestigen, keine Einheit
des Ziels und der Richtung gewinnen. Ist dagegen die Begierde
ein bestimmender Faktor der geistigen Seele geworden; geht das
ihr eigene selbstisch rücksichtslose Interesse auf geistige Zwecke: so
erlangt sie, entsprechend der Sphäre, in welcher sie sich bewegt,
das Maß inneren Zusammenhanges der Bestrebungen, welches der

Egoismus überhaupt nach den von Gottes Weltordnung ihm ge=
zogenen Grenzen gewinnen kann. Als sinnliche Begierde ist die
Selbstsucht verschleiert, als geistige Begierde enthüllt; dort knüpft
sie an natürliche Vorgänge an, die sich unwillkürlich vollziehen:
hier wird jeder Moment ihrer Entwicklung von der Zustimmung
des Willens begleitet.

Auf der andern Seite dürfen wir nicht übersehen, daß, da
der innere Kern der sinnlichen Begierde das sich rücksichtslos zur
Geltung bringende Selbst bildet, schon hier die Erziehung mit
aller Energie Schranken ziehen muß; gelingt ihr dies, so hat sie
nicht bloß gegen die Macht der Sinnlichkeit, sondern zugleich gegen
den im sinnlichen Trieb hervortretenden selbstischen Faktor eine
Schutzwehr errichtet.

Die Niederhaltung der sinnlichen Begierde ist zugleich eine
Eindämmung des Egoismus. Hat die Erziehung dagegen dies
versäumt, hat sie den sinnlichen Trieben einen unbeschränkten
Raum gewährt, so hat sie den Egoismus überhaupt entfesselt und
muß gewärtig sein, daß derselbe im Laufe der Entwicklung
auch innerhalb der geistigen Sphäre sich ein Herrschaftsgebiet er=
obert.

Die unmittelbar sinnliche Begierde trägt teils einen negativen,
teils einen positiven Charakter; sie ist im ersten Falle auf die
Beseitigung eines sinnlichen Schmerzes, im zweiten Falle auf die
Erlangung eines wirklichen oder vorausgesetzten sinnlichen Genusses
gerichtet. Welche Aufgaben erwachsen hier der Erziehung?

Bleiben wir zuvörderst bei der Frage stehen, ob und inwie=
weit die beschränkende Erziehung der auf die Beseitigung des
sinnlichen Schmerzes gerichteten Begierde entgegenwirken könne und
solle. Unterscheiden wir sinnliche Unlust und sinnlichen Schmerz.
Offenbar ist die sinnliche Unlust ein Zustand, welchen die Erziehung
selbst zur Erreichung ihrer Zwecke hervorbringen muß. Kalte
Waschungen, denen die Mutter das Kind zur Stärkung seines
Körpers unterwirft, bittere Arzeneien, welche sie dem kranken Kinde
reicht, sowie manche anderen Maßnahmen, welche den gesunden
Körper desselben kräftigen oder den erkrankten wiederherstellen sollen,
werden gemeiniglich von Unlustgefühlen begleitet, die wir nicht be=
seitigen können. Sinnliche Unlust mittelbar zu erzeugen ist daher

die Erziehung genötigt; aber auch sinnlichen Schmerz? Gewiß nicht! Wohl aber muß sie sinnlichen Schmerz zu ertragen lehren. Ist er doch für das zarte Kindesalter schon unvermeidlich! Sehen wir von Krankheiten ab, welche ihn herbeiführen, — wie viele schmerzliche Empfindungen bereitet die Bildung der Zähne! Auf späterer Entwicklungsstufe veranlaßt das Ungeschick körperlicher Bewegung mehr oder weniger schmerzlichen Fall und Stoß.

Offenbar ist der Einfluß, den hier die beschränkende Erziehung auszuüben vermag, nur ein geringer. Doch tritt die Natur unmittelbar der Erziehung hilfreich zur Seite! Unvermeidliche Unlust wird schwächer, je regelmäßiger die sie herbeiführenden Vorgänge stattfinden; die sie abwehrende Empfindung wird stumpfer, der Körper gewöhnt sich an die unvermeidlichen Störungen des Wohlgefühls. Den Schmerz unmittelbar zu mildern, wird die liebende Fürsorge der Erziehung, eigenem Antrieb folgend, bedacht sein. Doch steht ihr auch, Unlust und Schmerz zu bekämpfen, eine Einwirkung auf das Seelenleben des Kindes selbst zugebote, die Ablenkung des Interesses. Vorstellungen und sie begleitende Empfindungen sinken, wenn entgegengesetzte Vorstellungen steigen; und so kann die Erziehung auch hier mit Erfolg eingreifen, wenn ihre Thätigkeit auch in sehr enge Grenzen gebannt ist.

Dagegen erschließt sich ihr ein umfangreicheres Gebiet, insofern die Zucht der auf einen ausschließlich sinnlichen, wirklichen oder vorausgesetzten, Genuß gerichteten Begierde ihren Inhalt bildet, d. h. insofern die Regelung der Speise und Trank verlangenden Begierde ihr als Aufgabe gestellt ist. Die Erziehung wird vor allem dem Anschwellen dieses Verlangens zur Heftigkeit vorbeugen, indem sie das Bedürfnis nach Nahrung reichlich und zu bestimmten Stunden, die durch einen kürzeren oder längeren Zwischenraum getrennt sind, befriedigt. Dies erfordert schon die Pflege des Körpers, damit nicht der ganze Tag von dem erschlaffenden Verdauungsprozeß ausgefüllt werde. Je unentwickelter aber das Kind ist, je schwächer das geistige Interesse, desto lebhafter regt sich in ihm die Neigung zu Speise und Trank; es ist nicht Hunger, nicht einmal Appetit, der dazu veranlaßt, sondern fast ausschließlich die Langeweile. Wo das Kind Nahrungsmittel sieht, begehrt es sie auch. Die beschränkende Erziehung wird es daher

von den Räumen fernzuhalten suchen, wo die Nahrungsmittel be=
reitet werden, und von den gemeinsamen Mahlzeiten ausschließen,
so lange es die hier vorgesetzten Speisen nicht zu genießen
vermag.

Sehr lebhaft ist auch in dem Kinde das Verlangen nach
Süßigkeiten rege, und dies Verlangen ist durchaus physiologisch
begründet. Es ist daher wünschenswert, daß dies Bedürfnis be=
friedigt werde. Geschieht dies aber, so muß dem zügellosen Be=
gehren danach entgegengetreten, ihm die Befriedigung versagt
werden. Das Kind muß von Anfang an lernen, nur von der
freien Güte der Eltern die Erfüllung seines Verlangens zu er=
warten. Und die Erzieher dürfen nie vergessen, daß in der
Gestalt sinnlicher Begierde der selbstische Trieb überhaupt er=
scheint.

Aber nicht nur wirkliche, sondern auch vorausgesetzte Nah=
rungsmittel, alles, was ihm als solches erscheint, pflegt das Kind
auf früher Entwicklungsstufe zu begehren. Hier erfordert es schon
der Schutz des Kindes gegen Gefährdung seines Lebens, daß sein
Aneignungstrieb beschränkt, daß es genötigt wird, nur mit den
ihm als Eigentum zugewiesenen Gegenständen frei zu walten, was
aber nicht zu ihnen gehört, als fremden, unantastbaren und ihm
versagten Besitz anzusehen. Damit aber sind wir schon in die
Sphäre der sinnlich=geistigen Begierde getreten. Hier ist das Ob=
jekt derselben ein sinnliches; aber es knüpft sich an sie ein allge=
meiner geistiger Stimmungszustand, und so kann sie auch nicht
niedergehalten werden, ohne daß entgegengesetzte Gemütszustände
erzeugt werden. Das geistige Element tritt hier schon als ein
selbständiger Faktor hervor.

Es zeigt sich zuerst im Verhalten zur eigenen Leiblichkeit.
Hier ist die wichtigste Aufgabe der beschränkenden Erziehung, durch
strenge Aufrechterhaltung der Forderungen der Reinlichkeit und
Schamhaftigkeit der Trägheit, Weichlichkeit und Unkeuschheit ent=
gegenzutreten.

Kinder sind vermöge ihrer Beweglichkeit, die sich häufig mit
Ungeschick und Unvorsichtigkeit verbindet, sowie durch den Drang,
von der Erreichung eines Ziels sich durch Hemmungen nicht zurück=
halten zu lassen, der Beschmutzung des Körpers und der Kleidung,

sowie auch der Verletzung beider in nicht geringem Maße ausge=
setzt. Je lebhafter und gesünder das Kind ist, desto mehr tummelt
es sich, desto weniger wird seine äußere Erscheinung auf Korrektheit
Anspruch erheben können. Und findet sich diese letztere, so ist sie
gemeiniglich ein Beweis der Kränklichkeit oder doch Schwächlichkeit
des Kindes. Bei normaler Entwicklung werden indessen diese un=
vermeidlichen Mißstände mit jedem Jahre abnehmen und bei
Mädchen von vornherein in geringerem Maße als bei Knaben
hervortreten.

Der beschränkenden Erziehung erwächst hier eine doppelte
Verpflichtung: sie muß einmal darauf bedacht sein, die Gelegen=
heiten zur Beschmutzung und den möglichen Umfang derselben zu
verringern; sie hat dann darauf zu halten, daß diese unverzüglich
beseitigt werde. Nicht die Beschmutzung, sondern die Gleichgültig=
keit gegen sie, die Abneigung, sie zu entfernen, bildet das Wesen
der Unreinlichkeit. Es ist die Trägheit, die Scheu vor Unbequem=
lichkeit, der Wunsch, in anderen Beschäftigungen sich nicht stören
zu lassen, welcher ihr zugrunde liegt. Der Kampf gegen die Un=
reinlichkeit ist gegen die Trägheit der selbstischen Begierde gerichtet,
welche den körperlichen Zustand, gleichviel wie er ist, nicht geändert
wissen will. Unreinlichkeit ist immer unberechtigte Nachgiebigkeit
gegen die Trägheit der Begierde.

Unreinlichkeit und Unkeuschheit sind verwandt; Unkeuschheit
ist Unreinheit der Seele, durch Entfesselung sinnlicher Lust und
Verunreinigung, Befleckung des eigenen Leibes verwirklicht. Wer
Reinlichkeit des Leibes überhaupt nicht schätzt, wird auch vor der
durch Unkeuschheit sich vollziehenden Befleckung desselben sich nicht
schützen können. Wer Reinlichkeit des Körpers schätzt, wer die
Beschmutzung desselben scheut, wird sich auch von der Unkeuschheit
fernhalten. Erziehung zur Reinlichkeit ist zugleich Erziehung zur
Keuschheit. Doch wird letztere auch ein unmittelbares Objekt der
beschränkenden Erziehung bilden, indem diese alle Reize des ge=
schlechtlichen Lebens fernhält, wie sie durch körperliche Lage, Bilder,
Lektüre entstehen, und die strenge Befolgung der Gesetze der Scham=
haftigkeit inbezug auf natürliche Vorgänge und das Verhältnis der
Geschlechter zu einander fordert.

Einen gemischten, sinnlich=geistigen Charakter trägt sodann

die Begierde, insofern sie durch die individuell-eigentümliche Qualität des Temperaments bedingt ist. Dem kindlichen Alter ist ein hohes Maß von Irritabilität eigen, welches der Erziehung nicht unerhebliche Hindernisse bereitet. Im unmittelbaren Zusammenhange mit ihrer organischen Basis erscheint die Irritabilität in der körperlichen Unruhe, in der Neigung zu rastloser Bewegung, welcher sich das Kind so gern überläßt. Muß ihr, je jünger dasselbe ist, desto mehr Spielraum gewährt werden, weil sie in der körperlichen Entwicklung begründet ist, so sollen ihr doch gewisse Grenzen gezogen werden, und das Kind muß sich auch daran gewöhnen, sich zeitweise einer stillen Beschäftigung hinzugeben und eine ruhige Haltung zu bewahren. Nicht bloß im Interesse der Eltern und Hausgenossen, deren Nerven auch einige Rücksicht beanspruchen dürfen, sondern vor allem im Interesse des Kindes selbst. Denn die Rastlosigkeit körperlicher Bewegung pflanzt sich auch auf das geistige Gebiet fort und erzeugt hier eine Flatterhaftigkeit und einen Leichtsinn, welche die sittliche Konzentration hindern.

Es ist das Charakteristische des Leichtsinns, daß derselbe, voll und ganz der Außenwelt erschlossen und an sie hingegeben, jeden Eindruck, den dieselbe ausübt, in sich aufnimmt, aber keinen bewahrt. Ein Impuls löst den andern ab, keiner dringt in die Tiefe des Gemüts. Wie auf Flugsand geschrieben, werden alle Worte verweht, welche aufgezeichnet wurden. Das geistige Leben gewinnt keinen Zusammenhang, keine Einheit; in der Vielheit stetig wechselnder, entgegengesetzter Eindrücke, vom Strudel der Bewegung fortgerissen, vermag die Seele sich nicht zu finden, verliert sie sich selbst. Es ist die erzeugende, nicht die beschränkende Erziehung, welche hier die entscheidende Hilfe gewähren muß. Und doch ist auch der letzteren eine Aufgabe gestellt, kann und soll auch sie mit Nachdruck dem Leichtsinn entgegentreten. Ihr fällt es zu, der Freiheit des Zöglings enge Grenzen zu ziehen, damit die Summe der Eindrücke, die auf ihn ausgeübt werden, sich verringere, ihn zu einer gewissen Konstanz in den Beschäftigungen zu nötigen, denen er sich widmet, damit eine beschränkte Zahl von Eindrücken Zeit gewinne, sich im Gemüt zu befestigen; keine Flüchtigkeit in den aufgegebenen Arbeiten zu dulden, damit der

9 *

Zögling sich daran gewöhne, mit ernster Hingabe einem Gegen=
stande sich zuzuwenden.

Zeigt sich im Leichtsinn eine gesteigerte, einseitige Entwicklung
der Irritabilität in der Sphäre des Verstandesbewußtseins, so er=
scheint dieselbe als Aufwallung des Zorns oder als Erregung der
Furcht auf dem Gebiet der Willensbestimmtheit. Jene muß an
dem Machtwort der pädagogischen Autorität, welches durch seine
Klarheit und Bestimmtheit das verworrene Gemüt des Zürnenden
beschämend zur Selbstbesinnung führt, sich brechen; dieser müssen
die Anlässe zu wirksamem Hervortreten so lange entzogen werden,
bis es der erzeugenden Erziehung gelungen ist, ein Gegengewicht
gegen sie im Bewußtsein des Zöglings herzustellen.

Eine Aufgabe, welche die Erziehung in eine entgegengesetzte
Richtung der Thätigkeit leitet, stellt der Zustand der gesteigerten,
einseitigen Depression des Geisteslebens, wie er sich im Verstandes=
bewußtsein als Stumpfsinn, in der Willenssphäre als Trägheit
manifestiert. Muß die Pädagogie die Begierde im Zustand der
Irritation niederhalten, deprimieren, so ergeht hier die Forderung
an sie, dem Anschwellen und der Ausbreitung der Depressionen
durch Anreiz, durch Irritation entgegenzutreten. Sie wird daher
dem Zögling nie gestatten, sich unthätig dem Müßiggange zu über=
lassen, in brütendem Träumen die an sich schon schwache Energie
des Geistes völlig aufzuzehren, sondern vielmehr immer darauf
dringen, daß durch bestimmte Beschäftigung die Zeit ausgefüllt
werde; sie wird immer verlangen, daß ihr Pflegling sich den Auf=
forderungen zum Handeln, welche an ihn ergehen, nicht entziehe,
sondern auf sie reagiere, ihnen folge.

Die Begierde erscheint aber auch als rein geistige Potenz,
nicht durch sinnliche Elemente, sei es völlig, sei es teilweise erzeugt,
mag sie auch vermöge des Zusammenhangs der geistigen und sinn=
lichen Welt auf Objekte der letzteren gerichtet sein. Es ist ein
neues Gebiet, welches wir hier die Begierde betreten sehen. Sie
ist jetzt weder der unmittelbare Ausdruck eines körperlichen Zu=
standes, noch schließt sie sich, ihn auf das geistige Gebiet ver=
pflanzend, an denselben an, sondern wir begegnen ihr als treiben=
dem Faktor einzelner Handlungen oder einem System derselben,
die in freien Entschließungen begründet sind. Die Begierde, ihrem

innersten Gehalte nach selbstisch, strebt danach), den Egoismus als Prinzip des Wollens und Handelns innerhalb unserer geistigen Sphäre zur Geltung zu bringen. Wir finden den Egoismus im frühen Kindesalter mit einer Unbefangenheit verschmolzen, welche den Beweis liefert, daß das Kind sich noch nicht eines sittlichen Unrechts in der Verfolgung egoistischer Absichten bewußt ist; ja die Naivetät, mit welcher der Egoismus hier hervortritt, belustigt uns vielleicht. Und doch müssen wir gebietend und verbietend ihm wehren, wenn er nicht eine Macht im Kinde werden soll, die, sich immer mehr befestigend und tiefere Wurzeln fassend, der gegen ihn gerichteten Einwirkung einen hartnäckigen, schwer zu besiegenden Widerstand leistet.

Innerhalb der kindlichen Entwicklungssphäre begegnen wir dem Egoismus vor allem in der fünffachen Gestalt der Begehrlichkeit, der Mißgunst, der Streitsucht, der Gewaltthat und der Lüge. In der Gewalt der Begehrlichkeit betrachtet sich das Ich als Selbstzweck, dem daher alle Güter, auf welche sich sein Verlangen richtet, zufallen müssen; die Besitzer derselben erscheinen ihm nur so lange als zu duldende Nutznießer ihres Guts, als es selbst kein Interesse an demselben hat. Tritt dies aber ein, so haben sie unweigerlich zeitweise oder dauernd sich ihres Besitzes zu entäußern; leisten sie Widerstand, so bemächtigt sich der Egoismus desselben wider ihren Willen, mit Gewalt. Diese folgt auch häufig, ja hier am häufigsten, der Streitsucht. Das sich als Weltzweck fühlende und schätzende Ich sieht in seinem Willen die maßgebende Entscheidung und fühlt sich sehr enttäuscht, wenn die anderen Interessenten diesen Anspruch nicht anerkennen und ihren Willen entgegensetzen, vielleicht von derselben Wertschätzung desselben durchdrungen.

Die geringe Bedeutung der Objekte, welche für die Begehrlichkeit und Mißgunst, die Streitsucht und die Gewaltthat der Kinder den Anlaß geben, darf uns über die tiefe Unsittlichkeit des Egoismus auch in dieser beschränkten Sphäre nicht täuschen und unsere Energie in der Bekämpfung desselben nicht lähmen. Dem Egoismus der Begehrlichkeit muß die beschränkende Erziehung entgegentreten, indem sie durch Versagung des unbegründeten, die Objekte, andere Hausgenossen oder endlich den Zögling selbst schä-

digenden Verlangens diesen daran gewöhnt, Recht und Macht seines
Begehrens als in bestimmte Grenzen gebannt zu erkennen, und
ihn so nötigt, auf Unendlichkeit in der Verwirklichung des selb=
stischen Verlangens Verzicht zu leisten.

Auch der Bethätigung der Mißgunst vermag die beschränkende
Erziehung den Spielraum zu verringern und so mittelbar nieder=
haltend und abschwächend auf den Egoismus der Begierde selbst
zu wirken. Es ist vor allem die Aufrechthaltung der Rechtsord=
nung des Hauses, der Schutz des Einzelnen in seinen Rechten
und in seinem Besitzstande, welche die Mißgunst bändigen. Im
allgemeinen kann die Erziehung die Lösung dieser Aufgabe im
Hause den Geschwistern, in Schule und Pensionat den Kameraden
überlassen, welche aus eigenem Interesse Übergriffe des einen in
das Gebiet des andern abzuwehren bedacht sein werden; allein es
giebt auch gutmütige, friedliche Kinder, deren Milde und Wohl=
wollen von den Genossen eigennützig ausgebeutet werden; es giebt
andere, deren schwächlicher Körper sie der Begierde des Stärkeren
wehrlos preisgiebt; und diese Kinder sind es, welche die pädago=
gische Autorität schützen muß. Auch die Züglung der Streitsucht
kann zu einem großen Teil wenigstens in die Hand der Zöglinge
gelegt werden. Zänkische Kinder pflegen mit Recht von ihren
Gefährten von den gemeinsamen Spielen ausgeschlossen und bei=
seite gestellt zu werden. Aber innerhalb des Hauses befinden sich
vielleicht zwei Geschwister, die auf einander angewiesen sind, beide
von unverträglichem Gemüt oder doch von so heterogener Sinnes=
art, daß ihr Zusammensein wenig erfreulich ist. Hier kann die
beschränkende Erziehung nur insofern eingreifen, als sie regelmäßig
bei Ausbrüchen der Streitsucht die Streitenden trennt. Bedürfen
sie einander, um der Langeweile zu entgehen, so werden sie all=
mählich lernen, schon aus eigenem Interesse ihrer selbstischen Be=
gierde Zügel anzulegen.

Komplizierter ist die pädagogische Beurteilung der Gewalt=
thätigkeit. Knaben von ungefähr gleichem Alter und körperlich
kräftig werden geneigt sein, um ihre leibliche Kraft zu erproben
und zu beweisen, die Gegensätze ihrer Bestrebungen im Ringkampf
zu entscheiden. So lange derselbe nicht den Charakter des Rohen
und Wilden annimmt und seine Häufigkeit nicht die Ordnung der

Gemeinschaft stört, wird die beschränkende Erziehung ihn dulden, wenn auch nicht billigen. Da wir voraussetzen, daß diese Äußerungen jugendlicher Kraftfülle nicht in Gegenwart der pädagogischen Autoritäten stattfinden, liegt es ja in ihrem Ermessen, ob sie von ihnen Notiz nehmen wollen oder nicht. Und es wird geraten sein, sich für letzteres zu entscheiden. So lange in einer Äußerung des sittlichen Lebens das unzulässige vom zulässigen Element überwogen wird, soll die Erziehung sich zurückhalten. Eine Gewaltthätigkeit dagegen, die nicht mehr als Spiel leiblicher Kräfte angesehen werden kann, in der vielmehr der Geist der Roheit sich äußert; eine Gewaltthätigkeit, unritterlich vom Stärkeren am Schwachen geübt; eine Gewaltthätigkeit, welche die Ruhe des häuslichen oder die Ordnung des Schul-Lebens stört, muß unbedingt unterdrückt werden. Soweit möglich, soll die Erziehung ihr vorbeugen; hat sie dennoch stattgefunden, so soll ihre Wiederkehr durch strenge Strafen ausgeschlossen werden.

Die schwierigste Aufgabe für die Erziehung bildet der Kampf gegen die Lüge. In ihr erscheint der Egoismus der Begierde in der gefährlichsten Gestalt. Der Lügner entweiht das Mittel der Sprache, durch welches die Liebesgemeinschaft unter den Menschen hergestellt und erhalten werden soll, indem er die allgemeinste Bedingung derselben, den Anspruch jedes Gliedes auf Wahrhaftigkeit der Rede seitens der anderen, aufhebt. Er verleugnet die Achtung, die er der Gemeinschaft und ihren einzelnen Gliedern schuldet.

Die Lüge ist Pietätlosigkeit und Lieblosigkeit, und sie ist dies um so mehr, wenn sie den pädagogischen Autoritäten gegenüber geübt wird, denen der Zögling das höchste Maß der Pietät und Liebe schuldet. Indem der Lügner das sittliche Verhältnis, in welchem er zur menschlichen Gesellschaft stehen sollte, nicht anerkennt, vielmehr ihre Grundlage zerstört, isoliert er sich selbst: er hat nur noch ein aufrichtiges Verhältnis zum eigenen Ich. Und auch dies nicht einmal, denn, indem er in Widerspruch mit der sittlichen Idee und so mit Gott, dem Quell aller sittlichen Ideen, tritt, erfährt er es peinlich in sich selbst, Gott und die sittliche Idee zum Gegner zu haben. Im Gewissen hört er ihre Anklage und ihren Richterspruch.

Diesem inneren Zwiespalt zu entgehen, sucht er seine Schuld zu mindern, sein Thun vor sich selbst zu rechtfertigen. Er täuscht sich selbst und verliert auch so das Verhältnis der Wahrhaftigkeit zum eigenen Ich. Und wenn nur die Lüge eine einzelne Handlung bleiben könnte; wenn sie nicht, um sich zu behaupten, neue Lügen nach sich ziehen müßte, neue Lügen und oft auch den Betrug. Es sind die Konsequenzen, welche die einzelne Lüge nötig macht; es ist das System von Unwahrhaftigkeiten, in welches der Lügner verstrickt wird, was vor allem die Lüge zur gefährlichsten Gestalt der egoistischen Begierde stempelt. Die Lüge zehrt am sittlichen Lebensmark, sie löst die sittliche Substanz auf.

Aber je unerbittlicher wir die Lüge verurteilen und bekämpfen, desto vorsichtiger müssen wir in der Bestimmung ihres Umfangs verfahren und uns davor hüten, eine Aussage als Lüge zu bezeichnen, die unter einem ganz anderen Gesichtspunkt zu betrachten ist; desto mehr müssen wir auch die mannigfachen Entwicklungsstadien der Lüge beachten, die erschwerenden oder erleichternden Bedingungen, unter denen sie vollzogen wurde, den näheren oder entfernteren Zusammenhang mit der Wahrheit, den sie bewahrte, oder die völlige Verneinung derselben, welche sie wagte; die Motive, welche zu ihr verleiteten, die heller oder dunkler erkannten Folgen, welche sie herbeiführen mußte.

Scheiden wir zuerst aus dem Gebiet der Lüge alle Aussagen des Kindes aus, die, obwohl von der Wirklichkeit nicht bestätigt, doch nicht der Verpflichtung der Wahrhaftigkeit widersprechen, weil sie ausschließlich der poetischen Thätigkeit des Geistes entstammen. Ein mit reicher Phantasie ausgestattetes Kind lebt nicht bloß in der äußeren Welt, die es umgiebt, sondern ergänzt sie, indem es eine zweite unsichtbare Welt sich schafft und so das eigene, eng begrenzte Dasein erweitert. Hier treibt die Phantasie ein harmloses, den Zögling erfreuendes Spiel, welches die Erziehung nicht zerstören soll, wenn sie ihm auch Grenzen ziehen muß, damit nicht eine krankhafte Gemütsrichtung entstehe, für welche die Welt der Illusion und die Welt der Wirklichkeit unwillkürlich zu einem Ganzen verschmelzen und so mittelbar allerdings die Pflicht der Wahrhaftigkeit erschwert wird. Aber an sich wird diese durch jene Neigung zum Fabulieren nicht verletzt.

Hüten wir uns auch, das Kind, welches noch auf den ersten Entwicklungsstufen sich befindet, der Lüge zu bezichtigen, wenn es inbezug auf Ort und Zeitbestimmung irgendeines Vorgangs falsche Mitteilungen macht. Vergangenheit und Gegenwart, die einzelnen Abschnitte der Zeit, sondern sich noch nicht in scharf abgegrenztem Bilde für sein Bewußtsein, und ebenso vermag es noch nicht, in genauem Gedächtnis die räumlichen Verhältnisse zu bewahren, auf welche eine Handlung sich bezog. Überhaupt verbirgt sich bei der Rastlosigkeit seiner Bewegung und der Vielseitigkeit seines Thuns so manche Äußerung desselben dem Bewußtsein des Kindes, und auf der andern Seite ist seine Phantasie so geschäftig, Lücken im formalen Rahmen des Geschehens auszufüllen, dunkle Stellen mit farbigen Bildern zu überdecken, daß wir auch hier falsche Aussagen nicht als Lügen bezeichnen dürfen.

Eine Lüge findet nur dann statt, wenn bei klarem Bewußt= sein dessen, was geschehen ist, und bei unzweifelhafter Verpflichtung zur Wahrhaftigkeit, bei unbedingter Ausschließung des Rechts zu fabulieren, eine falsche, dem Thatbestande widersprechende Aussage gethan wird. Hier begegnen wir in der That der Lüge. Doch werden wir nicht alle Gestalten derselben nach gleichem Maßstabe beurteilen dürfen; die Lüge kann unter erschwerenden und unter mildernden Umständen stattfinden und daher einen größeren oder geringeren Grad von Schuld in sich schließen.

Wir werden eine Lüge, welche das erschreckte Bewußtsein, das überraschte Gemüt bei der ersten Frage ausspricht, die unbe= gründete, entschuldigende Ausrede nicht auf dieselbe Linie mit der bewußten falschen Behauptung stellen, welche bei voller Klarheit, nachdem Zeit zur Sammlung und Überlegung gewährt wurde, abgegeben wird. Wir werden leichter dem Zögling verzeihen, der aus eigenem Antrieb seine Schuld bekennt und zur Wahrheit zu= rückkehrt, als dem in der Lüge verharrenden, der nicht eher von ihr weicht, als bis der entgegengesetzte Sachverhalt zutage ge= kommen ist und nicht mehr bestritten werden kann. Wir werden wohl unterscheiden, ob die Lüge die wesentlichen Elemente der Wahrheit unangetastet läßt und sich darauf beschränkt, ein uner= freuliches, zum Tadel veranlassendes Ereignis durch einzelne falsche Aussagen zu mildern, oder ob sie den Zusammenhang mit der

Wahrheit völlig aufgegeben hat. Wir werden fragen, ob die Lüge in der Furcht wurzelt, welche feige sich scheut, die Folgen ihres Thuns auf sich zu nehmen, oder in der Bosheit, welche Unschuldige verleumdet; und wenn letzteres der Fall ist, ob es als selbständiges Element hervortritt, oder ausschließlich im Interesse des eigenen Schutzes stattfindet.

Wir werden endlich erwägen, ob der Schuldige der vollen Konsequenzen seines Handelns sich bewußt war und entschlossen, neue Lügen zu begehen, um die früheren aufrecht zu erhalten, oder ob die Lüge ein einzelner Akt war, nicht ein Glied in einem vorbedachten Lügensystem.

Wenn wir nun die Frage aufwerfen, welche Mittel der beschränkenden Erziehung im Kampf gegen die Lüge zur Verfügung stehen, so zeigen sich drei Wege, auf welche sie gewiesen ist. Sie hat einmal durch genaue Überwachung des zur Lüge geneigten Zöglings die Möglichkeit derselben zu erschweren; der Zögling muß sich vom vielsehenden Auge des Erziehers beobachtet wissen. Sodann darf letzterer bei verdächtigen Aussagen des Pfleglings sich nicht beruhigen, sondern muß, soweit es ihm möglich ist, den wirklichen Thatbestand festzustellen suchen. Die Lüge darf nicht unentdeckt bleiben, damit die Gewißheit, daß das Geheimnis der Lüge schließlich offenbar wird, daß in dieser von Gottes Ordnung für sie kein Raum ist, daß die Wahrheit immer über sie den Sieg davonträgt, den Zögling von der Lüge als einem vergeblichen Thun zurückhalte. Endlich hat die Erziehung über die Lüge eine dem Maß der in ihr enthaltenen Schuld entsprechende Strafe zu verhängen. Welche Strafen hier aber zur Anwendung kommen dürfen, läßt sich nur im Zusammenhang mit der Beurteilung des Zwecks und des Werts der Strafe überhaupt und ihrer einzelnen Gestalten bestimmen. Dies ist die Aufgabe, der wir uns jetzt zuzuwenden haben.

§ 18.

Die Strafe.

Die Strafe sucht die durch das Vergehen des Zöglings gekränkte Autorität der sittlichen Idee im Bewußtsein des letzteren wiederherzustellen, bezweckt, die selbstische Begierde in den Gehorsam gegen die sittliche Idee zurückzuführen. Der sinnliche Faktor der Strafe ist ein symbolisches Element und soll, isoliert von der sittlichen Idee, für deren Alleinberechtigung die Strafe den Thatbeweis führt, nicht zum Bewußtsein kommen. Die unmittelbarste Gestalt der Strafe erkennen wir im zürnenden Blick des Auges und in der Spiegelung des Unwillens mittels des Wortes in Beziehung auf Inhalt, Ton und Sprachgestalt. Die körperliche Züchtigung, soweit sie nicht im frühen Kindesalter als unentbehrlicher Faktor der Dressur zu betrachten ist, darf nur angewandt werden, so lange ein entwickeltes moralisches Selbstbewußtsein fehlt. Und immer muß sie als höchste Steigerung der Strafe nur selten ausgeübt werden. Die Freiheitsstrafe darf nicht als Hemmung des Thätigkeitstriebes, sondern nur als Richtung desselben auf ein der gegenwärtigen Neigung des Zöglings nicht entsprechendes Objekt erscheinen. Der Freiheitsstrafe verwandt ist die Entsagungsstrafe, die Entziehung positiver Genüsse. Die Beschämungsstrafe ist bei hohem Grade allgemeiner Bildung des Volkslebens nur für das frühe Kindesalter zulässig. Eine Pädagogik, welche alle Gestalten der Strafe auf ein System natürlicher Rückwirkungen begründen will, verkennt den Unterschied zwischen dem häuslichen und öffentlichen Leben, stellt objektive Maßstäbe auf, wo das Interesse der sittlichen Förderung des Subjekts und die Wertschätzung der sittlichen Qualität desselben entscheidend sein sollen. — Die Strafgewalt und die Vollziehung der Strafe, zumal wenn letztere in körperlicher Züchtigung besteht, muß in einer Hand, in der Hand des Erziehers liegen. — Eine Gradation der Strafe ist auch durch die Qualität der Instanz bedingt, welche die Strafe verhängt. — Sekundären Erziehern, welche den Eltern ergänzend zur Seite stehen, kann nur eine beschränkte Strafgewalt eingeräumt werden. — Die durch Vergehen und Strafe herbeigeführte Störung des Verhältnisses zwischen Erzieher und Zögling muß je nach Größe des Vergehens, Alter des Zöglings und Sinnesänderung desselben in schnellerem

oder langsamerem Tempo der Herstellung der früheren, freundlichen und herzlichen Beziehungen weichen.

Es sei uns gestattet, die Bestimmung des Begriffs und
Zwecks, des Werts und der Gestalten der Strafe uns durch Vermittelung eines Pädagogikers zu vergegenwärtigen, welcher die
Strafe aus dem System der Erziehung prinzipiell entfernt wissen
will und nur Entschuldigungsgründe für ihre Anwendung zuläßt.
Wir meinen Schleiermacher. Eine Einwirkung der Strafe auf
die Gesinnung erklärt er für unmöglich; denn die Mißbilligung,
die hier allein in Betracht kommen könne, sei eine notwendige
ethische Reaktion und zunächst vollkommen unwillkürlich. Eine
Mißbilligung aber, die absichtlich erfolge, verrate dem Zögling ihren
Ursprung; er unterscheide die von innen heraus kommende und die
absichtliche Mißbilligung, und dadurch verliere die letztere für ihn
die Stärke des Eindrucks. Denn dieser werde um so größer sein,
je weniger die Mißbilligung die pädagogische Absicht verrate. Aber
die Mißbilligung als Akt der entgegenwirkenden Erziehung werde
überhaupt die Gesinnung nicht umändern können; denn wenn sie
auch eine Beschämung hervorrufe, so bewirke sie doch häufig nur,
daß der Beschämte fortan seine schlechte Gesinnung verberge, nicht
aber aufgebe.

Ist also, fährt Schleiermacher fort, für die entgegenwirkende
Erziehung im Gebiet der Einwirkung auf die Gesinnung kein
Raum, so fragt sich, ob sie gegenüber den einzelnen Willensakten
statthaft ist. Dies ist allerdings der Fall. Indem wir dem
Vollzug einzelner schlechter Willensakte vorbeugen, hindern wir die
Gewöhnung an das Böse; zugleich den nachteiligen Einfluß, den
jede unsittliche Handlung auf die Gemeinschaft ausübt, welcher der
unsittlich Handelnde angehört.

Als die geeignetste Gegenwirkung werden wir die Mißbilligung
betrachten müssen, insofern sie sich an das zunächst aus der Gesinnung
Entsprungene, nämlich an die einzelnen Willensakte, wendet und
durch Scham die angefangene Handlung hemmt; aber, wie gesagt,
die Mißbilligung ist keine rein pädagogische Thätigkeit. Es fragt
sich nun, ob Belohnungen und Bestrafungen als zulässige Gegenwirkungen anzusehen sind. Bedenklich ist, daß beide durch sinnliche Impulse wirken und so also den Willen des Zöglings in der

Sphäre der Sinnlichkeit festhalten. Wir haben endlich zu unter=
suchen, ob Gegenwirkungen gegen Gewöhnungen, die in einer Zeit
entstehen, wo weder Willensakte eintreten, noch eine Gesinnung
sich bilden kann, möglich und statthaft sind. Hier, sagt Schleier=
macher, ist das Gebiet physischer Nötigungen. Nur sollte man
dieselben nicht als Strafen bezeichnen, da hier mehr auf die me=
chanische als auf die bewußte Seite des Organismus gewirkt wird
und, wie in diesem frühen Entwicklungsstadium die Kinder sich
überhaupt noch in einem dem tierischen sehr ähnlichen Zustand be=
finden, das Verfahren ihnen gegenüber an die Einwirkung auf
die Tiere erinnert. Und so will denn Schleiermacher auch für
spätere Entwicklungsstufen, insofern auch hier noch Zustände ein=
treten, in denen das bewußte Leben dem unbewußten weicht,
physische Nötigungen zugelassen wissen; dagegen fordert er, daß
Strafe und Belohnung nicht in Anwendung kommen, insoweit sie
das Bewußtsein affizieren; denn, sagt er, wir gehen ja darauf
aus, die Jugend daran zu gewöhnen, der Lust und Unlust zu
widerstehen, wie dürfen wir diese dann als Motiv verwenden!

Unter einem andern Gesichtspunkt müsse uns allerdings die
Strafe in günstigerem Lichte erscheinen. Im Hause ist sie unbe=
rechtigt, denn das Haus ist kein gesetzlicher Organismus. Hier
muß die physische Gewalt, wie sie sich im Befehl äußert, und die
Liebe ausreichen, um die Ordnung und die Übereinstimmung der
Kinder mit derselben aufrecht zu erhalten. Es ist aber anders in
der öffentlichen Erziehung, wie sie von der Schule geübt wird.
Hier fehlt die ursprüngliche, durch die Natur begründete Überein=
stimmung zwischen dem Erzieher und den Zöglingen; sie muß erst
produziert werden und wird nie als vollkommen produziert anzu=
sehen sein. Hier muß daher das Gesetz, verbunden mit der Strafe,
eintreten, damit das gemeinsame Leben nicht durch störende Hand=
lungen gehemmt werde. Der Zögling muß durch das Gesetz er=
fahren, was mit der Form des Gemeinwesens streitet; durch die
Strafen, welche Folgen es habe, wenn er aus diesem Gesetz her=
austritt.

So Schleiermacher in den Vorlesungen aus dem Jahre
1826; noch schärfer hat er sich in den Vorlesungen im Winter=
semester 1820 zu 1821 ausgesprochen. Hier erklärt er, daß

Strafen durch alle Stufen bedenklich seien. Stelle man sie unter den Gesichtspunkt eines Schmerzes, so müsse man sich vergegen= wärtigen, wie der Schmerz als Hemmung die Widerstandskraft der Jugend erregen werde, während doch die Voraussetzung der Strafe sei, daß sie keinen Widerstand finde. Sonst freuen wir uns, wenn die Jugend sich durch Unannehmlichkeiten in der Verfol= gung ihrer Zwecke nicht hindern läßt; hier fordern wir, daß sie es thue. Summa, Strafen machen die Jugend weichlich und feige, und dies ist dem Hauptzweck der Erziehung zuwider. Nicht minder bedenklich sind Strafen, welche sich an den Ehrtrieb wen= den. Denn da die öffentliche Meinung einer Berichtigung be= dürftig ist, müssen wir die Jugend doch nötigen, auch im Wider= spruch mit derselben zu handeln, dem Ehrtrieb also keineswegs unbedingt nachzugeben. Bedenklich ist endlich auch die Strafe, in= sofern sie eine Hemmung des Thätigkeitstriebes bildet. Denn einmal sind wir nur imstande, denselben, insoweit er nach außen gerichtet ist, zu beschränken, während es uns unmöglich ist, den= selben, soweit er im Gebiet des Inneren sich äußert, zu hemmen; sodann kann aber auch der Mensch in dieser ausschließlich inner= lichen Bethätigung seine Befriedigung suchen, sich in ihr ent= schädigen, so daß er diese Strafe mißachtet! — Die Strafe geht also nicht aus dem Interesse der Erziehung hervor; es wird durch sie nicht erreicht, was die Erziehung beabsichtigt, sie hat an und für sich keinen Wert, ja sie scheint dem Zwecke der Erziehung immer zu widersprechen und bloß einer Theorie des gemeinsamen Lebens zu dienen. — Indem sich aber nun Schleiermacher die Aufgabe stellt, die Frage zu beantworten, wie die Strafe einge= richtet werden müsse, damit sie zweckmäßig sei und so wenig wie möglich nachteilig wirke, entwickelt er eine Theorie der pädagogi= schen Strafe, die wir nicht anders als eine glänzende Widerlegung der von ihm selbst erhobenen Anklagen gegen die pädagogische Strafe betrachten können.

Schleiermacher fordert, daß die Gegenwirkung den Sittlich= keitstrieb, den eigenen sittlichen Unwillen anrege; allerdings höre sie damit auf, eigentliche Strafe zu sein, weil Mitwirkung ein= trete. So solle die Strafe, sei es, daß sie in der Form des Schmerzes, sei es, daß sie als Beschämung erscheine, immer ein unangenehmes sittliches **Gefühl** erzeugen. Es komme darauf an, mit der Strafe **einen** sittlichen Faktor zu verbinden. Auch müsse eingestanden werden, daß sittliche Gefahren erst dann die Strafe hervorbringen könne, wenn das Kind die Fähigkeit **zu** generalisieren erlangt habe, also **z. B.** anläßlich einer Beschämung **zu dem** Schluß geneigt sein dürfte, man solle nie der öffentlichen **Meinung** entgegentreten. In der ersten Periode **des** Lebens würden also Strafen von Nutzen sein können. Es fragt sich nun, in welcher Weise die Strafe den sinnlichen mit dem sittlichen Faktor verbinden könne.

Wie jede verständige **Handlung** hat auch die Strafe zwei Seiten, indem sie einmal **Äußerung** eines Inneren ist, und indem sie es zugleich **auf** einen Erfolg abgesehen hat. Jede Strafe muß als Äußerung **des reinen** sittlichen Unwillens betrachtet werden. Ein Erzieher, der mit der vollkommensten Gleichgültigkeit strafte, wäre gleichsam **nur die Fortsetzung des** Stockes. Indem so im Zögling beides zugleich **entsteht,** Schmerz oder Beschämung und der Eindruck des sittlichen Unwillens, kann keine Scheu vor unangenehmen Empfindungen entstehen; der Schmerz wird geheiligt durch den sittlichen Unwillen. **Der** sittliche Faktor ist mit dem sinnlichen verbunden, und dadurch empfängt **der** letztere einen symbolischen Charakter. Es ist das beleidigte **Rechtsgefühl,** das sich äußern soll, sobald der Mensch die Strafe vollziehen will. Ist in der Strafe **der** sittliche Faktor **kräftig,** so wird sie Lehre, — ein Mittel, die **sittliche Begriffsbildung zu vervollkommnen** [1]).

Wenn **man** die verschiedenen Äußerungen Schleiermachers über die Strafe, wie sie **sich in den** Vorlesungen über die Erziehungslehre finden, mit **einander vergleicht,** so zeigen sie erhebliche Abweichungen, welche es **unmöglich machen,** eine in sich einstimmige Theorie der pädagogischen Strafe festzustellen. Nur über einzelnes ist dies möglich, wie z. B. darin Schleiermacher sich gleich bleibt, **daß** er eine Strafe, welche eine Beschränkung des Thätigkeitstriebes zum Inhalt hat, verwirft. In anderen Punkten bestehen unausgleichbare Widersprüche. In den Vorlesungen **von 1826** hält er es für **möglich,** daß im häuslichen Leben das System von Be=

---

1) „**Erziehungslehre**", S. 136—155. 734—765.

lohnungen und Strafen entbehrt werde [1]); während er letztere in
den Vorlesungen von 1820 zu 1821 auch hier für notwendig er=
achtet [2]). Dies ist allerdings keinem Zweifel unterworfen, daß
Schleiermachers Grundstimmung der Anwendung der Strafe auf
dem Gebiet der Erziehung ungünstig war; aber ihrer Unentbehr=
lichkeit sich bewußt und daher darauf bedacht, sich die Bedingungen
zu vergegenwärtigen, an welche eine möglichst unschädliche Anwen=
dung derselben geknüpft sei, kam er, ohne es zu wollen, zu einer
Rechtfertigung der Strafe. Seine ungünstige Grundstimmung ihr
gegenüber stellte sich aber immer von neuem wieder her. Es zeigt
sich dies auch in der Beurteilung der Strafe, welche wir in der
„christlichen Sitte" finden. Wir können hier diese Darstellung
nicht übergehen, weil sie gerade vom christlichen Standpunkt aus
gegen die Anwendung der Strafe innerhalb der Grenzen des
Hauses Protest einlegt.

Schleiermacher knüpft an die Worte des Apostels an: „Ihr
Väter, erbittert eure Kinder nicht, auf daß sie nicht scheu werden"
(Kol. 3, 21); „Ihr Väter, reizet eure Kinder nicht zum Zorn"
(Eph. 6, 4), und erklärt, daß die Strafe, weil sie durch sinnliche
Motive Geistiges aufregen und stärken, also bessern wolle, not=
wendig auffallen und erbittern müsse. Mit dem Erbittern ver=
biete der Apostel auch das Strafen um der Besserung willen;
christliche Hauszucht und Strafe schlössen einander aus. Die
Strafe könne aber auch nicht bessern; dies wäre nur möglich,
wenn sie Liebe zu erzeugen imstande wäre, was nicht der Fall
ist. Notwendig sei die Strafe allerdings, aber nicht im Interesse
der Besserung, sondern zur Aufrechthaltung der Ordnung. Werde
sie nun in dieser Absicht vollzogen, so müsse man den Kindern
vergegenwärtigen, wieviel sie aus sinnlichen Motiven haben leisten
können, und sie vermahnen, dasselbe aus sittlichen Motiven, rein
um des Gehorsams willen, zu leisten [3]).

Die Darstellung der Straftheorie Schleiermachers hat uns
die mannigfachen Gesichtspunkte gezeigt, unter denen die Strafe

---

1) S. 151.
2) S. 762. 763.
3) „Die christliche Sitte", S. 236. 237.

als erziehender Faktor betrachtet werden muß; zugleich die nicht geringen Schwierigkeiten, die in der Bestimmung des Begriffs, Werts und Umfangs der Strafe enthalten sind. Indem wir uns jetzt die Aufgabe stellen, die Theorie der pädagogischen Strafe darzulegen, werden wir uns in der Lage befinden, teils zustimmend an Schleiermachers Beurteilung anzuknüpfen, teils ablehnend sie zu widerlegen.

Die pädagogische Strafe nach ihrem allgemeinsten Inhalt beurteilt, ist eine zeitweise Aufhebung des harmonischen Verhältnisses, welches wir normalerweise als die stetige Signatur in der Beziehung des Erziehers zum Zögling voraussetzen müssen. Ein von Wohlwollen und Güte durchdrungener Ernst muß als Grundbestimmung des Erziehers dem Zögling gegenüber ihr Gemeinschaftsleben beherrschen. Diese harmonische Beziehung wird durch ein Vergehen des Zöglings gehemmt; es erhebt sich durch dasselbe eine Schranke, welche es dem Erzieher unmöglich macht, das freundliche Verhalten dem Zögling gegenüber fortzusetzen. Der Zögling hat den Willen des Erziehers verneint, thatsächlich ihm entgegen gehandelt; er hat damit zugleich die Willkür seiner Begierde über die Autorität der sittlichen Idee erhoben, welche im Befehl des Erziehers sich kundgiebt; so muß auch dieser das Wollen des Zöglings verneinen, um durch Verneinung seiner Verneinung ihn zu bewegen, fortan den Willen der erziehenden Autorität zu bejahen.

Diese Verneinung, welche die Wiederherstellung der ursprünglichen Bejahung des autoritativen Willens zum Zwecke hat, ist der Grundbegriff aller Strafe, so auch der pädagogischen. Es ist richtig, daß sich dieser Vorgang mit einer gewissen Naturnotwendigkeit vollzieht; und er fiele in der That aus dem Umfang des Begriffs der Strafe, könnte nicht mehr unter diesen als einen Akt der Freiheit, des bewußten Wollens gestellt werden, er müßte ausschließlich als ein Ereignis erscheinen, wenn er eben nur vermöge psychologischer Notwendigkeit stattfände. Wohl ruht die Strafe auf einer psychischen Naturbasis; es ist ein Gesetz, dessen Macht niemand sich entziehen kann, daß auf ein Vergehen eine dasselbe verneinende Reaction erfolgt. Aber darin gerade unterscheidet sich die Strafe von der Rache, daß das Maß und die

Gestalt der Reaktion von ethischen Erwägungen und Absichten be=
dingt und bestimmt ist. Die Reaktion trägt erst dann den Cha=
rakter der Strafe, wenn sie durch das Medium der ethischen Per=
sönlichkeit hindurchgegangen ist und von ihm die Qualität der
Weisheit, des Maßes und der Liebe empfangen hat. Auf der
einen Seite soll die Strafe den psychisch = ethischen Naturgrund
verraten, aus dem sie hervorgeht, das durch das Vergehen verletzte
Gemüt des Erziehers; auf der andern Seite soll sie aber auch
den Geist einer heiligen Freiheit atmen, welche die selbstischen Be=
wegungen der Seele den Gesetzen einer höheren Weltordnung
unterworfen hat. Ein subjektives und ein objektives Element
müssen in der Strafe mit einander verbunden sein; aus der Er=
regung der strafenden Persönlichkeit muß der Zögling das Be=
wußtsein von der Qualität der Handlung gewinnen, welche das
Motiv der Strafe bildet; er muß über diese und über sich selbst
erschrecken; und doch muß er zugleich den Eindruck empfangen,
daß ihm sein Recht wird; daß er nicht dem Ausbruch einer will=
kürlichen Leidenschaft preisgegeben ist, sondern der Hand einer hei=
ligen Liebe unterworfen, welche dem Strafenden gebietet und ihn
selbst durch die Strafe für ihre Zwecke gewinnen will.

Aber inwiefern vermag die Strafe eine sittlich fördernde
Wirkung auszuüben? Sie erzeugt physische oder psychische Unlust
und rechnet darauf, daß die Erfahrung dieser Unlust ein Motiv
sein werde, den Bestraften von neuem Begehen strafwürdiger
Handlungen fernzuhalten. Diese Voraussetzung wäre offenbar dann
keine sittlich zulässige, wenn diese Berechnung eine Berufung an
die Klugheit des Zöglings sein wollte, eine Aufforderung, auf
seinen eigenen Vorteil bedacht zu sein. Das hieße, die Maximen
eines eudämonistischen Egoismus dem Zögling einprägen. Neben=
bei wäre es auch sehr fraglich, ob dieser Appell an das eigene
sinnliche Interesse Erfolg hätte. Denn, wenn der Zögling die
Überlegung anstellt, ob er vom Standpunkt des Genußerwerbes
einen größeren Gewinn einerntet durch Begehung der strafwürdigen
Handlung mit Einschluß der dann unvermeidlichen Unlust der
Strafe oder durch Freiheit von dieser mit Einschluß des Genuß=
verlustes, der ihm durch Verzicht auf die strafwürdige Handlung
erwächst, könnte es wohl sein, daß der Zögling sich für ersteres

entscheidet. Auf dem Boden des Eudämonismus ist eben nur der subjektive Geschmack maßgebend.

Nein, die Berechnung des Strafverfahrens ist eine andere. Wie Schleiermacher mit Recht sagt, der sinnliche Faktor der Strafe ist symbolisch. Er kommt gar nicht als selbständiges, isoliertes Element in Betracht. Wie die Ideenwelt überhaupt dadurch, daß sie das sinnliche Dasein bestimmt, und insoweit sie dies thut, als Realität erscheint, so will sich auch in der Strafe die Idee als die höchste Realität erweisen, welche jede Rebellion überwindet. Der Gestrafte empfindet es, daß in dieser Welt Gottes dem Egoismus der Begierde keine sichere Stätte bereitet ist; daß es vergeblich ist, gegen die sittliche Idee zu streiten. So übt die Strafe eine sittliche Einwirkung als Thatbeweis der alleinigen Berechtigung der sittlichen Idee.

Aber noch ein anderes Moment kommt in Betracht. Wir haben im Zögling eine doppelte Richtung des Gemüts voraus= zusetzen; auf der einen Seite ist derselbe dem Sittlich=Guten er= schlossen und fühlt sich sympathisch zu demselben hingezogen; auf der andern Seite waltet in ihm die egoistische Begierde. Jedes Vergehen ist nun das Ergebnis einer Übermacht der letzteren, einer Ohnmacht des Bewußtseins der sittlichen Idee. Indem nun die Strafe die egoistische Begierde hemmt, ihre Nichtigkeit und Kraftlosigkeit erweist, sinken im Bewußtsein des Gestraften alle Vorstellungen, welche durch egoistische Begierde bedingt sind, und den bis dahin niedergehaltenen ethischen Gedankenreihen ist Raum zum Steigen gewährt. —

Vergegenwärtigen wir uns nun die einzelnen Gestalten der Strafe, und überzeugen uns davon, wie sich in ihnen der Begriff der Strafe, den wir festgestellt haben, bewährt.

Die unmittelbarste Äußerung der Mißbilligung, welche der Erzieher den Handlungen des Zöglings gegenüber zu bezeugen ver= mag, drückt sich im Blick des Auges aus. Schon hier ist eine große Mannigfaltigkeit der Wirkung möglich. Spiegelt sich doch im Auge die ganze Skala der Empfindungen der Seele! Und der Zögling weiß im Auge des Erziehers zu lesen. Er liest darin die Freude an seinen Leistungen, die Zufriedenheit mit seinem Verhalten, und sein Gemüt atmet selbst Freude im Bewußt=

10 *

sein der vollen Übereinstimmung mit dem Erzieher. Aber jetzt verdunkelt sich das Auge des letzteren, der Blick spricht Mißbilligung aus, und unwillkürlich senkt sich auch das Auge des Zöglings; es scheut sich, dem Auge des Erziehers zu begegnen; besorgt und schamvoll fühlt der Zögling, daß er die höchste sittliche Autorität nicht auf seiner Seite, sondern wider sich hat. Und wenn bei größerem Vergehen das Auge des Erziehers zürnend sich auf den Zögling richtet, wenn die innere Erregung, der entschiedene Unwille mit scharfem Blick gleichsam vernichtend auf dem Zögling ruht, dann fühlt dieser sich auch in diesem Moment vernichtet und dem Gericht verfallen.

Es ist psychologisch begründet, daß der strafende Blick, wenn er ein gesteigertes Maß der Mißbilligung darstellt, nur eine Begleitung des tadelnden Wortes bildet. Eine lebhaftere Erregung vermag sich nicht auf den Blick zu beschränken, sie sucht den Ausdruck im Wort; und so ist denn die zweite Gestaltung der Strafe das tadelnde Wort. Dasselbe ist nicht bloß durch seinen Inhalt, es ist ebenso durch seine Form, durch den Ton der Stimme, durch den logisch-grammatischen Bau des Satzes charakteristisch qualifiziert. Der Ton der Stimme verliert den freundlichen Klang und wird rauh, stark anschwellend und scharf; der Satzbau stellt kein harmonisch gegliedertes Ganzes dar, in welchem sich nur eine harmonische Stimmung bezeugen kann; das erregte Gemüt des Erziehers spricht sich vielmehr in einer Reihe kurzer, aber prägnanter Sätze aus, in Worten fragenden Vorwurfs, schmerzvoller Klage, vernichtender Beschuldigung, verurteilenden Gerichts. Und jedes dieser Worte ist ein Schwert, das in das Herz dringt, den Egoismus der Begierde ertötend. In der Fremdheit der Sprachgestalt, welche die Worte des Erziehers annehmen, offenbart sich die innere Entfremdung, die zwischen ihm und dem Zögling eingetreten ist, und welche letzterem zum Bewußtsein kommen muß, um aufgehoben zu werden.

Wie im strafenden Blick und im tadelnden Wort eine unwillkürliche Naturnotwendigkeit der Reaktion sich zur Geltung bringt, so auch in der züchtigenden Hand. Wenn körperliche Züchtigung häufiger, als berechtigt ist, zur Anwendung kommt, so hängt dies damit zusammen, daß starke Erregung über ein schweres Vergehen des Zöglings unwillkürlich dazu treibt, die Hand zum Schlage zu erheben.

Und doch muß gerade hier der Strafende beweisen, daß er über den Aufwallungen seines Gemütes steht, den eigenen psychischen Organismus völlig in seiner Gewalt hat.

Die körperliche Züchtigung ist eine Strafe, welche nur innerhalb bestimmter Zeitgrenzen, für eine beschränkte Entwicklungsperiode des Zöglings zulässig ist. Sobald sich ein moralisches Selbstgefühl in diesem gebildet hat, ist für sie kein Raum mehr; denn sie wird dann als Verletzung der Ehre, als Beleidigung empfunden, stumpft ab oder erbittert. Sie ist also eine Strafe, die mit zunehmendem Alter, bei dem Erwachen des persönlichen Selbstbewußtseins, verschwindet. Dagegen ist sie anwendbar, so lange dieses noch nicht hervorgetreten ist. Aber auch hier darf sie nur als letztes Strafmittel erscheinen, wenn andere Strafmittel vergeblich geblieben sind. Denn es ist das unmittelbare körperliche Sein, welches das Kind noch als das wesentliche Sein der eigenen Individualität empfindet, das hier angetastet wird; es ist eine Hemmung des unmittelbaren Seins, welche es erfährt. Sie wird daher in späteren Jahren des Kindesalters nur bei schweren Vergehen, wie Lüge, fortgesetztem Ungehorsam, Roheit angewendet werden dürfen, während sie auf den früheren Entwicklungsstufen des Kindesalters häufiger zulässig ist, weil hier die Empfänglichkeit für geistigere Strafen noch schwach entwickelt ist und eine leichte körperliche Züchtigung die verständlichste und sich dem Gedächtnis am meisten einprägende Sprache bildet. Aber immer muß die körperliche Züchtigung eine seltene Strafe sein, weil sie den letzten Faktor im pädagogischen Strafsystem enthält, eine Steigerung der Strafe über die körperliche Züchtigung hinaus nicht mehr möglich ist und man dem Zögling, der sich an sie gewöhnt hat, nicht mehr beikommen kann. Eine Kumulation der Strafen aber wäre völlig vergeblich; denn hat die körperliche Züchtigung nicht den ausreichenden sittlichen Eindruck hervorgebracht, so ist ein Maß sittlicher Abstumpfung vorhanden, welches andere ergänzende Strafen wirkungslos macht. Sodann kommt aber auch in Betracht, daß in der körperlichen Züchtigung das geistige Element sehr gering ist, und sie daher auch unmittelbar einen sittlichen Eindruck nicht her-

vorzubringen vermag. Nur mittelbar hat sie ethischen Wert, in=
sofern der positive sinnliche Schmerz, den sie erzeugt, die Schwere
des Vergehens zum Bewußtsein bringen soll. Auf einem ganz
andern Boden steht, wie wir schon vorhin sahen, die leichte
körperliche Züchtigung, mit der kleine Kinder gestraft werden; sie
ist hier wesentlich nur Mittel, dem schwachen Gedächtnis zuhilfe
zu kommen und ein Bestandteil der hier nicht zu entbehrenden
Dressur! — Ist die körperliche Züchtigung eine häufig angewandte
Strafe, so ist das Erziehungssystem fehlerhaft; es sei denn, daß
eine abnorme psychisch=sittliche Disposition des Zöglings dazu
nötigt, Maßnahmen der Dressur auf einer Altersstufe zu vollziehen,
für welche sie an sich nicht mehr zulässig sind. — Schließlich er=
innern wir daran, daß die Anwendung der körperlichen Züchtigung
das Maß der Stärke erreichen muß, an welches die Empfindung
eines sinnlichen Schmerzes geknüpft ist, um nicht als ein verfehlter
Versuch zu erscheinen, in dem sich entweder die Ohnmacht des
Erziehers offenbart oder seine Abneigung, die Strafgewalt aus=
zuüben. Aber noch mehr muß die körperliche Züchtigung von
Roheit und Grausamkeit entfernt sein, denn sie ist dann nicht
mehr Verwirklichung, sondern Verzerrung der sittlichen Idee und
kann daher nur erbittern oder abstumpfen, aber nicht bessern und
das sittliche Bewußtsein steigern.

Die Strafen, die wir bis jetzt in das Auge faßten, nahmen
ihren Ausgangspunkt in unwillkürlichen psychischen Erregungen; die
pädagogischen Strafen, denen wir uns jetzt zuwenden, sind aus=
schließlich das Ergebnis der Überlegung, stammen aus bewußter
Absicht. Wir rechnen hierhin die Beschränkungs= und Beschämungs=
strafe. Die erste kann sich auf die freie Bethätigung und die
Aneignung eines Genußobjekts beziehen. In jenem Fall kann es
nie die Aufgabe sein, die Thätigkeit an sich zu hemmen; wie
Schleiermacher mit Recht bemerkt, ist dies unmöglich; man kann
die äußere Thätigkeit aufheben, aber nicht die innere. Nun könnte
allerdings eingewandt werden, Freiheitsstrafen verfolgten den Zweck,
den Zögling zu veranlassen, sich auf sich selbst zu besinnen, sich
des Unrechts, das er begangen, bewußt zu werden. Aber zu einer
längere Zeit anhaltenden Konzentration pflegen gemeiniglich im
kindlichen und jugendlichen Alter die Voraussetzungen zu fehlen.

Es ist vielmehr als wahrscheinlich anzunehmen, daß die Freiheits=
strafe als Hemmung des Thätigkeitstriebes überhaupt den einen
zum stumpfsinnigen Brüten veranlassen wird, während der andere
in schnell wechselnder Gedankenbewegung ganz entgegengesetzte als
die gewünschten Bahnen verfolgt. Nicht auf Hemmung der äußern
Thätigkeit überhaupt darf es die Freiheitsstrafe absehen, sondern
nur auf eine veränderte Richtung derselben. Die Freiheitsstrafe
gilt dem Zögling, der es unterlassen hat, einen pflichtmäßigen
Gebrauch von der ihm zugemessenen Freiheit zu machen, und daher
nun gezwungen wird, die versäumte Pflicht nachzuholen. Der
träge und unaufmerksame Schüler muß eine Zeit, die er sonst der
Erholung oder einer genußreichen, seinen Neigungen entsprechenden
Beschäftigung gewidmet hätte, der Arbeit zuwenden. Die Frei=
heitsstrafe wird nun, zumal von der Schule, auch verhängt, auch
wenn andere Vergehungen als Trägheit und Unaufmerksamkeit den
Grund der Strafe bilden; und gewiß mit Recht, da einmal das
Strafsystem nicht eine solche Mannigfaltigkeit zuläßt, vermöge
welcher die Qualität der Strafe genau der Qualität der Ver=
gehens angepaßt werden könnte, dann aber auch, weil ja in der
That jedes Vergehen einen Mißbrauch der Freiheit in sich schließt.
Es könnte allerdings entgegnet werden, daß eine Kombination der
Freiheitsentziehung mit Arbeitszwang, ohne daß letzterer durch
Arbeitsversäumnisse des Zöglings motiviert sei, insofern den Cha=
rakter der Strafe aufhebe, als in diesem Fall eine Steigerung
der wissenschaftlichen Tüchtigkeit des Zöglings über das erforder=
liche Maß hinaus erzielt werde und so derselbe einen Vorsprung
über die anderen unschuldigen Zöglinge gewinne. Diesem Gefühl
mag es entsprungen sein, daß eine barbarische Pädagogie die Frei=
heitsentziehung mit der Aufgabe unnötiger und sehr schwieriger
Memorierpensa, wie z. B. des 119. Psalms, kombinierte. Ein
vergebliches Bemühen, denn das Gelingen dieser Aufgabe invol=
vierte doch gewiß eine Steigerung des Gedächtnisses, also einen
positiven Gewinn. Aber dieser Einwurf geht von einer ganz fal=
schen Voraussetzung aus. Denn nicht darauf kommt es an, ob
in unserem Falle ein wissenschaftlicher Gewinn erzielt wird, son=
dern darauf, ob die Strafe zu diesem Zwecke verhängt wird, und
der Zögling das Bewußtsein empfängt, es geschehe in dieser Ab=

ſicht. Aber weder das eine noch das andere findet ſtatt. Die Steigerung der wiſſenſchaftlichen Kraft iſt hier ein Nebenerfolg, der nur als ſolcher von der Erziehung gewollt wird; aber ſie bildet nicht das Ziel, auf welche dieſe es in der Strafe abgeſehen hat; und ſo empfindet denn auch der Zögling nur die Abſicht, ihm die freie Entſcheidung über die Verwendung der Zeit zu entziehen und ihn zu einer Arbeit zu verpflichten, die ihm ſonſt nicht auferlegt wäre.

Die Freiheitsſtrafe ſchließt zugleich eine Entſagungsſtrafe in ſich und muß ſo als Species dieſer betrachtet werden. Es iſt der Genuß freier Entfaltung des Thätigkeitstriebes, deſſen die Freiheitsſtrafe beraubt. Doch glaubten wir ſie als eine Species von generiſcher Bedeutung hier ausſondern zu dürfen, weil ſie nicht unmittelbar einen poſitiven Genuß entzieht, ſondern nur das Subjekt überhaupt in die Unmöglichkeit verſetzt, in irgendeiner Weiſe zu genießen, formal die Bedingungen des Genuſſes ſchlechthin aufhebt. Bei der Strafe aber, die wir Entſagungsſtrafe nennen, handelt es ſich um die erzwungene Verzichtleiſtung auf poſitive Genußmittel, auf Vergnügungen und Freuden, die dem Kreiſe der Familie bereitet werden, auf Teilnahme an Spielen, auf unterhaltende Lektüre. Dagegen ſchließen wir von der Entſagungsſtrafe die Entziehung von Nahrungsmitteln aus, weil ſie bei den einen die animaliſchen Begierden zu einer Lebhaftigkeit ſteigert, welche dieſen ein Übergewicht über den geiſtigen Faktor verleiht und ſo einen Zuſtand hervorbringt, der ethiſchen Einwirkungen nicht erſchloſſen iſt; weil ſie bei den anderen, energiſchen Perſönlichkeiten, die ſich leicht über ein zeitweiliges Hungergefühl hinwegſetzen, kaum empfindlich ſein würde, ja ſogar, als auf falſcher Berechnung ruhend, auf der Vorausſetzung, daß ihr ſinnliches Bedürfnis ſtärker, ihre moraliſche Kraft geringer ſei, als der Fall iſt, eine hier nicht wünſchenswerte Steigerung des Selbſtgefühls und damit verbunden eine Mißachtung der als verfehlt erwieſenen Strafe herbeiführen müßte. Dagegen kann im früheren Kindesalter die Entziehung von Genüſſen, die nur vermöge des von ihnen gewährten Reizes des Geſchmacks wertvoll ſind, als durchaus angemeſſen bezeichnet werden.

Jede Strafe ſchließt eine Beſchämung in ſich und will ſie

erzeugen. Sie will den Zögling zur Scham über sich selbst, zur
Scham vor dem Erzieher nötigen, und auch zur Scham vor der
Gemeinschaft, welcher er angehört. Herrscht in dieser ein kräftiger
Gemeingeist, so wird die Strafe in dem von ihr betroffenen Zögling unmittelbar das Gefühl wecken, daß er sich durch sein Vergehen der Achtung beraubt hat, welche seine Genossen als die
Bedingung des Anteils am Gemeinschaftsleben betrachten; daß er
von der Höhe, auf welcher diese stehen, herabgesunken und so ihrer
unwürdig geworden ist. Aber die bis jetzt berührten Strafen
verfolgen die Beschämung nicht als unmittelbaren Zweck, sondern
wünschen ihn nur als mittelbaren Erfolg. Jetzt stehen wir nun
vor der Frage, ob wir eine Strafe billigen dürfen, welche die
Beschämung, und zwar die Beschämung vor den Altersgenossen, zu
ihrem unmittelbaren Inhalt hat. Im allgemeinen werden wir
diese Frage verneinen müssen. Die Beschämung kann nur den
Zweck haben, das Gefühl der persönlichen, sittlichen Ehre zu wecken,
setzt also voraus, daß dasselbe nicht oder doch nur in sehr schwa-
chem Maße vorhanden ist. In jedem Fall unbedenklich ist daher
nur die Beschämungsstrafe bei kleinen Kindern, deren noch in die
Sinnlichkeit versunkenes Subjekt auch durch dies Mittel von dem
Boden der natürlichen Begierde gelöst und über sie erhoben werden soll. Bei zunehmendem Alter aber wächst unter Voraussetzung einer im allgemeinen normalen Entwicklung auch das sittliche Persönlichkeitsbewußtsein, und eine Verletzung desselben könnte
bei den einen, den sittlich zarteren Naturen, nur eine zur Ver-
zweiflung führende Überreizung oder bei sittlich weniger erregbaren
Zöglingen eine Abstumpfung des Ehrgefühls, welche ethischen Einwirkungen verschlossen ist, erzeugen. „Schande“, sagt Jean Paul,
„ist der kalte Orkus des inneren Menschen, eine geistige Hölle ohne
Erlösung, worin der Verdammte nichts mehr werden kann, als höchstens ein Teufel mehr.“ Doch wollen wir hinzufügen, daß bei
einem niederen Stande der Bildung und einem geringen Grade
entwickelten Subjektivitätsgefühls die Beschämungsstrafe zulässig und
heilsam sein kann, weil unter dieser Voraussetzung das sittliche
Gesamtgefühl des Zöglings von dem eines jüngeren Kindes nicht
unterschieden ist. Je mehr aber die allgemeine Bildung steigt und
im Zusammenhange damit das Bewußtsein der subjektiven Persön-

lichkeit erstarkt, desto weniger ist die Beschämungsstrafe zulässig. Und deshalb muß sie aus dem Strafsystem der Gegenwart, abgesehen vom frühen Kindesalter, ausgeschieden werden.

Den Grundsätzen, von denen wir in der Bestimmung sowohl des Begriffs als auch der Gestaltung der Strafe ausgingen, ist neuerdings Herbert Spencer entgegengetreten. Er will das System pädagogischer Strafen auf naturnotwendigen Rückwirkungen begründen und auf diese beschränken. Jede Strafe soll so dem Vergehen angepaßt sein, daß sie als unvermeidliches Ereignis erscheint. Spencer erwartet, daß die Befolgung dieses Prinzips richtige Vorstellungen von Ursache und Wirkung erzeugt, welche zuletzt durch häufige und beharrliche Erfahrung zu ganz bestimmten und vollständigen Begriffen werden. „Geschicktes Betragen im Leben ist sicherer gegründet, wenn die guten und üblen Folgen der Handlungen verstanden, als wenn sie nur auf Autorität hin geglaubt werden." „Ein anderer großer Vorteil dieser natürlichen Erziehung", sagt Spencer, „besteht darin, daß sie ein Verfahren reiner Gerechtigkeit ist, und als solches von jedem Kind erkannt und anerkannt werden wird. Jeder, der nichts weiter als das nach dem Naturgesetz aus seinem eigenen falschen Thun entspringende Übel leidet, von dem ist es weit weniger wahrscheinlich, daß er sich unrecht behandelt glaubt, als wenn er ein künstlich auferlegtes Übel zu leiden hat." „Strafen, welche die notwendige Rückwirkung der Dinge über sie (die Kinder) bringt; Strafen, welche durch eine unpersönliche Ursache verhängt werden, erzeugen eine vergleichsweise schwache und vorübergehende Erbitterung; wogegen vom Vater oder Mutter willkürlich auferlegte und nachher als durch ihn oder sie verursacht angesehene Strafen eine sowohl größere als anhaltendere Erbitterung hervorbringen." [1]

Es mag uns gestattet sein, die Beurteilung der Spencerschen Theorie hier zu reproduzieren, welche wir ihrer Zeit an einem andern Orte ausgesprochen haben:

„Es ist nicht richtig, das Haus und die Schule mit dem öffentlichen Leben auf dieselbe Linie zu stellen. Dort herrscht

---

1) Herbert Spencers „Erziehungslehre", übersetzt von Fritz Schultze (Jena 1874), S. 159f.

allerdings das Kausalitätsgesetz mit fast unbedingter Konsequenz, und es muß so herrschen, wenn sich die Bande des Ganzen nicht auflösen sollen. Es ist anders schon in der Schule, vor allem im Hause. In diesen Gebieten ist die Strafe wesentlich Züchtigung, d. h. das Maß der Schmerz erregenden Reaktion ist nicht durch die Objektivität des begangenen Unrechts, sondern durch die Subjektivität des Kindes bedingt, welches das Unrecht begangen hat. Es kann durch die Individualität des Kindes geboten sein, daß ein und dasselbe Vergehen hier verziehen, dort bestraft, hier mit einer leichten, dort mit einer schweren Strafe belegt wird. Und diese Verschiedenheit ist keineswegs ausschließlich davon abhängig, ob dasselbe Unrecht zum erstenmale oder im Wiederholungsfall eingetreten ist, sondern von der vorausgesehenen Einwirkung auf den Charakter des Kindes. Es kann sehr oft geschehen, daß der Erzieher das Kausalitätsgesetz suspendieren muß, weil es, in Wirksamkeit gesetzt, das Gemüt des Kindes erbittern würde.

„Und wieder weichere, leicht erregbare Naturen werden durch ein strafendes Wort im selben Maße gezüchtigt, vielleicht in höherem Maße sogar, als es bei härteren, unempfänglichen Naturen durch eine körperliche Züchtigung stattfindet. Es muß in der Hand des Erziehers liegen, ob das Kausalitätsgesetz zur Vollziehung kommen soll oder nicht; ob es in seiner ganzen Strenge oder in abgeschwächter Gestalt zur Verwirklichung zu bringen ist. Der Erzieher steht frei waltend über ihm und entscheidet nach den Zwecken liebevoller Weisheit. Seiner diskretionären Gewalt sind im Hause sehr weite Grenzen gezogen; sie verengern sich im Schulleben, das als Übergang zum öffentlichen Leben der Freiheit seiner Entschließungen größere Beschränkungen auferlegt. Aber aufgehoben ist sie auch hier nicht, bricht sie doch selbst im Staatsleben durch und durchlöchert als Begnadigungsrecht der Obrigkeit die Kette der Kausalitätsbeziehungen. Und das ist durchaus notwendig und heilsam. Denn wir müssen es als eine irrige Anschauung Spencers betrachten, daß die Unterwerfung unter das Kausalitätsgesetz den Sinn und das Gefühl für die Gerechtigkeit wecke und stärke. Die Kausalitäten, die in der sozialen Welt herrschen, sind keineswegs ausschließlich durch die Ideen der Ge-

rechtigkeit bestimmt, sondern in erster Linie durch die Notwendig=
keit, gewisse berechtigte Ziele zu erreichen. Wer in diesem Wett=
lauf nicht zurückbleiben will, muß bestimmte Gaben, Fertigkeiten
und geistig=sittliche Eigenschaften sich erworben haben. Aber man
kann sich im Besitz dieser Ausrüstung befinden und ein moralisch
schlechter Mensch sein, boshaft, lüderlich, selbstsüchtig.

„Man kann umgekehrt jene Ausrüstung entbehren und ein sehr
hohes Maß von sittlichem Wert besitzen, sich durch Herzensgüte,
Aufopferungsfähigkeit und Reinheit auszeichnen. Es ist ganz in
der Ordnung, daß jener einen größeren Erfolg davonträgt als
dieser, denn ihm ist ein höheres Geschick eigen, sich in der Gesell=
schaft geltend zu machen und ihre Funktionen zu vollziehen. Wir
wollen nicht leugnen, daß auch hier eine gewisse Gerechtigkeit, ein
suum cuique waltet. Noch weit weniger sind wir davon ent=
fernt, es zu mißbilligen, wenn die Pädagogie ernstlich darauf
bedacht ist, der Jugend die Waffen zu reichen und zu ihrer Übung
zu befähigen, welche sie vor schmerzlichen Enttäuschungen be=
wahren und ihrer Arbeit Erfolg sichern. Wir können eine solche
Richtung der Pädagogie nur im vollsten Maße anerkennen.
Aber dagegen müssen wir uns verwahren, daß es nur darauf
ankomme, diese Ausrüstung der Jugend zu geben, und daß die
Gerechtigkeit des sozialen Lebens es sei, für welche in erster
Linie die Jugend erzogen werden müsse. Die Gerechtigkeit, die
uns höher steht als jene, die im vollen Sinne diesen Namen
verdient, und die wir vor allem der Jugend in das Herz zu
pflanzen haben, schließt jene Ausgleichung sozialer Tüchtigkeit und
sozialer Erfolge als ein Moment in sich, findet aber nur in
dem Gemeinschaftsleben ihre volle Realität, in welcher die sitt=
lichen und die sinnlichen Werte sich decken, die Sittlich=Guten
herrschen und die Sittlich=Schlechten zugrunde gehen. Für diese
ideale Gerechtigkeit soll die Jugend begeistert werden, und sie soll
den Maßstab der pädagogischen Strafe bilden, jene Gerechtigkeit
des Kausalitätsgesetzes aber nur, insofern sie als ihr Ausdruck er=
scheint. Erscheint dagegen jene soziale Gerechtigkeit als Maßstab
der Beurteilung, als Wegweiser für das sittliche Streben der Ju=
gend, so wird in ihr gewiß Klugheit, Geschicklichkeit, Gewandtheit
und Vorsicht hervorgebracht werden, nicht aber die Hingabe an

ideale und ewige Güter, **nicht der Geist der Liebe,** Selbstverleug=
nung und **Demut,** denen wir allein unbedingten Wert zuerkennen
können." [1])

Wir haben dieser Beurteilung der Spencerschen Theorie wenig
hinzuzufügen. Letztere begünstigt eine **Weltanschauung,** welche den
Wert der Handlungen nach den äußeren Folgen mißt, von denen
jene begleitet werden; sie kann nicht zur Sittlichkeit erziehen, son=
dern nur zu kluger Selbstsucht, die darauf sorgsam bedacht ist,
mit Vorsicht zu sündigen und mögliche Nachteile des eigenen un=
sittlichen Handelns zu vermeiden. Ferner dient diese Theorie der
Strafe keineswegs, wie **Spencer** meint, der Gerechtigkeit; das
Gegenteil ist der Fall, da das Maß der Strafe nicht nach der
ethischen Qualität des Vergehens, sondern nach der äußeren Stö=
rung, die es hervorbringt, beurteilt wird. Endlich kommt in Be=
tracht, daß vermöge des allgemeinen Charakters, welcher den
meisten Strafen eignet, eine genaue Anpassung derselben an die
Gestalt des Vergehens nach dem Gesetz der Rückwirkung nur in
seltenen Fällen möglich ist.

Wir haben nun die Frage zu beantworten, in wessen Hand
die Verhängung und die Ausübung der Strafe liegen sollen. Vor
allem fordern wir, daß, wenn die Strafe in körperlicher Züch=
tigung besteht, diese nur von dem Erzieher ausgeübt werden darf.
Die Jesuiten beauftragen damit einen Diener, der, wenn möglich,
maskiert die Exekution vollziehen soll. Auf diese Weise soll die
vorausgesetzte Erbitterung des Zöglings auf eine nicht unmittelbar
mit der Pädagogie betraute Persönlichkeit abgelenkt und auch diese
noch durch Verhüllung des Gesichts gegen den Haß des Zöglings
geschützt werden. Es leuchtet ein, daß dadurch der sinnliche
Faktor der Strafe vom sittlichen losgelöst wird, während doch
dieser jenen durchdringen soll, und daß diese Isolierung des sinn=
lichen Elements mit Recht erbittern muß. Die körperliche Züch=
tigung, nicht vom Erzieher, sondern von einer untergeordneten
Persönlichkeit vollzogen, muß das Gefühl der Entehrung hervor=
rufen und das sittliche Bewußtsein auf das tiefste verletzen. Nur
der Erzieher darf eine körperliche Züchtigung ausüben.

---

1) „Grenzboten", Jahrg. 1875, Bd. III, S. 459—461.

Innerhalb der Schule sind es die Lehrer, innerhalb des Hauses die Eltern, welche die Strafgewalt besitzen; doch muß auf dem Gebiet der häuslichen Disziplin dieselbe nicht in gleichem Maße vom Vater wie von der Mutter zur Geltung gebracht werden. Leichtere Vergehen sollten gar nicht zur Kognition des Vaters kommen, sondern von der mütterlichen Autorität ausgeglichen werden. Der Vater soll sich nicht um unerhebliche Ungehörigkeiten in der Kinderwelt kümmern; schon deshalb nicht, weil der männliche Genius nicht genug Elasticität besitzt, um solche Störungen mit der Ruhe und Geduld und deshalb auch mit der Milde des Urteils, die hier angemessen ist, aufzunehmen. Das Einschreiten des Vaters muß auf schwere Fälle und auf Vergehen, die in seiner Gegenwart erfolgen, sich beschränken. Dadurch wird auch der disziplinarische Gewinn erreicht, daß eine Gradation der Strafen entsteht, da die vom Vater ausgehende Strafe, auch abgesehen von ihrem Inhalt, als Spruch der letzten und höchsten Autorität schwerer in das Gewicht fällt.

Eine Gradation der Strafe nach analogem Prinzip ist auch im Schulleben erreichbar und wird auch so gemeiniglich gewonnen, indem, ganz abgesehen vom Inhalt der Strafe, durch die Abstufung der strafenden Instanzen eine Steigerung hervorgebracht wird. Der einzelne Lehrer, der Klassenlehrer, der Direktor, das Lehrerkollegium bilden eine aufsteigende Linie, zeigen ein stetes Wachsen der disziplinaren Autorität. Und so empfängt die Strafe schon durch die Instanz, welche die Strafe festsetzt, eine bestimmte Qualität.

Auch die Frage dürfen wir nicht unbeantwortet lassen, ob unterstützenden Erziehern, einem Hauslehrer, einer Gouvernante, das volle Maß der Strafgewalt eingeräumt werden darf. Wir glauben, diese Frage verneinen zu müssen. Die Autorität der Eltern darf keinen Abbruch erfahren, kann keine Konkurrenz dulden. Und beides wäre zu befürchten, wenn im Hause neben den Eltern eine zweite disziplinarische Instanz mit gleicher Strafgewalt bestände. Auf der andern Seite können offenbar derselben die sekundären Erzieher nicht völlig entbehren, wenn ihre Autorität nicht gelähmt werden soll. So entspricht es der ergänzenden Thätigkeit, welche sie ausüben, daß leichtere Strafen ihrer Kompetenz unterliegen, schwe-

rere Strafen dagegen der elterlichen Entscheidung vorbehalten
bleiben.

Wir haben schließlich noch die Frage zu beantworten, welches
Verhalten der Erzieher dem unmittelbar bestraften Zögling gegen=
über einzuschlagen habe. Zwei Wege müssen jedenfalls vermieden
werden. Der Erzieher darf weder das Vergehen und die erfolgte
Strafe als schlechthin erloschene Thatsachen betrachten, noch eine
Nachwirkung ihnen gestatten, welche die sühnende Kraft der Strafe
ignoriert. Die Strafe stellt die gekränkte Autorität der sittlichen
Idee wieder her und sucht, indem sie das Bewußtsein der letzteren
im Zögling belebt, ihn mit derselben zu versöhnen, zu freiem Ge=
horsam gegen sie zu bestimmen. In dem Maß, als dies letztere
gelingt, muß die Nachwirkung der moralischen Störung im Ver=
hältnis zwischen Erzieher und Zögling schwächer werden und die
frühere Beziehung zwischen beiden Seiten sich wiederherstellen.
Je jünger der Zögling, je unerheblicher das Vergehen war, in
desto schnellerem Tempo muß die Spannung des Verhältnisses
weichen, während nach schwererem Vergehen, bei fortgeschrittener
geistiger Entwicklung des Zöglings der Erzieher zögernder sich zur
Aufhebung derselben entschließen wird. Aber nie darf der Zög=
ling den Eindruck empfangen, daß die Liebe des Erziehers zu ihm
aufgehört hat; und nie darf er sich veranlaßt fühlen, sich ohne
dieselbe zu behelfen oder an anderem Ort Ersatz für sie zu suchen.

Die pflegende Erziehung.

§ 19.

1) Die Versittlichung der Begierde.

Die pflegende Erziehung vermittelt sich ebensowohl durch
die unwillkürlichen Einflüsse, welche die Sitte und die Per=
sönlichkeit des Erziehers ausüben, als durch ein bewußtes,
absichtsvolles, pädagogisches Handeln. Dies letztere hat zu
seinem Ausgangspunkt die Aufgabe, die selbstische Begierde
durch Erfüllung mit ethischem Inhalt umzubilden und ihr so
einen inneren Wert zu verleihen. Sie muß zu diesem Zweck
darauf gerichtet sein, ein kräftiges Ehrgefühl hervorzurufen

und zu erhalten, zu strenger Wahrhaftigkeit zu verpflichten und eine Tapferkeit zu pflegen, welche in den Geboten ritterlichen Sinnes Regel und Schranke findet. Doch muß die Erziehung die Entwicklung des Ehrgefühls vor den Gefahren schützen, welche diesem teils durch die Entfesselung des Ehrgeizes, teils durch die Überreizung des Persönlichkeitsbewußtseins drohen. Zugleich soll die Erziehung die Schamhaftigkeit bilden und befestigen, indem sie den Zögling zur Freiheit über den eigenen leiblichen Naturorganismus zu erheben trachtet.

Die pflegende Thätigkeit der Pädagogie auf dem Gebiet sittlichen Wollens erscheint teils in der Gestalt der Notwendigkeit, teils in der Gestalt der Freiheit. Jene tritt früher als diese hervor und hört auch nicht auf, nachdem diese schon Platz gegriffen hat. Noch bevor sich der Zögling mit Freiheit für die sittliche Idee entscheidet, muß dieselbe als objektive Wirklichkeit, als Sitte, in Haus und Schule ihm entgegengetreten sein und als Gewöhnung, als psychisch-ethische Notwendigkeit sich seines Gemüts bemächtigt haben. Und auch nachdem die Gesinnung für das Sittlich-Gute gewonnen ist, tritt derselben die Sitte als unterstützendes Element zur Seite, erhaltend und kräftigend. Wir haben hier nicht darzustellen, wie die Sitte wohlthätige Schranken der selbstischen Begierde zieht; vielmehr wollen wir zeigen, daß dieselbe als verkörperte Sittlichkeit einer Zeit, einer Gemeinschaft, den in ihr beschlossenen sittlichen Geist unwillkürlich dem heranwachsenden Geschlecht mitteilt.

Es ist zuerst in formeller Beziehung der Sinn für die Ordnung, welchen sie hervorbringt. Wird die bestimmte Tageseinteilung, die feste Regelung der Zeit, auch im Anfang nur als Beschränkung der individuellen Willkür empfunden, so wird sie doch je länger je mehr ein Bedürnis des Gemüts, ein Verlangen, das Befriedigung heischt. Der Zögling lernt die ihm zur Verfügung gestellte Zeit planmäßig einzuteilen und zu verwenden; es erwacht das Bewußtsein des Wertes der Zeit und der Wunsch, sie zweckmäßig zu verwenden.

Mannigfaltig ist der Inhalt der Sitte, und es kann nicht unsere Aufgabe sein, sie im einzelnen zu charakterisieren, wohl aber müssen wir ihre allgemeine Qualität hier bezeichnen. In einem Kulturvolk, welches von sittlichem Ernst erfüllt ist, bildet sie immer den Ausdruck von Güte und Wohlwollen, Verehrung und Liebe, Demut und Vertrauen. Und so sind es denn auch diese sittlichen Qualitäten, welche die Sitte den Zöglingen des Hauses und der Schule einflößt. Vor allem ist die Sitte für sie eine Schule der Demut, Verehrung und Liebe. Da die Sitte in der Gestalt äußerer Formen erscheint, welche der Zögling, da sie nicht von ihm erzeugt, sondern als gegeben von ihm vorgefunden werden, unmittelbar als fremd empfindet, so wirkt auch inhaltlich die Sitte beschränkend und wird als ein Zwang empfunden. Aber je länger je mehr hören die Formen der Sitte auf, nur als äußere Formen begangen zu werden; ihr Sinn und Wert, ihre innere Berechtigung wird erkannt, sie erzeugen sich frei aus dem Bewußtsein, welches nun seine individuelle Eigentümlichkeit in sie hineinlegt und sich ungezwungen in ihnen bewegt. So gestaltet sich die Sitte zum positiven Träger und zur Pflegestätte sittlicher Qualitäten.

Wie wir die Sitte als Vermittlerin der Sittlichkeit betrachten dürfen, die unwillkürlich sich des Bewußtseins des Zöglings bemächtigt und dasselbe erfüllt, so können wir auch die unmittelbare Einwirkung des Erziehers, seiner Persönlichkeit, als den Träger unvermeidlicher sittlicher Impulse ansehen. Jeden Menschen umgiebt eine moralische Atmosphäre, deren unmittelbaren Einflüssen jeder ausgesetzt ist, der in Beziehungen zu ihm tritt. Bald fühlen wir uns gehoben, bald niedergedrückt; bald sympathisch, bald antipathisch gestimmt, so lange wir in seiner Gemeinschaft verweilen. Jeder Mensch übt durch sein Sein unmittelbar moralische Impulse aus. Wie entscheidend wird daher die sittliche Atmosphäre, welche der Erzieher erzeugt, welche der Zögling einatmet, auf diesen wirken!

Der Wandel des Erziehers muß ein lebendiger moralischer Anschauungsunterricht sein, sonst ist seine erziehende Thätigkeit vergeblich und wird als Unwahrheit, als Heuchelei gedeutet. Alle sittlichen Eigenschaften, welche der Erzieher vom Zögling fordert, muß dieser in jenem kräftig realisiert sehen.

Blicken wir nun auf die Thätigkeit der pflegenden Erziehung, soweit dieselbe ein freies, bewußtes Handeln bildet, so kann der Ausgangspunkt unserer Darstellung nur derselbe sein, welchen die Betrachtung der beschränkenden Erziehung wählte. Hier wie dort ist die selbstische Begierde des Zöglings das unmittelbare Objekt der Pädagogie. Aber handelte es sich früher um die Beantwortung der Frage, wie die selbstische Begierde niedergehalten werden soll, so haben wir jetzt zu zeigen, auf welche Weise dieselbe umgebildet, zu einem wertvollen Faktor umgeschaffen werden kann. Denn nicht die Vernichtung, sondern die Umwandlung des selbstischen Faktors der Persönlichkeit ist ethisches Ziel. Eine pantheistische Mystik und eine Askese, welche die Voraussetzungen jener bald mehr, bald weniger bewußt teilt, mag die Verneinung des Individuellen in der Persönlichkeit als Aufgabe stellen; auf dem Boden des Christentums, wie der evangelische Protestantismus dasselbe begriffen hat, ist für eine solche ethische Teleologie kein Raum. Das natürliche Ich, d. h. die ausschließlich von der selbstischen Begierde geleitete Persönlichkeit soll sterben; aber nur, damit das geistige Ich, d. h. die in den Dienst der ethischen Idee gestellte Persönlichkeit erstehen kann.

So wird die pflegende Erziehung ihren Ausgangspunkt in der Aufgabe suchen müssen, den Zögling zum Bewußtsein seines ethischen Berufs zu führen, zur Erkenntnis seiner Verpflichtung, sich zum individuellen Träger eines sittlichen Wertes zu gestalten. Diesen Zweck erreicht die Erziehung durch Weckung und Pflege des Ehrgefühls. Im Ehrgefühl verschmelzen objektive und subjektive Elemente. Auf der einen Seite empfindet die individuelle Persönlichkeit den Wert ihres eigenen Seins, auf der andern Seite ist sie sich der objektiven Bedingungen dieses Wertes bewußt und der Verpflichtungen, dieselben in sich zu verwirklichen. Aber im Ehrgefühl schließt sich auch die Individualität mit der Gemeinschaft zusammen. Denn ebensowohl erwarten wir die Bestätigung und Anerkennung unseres Wertes von Gott und unserem Gewissen, wie von der Gemeinschaft, der wir angehören. Wohl können beide Faktoren auseinandertreten und sich lösen; es giebt eine einsame Größe, als deren vollkommenen Repräsentanten wir den Sohn Gottes erkennen; eine einsame Größe, welche auf die Zustimmung von Volk und Familie verzichtet, in der Anerkennung

Gottes und des eigenen Gewissens sicher ruhend und zuversichtlich auf eines späteren, besseren Geschlechts Wertschätzung hoffend; es giebt ebenso eine erstrebte Anerkennung individuellen Seins, der kein innerer individueller Wert entspricht, die nur auf äußeren vergänglichen Qualitäten gegründet ist. Die Erziehung aber rechnet darauf und muß darauf rechnen, daß die Ehre, welche die Gemeinschaft erteilt, an die Erfüllung ethischer Bedingungen geknüpft ist. Nach der einen Seite, insofern die Erzieher selbst es sind, welche das Wort der Billigung oder Mißbilligung aussprechen, ist ja dieser Weg, Ehre zu erwerben, als der ausschließlich zulässige gesichert; aber, wenn der Geist in Haus und Schule sittlich bestimmt ist, darf auch vorausgesetzt werden, daß Schüler und Geschwister ihre Anerkennung an sittliche Bedingungen knüpfen. Je mehr dies der Fall ist, desto sicherer darf gehofft werden, daß Haus und Schule sich als Stätten erweisen, auf denen dem einzelnen Pflegling Kräftigkeit des Ehrgefühls erwächst.

Da die jugendliche Gemeinschaft, von welcher das ehrende Urteil ausgeht, noch selbst in einem Entwicklungsstadium sich befindet, welches das sittliche Leben nicht als Ganzes, sondern nur in einzelnen, seinem Verständnis zugänglichen Gestaltungen zu ergreifen vermag, so sind es auch nur einzelne sittliche Qualitäten, denen sie Billigung oder Mißbilligung zuerkennt, aber allerdings Qualitäten von fundamentaler Bedeutung.

In erster Linie zählen wir hierhin den Gegensatz von Wahrheit und Lüge. Die Verletzung der Wahrhaftigkeit empfindet die Jugend, insofern sie selbst von derselben betroffen wird, als eine schwere Beleidigung und sieht in der Lüge, welche gegen Glieder der eigenen Gemeinschaft gerichtet ist, eine verächtliche Handlung. Bald entdeckt sie in ihr eine Feigheit, welche die unerfreulichen Folgen des eigenen Thuns nicht auf sich zu nehmen wagt; bald erblickt sie darin einen Betrug, im Interesse rücksichtsloser Selbstsucht begangen. Sie wendet sich vom Lügner ab und schließt ihn zeitweise vom Glück des Gemeinschaftslebens aus.

Aber freilich die Erziehung darf sich nicht unbedingt auf die Reaktion der Jugend im Interesse der Wahrhaftigkeit verlassen. Wird dieselbe ausgeübt, insoweit sie sich auf das Verhältnis der einzelnen Zöglinge zu einander bezieht, so ist doch damit noch

keine Bürgschaft gegeben, daß sie sich auch im Verhältnis zum
Erzieher bewähren werde. Es kann wohl geschehen, daß dieselben
Zöglinge, welche über die Lüge eines Mitgenossen gegen sie selbst
auf das äußerste entrüstet sind, die Lüge eines Zöglings gegen
den Erzieher billigen und unterstützen. Nicht sowohl im Hause,
wo die vertrauliche und herzliche Beziehung der Eltern zu jedem
einzelnen Kinde die Entstehung eines Gemeingeistes unmöglich
macht, der sich gegen die Eltern wendet, als vielmehr in der
Schule werden solche Erfahrungen gemacht werden. Je kälter das
Verhältnis des Lehrers zu den Schülern ist, je weniger er sich
als Freund derselben darstellt, desto mehr erfüllt auch die Schüler
ihm gegenüber ein Gefühl der Fremdheit; desto schärfer wird die
Linie, welche beide Teile trennt; desto mehr glauben sich die
Schüler berechtigt, den Lehrer als einen Feind zu betrachten, dem
gegenüber erlaubt sei, was sie in ihrer Beziehung zu einander
nicht gestatten. Sie fühlen sich dann als ein solidarisches Ganzes,
welches ebenso unbedingt für den Einzelnen eintreten müsse, wie
dieser für jenes, und suchen ihre Ehre darin, auch durch Lügen
die Geschlossenheit des Zusammenhanges zu bewahren. Hier muß
die Erziehung dahin wirken, daß ein Gemeingeist sich bilde, für
welchen die Wahrhaftigkeit unantastbares Fundament ist. Um
diesen Zweck zu erreichen, muß der Erzieher mit dem Ernst, der
die Ehrfurcht hervorruft, eine Güte verbinden, welche zum Ver=
trauen und zur Offenheit einladet. Tyrannische Härte ist die
Brutstätte der Lüge. Denn sie erzeugt eine Furcht, welche den
Mut, ein Vergehen zu bekennen, niederhält.

Auf der andern Seite ist dieser Mut von dem Vorhanden=
sein eines sittlichen Stolzes, eines kräftigen Selbstgefühls abhängig,
welches in der Lüge eine Herabwürdigung des eigenen Wertes
empfindet. Ein solches Selbstgefühl erwächst aber nur auf dem
Boden der Freiheit; die Erziehung zur Freiheit und die Erziehung
zur Wahrhaftigkeit stehen zu einander in kausalem Verhältnis,
ebenso wie tyrannische Niederhaltung freier Selbstentfaltung des
Zöglings diesen zur Lüge verführt. Vielleicht, daß manche Schä=
den unseres Schullebens, über welche gegenwärtig besonders geklagt
wird, darin wurzeln, daß den Schülern der oberen Klassen ein
geringeres Maß der Freiheit gewährt wird, als ihnen vermöge ihres

Alters und der allgemeinen Entwicklung ihrer geistigen Individualität gebührt

Endlich ist die Wahrhaftigkeit von der Herrschaft eines Rechtsgefühls, einer Wertschätzung sittlicher Ordnung abhängig, welche die Strafe als die unvermeidliche Folge des Vergehens ansieht und sich daher derselben durch Lüge nicht zu entziehen sucht. Ein solcher gesetzlicher Sinn kann sich natürlich nur in der Jugend bilden, wenn er das ganze Volk erfüllt; er muß der Jugend fehlen, wenn er dem Volke fehlt. Die Erziehung des Volks zu strengem Rechtsbewußtsein muß der Erziehung der Jugend zu demselben vorausgehen. Die Pädagogie der Jugend ist hier von der Volkspädagogie abhängig. Es kann nicht unsere Aufgabe sein, die Wege aufzuweisen, auf denen unser Volk zu kräftigem Rechtsgefühl und gesetzlichem Sinn zu erziehen sei; doch wollen wir die Hoffnung nicht unterdrücken, daß vielleicht die Teilnahme an den Arbeiten der Gesetzgebung und den Funktionen der Verwaltung im Gebiet des Staates und der Kirche auch in unserem Volke dieselben erfreulichen Ergebnisse zeitigen werde, um derentwillen die englische Nation bewundert wird; und daß als Frucht derselben auch unsere Jugend mit dem Geist der Wahrhaftigkeit sich erfülle, welcher die Jugend Englands auszeichnet. Unser Gewährsmann für diese Thatsache ist L. Wiese. „Die englische Jugend", sagt er, „hat früher als die unsrige teil an dem Selbstgefühl, welches eine natürliche Schutzwehr gegen alle Art von Unlauterkeit ist; daher die Thatsache, daß die Lüge unter ihnen etwas sehr Seltenes ist. Sie wissen, daß man von ihnen vor allen Dingen Wahrheit fordert und erwartet, ja ihnen aufs Wort glaubt, und darum halten sie es einerseits unter ihrer Würde, zu lügen, anderseits lebt schon in der Jugend ein so merkwürdig gesetzlicher Sinn, daß sie die auf ein Vergehen festgesetzte Strafe als etwas ihnen Gebührendes vollkommen anerkennen und in manchen Fällen sogar als ein Recht in Anspruch nehmen." [1] So konnte Thomas Arnold, auf jegliches Beweisverfahren verzichtend, sich vertrauensvoll auf die Aussagen der Schüler verlassen. „Wenn Sie es

---

[1] „Deutsche Briefe über englische Erziehung" (Berlin 1852), S. 16

sagen", erklärte er, „so ist es genug; es versteht sich, daß ich Ihrem Worte glaube." [1]

Endlich ist für den erfolgreichen Kampf gegen die Lüge notwendig, daß dieselbe entdeckt werde. Der Erzieher muß, sobald der Verdacht in ihm aufsteigt, daß eine Lüge begangen sei, eifrig darauf bedacht sein, den Thatbestand zu erkennen. Jede unentdeckte Lüge bestärkt in der Lügenhaftigkeit; jede entdeckte Lüge erschüttert sie. Wenn der Zögling den Eindruck empfängt, daß seine schlechten Künste immer scheitern, wenn dieser Eindruck infolge mehrfacher Erfahrungen sich befestigt, so wird sich ein Mißtrauen gegen den Weg der Lüge seiner bemächtigen, das ihm denselben verleidet. Zugleich wird aber auch das Bewußtsein in ihm erwachen, daß in dieser Welt Gottes für die Lüge nur kurze Zeit und enger Raum gewährt ist und die Wahrheit den Sieg davonträgt. So wird das selbstische Motiv der Klugheit mit dem ethischen Motiv des Glaubens an das ausschließliche Recht der sittlichen Weltordnung verschmelzen. Ohne dies Hinzutreten des ethischen Elements würde die Erfahrung des Mißerfolgs der Lüge von dieser nicht zurückhalten, vielmehr der Lügner sich nur veranlaßt fühlen, künftig noch schlauer zu verfahren; wohl aber kann die momentane Erschütterung des Glaubens an den Erfolg der Lüge, welche jede Entdeckung derselben herbeiführt, ein wertvoller Faktor der Bekämpfung der Lüge werden, wenn sie von der Erziehung verwendet wird, um im Bewußtsein des Zöglings die Überzeugung von der Nichtigkeit der Lüge und der siegreichen Macht der Wahrheit hervorzubringen.

Nicht minder wie durch die Lüge wird durch die Feigheit der Wert der eigenen Persönlichkeit gemindert, die Anerkennung und Ehre derselben geschädigt. Freilich ist ja auch die Lüge, wie wir sahen, in den meisten Fällen ein Erzeugnis der Feigheit, aber das Gebiet dieser letzteren ist ein umfassenderes. Es giebt wenig sittliche Qualitäten, die in demselben Maße wie die Feigheit, die Geringschätzung der individuellen Persönlichkeit zur Folge haben; wenige sittliche Qualitäten, die in demselben Maße wie die Tapfer-

---

1) Deutsche Vierteljahrsschrift 1850, 4, S. 130; bei Palmer, Evang. Pädagogik, 4. Aufl. (Stuttgart 1869), S. 258.

keit die Hochachtung der individuellen Persönlichkeit sichern. Und es ist vor allem die Jugend, welche diesen Maßstab der Beurteilung anlegt. Die Erziehung wird durchaus denselben billigen und ihre Aufgabe nur darin suchen, die Tapferkeit vor Entartung zu schützen. Die Gefahren derselben liegen allerdings sehr nahe. Vermöge des beschränkten Gesichtskreises, welcher der Jugend gemäß ihrer allgemeinen geistigen Entwicklung eigen ist, erscheint ihr die Tapferkeit vorzugsweise als Bewährung körperlicher Kraft. Es sind die Helden des Krieges, zu welchen sie bewundernd aufschaut, in welchen sie die Verkörperung des Ideals der Tapferkeit erblickt. Die Helden des Geistes zu begreifen und zu verehren, setzt eine Bildungsreise voraus, welche sich erst auf den abschließenden Entwicklungsstufen der Jugend bildet. So sind es denn auch die eigenen körperlichen Kraftproben, in denen sie das Ideal des Heldentums, die Tapferkeit zu verwirklichen sucht. So sehr nun die Pädagogik diese Bestrebungen billigen soll, so muß sie dieselben doch überwachen, damit sie nicht durch Vermischung mit leidenschaftlicher Erregung in Roheit ausarten oder durch Rücksichtslosigkeit gegen Schwache dem Egoismus der Herrschsucht Vorschub leisten. Die Aufgabe der Pädagogik ist hier die Erzeugung eines ritterlichen Sinnes.

Wir erblicken das Wesen desselben in einem Bewußtsein des eigenen Werts, verbunden mit der Entschiedenheit des Entschlusses, diesen gegen jede Verdunkelung zur Geltung zu bringen, aber ebenso auch geeint, sowohl mit der Pietät gegen die idealen Güter des menschlichen Lebens und mit der Bereitschaft, für dieselben schützend einzutreten, als auch mit dem eifrigen Verlangen, die helfende Hand allen zu reichen, welche sonst im Kampfe um das Dasein leicht unterdrückt würden. Zu dieser ritterlichen Gesinnung sollen wir die Jugend erziehen. Wir werden daher weder den Ringkampf der männlichen Zöglinge, in denen diese spielend ihre körperliche Kraft messen, noch denselben, wenn er im Interesse der Abwehr einer Beleidigung stattfindet, zu unterdrücken berechtigt sein. Nur muß die Erziehung Fürsorge treffen, daß jener nicht in rohe Rauflust ausarte, und daß dieser nicht die Grenze überschreite, welche die leichte Erregung von der leidenschaftlichen Rachbegierde, die unerhebliche Störung von der völligen Aufhebung des Gemein-

schaftslebens scheidet. Denn es ist eine nicht zu duldende Vor=
aussetzung, daß unter Geschwistern oder Kameraden Zwistigkeiten
entstehen, welche ernstlich gemeint sind und den Bestand der Ge=
meinschaft bedrohen. Dahin darf es nie kommen; die Erziehung
muß einen Geist unter den Zöglingen pflanzen und pflegen, durch
welchen alle Zwistigkeiten in den Grenzen einer sie wieder aus=
gleichenden freundschaftlichen Beziehung gehalten werden.

Eine Bethätigung ritterlicher Gesinnung, insofern dieselbe auf
den Schutz der idealen Güter des Lebens gerichtet ist, liegt außer=
halb der Sphäre, welche der Jugend zugänglich ist, nicht aber die
Begeisterung, aus welcher ritterliches Handeln entspringt. Es
giebt ein Gut, welches schon die volle Hingabe der Jugend for=
dern kann, das ihr Gemüt mit Begeisterung zu erfüllen vermag,
die Größe des eigenen Vaterlandes, repräsentiert in den thatkräf=
tigen und geistesmächtigen Fürsten und Helden, sowie in den
Meistern der Dichtung, welche die Zierde desselben bilden. In
den Männern, in welchen des eigenen Volkes Art und Geist,
Wollen und Streben einen vollkommenen Ausdruck gefunden hat,
tritt der Jugend das Vaterland in persönlicher Gestalt entgegen
und erweckt in ihren Herzen eine Bewunderung, in welcher das
selbstische Interesse zur Begeisterung für Volk und Vaterland ver=
klärt wird. In dieser Begeisterung liegt der Quell ritterlichen
Denkens und Handelns beschlossen.

Zur unmittelbaren Bethätigung desselben ist aber die Jugend
berufen, insofern es den Schutz des Schwachen heischt. Wir
finden im Kreise der Schulkameraden oder im Hause unter den
Geschwistern immer den Gegensatz Stärkerer oder Schwächerer;
die einen durch körperliche Kraft und Gewandtheit bevorzugt, die
anderen durch den Mangel dieser Eigenschaften benachteiligt. Hier
wird es sich zeigen, ob ein ritterlicher Geist in den Zöglingen lebt,
der für den Schwachen eintritt; oder ob der natürliche Egoismus
überwiegt, welcher die eigenen Vorzüge zum Nachteil des Schwä=
cheren mißbraucht; aber hier hat auch die Erziehung die unab=
weisliche Aufgabe, stetig auf die Bewährung ritterlichen Sinnes
zu dringen und die Verächtlichkeit eines egoistischen Handelns zu
bezeugen.

Hat es immer als Beweis ritterlichen Sinnes gegolten, ver=

ehrend und schützend dem weiblichen Geschlechte zu begegnen, so schließt die Erziehung zur Ritterlichkeit auch in sich, auf die Jugend auch nach dieser Seite hin einzuwirken. Es ist das Verhältnis zwischen Brüdern und Schwestern, das wir hier vor Augen haben. Leicht regelt sich dasselbe in erfreulicher Weise, wenn diese beträchtlich älter oder beträchtlich jünger als jene sind. Im ersteren Falle blicken die Brüder zu den Schwestern unwillkürlich auf, und früh kann sich eine mit Elementen der Verehrung gemischte Liebe des jüngeren Bruders zur älteren Schwester bilden; im zweiten Falle wird die jüngere Schwester leicht ein Gegenstand pflegender und schützender Zärtlichkeit werden. Ist dagegen zwischen beiden ein geringer Altersunterschied, so entsteht leicht im Bruder die Neigung, über die Schwester eine Tyrannei auszuüben, sich als ihren geborenen Herrscher zu betrachten, das Gegenteil ritterlicher Gesinnung. Und so erwächst wieder ein neuer Anlaß für die Erziehung, diese zu pflanzen.

Einen solchen finden wir endlich auch in der Beziehung der Kinder zu dem Gesinde. Ritterlicher Sinn verpflichtet zur Schonung des Schwachen, auch des vermöge seiner sozialen Stellung Schwachen. Ritterlicher Geist verschmäht es, wirkliche oder vermeintliche Herrschaftsrechte zur Schau zu stellen, die Herrschaft in der Form der Herrschaft zu üben; vielmehr erspart er dem gesellschaftlich niedriger Stehenden das peinliche Gefühl, ein geringeres Maß von Macht und Freiheit zu besitzen, und kleidet seine Befehle in Gestalt der Bitte. Wem das Bewußtsein eigenen Wertes aufgegangen ist, achtet diesen auch als bewußtes Eigentum des andern. Und so hat die Erziehung auch die Pflicht, Ritterlichkeit in der Beziehung der Zöglinge zum Gesinde zu fordern.

Soll die Erziehung das Bewußtsein persönlichen Wertes wecken, so soll sie doch auch von einer Steigerung dieses Bewußtseins zurückhalten, welches das Gemeinschaftsleben, ja den Bestand des eigenen Seins gefährdet. Nicht bloß die unmittelbar selbstische Begierde, sondern auch das ideal bestimmte, aber in der ausschließlich individuellen Gestalt entwickelte Persönlichkeitsbewußtsein wirkt zerstörend. Die Kräftigung des Ehrgefühls darf daher weder den Ehrgeiz entfesseln, noch die Überreizung des unmittelbaren Subjektivitätsbewußtseins veranlassen; in dem einen wie in dem andern Falle hat die Erziehung eine fehlerhafte Richtung eingeschlagen. Vielmehr soll sie dem Entstehen des Ehrgeizes ebenso entgegenwirken wie einer überzarten Empfindlichkeit des Ehrgefühls.

Im Ehrgeiz mischt sich das Ehrgefühl mit einer den anderen Gliedern der Gemeinschaft gegenüber feindseligen Empfindung. Der Ehrgeiz schließt die Anerkennung fremden Wertes, fremder Leistungen nicht ein, sondern aus; er sieht im Mitarbeiter einen Gegner, der seine Ehre gefährdet, der zwischen ihm und seinem Ziele steht, und der in ihm daher das Gefühl des Neides und der Mißgunst weckt. Der Ehrgeizige läuft nicht fröhlich mit den Kameraden, bereit, ihnen zu helfen, sondern wider sie, entschlossen, sie niederzustoßen oder doch zu hindern. Er vergleicht nicht die eigene Leistung mit dem Ideal, sondern mit den Leistungen anderer; er mißt nicht nach absolutem, sondern nach relativem Maßstab. Nun kann freilich die Erziehung es nicht unbedingt verwehren, daß der relative Maßstab angelegt werde; ja sie wird selbst mehrfach in der Lage sein, es zu thun. Denn da das Ideal oft genug von keinem Schüler erreicht wird, und, wenn es geschieht, doch nur von wenigen, durch hervorragende Begabung bevorzugten, so erscheint dasselbe für die Mehrzahl der Schüler unerreichbar. Das Ziel, welches die Erziehung dem Zögling steckt, wird daher nach seiner Leistungsfähigkeit abzumessen sein und deshalb je nach der Stärke derselben bald näher, bald ferner gestellt werden müssen. Immer wird aber hier das Ziel nicht durch Vergleichung mit der Leistungsfähigkeit der Genossen, sondern durch Beziehung auf die eigene Leistungsfähigkeit bestimmt. Aber auch jene Vergleichung wollen wir nicht durchaus verbieten. Ist es doch gerade ein gehoffter Gewinn gemeinsamen Unterrichts, daß der voraneilende Schüler den trägeren antreibt, ihm nachzufolgen und gleich zu werden. Und so darf und soll die Erziehung mahnen, trachte danach, zu den Besten zu gehören. Eine solche Mahnung entfesselt auch nicht den Ehrgeiz; wohl aber würde die Aufforderung: suche die Besten zu übertreffen, diese Folge hervorbringen können. Die Erziehung darf, ja soll persönliche Muster und Vorbilder aufstellen, aber es ist ihr nicht gestattet, zur Überflügelung der Besten zu ermuntern.

Eine solche Bekämpfung des Ehrgeizes entspricht auch durch=
aus der Strenge des protestantischen Bewußtseins, welches das
sittliche Handeln sowohl auf das absolute Ideal, als auch auf die
Vorbilder hinweist, in welchen dasselbe, sei es vollkommen, wie
in Christus, sei es unvollkommen, wie in seinen Jüngern, ver=
wirklicht ist; wie auch anderseits die Aufstachelung des Ehrgeizes,
von den Jesuiten besonders gepflegt und in romanisch=katholischen
Ländern als pädagogische Maxime angewandt, ohne Zweifel mit
der römisch=katholischen Werkgerechtigkeit im Zusammenhange steht.
So können wir auch nicht ein ausgedehntes System von Preis=
erteilungen befürworten, welches auf eben diesem Boden erwachsen
ist und nur dem Ehrgeiz und der Eitelkeit Nahrung giebt, wenn
wir auch eine beschränkte Anwendung desselben nicht mißbilligen
wollen. Ist die öffentliche Prämiierung der Ausdruck für die
Anerkennung der Gesamtthätigkeit des Schülers und berücksichtigt
auch die Gesinnung, den Charakter und sittlichen Wert desselben;
wird ferner die Anerkennung in Worten ausgesprochen, durch
welche der Prämiierte in der Bescheidenheit erhalten und zu
fernerem Streben ermuntert wird, und vollzieht sich endlich der
ganze Akt in der schlichten Weise, wie sie dem protestantischen
Bewußtsein gemäß ist, so birgt derselbe offenbar keine sittlichen
Gefahren in sich, sondern hinterläßt nur, wenn die Wahl eine
treffende war, in allen Teilnehmern das Gefühl einer reinen
Freude, der Befriedigung darüber, daß ein Schüler, der
längst allgemeine Wertschätzung genoß, nun auch ein sichtbares
Zeichen derselben aus der Hand der kompetenten Autorität em=
pfangen hat.

Wie vor einer Steigerung des Ehrgefühls zum Ehrgeiz muß
die Erziehung auch der Überreizung des Ehrgefühls entgegentreten.
Die Gefahr derselben finden wir bei zartbesaiteten Gemütern, in
welchen sich ein ideal gerichtetes und stark entwickeltes Selbstgefühl
gebildet hat. Eifrig darauf bedacht, dieses sich zu erhalten und
von der Gemeinschaft, welcher sie angehören, bestätigt zu sehen,
empfinden sie jeden Tadel, wie gerecht er auch sei, jedes vorwurfs=
volle Wort, selbst wenn es mehr scherzend als im Ernst gesprochen
wurde, als eine schwere unerträgliche Kränkung. Eine solche Em=
pfindlichkeit ist allerdings mehr der weiblichen als der männlichen

Jugend eigen. Und doch fehlt sie auch hier nicht, obwohl sie sich
später, in den Jünglingsjahren, zu entwickeln pflegt. Ein großer
Teil der Zweikämpfe junger Männer entspringt dieser Quelle.
Aber auch die leider nicht mehr vereinzelten Selbstmorde, in denen
das so viele und so schöne Hoffnungen erweckende Leben angehen=
der Jünglinge auf den oberen Klassen der Gymnasien zugrunde
gegangen ist, haben hier ihren Ursprung. Die pädagogische Be=
handlung dieser überreizten Empfindung ist ohne Zweifel sehr
schwierig, weil nicht eine an sich fehlerhafte Gesinnung, sondern
nur die maßlose Entwicklung derselben ihren Gegenstand bildet.
Das Ehrgefühl soll gepflegt und doch zugleich seiner Überspan=
nung gewehrt werden; wie leicht geschieht es da, daß wir jenes
überhaupt niederhalten, während wir nur dieser entgegentreten
wollen!

Vor allem wird die Erziehung die Voraussetzung im Zög=
ling hervorbringen und befestigen müssen, daß kein Wort, das von
Eltern oder Lehrern ausgeht, wie herb es auch klinge, die Ehre
des Zöglings antasten könne; daß jeder Tadel von dieser Seite
nur die Absicht hat, den persönlichen Wert des Zöglings zu heben;
daß derselbe das thatsächlich vorhandene geringe Maß desselben
ihm nur deshalb zum Bewußtsein bringt, um ihn zu veranlassen,
sich ein höheres Maß zu erwerben; mit einem Worte, daß hier
nur die fördernde Liebe waltet. Der Zögling muß lernen, daß
auch jede Zurückhaltung oder Zurücksetzung, welche von der päda=
gogischen Autorität verfügt wird, einer Notwendigkeit entspringt,
in der zugleich das Interesse an dem Zögling selbst sich kund thut.
Aber freilich muß das Handeln des Erziehers und seine Selbst=
darstellung im Handeln so geartet sein, daß der Zögling diese
Überzeugung gewinnen kann; es muß eine Freundlichkeit und Güte
zeigen, welche den Zögling davon überführt, daß der Erzieher sein
Wohl im Auge hat.

Sodann soll aber auch der Zögling daran gewöhnt werden,
sich nicht als ein vollkommenes, fehlerfreies Wesen zu betrachten,
das jeglichen Tadel als eine Beleidigung empfinden dürfte, sondern
vielmehr denselben als ein Motiv der Selbstkritik anzusehen. Und
endlich muß die Erziehung darauf hinweisen, daß der Zögling bei
aller Hochschätzung der öffentlichen Meinung in derselben doch nicht

das entscheidende Tribunal, das seinen Wert bestimmt, zu erkennen habe.

Wir dürfen das Bewußtsein unseres Wertes nicht aus zweiter Hand, als ein Geschenk der öffentlichen Meinung, empfangen wollen, sondern müssen dasselbe vielmehr aus uns selbst, aus der Selbstbeurteilung vor dem Angesichte Gottes gewinnen. Hier freigesprochen, können wir das verdammende Gericht der Menschen ertragen; aber auch hier uns selbst verurteilend, können wir durch die göttliche Gnade einen neuen Wert gewinnen. Der definitive Spruch der öffentlichen Meinung wird immer dem wirklichen Wert der Menschen gerecht werden; aber jenem definitiven Spruch gehen oft irrende Urteile voran, die uns wohl betrüben, aber unsere Selbstbeurteilung nicht entscheidend bestimmen sollen. Das überreizte Ehrgefühl wurzelt zu einem nicht geringen Teile in dem Kultus der öffentlichen Meinung. Mahnen wir daher unsere Zöglinge, sich einer täglichen Selbstprüfung vor dem Angesichte Gottes zu unterwerfen, hier den eigenen Unwert in demütiger Buße niederzulegen und aus Gottes Gnadenhand einen neuen Wert zu empfangen; dann werden wir am sichersten die Wurzeln des überreizten Ehrgefühls ausgraben.

Als einen konstitutiven Faktor, auf dem das Bewußtsein persönlichen Wertes, das Gefühl persönlicher Ehre ruht, bezeichnen wir endlich die Schamhaftigkeit. In ihr stellt sich die Bewahrung der Reinheit der individuellen Persönlichkeit inbezug auf das geschlechtliche Verhältnis dar; und sie erscheint als Reinerhaltung der eigenen Leiblichkeit, sowohl im Umgang mit anderen Persönlichkeiten wie in der Stellung zum eigenen Selbst. Die Schamhaftigkeit ist wesentlich eine negative Tugend, die Abwehr von Empfindungen und Erregungen, die Enthaltung von Worten und Handlungen, welche die Reinheit des geschlechtlichen Lebens verletzen. Aber sie ruht auf der kräftigsten Position, auf der Selbsterfassung der Persönlichkeit als eines geistigen, ethischen, von der zwingenden Gewalt des Naturtriebes freien Wesens. Soweit die Bildung und Befestigung der Schamhaftigkeit Aufgabe der beschränkenden Erziehung ist, haben wir die Mittel, die hier angewandt werden müssen, schon erwähnt; es fragt sich jetzt, welche Wege der pflegenden Erziehung gewiesen sind. Auf keinen Fall

darf sich diese auf eingehende Belehrungen über das geschlechtliche
Leben einlassen, da dieselben nur Reize entfesseln würden, welche
gefesselt bleiben sollen. Der erzeugenden Erziehung kann es nur
obliegen, mittelbar die Schamhaftigkeit hervorzubringen. Alle sitt=
lichen Qualitäten, durch welche der Zögling aus der Reihe der
Naturwesen ausscheidet und in die Gemeinschaft der ethisch freien
Wesen tritt; alle Arbeiten an sich selbst, durch welche er den leib=
lichen Naturorganismus dem Geiste anbildet und zueignet; alle
idealen Bestrebungen, denen er sich hingibt, sind auch Werkzeuge,
die Schamhaftigkeit hervorzubringen und zu befestigen, weil sie die
innere, geistig=ethische Persönlichkeit kräftigen, ihre Freiheit be=
gründen und das Bewußtsein eines Wertes schaffen, der durch die
Erhebung über die Natur gewonnen wird.

§ 20.
2) Das Pflichtbewußtsein.

Die pflegende Erziehung muß darauf bedacht sein, in der
Weckung und Befestigung des Pflichtbewußtseins dem Zög=
ling einen inneren Wert zu verleihen. Die Motive desselben
liegen in der pädagogischen Autorität, der Wertschätzung, dem
Willen Gottes. Die Erziehung zum Pflichtbewußtsein voll=
endet sich in der Erziehung zur Gewissenhaftigkeit. Nach dem
Maße, in welchem gewissenhafte Pflichterfüllung den Zögling
bestimmt, gewinnt derselbe einen sittlichen Charakter. Die
objektive und universelle Gestalt desselben schließt aber nicht
aus, daß vermöge der individuellen Eigenart der Charakter
eine subjektiv bedingte Erscheinung in jedem einzelnen Zög=
ling gewinnt, welche die Erziehung wohl von den hemmen=
den Schranken, soweit es möglich, befreien, aber nicht prin=
zipiell unterdrücken darf. Den Abschluß der pflegenden Er=
ziehung bildet die Bereitung des Zöglings zu universeller
Liebesgesinnung und christlicher Frömmigkeit; jener dient trotz
der scheinbaren Ausschließlichkeit, die ihr eigen ist, eine in
der Gemeinschaft idealer Interessen wurzelnde Freundschaft,
deren Pflege sich daher die Erziehung nicht entziehen darf;
diese muß durch Beziehung auf die ethischen Motive, in wel=

chen sie wurzelt, und **nach** Maßgabe der vorhandenen Empfäng=
lichkeit für dieselben entwickelt **werden**.

Bis dahin hatten wir die Bestrebungen der Erziehung ver=
folgt, durch Weckung und Pflege des Bewußtseins eines idealen
persönlichen Wertes ein Gegengewicht gegen die Macht der selb=
stischen Begierde zu errichten. Das Selbst des Zöglings erschien
uns zwar als berufen, sich einen wirklichen inneren Wert zu er=
werben, jedoch sahen wir es noch nicht den Weg betreten, welcher
die Erlangung desselben verbürgt. Es waren nur die sittlichen
Einwirkungen, welche das Bewußtsein eines hohen Berufs ausübt,
auf welche unser Blick sich lenkte. Wir treten nun an die zweite
Aufgabe heran, die Ideenkreise zu bezeichnen, deren pädagogische
Zueignung an den Zögling diesem ermöglicht, in sich einen reellen
Wert hervorzubringen.

Es ist zuerst das Pflichtbewußtsein, welches die Erziehung
in ihrem Pflegling wecken und kräftigen muß. Nach drei Seiten
hin erfüllt uns das Pflichtbewußtsein mit sittlichen Beziehungen;
es unterstellt uns einem Gesetz von unbedingter Autorität; es
gliedert uns einer Gemeinschaft ein, die Ansprüche an unser Han=
deln erhebt; es nötigt uns endlich zu einer Reihe bestimmter Lei=
stungen an dieselbe.

Es unterstellt uns einem Gesetze von unbedingter Autorität, dem
gegenüber wir uns schlechthin abhängig fühlen, dem wir daher eine
religiöse Verehrung entgegenbringen. Zuerst ein fremdes Element,
widersprechend der selbstischen Begierde und deshalb als Schranke
empfunden, wird es bei normaler Entwicklung, je länger je mehr,
unser inneres, persönliches Eigentum, der Inhalt unseres Wollens
und Strebens. Die sittliche Heteronomie verwandelt sich in sitt=
liche Autonomie. Und dieses Pflichtbewußtsein verknüpft uns mit
einer Gemeinschaft, welche Ansprüche an uns erhebt. Auch die
Pflichten gegen uns selbst sind zugleich Pflichten gegen die Ge=
meinschaft. Jede moralische Schädigung der eigenen Persönlichkeit
macht dieselbe auch mehr oder weniger untauglich zum Dienst der
Gemeinschaft, sowie jede moralische Förderung jener ein mittel=
barer Gewinn für diese ist. „Wenn die Blume selbst sich schmückt,
schmückt sie auch den Garten.“ Aber wie unser Selbstbewußtsein
an der Welt sich entwickelt und, aus dem Weltbewußtsein auf=

tauchend, sich erst allmählich als Objekt erkennt und ein bewußtes Verhalten zu sich selbst gewinnt, so ist auch das Pflichtbewußtsein unmittelbar auf eine Vielheit von Persönlichkeiten gerichtet, welche Rechte an uns haben, denen wir genügen müssen; genügen durch bestimmte Leistungen. Die Gemeinschaften, denen wir angehören, bilden jede ein organisches Ganzes, in welches wir als Glieder aufgenommen sind, welches auf unsere Thätigkeit rechnet. Versagen wir dieselbe, so schädigen wir nicht bloß die Gemeinschaft und uns selbst, indem wir unseren inneren Wert vernichten, sondern wir werden dann auch als untüchtig von der Gemeinschaft ausgeschieden, und sittlicher Verfall der isolierten, auf ihr armes, leeres Ich beschränkten Persönlichkeit ist unser schließliches Los.

Welche Wege stehen der Erziehung offen, um das Pflichtgefühl im Zögling hervorzurufen? Es ist zuerst eine Reihe von einzelnen Handlungen, die einen von der pädagogischen Autorität als geboten, die anderen als verboten bezeichnet, in denen dem Zögling das fordernde Gesetz entgegentritt. Er kennt eher die Pflichten als die Pflicht. Aber bald sammelt sich für das Bewußtsein des Zöglings eine Gruppe einzelner Pflichten, durch ein inneres Band zusammengehalten. Die Pflicht, die Schularbeiten sorgsam anzufertigen, die Pflicht, den eigentümlichen Besitz geordnet zu bewahren und schonend zu erhalten, erwächst dem Bewußtsein des Zöglings als eine Vielheit einzelner Verpflichtungen, welche aus den mannigfaltigen Beziehungen desselben entstehen. Im Fortschritt der Entwicklung dehnt sich das Gebiet der Verbindlichkeiten für den Zögling immer mehr aus; wie die Welt sich weitet, in der sein inneres und äußeres Leben verläuft, so wächst auch das Reich der Verpflichtungen. Es knüpfen sich immer neue Fäden zwischen ihm und der Welt, und jeder Faden wird der Ausgangspunkt neuer Verpflichtungen. Es ist der innere Wert, welcher den Beziehungen eignet, in die der Zögling eintritt; es ist der äußere Wert, welcher den Besitztümern zukommt, welche derselbe empfangen hat, worin diese Verpflichtungen wurzeln. Je mehr das Abstraktionsvermögen zunimmt, entsteht nun eine universellere Betrachtungsweise, welche in allen Verhältnissen, denen das Subjekt unterstellt ist, in allen Gütern, über welche es ver-

fügt, Werte erkennt, welche Ansprüche an dasselbe erheben und
Verpflichtungen ihm auferlegen. Das Subjekt tritt infolge dessen
an die Welt, an die mannigfachen Gestaltungen des Lebens mit
der Voraussetzung, daß dieselben, weil wertvoll, auch Verbindlich=
keiten für dasselbe in sich schließen werden. Es macht diese Vor=
aussetzung, ohne die konkreten Verbindlichkeiten zu kennen, die
seiner warten. Es fragt nach seinen Verpflichtungen und sucht
sie auf. Damit ist seine Beziehung zur Welt überhaupt unter
den maßgebenden Gesichtspunkt des ethischen Sollens gestellt, ein
universelles Pflichtbewußtsein entstanden.

Diese Stufenfolge der Entwicklung, welche uns von der Er=
kenntnis einzelner Verpflichtungen zur Zusammenfassung derselben
in Gruppen und endlich zur pflichtmäßigen Beurteilung aller
Lebensverhältnisse führt, muß entscheidend für die Erziehung sein;
entscheidend auch in der Hinsicht, daß dieselbe das Pflichtgefühl
im Zusammenhang mit dem Bewußtsein des den Verhältnissen
und den Dingen eignenden Wertes wecken und pflegen muß.
Freilich in den ersten Anfängen der kindlichen Entwicklung kann
von diesem letzten Motiv noch nicht Gebrauch gemacht werden,
weil der Begriff des Wertes immer ein gewisses Maß der Re=
flexion voraussetzt, welches dieses Alter noch nicht besitzt. Hier
kann es nur Gebot und Verbot in einer Reihe von Einzelbezie=
hungen sein, die das Pflichtbewußtsein wecken; hier kann nur die
Konsequenz, mit der auf die Befolgung der Vorschriften gedrungen
wird, die unermüdliche Geduld, welche immer von neuem dieselben
Forderungen wiederholt, verbunden mit dem unmittelbaren Ein=
druck, welchen die pädagogische Autorität ausübt, zum Ziele führen.
Auf einem weiteren Entwicklungsstadium bildet sich vermöge ana=
logischen Denkens die Verschmelzung einzelner Pflichten zu Gruppen;
doch hat die Erziehung diesen Prozeß immer noch zu unterstützen,
indem sie die einzelnen zusammengehörigen Verbindlichkeiten dem
Bewußtsein einprägt, den Schüler zu Fleiß, Aufmerksamkeit, An=
spannung der Kräfte ermahnt, die Kinder zur Schonung der ein=
zelnen Besitztümer, Kleider, Bücher, verpflichtet. Und hier wird
das Motiv des Wertes, der Hinweis auf die Folgen, welche die
Unterlassung und die Anerkennung der Verbindlichkeiten mit sich
führt, zur Verwendung kommen. Bei der Kindern so häufig

eigenen Neigung zur Schonungslosigkeit, zum Zerstören, bei der
unter ihnen so weit verbreiteten Unbesonnenheit sind diese Motive
unentbehrlich, um sie zur inneren Sammlung, Zusammenfassung,
zur Herrschaft über ihre Begierden und zum Respekt vor den
Gegenständen, zu welchen sie in Beziehung stehen, zu veranlassen.
Erst auf den höheren Entwicklungsstufen kann jedoch das universelle
Pflichtbewußtsein geweckt werden; aber hier ist dasselbe auch un=
entbehrlich. Je mehr das Selbstgefühl des Zöglings erstarkt; je
mehr sich der Beziehungsreichtum der Welt vor ihm ausbreitet;
je mehr die Fülle ihrer Güter ihm zugänglich erscheint; desto mehr
droht ihm auch die Gefahr, die Welt als Stätte selbstsüchtiger
Bethätigung zu betrachten, als Mittel, ausschließliche Sonder=
zwecke zu erreichen, als Ausstellung von Genußobjekten. Dieser
Gefahr muß die Erziehung zu begegnen suchen, indem sie dem
Zögling die Welt als Gebiet der Pflichtübung darstellt, durch
welche wir vorhandene Werte pflegen und neue Werte erzeugen
sollen. Auch hier ist der Begriff des Wertes von hoher päda=
gogischer Bedeutung. Wie überhaupt durch denselben die Pflicht
aus der Reihe der formalen, d. h. der bloß formalen Kategorieen
ausscheidet und in innige Beziehung zur Welt der objektiven
Realitäten tritt, so fordert sie auch nicht eine Abwendung vom
Reiz, den Dinge ausüben, vom Glanz der Schönheit, der sie um=
fließt, sondern bestätigt denselben vielmehr, nötigt, ihn anzuerkennen,
zu schätzen und zu schützen. Die ästhetische Beleuchtung der Welt
wird durch die ethische nicht fortgewischt, sondern bewahrt. So
wehren wir der Jugend nicht, indem wir sie anhalten, ihr Ur=
teilen und Handeln vom Pflichtgebot bestimmen zu lassen, sich an
der Weltschönheit zu erfreuen; sondern fordern sie nur auf, diesen
Genuß sich nicht durch Rücksichtslosigkeit zu zerstören, vielmehr
durch Schonung zu erhalten, laden sie ein, durch Schaffung neuer
Werte den Reichtum an Genüssen in der Welt zu mehren. In=
dem die Pädagogie durch Vermittelung des Wertbegriffs ein äst=
hetisches Element in die Kategorie der Pflicht aufnimmt, in das
Pflichtgefühl warme Empfindungen einmischt, ja dasselbe mit ihnen
durchdringt und erfüllt, entspricht sie der Gesamtstimmung des
jugendlichen Geistes, welcher einer idealen Weltanschauung warme
Sympathieen entgegenbringt.

Das Gebiet pflichtmäßigen Handelns, welches unser päda=
gogisches Interesse in Anspruch nimmt, bildet die Arbeit des Zög=
lings, welche die Schule, vielleicht auch das Haus ihm auferlegen.
Hier tritt derselbe in einen Beruf ein; die Arbeiten, die er aus=
übt, sind Berufsarbeiten, die Treue, die von ihm gefordert wird,
die Berufstreue. Daraus ergiebt sich die hohe Bedeutung, welche
wir der pflichtmäßigen Arbeit des Zöglings zuerkennen müssen;
wir sehen in ihr eine Vorübung für das Wirken im amtlichen
Beruf, zu welchem jeder Zögling bereitet werden soll. Im all=
gemeinen wird der Zögling Arbeiten, welche das Haus von ihm
fordert, williger und eifriger herstellen, als Aufgaben, deren Lö=
sung die Schule ihm aufträgt. Nicht bloß, weil jene ein geringes
Maß geistiger Anspannung in sich zu schließen pflegen; auch nicht
nur, weil sie das Selbstgefühl des Zöglings erhöhen, der sich so
als mitwirkenden Faktor zur Erhaltung und Förderung des häus=
lichen Organismus empfindet; sondern vor allem, weil ihm der
Wert, die innere Notwendigkeit vieler einzelner Schulaufgaben ver=
schlossen bleiben muß. Es wäre schlechterdings ein unfruchtbares
Bemühen, wenn der Lehrer es versuchte, die Wichtigkeit gramma=
tischer Studien auf dem Gebiete der griechischen und lateinischen
Sprache dem Schüler verständlich zu machen. Aber eben weil
hier der Wertbegriff in der Erziehung zum Pflichtbewußtsein nicht
verwendet werden kann, finden wir den Schüler oft geneigt, sich
Pflichtversäumnisse zu gestatten. Es ist dies ein Beweis, daß
wir einen durchaus falschen Weg betreten würden, falls wir das
Pflichtbewußtsein ausschließlich auf den Wertbegriff gründen woll=
ten. Derselbe darf nur eine Unterstützung gewähren, das Pflicht=
gefühl zu wecken und zu erhalten, aber nicht das Fundament
bilden, auf dem er ruht. Ein blindes Pflichtgefühl, das im ver=
trauenden Gehorsam gegen die Autorität des Erziehers wurzelt,
muß dem sehenden Pflichtbewußtsein vorangehen, welches von der
Erkenntnis des Wertes der einzelnen Arbeiten bestimmt ist. Es
ist dies um so notwendiger, als doch immer, auch auf den höheren
Entwicklungsstufen, Anforderungen gestellt werden, deren Bedeutung
der Zögling nicht zu würdigen vermag, oder andere, welche zu
einer gewissen berechtigten Kritik Anlaß geben. Es tritt etwa,
nachdem der Schüler schon eine Reihe von Klassen absolviert hat,

eine einschneidende Veränderung des Lehrplans ein; die Behörde übt selbst damit eine thatsächliche Kritik der bisher gültigen Organisation des Lehrstoffs und fordert so unwillkürlich zu einer vergleichenden Kritik der früheren und der neuen Ordnung auf. Hier muß die Schule wieder ein blindes Pflichtbewußtsein fordern. Aber das ist wirklich kein Schaden; erfährt doch hier der Schüler unmittelbar, daß die sozialen Organismen, obwohl in der Entwicklung begriffen und mannigfaltigen, bald fördernden, bald hemmenden Veränderungen unterworfen, doch durch dieselben ihre autoritative Stellung nicht einbüßen.

Und hier zeigt sich uns auch die unverrückbare Basis, auf welche die Erziehung das Pflichtbewußtsein begründen muß. Es ist die Autorität. Dieselbe tritt dem Zögling im Hause, in der Schule, später in der Kirche entgegen; Eltern, Lehrer, Geistliche sind die Träger der pädagogischen Autorität. Ihr Wort muß der entscheidende Maßstab für das Handeln des Zöglings sein; die Erziehung zum Gehorsam gegen dasselbe ist zugleich die Erziehung zum Pflichtbewußtsein. Die Voraussetzung, daß zwischen diesen Autoritäten und der unbedingten Autorität Gottes ein Widerspruch vorhanden sein könne, muß dem Kinde fern liegen. Aber nichtsdestoweniger muß die Erziehung allerdings die Begründung des Pflichtgefühls auf das unbedingte Gebot Gottes als die höchste Autorität sich zum Ziele setzen. Soll doch der Zögling, wenn er über die Schwelle des Hauses, aus den Räumen der Schule tritt, selbständig und frei, und dennoch pflichtgemäß handeln.

So muß er an die Autorität Gottes, wie sie sich im Gewissen bezeugt, gebunden werden, und die Erziehung zu pflichtgemäßem Handeln wird so Erziehung zur Gewissenhaftigkeit. Die Forderungen des Gewissens stammen ihrem Inhalte nach aus den Urteilen der maßgebenden Autoritäten; aus ihnen bildet das Subjekt durch Vermittelung des fortbildenden, analogisch erweiternden Denkens eine Summe von sittlichen Wertbestimmungen, in denen es die Norm für das eigene Handeln erkennt. Aber seiner inneren Gestalt nach erscheint das Gewissen als unbedingter Imperativ, welcher jene Wertbestimmungen aus der Sphäre des Erkennens in das Gebiet des Wollens versetzt; sie aus dem erhabenen, aber auch stillen Reich der Wahrheiten in die Kreise des konkreten Handelns leitet. Sie sind nicht Kanones, wie sie die Ethik aufstellt; sittliche Ideale, die uns ernst mahnen, obwohl diese allerdings unter gewissen subjektiven Voraussetzungen sich in Gewissenspostulate verwandeln können; sondern sie sind unbedingte Verbindlichkeiten. Sobald eine sittliche Wahrheit den Anspruch auf absolute, verpflichtende Kraft uns gegenüber erhebt, und sobald wir diesen Anspruch anerkennen, so hat sie damit die Form einer Wahrheit des Gewissens angenommen. Wir können darin irren; was uns eine Zeit lang als Forderung des Gewissens erschien, kann sich uns bei gereifter Entwicklung als das Ergebnis einer Selbsttäuschung, eines Mißverständnisses erweisen und wird dann von uns aus der Reihe der Gewissenswahrheiten ausgeschieden werden. Sein Anspruch auf absolute Nachachtung ist dann erloschen. Aber, so lange unsere Anerkennung dieses Anspruchs währt, dürfen wir uns auch seiner Verbindlichkeit nicht entziehen. So haben wir denn das Bleibende, die Manifestation Gottes mittels des Gewissens, nicht sowohl in seinem Inhalt zu erkennen, der, abhängig von der allgemeinen sittlichen Entwicklung und den Zufällen derselben unterworfen, viele Schwankungen erleidet, sondern in seiner Form. Daß unser sittliches Wollen und Handeln an eine unbedingte Autorität gebunden ist, daß wir uns der Macht einer sittlichen Verbindlichkeit nicht entziehen können, das ist die von Gott geordnete Organisation unseres geistigen Lebens, in der wir daher mit Recht eine absolute Autorität verehren.

Die Erziehung zur gewissenhaften Pflichterfüllung schließt daher eine zwiefache Aufgabe in sich: die Erziehung hat einmal das Gebiet des sittlichen Erkennens zu läutern und zu erweitern; sie hat aber sodann den Zögling anzuhalten, daß er den Postulaten seines Gewissens Gehorsam leiste.

Endlich fordert aber die Erziehung zum Pflichtbewußtsein auch die Erziehung zur sittlichen Charakterbildung. Auch hier sehen wir ihr eine doppelte Aufgabe gestellt. Denn im Begriff des Charakters ist ebensowohl ein objektiver, universeller, als auch ein subjektiver, individueller Faktor enthalten. Wir verlangen von jedem Menschen, daß er charaktervoll sei, nicht hingegeben an die einzelnen Impulse seines leiblich-psychischen Naturorganismus; sondern daß er in freier Selbstbestimmung diesem gebiete; verlangen, daß er eine sittliche Überzeugung hervorbringe, welche über sein Handeln entscheidet. Aber auf der andern Seite erkennen wir an, daß vermöge der eigentümlichen Naturanlage eines jeden das Gebiet, das Maß und die Art der Selbstthätigkeit unabänderlich bestimmt sind. Denn wie mannigfache Wandelungen auch im Laufe der Entwicklung die Temperamente, auf denen das individuelle Leben ruht, erfahren mögen, der allgemeine Typus, den dieselben verleihen, bleibt unverändert. Und ebenso wird die Richtung der individuellen geistigen Begabung auch auf die Gestalt des sittlichen Lebens Einfluß ausüben, insofern sie einige Gebiete der sittlichen Arbeit dem Individuum verschließt, andere ihm öffnet. Und so hat die Erziehung eine zwiefache Aufgabe zu lösen, die sich jedoch zu einem inneren Ganzen gestaltet; sie hat zur allgemeinen sittlichen Charakterbildung zu leiten, aber dabei zugleich sich immer der Beschränkungen bewußt zu bleiben, welche durch die Individualität des Zöglings bedingt sind. Jene Aufgabe wird der Erziehung die Entschiedenheit und Strenge verleihen, welche objektiven Forderungen entspricht; diese ihr die Milde der Weisheit gewähren, welche die Rücksicht auf individuelle Eigenart verlangt und hervorbringt.

Ist es unzweifelhaft eine unerläßliche Aufgabe der Erziehung, ihre Pfleglinge zu charaktervoller Festigkeit zu bilden, so darf sie doch auch nicht vergessen, daß der Prozeß der Charakterbildung nur ein langsamer sein kann und sein soll. In einem Entwicklungsstadium, in welchem die Grundsätze, nach denen sich das sittliche Handeln richten soll, erworben werden, die Erfahrungen sich sammeln, die Erkenntnisse keimen und wachsen, auf denen die maßgebenden Überzeugungen ruhen müssen, darf noch nicht das Gemüt eine Festigkeit und Sprödigkeit besitzen, welche einer Fortbildung der Gesamtanschauung, die immer auch eine teilweise Umbildung in sich schließt, hemmend entgegentreten könnte. Die Thätigkeit der Erziehung setzt eben eine relative Unbestimmtheit, eine gewisse Charakterlosigkeit des Zöglings voraus; sie wäre erfolglos, wenn derselbe einen in sich abgeschlossenen Charakter besäße. Nur in einer Beziehung kann sie nicht früh genug auf die Erzeugung charaktervoller Bestimmtheit dringen, soweit es sich um die sittlichen Grund-

wahrheiten, ihre **Aneignung** im Gewissen handelt. Gewissenhaftig=
keit ist eine **Qualität**, in welcher wir die allgemeine Voraus=
setzung sittlicher Charakterbildung erkennen, — eine Qualität, welche
diesen Prozeß weder verengt noch verkürzt, sondern ihn nur sichert
und gefahrlos macht.

Aber, abgesehen **von dieser fundamentalen Charakterbestimmt=
heit,** auf deren möglichst frühe Erzeugung die Erziehung bedacht
sein muß, ist ein langsames Tempo in der Ausgestaltung der in
sich gegründeten und gegen die Außenwelt sich abschließenden Per=
sönlichkeit nur wünschenswert. Die Jugend hat ein Recht darauf,
wechselnden Impulsen sich hinzugeben, entgegengesetzte Eindrücke
in sich aufzunehmen; und es darf sie kein Tadel treffen, wenn
ihre Anschauungen offenbare Widersprüche in sich schließen. Je
empfänglicher das Gemüt für die Einflüsse ist, welche der Be=
ziehungsreichtum der Außenwelt auszuüben vermag; je umfassen=
der die geistige Begabung und infolge dessen die Vielseitigkeit der
Interessen ist, welche der Zögling in sich hegt, desto zögernder wird
die Entwicklung fortschreiten, aus der sich die charaktervolle Be=
stimmtheit herausbildet. Lange wird hier eine chaotische Ver=
worrenheit und Unklarheit des Urteils herrschen, weil der jugend=
liche Geist noch nicht die Kraft besitzt, die Fülle der eindringenden
Vorstellungen zu ordnen, hier Gedankengänge, die irre führen, ab=
zuschneiden, dort andere weiter zu führen und zu vollenden, endlich
die einzelnen Gedankenkomplexe zusammenzufassen und einheitlich
zu gestalten; und es verrät große Kurzsichtigkeit, wenn der Er=
zieher diese jugendliche Gärung nur unter dem Gesichtspunkte eines
geistigen Defekts betrachtet und den Reichtum positiver, nach Ge=
staltung ringender Elemente nicht zu erkennen vermag; wenn er
mit Vorliebe die klaren Köpfe schätzt, deren frühe Klarheit nur
den Beweis liefert, wie innerlich arm sie sind.

Aber auch **der Schranken** muß die Erziehung eingedenk sein,
welche die Individualität des leiblich=psychischen Naturorganismus
und die Eigenart, Stärke und Richtung der geistigen Begabung
zieht; nicht, um diese Schranken in ihrer Enge und Begrenzung
bestehen zu lassen, vielmehr hat sie ihre Erweiterung zum Ziele
zu setzen, sondern um nicht zu ermüden, wenn ihre Arbeit so oft
vergeblich ist und der erreichte Erfolg namhaft hinter dem beab=

sichtigten zurückbleibt. Gewiß soll die Erziehung die gesteigerten Irritationen des Sanguinismus und Cholerismus und die gesteigerten Depressionen des Phlegmas und der Melancholie bestreiten; dort den Leichtsinn aus der Zerstreuung zu innerer Sammlung rufen, die Heftigkeit der Erregung zur Unterwerfung unter die Zucht des Geistes zu führen suchen; hier die Neigung zum brütenden Träumen, zur Verzagtheit und Thatlosigkeit bekämpfen und die stumpfe Gleichgültigkeit aus der Erstarrung loszureißen sich bemühen; aber sie darf sich nicht das Ziel setzen, die individuelle Eigenart und die darauf ruhende eigentümliche Charakterbildung umzugestalten. Der Erzieher soll nicht Abbilder seiner selbst, sondern neue individuelle Bilder des Menschengeistes erzeugen. Und ebenso thöricht wäre es, wenn er die besondere geistige Begabung des Jünglings mißachtete und denselben entweder für die Interessen vorzugsweise gewinnen wollte, welche ihn erfüllen, oder wenn er ihn auf die Höhe einer gleichmäßigen, harmonischen Geistesbildung zu führen suchte.

Die Berechtigung individueller Charakterbildung fordert auch hier, daß die allgemeinen Bildungsziele für jeden einzelnen Zögling modifiziert werden. —

Der Gang unserer Betrachtung führte uns bis jetzt in Gedankenkreise, welche uns zwar die Erfüllung des Zöglings mit sittlichem Gehalt zeigten und die Wege der Erziehung vergegenwärtigten, auf denen sie das selbstische Element der Begierde zu reinigen und ihren Pflegling zum Träger sittlicher Gedanken, zum Glied einer idealen Welt zu bilden bemüht ist; aber die Bahnen zeichneten wir noch nicht, auf denen allein sie denselben zum freudigen und in sich befriedigten sittlichen Wirken bereitet, die Bahnen der Liebe und des Glaubens.

Die erzeugende Erziehung hat erst dann ihr Ziel erreicht, wenn sie das Herz des Zöglings zur Liebe und zum Glauben erschlossen hat. Wir gedenken erst jetzt dieser Aufgaben, nicht sowohl, weil sie die letzten wären und am Ende der Erziehung in das Auge gefaßt werden müßten, obwohl es allerdings richtig ist, daß sie nach Maßgabe fortschreitender Entwicklung in den Vordergrund treten, sondern vielmehr, weil sie die höchsten sind, weil in der Liebe und im Glauben das sittliche Leben des Menschen sich vollendet.

Aber, wie zeitlich die Liebe aller Thätigkeit der Erziehung vorangeht, ja die Voraussetzung bildet, auf der diese ruht; wie Vater- und Mutterauge längst mit innigstem Liebesblick das Kind begrüßt haben, bevor dieses das Auge dankbarer Gegenliebe aufschlägt; wie in Strömen hingebender Elternliebe gleichsam gebadet, das Kind zur Freude und zur Liebe erwacht; wie diese Liebe das Kind auf allen seinen Wegen begleitet, so lange das Vater- und Mutterherz schlägt, wie die Liebesatmosphäre des Hauses das Kind vom ersten Tage seines Erdendaseins an umgiebt: so erwacht auch schon in der Morgenfrühe des Kindeslebens der Geist dankbarer Gegenliebe. Die Liebe der Eltern ist aller Erziehung Voraussetzung und Fundament. Sie erzeugt im Kinde das Vertrauen, daß alles Thun derselben seinem eigenen Heile dienen wolle; sie giebt dem Gehorsam des Kindes Freudigkeit und Freiheit.

Es liegt in der Natur der Verhältnisse begründet, daß die Schule es nicht vermag, mit diesem Maße der Liebe den einzelnen Schülern zu begegnen: aber dennoch kann und soll sie in ihnen das Bewußtsein hervorbringen, daß sie alle Gegenstand eines wohlwollenden fürsorgenden Interesses für dieselbe sind. Der Schüler hat eine sehr deutliche und lebhafte Empfindung davon, ob für den Lehrer seine Klasse nur den Gegenstand unterrichtender Thätigkeit bildet, oder ob ihre intellektuelle Fortbildung und ihre sittliche Kräftigung ihm am Herzen liegt. Und danach bestimmen sich mit Recht die Sympathieen und Antipathieen der Schüler.

Ist die Liebe, welche Eltern und Kinder mit einander verknüpft, durch die innigsten Naturbeziehungen hervorgerufen und wurzelt in der Sphäre des unbewußten Seelenlebens; ist auch die Pietät eine unwillkürliche, mit welcher der Schüler zum Lehrer aufschaut, so sind diese Liebes- und Pietätsbeziehungen auch nicht Gegenstand der erzeugenden Erziehung. Und dennoch dürfen wir nur im Hause und in der Schule nach demselben suchen. Freundschaft und geschwisterliche Gesinnung sind die zwei Gestalten der Liebe, auf deren Hervorbringung das Interesse der Erziehung gerichtet sein muß. Liegt es doch in der Natur des Entwicklungsstadiums der Zöglinge begründet, daß die Gegenstände ihrer Liebe begrenzt sind; daß ihre Liebe keine universelle ist, sondern auf die Kreise beschränkt, in deren Grenzen ihr Leben verläuft. Und dies ist auch nicht zu bedauern. Nur wer auf eng umgrenztem Gebiet die sittliche Kraft bethätigt, wird sie auch auf weitere Gebiete ausdehnen. Nur wer von Empfindungen der Liebe einer kleinen Anzahl von Personen gegenüber erfüllt ist, aber diese auch mit wahrhafter Liebe umfaßt, wird befähigt sein, auch eine umfassende Liebe in sich zu erwecken und zu pflegen. Auch hier bewährt sich das Wort des Dichters: „Willst du ins Unendliche schreiten, geh nur im Endlichen nach allen Seiten."

Pflegen wir vor allem die Freundschaft der Zöglinge, geben wir ihr Gelegenheit, sich zu bilden und zu befestigen! Ruht die Liebe, welche dieselbe knüpft und bewahrt, auch auf besonderer geistiger Naturverwandtschaft und ist insofern nicht rein ethisch begründet, so fordert sie doch, um erhalten zu bleiben, die ethische Gesinnung der Liebe; treue Freundschaft ist immer ethisch bedingt. Es ist eine unbestreitbare Thatsache, daß egoistische Geistesrichtung inniger Freundschaft abgeneigt ist; daß dieselbe nur da sich ent= wickelt, wo selbstverleugnende Liebe Raum gewonnen hat. Aber allerdings kann das Bedenken erhoben werden, ob der ausschließ= liche Charakter, den die Freundschaft anzunehmen pflegt, nicht der Entfaltung universellerer Liebe hinderlich sei. Allein ein solches Maß der Ausschließlichkeit, wie es hier vorausgesetzt wird, ist der Freundschaft nicht eigen. Eine edle jugendliche Freundschaft, mag sie auch ein engstes Band der Zuneigung zwischen zwei Zöglingen knüpfen, läßt doch auch eine herzliche Beziehung offen, die einen größeren Kreis umfaßt. Im Schulleben, wenigstens auf den höheren Entwicklungsstufen, auf denen die Freundschaft überhaupt Platz greift, pflegen sich die Zöglinge zusammenzufinden, welche sich den höheren idealen Interessen zugewandt haben. Es ist eine ethische Geistesgemeinschaft, welche hier die Einzelnen verbindet; und innerhalb dieses Kreises entstehen die wertvollen Freund= schaften, welche in besonderer geistiger Verwandtschaft wurzeln, in der Anziehungskraft ruhen, welche die Individualitäten auf ein= ander ausüben. Sind so diese Freundschaften durchaus frei von einer Ausschließlichkeit, die dem Entstehen eines universelleren Liebesgeistes gefährlich werden könnte, so müssen wir sie vielmehr wegen des idealen Inhalts, der sie erfüllt, als Mittel betrachten, welches die Entwicklung einer umfassenderen Liebesgesinnung be=

günstigt. Freundschaften der Jünglinge werden in der Gemein=
samkeit wissenschaftlichen Interesses oder der Freude an Poesie
und Kunst sich bethätigen, während die zu Jungfrauen heranreifen=
den Mädchen in der verehrungsvollen Pietät zum Lehrer oder
dem Geistlichen sich zusammenfinden und durch diese Vermittelung
der Welt des Wissens, der Poesie des Glaubens gemeinsam sich
erschließen. Hier und dort bildet die Freundschaft einen kräftigen
Impuls für den Zögling, in die ideale Welt einzutreten und in
ihr heimisch zu werden. Dieser Zusammenhang mit der idealen
Welt erweitert aber das Herz und vermittelt die Beziehung zu
allen hervorragenden Persönlichkeiten der Vergangenheit und Gegen=
wart, welche wir als Repräsentanten der idealen Welt betrachten
dürfen; dieser Zusammenhang mit der idealen Welt öffnet aber
auch das Auge für die geistigen und ethischen Mächte, welche in der
Menschheit walten und in jeder einzelnen Menschenseele schlummern,
und vermittelt so die Basis für die Entfaltung einer ethisch=uni=
versellen Liebesgemeinschaft.

So häufig jugendliche Freundschaften sind, so selten finden
wir eine innige Liebe zwischen Geschwistern in dem Alter, auf
dessen Grenzen unsere Betrachtung beschränkt ist. Mag sie auch
später, und wir dürfen dies als die Regel ansehen, vielleicht alle
Freundschaften überdauern; mag dann die Blutsverwandtschaft sich
als das festeste Band bewähren, welches die Glieder der mensch=
lichen Gesellschaft zusammenhält, so ist es doch eine Thatsache, die
nicht bestritten werden kann, daß in der Zeit jugendlicher Entwick=
lung der Reiz der Freundschaft bei weitem überwiegt. Die Ur=
sachen dieser Erscheinung sind nicht schwer zu erkennen. Die
Freundschaft ist das Ergebnis freier Wahl; die erste Gemeinschaft,
welche das erwachende Selbstgefühl der individuellen Persönlichkeit
sich bereitet, gegründet auf den inneren Zusammenhang gemein=
samer Interessen; während das geschwisterliche Band, von der
Natur gewoben, Individuen verknüpft, die sich oft früher des
Gegensatzes ihrer Eigenart als des vereinigenden Familientypus
bewußt werden. Und während Freunde immer nur den kleineren
Teil der Zeit gemeinsam verleben, und daher die Gelegenheit zur
Kollision der Bestrebungen für sie auf einen kleinen Kreis be=
schränkt ist, ist für Geschwister das fast stete Beisammensein, die

Gleichheit der Lebensbedingungen, zumal bei starker Divergenz der Charaktere, der Ausgangspunkt für mancherlei Kollisionen.

Die pflegende Erziehung vermag unmittelbar wenig zu thun, um die Geschwister durch herzliche Liebe zu vereinigen; räumt die beschränkende Erziehung die Hindernisse hinweg, welche ihre Entfaltung hemmen, so darf gehofft werden, daß der Geist des Hauses, selbst als Geist der Liebe sich bewährend, durch die mannigfachen Kanäle, die er sich bereitet und deren wir früher gedacht haben, sich allen Gliedern mitteilen und sie zu einer Liebesgemeinschaft verbinden werde.

Gleichwertig der Erziehung zur Liebe ist die Erziehung zum Glauben; wie ja auch Christus dem Gebot der Gottesliebe und einer Nächstenliebe, welche den Nächsten dem eigenen Ich gleichstellt, denselben Wert zuerkennt (Matth. 22, 36—40. Mark. 12, 29—31). Und beide stehen mit einander in innerem Zusammenhange und bedingen sich gegenseitig. Wie am Weltbewußtsein das Gottesbewußtsein erwacht, so an der Liebe zum Nächsten die Liebe zu Gott. Jene bildet die erste, diese die zweite Stufe in der Entfaltung des Liebesgeistes (1 Joh. 4, 20). Und wiederum führt die Liebe zu Gott auch zur Liebe zu den Brüdern, ja sie bildet ihr zuverlässigstes Fundament (1 Joh. 4, 21; 5, 1).

Wir müssen aber die christliche Frömmigkeit auch als die einzige sichere Bürgschaft sittlicher Lebensführung, kräftigen und steten Pflichtbewußtseins überhaupt betrachten. Wer sie außeracht läßt; Eltern, die ihr Kind in die Welt hineinsenden, ohne, so viel an ihnen liegt, zugleich das Erbe des Glaubens ihm mitzugeben, haben ihm die wertvollste Waffe vorenthalten, deren es im Kampfe des Lebens, zum Schutze gegen die Versuchungen, denen es ausgesetzt ist, bedarf. Mag auch ein glaubensloser Mensch bei günstiger Fügung seiner Geschicke vor völligem moralischen Schiffbruch bewahrt bleiben; bei schwierigerer, dunklerer Gestaltung derselben wird er sicher ohne Glauben den inneren Halt verlieren.

Aber welche Mittel stehen der Erziehung zur Verfügung, den Glauben zu wecken und zu befestigen? Sehen wir ab von dem unmittelbaren Einfluß, den die Frömmigkeit des Hauses ausübt; verzichten wir darauf, der Wirkung des Religionsunterrichts zu gedenken, den die Schule erteilt, da wir jenen schon früher berührt haben, auf diesen später unsere Aufmerksamkeit lenken müssen, so wird unsere Betrachtung vor allem sich der Beantwortung der Frage zuwenden, inwieweit die Erziehung in der Lage ist, ein religiöses Bewußtsein zu begründen, ein unmittelbares, religiöses Interesse im Zögling hervorzurufen.

Die Wurzeln der Frömmigkeit liegen in ethischen Bedürfnissen. Mag die religionsphilosophische Spekulation im Drange des menschlichen Geistes begründet sein, den Schleier zu heben, der das Geheimnis des Welträtsels bedeckt; mag ein Erkennen, das auf diesem Wege gewonnen wird, den Blick der Frömmigkeit erweitern und ihrer Offenbarung und Bethätigung ein reicheres Gebiet erschließen: ihre Wurzeln liegen in Bedürfnissen des Gemütes. Es ist das Verlangen des Herzens, nicht an die Kräfte und Gewalten, welche dies sinnliche Dasein regieren, als an die entscheidenden Mächte gekettet zu sein; nicht von ihnen das eigene Geschick abhängig zu wissen, sondern vertrauensvoll dasselbe vielmehr in die Hand einer höchsten Liebe, Weisheit und Macht legen zu können, aus welchem die Religion erwächst. Es ist sodann das Bewußtsein von Sünde und Schuld, das nach Vergebung und Erlösung bittend und hoffend ausschaut; es ist endlich der Druck der Vergänglichkeit und des Todes, der die Sehnsucht nach einer Stätte unvergänglichen Lebens, nach der Teilnahme am Leben Gottes weckt, worin wir die Quellen der Frömmigkeit zu suchen haben. Und das Christentum hat keineswegs die Frömmigkeit auf anderen Fundamenten erbaut, hat keinen anderen Bedürfnissen des Gemüts Genüge gethan, sondern eben diesen, reinigend und vertiefend, die vollkommene Befriedigung gewährt. In Christus ist uns die Vaterliebe Gottes erschienen; in Christus sind wir Kinder Gottes geworden, die alle Sorge vor das Auge seiner Liebe bringen und ihm, seiner gnadenreichen Vorsehung, die Gestaltung ihrer Lebenswege anvertrauen dürfen; in Christi sühnendem Leiden und Sterben sehen wir die Schuld getilgt; der heilige Geist, der von ihm ausgeht und die Frucht seines Lebenswerkes uns zueignet, ist für uns der Quell der Erlösung; und in Christi Auferstehung und Verklärung erkennen wir die Bürgschaft des ewigen Lebens.

Wenn wir uns dieser Wurzeln christlicher Frömmigkeit bewußt sind, werden uns die Schwierigkeiten für die Erzeugung derselben im Gemüt unserer Zöglinge leicht erkennbar sein. Da im elterlichen Hause — wenn wir von den Hütten der Armen und dem sorgenreichen Leben der verschämten Armen absehen — mühelos dem Kinde alle Bedingungen seiner Existenz zufallen, alle seine Bedürfnisse befriedigt werden; da sich dasselbe unbedingt auf die Fürsorge der Eltern verlassen kann, so ist es geneigter, der Vorsehung dieser, als der Vorsehung Gottes zu vertrauen. Und da, wenn nicht Schwäche und Kränklichkeit den Genuß der irdischen Güter hemmt, das Kind mit heiterem Blick in die Welt schaut, froh die Gegenwart empfindet und mit ahnungsvollem Auge auf die Zukunft gerichtet ist, in deren enthülltem Angesicht es den Zauber einer vollkommenen Schönheit zu lesen hofft, so zeigt es sich wenig bereit, den Blick auf die unsichtbare Welt zu lenken. Und wir finden dies so natürlich und berechtigt, daß uns ein Kind, welches sich mit Vorliebe den Gedanken an das unvergängliche, übersinnliche Leben zuwendet, entweder geistig einer krankhaften Richtung unterworfen scheint, oder uns mit der bangen Sorge erfüllt, seine weltfremde Seele werde sich bald von ihrem Körper lösen. Auf diese Motive der Frömmigkeit dürfen wir also nicht in erster Linie rechnen, wenn wir auch keineswegs, wie wir zeigen werden, auf sie zu verzichten genötigt sind. Aber dürfen wir ein Bewußtsein der Sünde und Schuld voraussetzen, welches zur Bitte um göttliche Vergebung und zu dem Gnadenquell der Erlösung in Christus treibt? Ohne Zweifel fehlt es keinem Kinde völlig am Bewußtsein eigener Verschuldung, zu häufig wird es ja mannigfacher Vergehungen überführt, bald schwererer, bald leichterer; zu deutlich beweist die Strafe, von der es getroffen wird, daß es Ordnung und Recht, sei es des Hauses, sei es der Schule, gebrochen hat. Wenn nur nicht dies Schuldbewußtsein sich an der Vergebung der menschlichen Autoritäten genügen ließe und ausschließlich von eigener Kraft die Überwindung der Sünde erwartete. —

Aber es wäre wahrlich ein Armutszeugnis des christlichen Glaubens, wenn er bekennen müßte, seine Motive in der Jugend nicht wirksam machen zu können; und ebenso ein Armutszeugnis der Jugend, wenn sie für dieselben keine Empfänglichkeit besäße. Uns kam es hier nur darauf an, die Schwierigkeiten der Erziehung zum Glauben zur Anschauung zu bringen; aber wir sind weit davon entfernt, sie für unüberwindlich zu erachten. Gott ist dem menschlichen Geiste der nächste; und alle die einzelnen Motive der Frömmigkeit, deren wir gedachten, sind nur die von Gott in uns bewirkten Impulse, welche das Bewußtsein unserer Gemeinschaft mit ihm erregen und zur Vollziehung derselben verpflichten. So werden wir von vornherein voraussetzen, daß im Garten des Glaubens auch der Jugend eine Stätte bereitet sei.

Wir blicken noch einmal auf die Motive des Glaubens. Es ist richtig daß das Kind eines Hauses, dessen irdische Existenz gesichert ist, in seinen Eltern gleichsam die verkörperte Vorsehung sieht; aber ist denn sein Blick auf die Grenzen des eigenen Hauses beschränkt; sind ihm die Bettler, die an die Pforten des Hauses klopfen; die Hütten der Armen, an denen es vorüber geht; die bleichen Wangen und müden Augen, denen es auf der Straße begegnet, nicht Zeugen schwerer Lasten, die auf dem Menschenleben ruhen, schwer genug, um die Seele zu einem himmlischen Helfer zu führen, der tragen hilft, schwer genug, um die Sehnsucht zu erwecken, in der Luft geistiger Freiheit aufzuatmen, in Gott sich über die Welt zu erheben!

Und wenn das Kind nun das eigene Geschick mit dem Los der Armen vergleicht, werden da nicht Fragen in seiner Seele wach werden, welche allein der Glaube an die Vorsehung Gottes befriedigend zu beantworten vermag? Die Fragen, warum hier Armut, dort Reichtum; warum oft ein so jäher Wechsel des Geschicks, der den Glücklichen in die Reihe der Leidenden stellt?

Und treffen nicht oft, sei es die eigene Familie, sei es das Haus von Verwandten oder Freunden, die schmerzlichsten Geschicke, denen kein menschliches Können sich zu entziehen vermag; ja begegnen nicht vielleicht dem eigenen Leben des Kindes Gefahren, gegen welche keines Menschen Kunst dasselbe schützen kann? Und sind nicht so reichlich Anlässe für die Erziehung gegeben, um in der Seele des Kindes religiöse Empfindungen zu wecken und sein Auge auf Gottes vorsehungsvolles Walten zu lenken; und wird nicht dagegen, wenn sie sich dieser Verpflichtung entzieht, ein öder Fatalismus oder ein geist- und trostloser Zufallsglaube sich des Gemüts bemächtigen?

Ist es ferner auch richtig, daß das Schuldbewußtsein des Kindes sich auf die Verantwortlichkeit vor der menschlichen Autorität beschränkt und seine heilsamen Entschlüsse von dem Blick auf göttliche Hilfe absehen; ja, werden wir, je unerheblicher die Vergehungen des Zöglings sind, uns eines Versuchs, das Schuldbewußtsein zu vertiefen, enthalten müssen, damit nicht eine Verwirrung in der sittlichen Beurteilung entstehe und das Bewußtsein eigener Kraft herabgestimmt werde, so können doch bei fortschreitender Entwicklung und bei schwereren Vergehungen seitens der Erziehung die religiösen Maßstäbe sittlicher Selbstbeurteilung nicht umgangen werden, wenn nicht das Gemüt des Zöglings verflachen soll; und die eigenen Erfahrungen des letzteren nötigen dazu. Je mehr das geistige Leben desselben sich entfaltet, desto seltener entbehren seine Handlungen eines sie begleitenden, mehr oder minder klaren Bewußtseins; es gehen ihnen Überlegungen voran, ein vielfach verschlungener Prozeß bald auseinandergehender, bald zusammenwirkender Gedanken bildet die Voraussetzung des Handelns. So entsteht in der Seele eine innere sittliche Welt, die nur zum Teil in der äußeren Handlung zur Erscheinung kommt. Damit verliert aber auch für den Zögling das einzelne Vergehen den Charakter des Isolierten und spurlos Vorübergehenden; seine tieferen, im Gemüt liegenden Wurzeln werden ihm offenbar. Zugleich aber erweitert sich sein Blick, die Konsequenzen seines Handelns enthüllen sich vor seinem Auge; er erkennt, wie ein falscher Schritt eine Reihe anderer nach sich zieht, bis eine erschütternde Katastrophe eintritt. Und macht er diese Erfahrungen nur zu einem geringen Teile an sich, so vermag er doch dieselben, wenn sie im Bilde fremder Erlebnisse ihm entgegentreten, innerlich mitzuempfinden. Menschliche Sünde und Schuld in ihrem riesengroßen Umfange, in der Vielheit ihrer Gestaltungen, erscheinen ihm, da er ihre Keime in sich empfindet, da er einzelne Stadien derselben als eigene schmerzliche Erfahrungen anerkennen muß, nicht mehr als etwas schlechthin Fremdes, das ihn nichts angeht, sondern als eine dunkle Entwicklung, in die er selbst mit verflochten ist. Dann aber ist auch für die Erziehung die innere Berechtigung, ja Verpflichtung vorhanden, die Sünde als Sünde gegen Gott, die Schuld als Schuld vor Gott dem jugendlichen Gemüte zu ver-

gegenwärtigen; dann ist auch die Bedingung gegeben, an welche
das Verständnis für das Versöhnungs= und Erlösungswerk Christi
geknüpft ist, das Verlangen nach der vergebenden und rettenden
Gnade.

Am schwersten wird es immer bleiben, die religiösen Motive
im Gemüt des Zöglings wirksam zu machen, welche von dem Be=
wußtsein der Vergänglichkeit des irdischen Daseins in uns geweckt
werden. Zu reizvoll erscheint dem jugendlichen Sinne diese sicht=
bare Welt; zu fern liegt demselben die Erkenntnis der herben
Geschicke, welche sie in sich schließt, als daß der Blick auf das
Reich der Vollendung sich intensiv zu richten vermöchte. Und wir
sind auch nicht berechtigt, das Interesse der Jugend an dieser ir=
dischen Welt zu schwächen und von ihr abzuziehen. Sie soll
dieselbe lieben als eine Offenbarungsstätte göttlicher Herrlichkeit;
als den Boden, auf dem das Reich Gottes erbaut wird; als das
Gebiet, auf welchem sie selbst mit Freudigkeit für das Reich Gottes
wirken und schaffen soll. Aber auch der Kreis der Erfahrungen,
welche dem jugendlichen Gemüte nahe treten, schließt manche
schmerzlichen Geschicke in sich, welche unwillkürlich den Blick auf
die Welt der Vollendung lenken.

Ein Todesfall, der in der eigenen Familie eine schwer em=
pfundene Lücke hervorbringt; ein Krankenbett, das angstvolle Sorge
wach ruft, wird auch im jugendlichen Sinn ernstere Gedanken er=
zeugen, die, mögen sie auch nur als flüchtige Schatten über das
Seelenleben hinziehen, doch in demselben Spuren zurücklassen wer=
den. Und je häufiger aus der näheren oder weiteren Gemein=
schaft des Zöglings ein Glied ausscheidet, desto mehr wird auch
in seinem Geiste das Bild eines Lebens, in welchem sich dies ir=
dische Dasein vollendet, Raum gewinnen; desto eher darf auch die
Erziehung nach Maßgabe der Empfänglichkeit, auf welche sie rech=
nen kann, dies Bild zu befestigen suchen; nicht um eine Sehn=
sucht nach diesem übersinnlichen Dasein zu erwecken, für welche die
Voraussetzungen fehlen; die nur da berechtigt ist, wo die sichtbare
Wirklichkeit nicht mehr die Bedingung des sittlichen Handelns ge=
währt, wo die Nacht angebrochen ist, da niemand wirken kann;
sondern, um vielmehr die Schaffensfreudigkeit und den Mut des
Lebens auf dem festesten Grunde zu erbauen.

Der Blick über Tod und Grab hinaus giebt unſerem Ge=
müte Freiheit und Selbſtgewißheit, erzeugt in ihm die Sicherheit,
daß wir nicht im Wirbel der ſinnlichen Erſcheinungswelt verloren
gehen, ſondern, innerlich erhaben über ſie, uns auch in ihr be=
haupten können. Der Glaube an das ewige Leben iſt die Wurzel
unzerſtörbarer Freudigkeit, der unverſiegbare Quell unvergänglicher
Jugend. Auf dieſem Boden ruhend, birgt die Hinweiſung auf
die unſichtbare Welt keine Gefahren in ſich; bedroht nicht die un=
befangene Freude am irdiſchen Leben, die der Jugend eigen iſt
und eigen ſein ſoll, und kann gewiß nicht beſchuldigt werden, eine
krankhafte Stimmung zu erzeugen. Auf dieſem Boden ruhend,
ſchließt ſie aber auch eine Fülle ſittlicher Impulſe in ſich. Denn
nicht als ein metaphyſiſches Erbe ſoll uns der Eintritt in die
Welt der Vollendung erſcheinen, nicht in dieſem Lichte ſollen wir
dieſelbe der Jugend zeigen; ſondern vielmehr als die reife Frucht
ſittlicher Arbeit, als ein Ziel, welches nur die Hingabe an den
Willen Gottes, ſelbſtverleugnender Dienſt im Gehorſam gegen ihn
erreichen. Nur für eine ſolche Beurteilung der Bedingungen des
ewigen Lebens tritt das Evangelium ein, welches uns die Auf=
erſtehung Chriſti, ſeine überweltliche Herrlichkeit, als Lohn und
Frucht ſeines im Kreuzestode vollendeten Gehorſams darſtellt.

Es bedarf nicht der Erinnerung, daß die Pädagogie die
Verpflichtung, auf das ewige Leben hinzuweiſen, nicht erfüllt, wenn
ſie die Phantaſie reizt, das unerkannte Land mit luftigen Ge=
bilden zu ſchmücken, deren baldige Auflöſung leicht den Glauben
ſelbſt erſchüttert; daß ſie derſelben nur dann Genüge thut, wenn
ſie dieſen Glauben als eigene unerſchütterliche Gewißheit bezeugt
und mit Impulſen zu ſittlichem Handeln verknüpft. — —

Wir ſtehen am Schluß unſerer Darſtellung der Grundſätze,
welche für die erzeugende Erziehung maßgebend ſein ſollen. Es
bleibt uns nur übrig, den Gang unſerer Betrachtung vom Stand=
punkte der chriſtlichen Ethik aus zu rechtfertigen. Denn daß von
dieſem aus mit dem Scheine innerer Begründung Bedenken gegen
denſelben erhoben werden können, wollen wir nicht verbergen. Es
iſt der Ausgangspunkt unſerer Betrachtung, der beanſtandet wer=
den kann. Denn während die chriſtliche Ethik in der Selbſtver=
leugnung und einer mit derſelben verbundenen Liebe die funda=

mentale Tugend erkennt; war es die Selbstschätzung, das Bewußt=
sein eigenen Wertes, in deren Hervorbringung und Pflege wir die
erste Aufgabe der Erziehung suchten. Indessen müssen diese Be=
denken schwinden, wenn wir uns vergegenwärtigen, daß die Päda=
gogik nicht sowohl das Bild des christlichen Lebens zeichnen will,
sondern vielmehr die Entwicklungsstadien, welche durchlaufen wer=
den müssen, damit dieses entstehe; daß sie die Wege bestimmen
soll, welche die Erziehung zum Zweck der Erzeugung christlicher
Gesinnung und christlichen Handelns betreten muß. So hat die
Pädagogik sich an die ethische Richtung anzuschließen, welche sie bei
dem Zögling als maßgebend voraussetzen muß, und welche ihr auch
die Erfahrung als denselben bestimmend zeigen wird, an das Interesse
am eigenen Selbst. Sie muß darauf bedacht sein, dieses von den
Elementen der selbstsüchtigen Begierde zu reinigen und mit positivem
sittlichen Gehalt zu erfüllen. Nicht als ob die Erziehung zur
Liebe ein scharf abgegrenztes zweites Stadium beginnen dürfte;
sie wird gewiß ein Ziel bilden, auf welches von Anfang an der
Blick des Erziehers gerichtet sein muß, für welches er immer das
Gemüt des Zöglings erschließen und bereiten soll; aber diese Auf=
gabe wird längere Zeit der erstgenannten gegenüber zurücktreten.
Noch immer geht in gewissem Sinne die Erziehung für das Evan=
gelium durch die Pfade alttestamentlicher Gerechtigkeit. Es ist das
im Lichte des Christentums angeschaute und gedeutete Gesetz, wel=
ches uns für die Gemeinschaft des Reiches Christi bereitet. Nur
das Selbst, welches durch den Gehorsam gegen das Gesetz sittlichen
Charakter empfangen hat, besitzt die Bedingungen, eine Liebe zu
beweisen, welche sittlichen Impulsen folgt und sittlichen Zwecken
dient; nur das Selbst, welches sich eine sittliche Qualität erworben
hat, bringt, wenn es sich der Liebe erschließt, der Gemeinschaft ein
wertvolles Gut. Es war große pädagogische Weisheit, die Luther
bewährte, als er den Dekalog an die Spitze der christlichen Heils=
wahrheiten stellte.

Die Methode der intellektuellen Erziehung.

§ 21.

Die sinnliche Wahrnehmung.

Die intellektuelle Erziehung muß, insofern sie zur Aneignung der sichtbaren Welt der Erscheinungen leiten will, die Sinne zu energischer Thätigkeit zu wecken suchen. Diese Aufgabe wird sie dadurch zu lösen vermögen, daß sie das Gebiet der geistigen Interessen des Zöglings erweitern und dasselbe mit der sinnlichen Umgebung in innere Beziehung zu versetzen sucht. Es sind naturgeschichtliche, topographische und geographische, sowie ästhetische Interessen, auf deren Pflege die Erziehung angewiesen ist, um den Zögling in ein lebendiges Verhältnis zur sichtbaren Wirklichkeit zu versetzen, ihn zur Übung der sinnlichen Wahrnehmung und zum Erwerb einer Vielheit sinnlicher Anschauungen zu veranlassen. Ist hier der unmittelbare Einfluß der Erziehung ein beschränkter, so ist derselben ein weites Feld der Wirksamkeit zur Weckung der Sinne im Unterricht geöffnet. Die Erläuterung des Anschauungsbildes, die Übung im Lesen, Schreiben, Zeichnen bilden die Grundlage, der naturgeschichtliche und geographische Unterricht schließen sich an, und vermöge des Zusammenhangs zwischen Vorstellung und Empfindung, der uns gestattet, den Inhalt jener mit Qualitäten dieser zu verbinden, ist jeder Unterricht in der Lage, auf die Sinne weckend zu wirken, bald konkrete Anschauungen produzierend oder reproduzierend, bald logische Operationen in Raum=, Zeit=, Zahlanschauungen begleitend. In dem einen Falle wird das Lehrobjekt eine Frische gewinnen, wie sie nur einem Erlebnis eignet; im andern Falle eine Klarheit erhalten, wie sie nur die ungehemmte, scharfe, sinnliche Wahrnehmung besitzt.

Die moralische Erziehung steht, wie wir schon früher andeuteten, mit der intellektuellen Erziehung in einem inneren Zu=

sammenhange; ist es doch die ethische Welt, deren Erkenntnis sie
vermittelt, und ist doch alles Erkennen an gewisse ethische Be=
dingungen geknüpft. Und ebenso bietet auch die intellektuelle Er=
ziehung der moralischen einen nicht geringen Gewinn, da jeder
Fortschritt auf dem Gebiet des Erkennens, jeder neue Blick in
den Weltzusammenhang sittliche Impulse ausübt, welche uns, wenn
wir ihnen folgen, auf eine höhere ethische Stufe erheben, und da
die Konzentration, welche wissenschaftliches Forschen gebietet, nur auf
dem Wege der Selbstverleugnung und Entsagung gewonnen und
erhalten wird. Derselbe Zusammenhang, welcher Gerechtigkeit und
Wahrheit verknüpft, verbindet die moralische und die intellektuelle
Erziehung. Darin aber sind beide von einander unterschieden,
daß, was für die eine das unmittelbare Ziel ist, für die andere
nur den mitbeabsichtigten Nebenerfolg bildet.

Aber — diesem Bedenken müssen wir hier zuerst begegnen — ist
der Begriff einer intellektuellen Erziehung überhaupt statthaft, oder
sollten wir denselben nicht vielmehr mit dem Begriff intellektueller
Bildung vertauschen, wie wir uns ja desselben bis jetzt häufig im
Verlaufe unserer Darstellung bedienten? Pflegen wir nicht mit
gutem Grunde im Namen „Erziehung" alle Thätigkeiten zu=
sammenzufassen, welche der moralischen Entwicklung unserer Zög=
linge gelten?

Wir verzichten darauf, festzustellen, ob und inwieweit der
übliche Sprachgebrauch unserer Wahl günstig ist, und beschränken
uns, diese Wahl durch innere Begründung zu rechtfertigen. Darin
dürfen wir wohl auf eine allgemeine Zustimmung rechnen, daß
der Begriff der Erziehung eine Thätigkeit darstellt, für welche die
Mitwirkung des Zöglings, die freie Entschließung desselben eine
unerläßliche Bedingung bildet. Und eben deshalb gerade wenden
wir vorzugsweise den Begriff der Erziehung auf das moralische
Gebiet an, weil es uns hier als selbstverständlich erscheint, daß
nur unter Voraussetzung eines eigenen, die Thätigkeit des Erziehers
fortsetzenden und vollendenden Strebens des Zöglings irgendwelche
Erfolge erzielt werden können.

Nicht dieselben Vorstellungen verknüpfen wir mit dem Begriff
der Bildung. Unterliegt es auch keinem Zweifel, daß die Bildung
ohne Mitthätigkeit des zu bildenden, ohne Selbstbildung, nicht

erlangt werden kann, so ist doch diese nicht im Begriff der Bil=
dung ausgedrückt. Der Thätigkeit des Künstlers entnommen,
welcher den formlosen Block umarbeitet, ohne daß dieser anders
als durch die mehr oder weniger günstige Qualität seines Ma=
terials erleichternd oder erschwerend zu jener mitwirkt, vergegen=
wärtigt sie uns ausschließlich die Arbeit des Erziehers. Oder auch,
anknüpfend an die Vorgänge des Naturlebens, aus denen die Ge=
staltenfülle der sichtbaren Welt erwächst, stellt uns der Begriff der
Bildung die geistige Entwicklung als ein Ereignis dar, welches
mit einer inneren Notwendigkeit erfolgt, wenn gewisse Faktoren
in Wirksamkeit treten. So werden wir, je mehr unser Blick auf
die allgemeinen Bedingungen und Ziele der Pädagogie gerichtet
ist, den Begriff der Bildung anzuwenden geneigt sein, während
wir, wenn wir uns dem konkreten pädagogischen Handeln, welches
immer auch ein Handeln des Zöglings fordert, zuwenden, viel=
mehr auf den Begriff der Erziehung gewiesen sind.

Aber auch für die Aufgabe der intellektuellen Entwicklung?
Das ist die Frage, die jetzt beantwortet werden muß. Die Ent=
scheidung ist von dem Beitrag abhängig, den wir für die hier
eintretenden Vorgänge der freien Thätigkeit des Zöglings zu=
erkennen. Je geringer wir denselben schätzen, desto mehr wird sich
der Begriff der Bildung empfehlen; je höher, der Begriff der Er=
ziehung. Indem wir diesen gewählt haben, ist unsere Entscheidung
getroffen, und unsere Darstellung selbst muß für das Recht der=
selben den Beweis führen. —

Den Anfang der intellektuellen Erziehung bildet die Er=
schließung der sinnlichen Wahrnehmung. Es ist die ursprünglichste
That der geistigen Weltaneignung, daß das Kind auf die Vor=
gänge achtet, die in seiner sinnlichen Umgebung sich vollziehen.
Gleichgültig gegen dieselben verlebt es die ersten Monate seines
Erdendaseins in dumpfem Hinbrüten, ausschließlich von den tie=
rischen Bedürfnissen des menschlichen Lebens in Anspruch genommen.
Da endlich leuchtet der Funke des Geistes auf, das Ohr erschließt
sich den Schwingungen des Tones, das Auge öffnet sich den
Ätherwellen des Lichtes. Für die Ereignisse, welche dieses Stadium
des frühesten Kindeslebens erfüllen, wählen wir gerne den Begriff
der Bildung. Hier ist die freie That des Subjekts verschwindend

klein, hier walten mit entscheidender Macht die Bildungsprozesse der Natur, hier ist für pädagogisches Handeln kein Raum. Nicht, als ob es unmöglich wäre, durch willkürliches Eingreifen, durch gesteigerte Reize die Entwicklung sinnlicher Wahrnehmung zu beschleunigen, aber es geschähe sicher auf Kosten der Gesundheit des Kindes, und nicht in freier That vermöchte dieses auf das ungeduldige Handeln des pädagogischen Künstlers zu antworten, sondern nur die Reaktionen eines überreizten leiblich-seelischen Organismus würden sich zeigen.

Es sind spätere Entwicklungsstufen, welche eine erziehende Thätigkeit zum Zwecke der Erschließung der sinnlichen Wahrnehmung fordern und gestatten. Gedenken wir zuerst der allgemeinsten Aufgabe, welche ihr gestellt ist. Allzu geneigt pflegen Kinder zu sein, gleichsam mit wachen Augen träumend, an ihrer Umgebung vorüberzugehen und nur, wenn eine Erscheinung ihren eigentümlichen Interessen entspricht, dieselbe zu beachten. Hängt dies nun offenbar damit zusammen, daß vermöge der niederen Entwicklungsstufe, auf welcher sie sich befinden, der Kreis ihrer Interessen auch ein beschränkter ist, so liegt es doch in der Hand der Erziehung, diesen Kreis nach Maßgabe der vorhandenen Empfänglichkeit zu erweitern. Und dies ist ihre Aufgabe; wahrlich eine Aufgabe, welche auf die freie Thätigkeit des Zöglings rechnen muß. Es ist von geistigen Zuständen abhängig, wie viel von der Erscheinungswelt, in der wir uns befinden, von uns wahrgenommen wird, ob die Fülle von Gestalten, die Mannigfaltigkeit von Farben, welche sie in sich birgt, zu ihrem größeren Teile in unseren Gesichtskreis tritt oder sich demselben entzieht; ob der Vogelgesang im Walde oder die musikalischen Töne, die aus der Nähe oder Ferne zu unseren Ohren dringen, einen lebhafteren oder schwächeren Wiederhall in unserem Empfinden erlangen; ob endlich die genaueren Beziehungen im Verhältnis der Farben und Töne, die zarteren Übergänge, ob die inneren Zusammenhänge im Bau der einzelnen Gestalten von den Sinnen aufgefaßt werden, oder ob die Empfindung derselben sich nur auf die scharf abgegrenzten Gegensätze der Gestalten, Farben und Töne beschränkt.

Ist so die sinnliche Wahrnehmung eine That des Geistes, so liegt der Gedanke nahe, daß die Pädagogie sich einer Thätigkeit zu enthalten habe, welche unmittelbar der Entwicklung der Sinne gilt, daß dieselbe vielmehr nur mittelbar, durch die Einwirkung auf das Gebiet der geistigen Interessen des Zöglings, die Vielseitigkeit und Schärfe der sinnlichen Wahrnehmung hervorzubringen sich bemühen dürfe. Und in der That ist dies wenigstens unbedingt richtig, daß die Erziehung nur durch Erweiterung der Interessen des Zöglings hoffen darf, offene Sinne für die Welt der sichtbaren Erscheinung in ihm zu erzeugen. Nichtsdestoweniger bleibt doch als eine selbständige Aufgabe die pädagogische Thätigkeit bestehen, welche den von geistigen Interessen erfüllten Zögling zu veranlassen sucht, der Welt der Erscheinungen sich zuzuwenden und in ihr die Stätte zu erkennen, welche jenen reiche Befriedigung gewährt. Er soll die Schätze heben lernen, welche sie in sich birgt; aus der Quelle schöpfen, welche hier für ihn fließt.

Am leichtesten wird diese Aufgabe zu lösen sein, wenn naturgeschichtliche Interessen das Gemüt des Zöglings erfüllen. Unwillkürlich wird derselbe dann den Blick auf das Naturleben richten und die Erscheinungen, welche hier ihn fesseln, auch zum Gegenstand schärferer Beobachtungen wählen. Die bei unserer Jugend so beliebten Sammlungen von Schmetterlingen, Käfern, Pflanzen beweisen, wie dieselbe, wenigstens zu einem nicht geringen Teile, auch in der That einen offenen Sinn dem Naturleben entgegenbringt. Daß das Interesse, welches sie hier zeigt, nur in sehr beschränktem Maße oder doch nur in sehr seltenen Fällen einen wissenschaftlichen Charakter trägt, vielmehr wesentlich ästhetischer Natur ist, bald durch die Schönheit der Farben, die sich hier zeigen, bald durch auffallende Eigentümlichkeiten, die sich dort finden, bedingt, kann den Wert dieses Interesses, insofern dasselbe die Vielseitigkeit und Genauigkeit der sinnlichen Wahrnehmung fördert, nicht beeinträchtigen. Der Erziehung bleibt hier nur wenig zu thun übrig; sie soll das Interesse steigern und das Feld der sinnlichen Wahrnehmung erweitern, indem sie die Naturobjekte sorgfältiger beobachten lehrt und auf Erscheinungen hinweist, welche der flüchtigen und nur starken Reizen folgenden Wahrnehmung des Zöglings entgingen; sie soll das leicht erlahmende, zur Unstätigkeit geneigte, nach häufigem Wechsel verlangende jugendliche Interesse fesseln und befestigen, indem sie durch eine in das wissenschaftliche Gebiet einführende Belehrung einen neuen Reiz der einmal gewählten Beschäftigung verleiht. Sie soll endlich, indem sie neue Gesichtspunkte für die Beobachtung eröffnet, die sinnliche Wahrnehmung veranlassen, auf ein weiteres Gebiet sich zu erstrecken und sorgsamer auf die einzelnen Merkmale der Erscheinungen zu achten.

Betrachteten wir bis dahin die sinnliche Wahrnehmung in ihrer der Aufnahme einzelner Naturobjekte zugewandten Thätigkeit, welche nur der urteilende Geist mittels der durch den Unterricht ihm vermittelten Kenntnisse einem großen Ganzen einzuordnen vermag, so wird es nun unsere Aufgabe sein, der Bewegung der sinnlichen Wahrnehmung zu folgen, insoweit dieselbe auf die Aneignung von umfassenderen Gruppen von zusammengehörigen Gebieten der Naturerscheinungen gerichtet ist. Wir finden dieselbe im Dienste teils geographischer, teils ästhetischer Interessen. Da die letzteren aus Gründen, die wir bald zu bestimmen haben, später als jene das Bewußtsein in Anspruch zu nehmen pflegen, so wenden auch wir uns zuerst der Betrachtung der sinnlichen Wahrnehmung zu, welche aus dem Bedürfnis erwächst, ein Bild der Lage des Ortes, an dem wir uns befinden, zu gewinnen. Auch hier ist für ein bewußtes, pädagogisches Handeln wenig Raum gegeben; denn unwillkürlich bildet sich jenes Bedürfnis des Kindes, unwillkürlich kommt die Erziehung demselben entgegen. Wenn das Kind zum erstenmal selbständig, ohne Geleit, seine Schritte über die unmittelbare Umgebung des elterlichen Hauses hinaus richtet; wenn es dann weiter in der Stadt das Ziel seines Weges sucht; wenn es endlich den näheren Umkreis derselben zur Stätte seiner Wanderungen wählt, so ist es ein stetig wachsendes Maß von Ortsbestimmungen, ein immer mehr zunehmender Umfang von Wahrnehmungen, deren Aneignung die Voraussetzung für diese immer größere Entfernung der Ziele bildet. Eine nicht geringe Fülle sinnlicher Beobachtungen muß vom Zögling gemacht sein, bald unter größerer, bald unter geringerer Unterstützung der Erzieher; zu immer komplizierteren, klar angeschauten Gesamtbildern müssen dieselben sich verschmolzen haben, bis das Kind innerhalb der bezeichneten Grenzen sich frei zu orientieren vermag. Und jeder Ausflug, jede Reise mehrt die Zahl dieser Bilder; immer neue Objekte der sinnlichen Wahrnehmung treten hinzu und werden vom anschauenden Geiste organisiert. Zwischen den einzelnen Bildern werden innere Zusammenhänge gesucht und gefunden, oder mehrere derselben verbinden sich auch zu einem Gesamtbilde. Kaum wissen wir es, wie viel wir dazu beitragen, um die Entstehung dieser Bilder zu fördern; und doch ist jeder Spaziergang, jeder Blick, der uns einen weiteren Gesichtskreis eröffnet, für uns der Anlaß von Belehrungen, die diesem Interesse dienen; von Belehrungen, die ebenso uns wie unserer Begleitung gelten. Wir selbst haben ja das Bedürfnis, die entfernteren Objekte zu bestimmen, sei es, daß wir sie wieder erkennen wollen; sei es, daß wir das neue, was uns entgegentritt, uns anzueignen begehren. Es ist der Drang des Geistes, das ganze Gebiet der Erscheinungswelt, mit welchem wir in Beziehung treten, seiner Fremdheit zu entkleiden, sich innerlich anzubilden, als seine Welt zu bestimmen, welcher diesen Orientierungsversuchen, deren wir uns nicht zu entschlagen vermögen, zugrunde liegt. Nicht ein ästhetisches Interesse bestimmt uns hier, wenigstens nicht in erster Linie; denn offenbar gewinnt eine Landschaft für uns dadurch nicht an Schönheit, daß wir instand gesetzt sind, die einzelnen hervortretenden Erscheinungen derselben mit Namen zu bezeichnen. Doch ist allerdings das ästhetische Interesse hier nicht völlig unbeteiligt, da das Erkennen eines wahrgenommenen Punktes teils unserer Phantasie eine Reihe von Bestimmungen vergegenwärtigt, welche, mit dem sinnlich wahrgenommenen Bilde verschmelzend, dasselbe bereichert und vielleicht Beziehungen des Gemütes erschließt, die sonst nicht entstanden wären, teils aber es auch uns oft erleichtert, das vorauszusetzende Maß der Entfernungen zu bestimmen und die einzelnen Erscheinungen perspektivisch richtig zu ordnen. Aber wie gesagt, das ästhetische Interesse ist hier nur ein sekundär mitwirkender Faktor, tiefer liegende, geistige Bedürfnisse sind entscheidend.

Aber nicht minder als topographische und geographische Interessen sind es die ästhetischen Bedürfnisse, welche die Sinne erschließen, und für deren Befriedigung die Sinne geöffnet werden müssen. Jedoch erwacht das Gefühl für die Schönheit unmittelbar nur langsam; embryonische Entwicklungsstadien, in denen das-

selbe als Interesse am Auffallenden in **Farbe** oder **Gestalt** erscheint
oder als **Wertschätzung** des **Kraftvollen**, gehen voran und bereiten
dasselbe vor. Noch fehlt den **Sinnen** die **Energie**, ein **Gesamtbild** in sich aufzunehmen, welches eine **Vielheit** einzelner **Bilder**
in sich schließt; noch fehlt die **Schärfe** des **Blickes**, die, auf das
Ganze gerichtet, doch die **Vielheit** des **Einzelnen** nicht verliert;
noch fehlt die **Ruhe** der **Beobachtung**, die anhaltend längere Zeit
das Auge bei demselben Gegenstande verweilen läßt; noch fehlt
endlich die **Objektivität** des selbstverleugnenden Urteils, die, nichts
begehrend, im **Anschauen Genüge findet**.

So begreifen wir, daß es eine spätere Entwicklungsstufe ist,
auf welcher der Sinn dem **Naturschönen** sich zuwendet; lange
währt es, bis der **Zögling** aufhört, im **Berg** etwas anderes zu
sehen als eine **Aufforderung**, die eigene Kraft im Ersteigen desselben zu bewähren, oder Strand und Meer nicht mehr ausschließlich als Bergungsstätte von **Muscheln** und **Bernstein** zu betrachten,
oder als **Anlaß**, mit den fliehenden und nahenden **Wellen** zu
spielen; lange währt es, bis **Wald** und **Aue** noch einen andern
Wert empfangen, als ihnen der **Reichtum** an Blumen und Beeren
gewährt, und der **Garten** nicht nur um der süßen Früchte willen,
die er darreicht, und der erfrischenden **Luft**, die in ihm weht, geschätzt wird.

Früher als die sogenannte unbelebte **Natur** fesselt die lebendige den **Sinn**. Die offenbare **Sichtbarkeit** der **Bewegung**, die
bewußter **Absicht** dient, und der beschränkte Kreis der **Absichten**,
die erreicht werden sollen, stellen das **Tier** auf eine **Linie**, auf
welche das **Kind** leicht herniederzusteigen vermag; vergegenwärtigen
ihm eine Stufe der **Lebensentwicklung**, von der es zwar prinzipiell
geschieden, mit der es thatsächlich aber noch mannigfach verbunden
ist. Aber kaum wird behauptet werden können, daß es ein **ästhetisches Wohlgefallen** ist, mit welchem das **Kind** den **Blick** auf
das **Tier** richtet; oder wenigstens ist dasselbe mit heterogenen
Elementen vielfach vermischt, mit dem **Interesse** des **Erkennens**,
mit dem **Wunsche**, auch das **Tier** in die **Kreise** der **Spiele** hinein-
zuziehen, mit welchen es selbst den bei weitem größesten Teil der
Zeit ausfüllt. Daß das **Spiel** allerdings auch einem **ästhetischen
Bedürfnisse Genüge thut**, werden wir später zu zeigen haben; aber

dieser Umstand kommt hier nicht in Betracht, da dasselbe zwar eine Gestalt ästhetischen Handelns bildet, aber nicht unter den Gesichtspunkt der ästhetischen Anschauung gestellt werden kann.

Auf einer höheren Entwicklungsstufe fesselt das Tier allerdings durch Vorzüge, welche eine ästhetische Empfindung hervorrufen; bald ist es die Anmut des Rehes, bald die Behendigkeit, mit der das Eichhörnchen die Höhe des Baumes erklimmt, bald die Kühnheit, welche Haltung und Gang des Pferdes auszeichnet, oder die kraftvolle Gestalt des Stieres, welche den Sinn auf sich lenken und das Gemüt mit Bewunderung erfüllen.

Viel schwerer wird es dem Kinde, in die Geheimnisse der unbewußten Natur einzudringen und an den Reizen sich zu freuen, welche sie in sich birgt. Und wenn dies dennoch der Fall ist, so fesselt doch fast nur das Gewaltige, Erhabene; die Natur muß mit lautester Stimme rufen, die stärksten Effekte hervorbringen, um vernommen und beachtet zu werden. —

Kann die Erziehung zur Erschließung der Sinne, insoweit die Naturbeobachtung die Bedingung derselben bildet, unmittelbar wenig mitwirken, ist hier ihre Thätigkeit fast ausschließlich auf gelegentliche Hinweisungen und Belehrungen, Fragen und Antworten beschränkt, so eröffnet sich ihr ein weites Gebiet innerhalb des Unterrichtes. Gedenken wir zuerst der Aufgaben, welche die Erläuterung des Anschauungsbildes sich stellt. Sehen lehren, das ist das Ziel, welches hier erreicht werden soll. Das Kind, von Natur geneigt, die hervortretenden Gestalten eines Bildes und auch diese nur in ihren charakteristischen Zügen aufzufassen, gleichsam nur das Thema eines Bildes sich anzueignen, der Ausführung aber nur geringe Aufmerksamkeit zu schenken, wird nun genötigt, jeden dargestellten Gegenstand, alle Faktoren desselben, sowie die Beziehungen, in welche die einzelnen Objekte zu einander gestellt sind, sich zum Bewußtsein zu bringen. Bei der frühen Entwicklungsstufe, welche dieser elementare Unterricht voraussetzt, wird der Kreis, aus dem die bildliche Darstellung gewählt ist, ein enger sein. Was der unmittelbaren Umgebung des Kindes angehört, was dasselbe täglich sieht, oder, was doch leicht an die Anschauungen sich anschließt, die es in sich aufgenommen hat, wird ihren Gegenstand bilden.

Aber auch der Unterricht im Lesen und Schreiben dient der Weckung der Sinne, indem er fordert, daß hier die nachzubildenden, dort die zu deutenden Zeichen scharf aufgefaßt werden; und was die Bedingung korrekten Schreibens bildet, ist auch die Voraussetzung erfolgreicher Übungen im Zeichnen, nur daß hier das zu reproduzierende Objekt umfassender und beziehungsreicher ist.

Höhere und schwierigere Aufgaben stellen der sinnlichen Wahrnehmung der geographische und naturgeschichtliche Unterricht, schon in Beziehung auf das dargebotene Anschauungsbild. Die Landkarte ist gleichsam eine graphische Abstraktion. Linien, bald mehr, bald weniger gewunden, bald schwächer, bald stärker aufgetragen; Striche, dicht aneinandergerückt, kräftiger und matter schattiert, Kreise kleinsten Umfangs, durch punktuelle Zentralisation ausgezeichnet oder derselben entbehrend: — das sind die Zeichen, welche hochragende Gebirgsketten, rauschende Ströme, an Palästen reiche Städte vergegenwärtigen. In symbolischer Darstellung wird der sinnlichen Wahrnehmung ein dürftiges Bild dargeboten, in welches Erinnerung und Phantasie den Reichtum reproduzierter oder frei produzierter Anschauungen legen muß, um es lebensvoll und farbenfrisch umzugestalten. Es sind eben nur die allgemeinen Grundformen der Erdoberfläche und die allgemeinsten Beziehungen derselben, welche die Karte, auch die Reliefkarte, sichtbar abzubilden vermag. Dagegen fordern jene mechanischen Apparate, welche uns die Bewegungen von Himmelskörpern in ihrem Verhältnis zu einander darstellen wollen, von uns nur ein geringes Maß von Abstraktion. Erscheinen unserem Blick doch auch Sonne, Mond und Sterne in einer ihrer wirklichen Größe so widersprechenden Verkürzung, und bleibt doch dem unbewaffneten Auge die Beschaffenheit der Oberfläche dieser Weltkörper völlig verborgen. So sind es nicht sowohl Abstraktionen, welche hier gefordert werden, als vielmehr Berichtigungen der sinnlichen Wahrnehmung, zu denen die Zöglinge Anlaß empfangen. Was von ihnen als Scheibe gesehen wurde, sollen sie als Kugel erkennen; was sie als ruhend voraussetzten, sollen sie als in Bewegung begriffen betrachten, und als relativ ruhend sollen sie ansehen lernen, was ihnen als bewegt erscheint; so wie sie auch die Erde, die sie als eine unendlich sich ausdehnende Fläche sehen, als eine Kugel betrachten sollen, deren Größe der Sonne gegenüber nur eine geringe ist. Nur die Zumutung wird an ihr Abstraktionsvermögen gestellt, trotz der fehlenden Lichthülle in dieser plastischen Darstellung die strahlenden Himmelskörper wiederzuerkennen. So dienen diese mechanischen Apparate nicht sowohl der Weckung der Sinne, sondern wollen vielmehr Mißtrauen gegenüber den Objekten der unmittelbaren sinnlichen Wahrnehmung erregen, vor den Illusionen, mit denen dieselbe so oft verbunden ist, warnen. Die hier vermittelte sinnliche Anschauung soll eine Erkenntnis vergegenwärtigen, zu welcher die Sinne allein nicht gelangen.

Dagegen begünstigen allerdings die Schärfung derselben die Anschauungsmittel, welche der naturgeschichtliche Unterricht verwendet. Es ist vor allem die Botanik, an welche wir hier denken. Gerade die Bestandteile der Pflanze, welche sich dem flüchtigen Blick entziehen und doch für ihr Leben eine so entscheidende Bedeutung haben, ihre innere Struktur und Organisation, können in dieser Disziplin dem Auge vergegenwärtigt werden. So leitet das Anschauungsmaterial der Botanik den Zögling zu einer Betrachtungsweise der sinnlichen Wirklichkeit, welche über das unmittelbar gegebene hinausgeht und die treibenden Kräfte und Organe im Unscheinbaren und Verborgenen sucht.

Die größten Aufgaben sind aber dem Unterricht, und nicht bloß dem geographischen und naturgeschichtlichen, gestellt, insofern derselbe der Phantasie die Möglichkeit geben soll, ein klares in sich geordnetes und farbenfrisches Bild der Wirklichkeit, sei es der realen, sei es der idealen, für die innere Anschauung zu produzieren. Die Voraussetzungen für die Lösung dieser Aufgaben liegen in dem inneren Zusammenhange, welcher zwischen der erinnernden Vorstellung und der sinnlichen Wahrnehmung besteht. Die Objekte, welche diese in sich aufnimmt, bewahrt die Seele, auch wenn die Erscheinungen nicht mehr durch Einwirkungen des äußeren Seins in der Empfindung entstehen. Eine schöne Landschaft, auf welcher bewundernd unser Auge geruht hat, eine Persönlichkeit, deren charaktervolle Züge uns fesselten, ein Gemälde, welches uns entzückte, unserem Blick schon entschwunden, werden doch von dem erinnernden Geiste festgehalten, welcher das räumlich Ferne sich wieder erzeugt. Und ebenso vermag derselbe Tonreihen in ihrer

Aufeinanderfolge sich zu vergegenwärtigen, an deren Klang sich früher das Gemüt erfreute. Ja mit einer überraschenden Intensivität kann die Vorstellung sogar Empfindungen des Geschmacks wiedererzeugen. Der Gourmand genießt in der Erinnerung erneuert das leckere Mahl, und seine Gesichtszüge beweisen, mit welcher Lebhaftigkeit die Empfindung des Wohlgeschmackes von ihm reproduziert wird; oder es kehren auch bei uns die Zeichen energischer Ablehnung wieder, mit denen wir früher eine unwillkommene Speise zurückwiesen.

Es ist ferner eine Thatsache, die jeder durch eigene Erfahrung festzustellen in der Lage ist, daß die Empfindung des Geruchs leicht wieder gewonnen wird, sobald ein besonderer Anlaß sich darbietet; daß wir bald den lieblichen Duft, welchen die Blüten des Gartens ausströmen, bald die widerlichen Dünste, die uns so oft volkreiche Städte aufdringen, als Sinnenreiz hervorzurufen vermögen. Und ebenso endlich können wir die Empfindungen erneuern, welche die Berührung der Gegenstände erzeugte, die Empfindungen des Harten und Weichen, Kalten oder Warmen. Diese Reproduktion sinnlicher Reize ist ein thatsächlicher Beweis dafür, daß dieselben keineswegs nur durch Einwirkungen der Außenwelt, sondern ebenso auch durch Vorstellungen unseres Geistes entstehen. Dem Prozeß, in welchem aus den Stoffen der sinnlichen Wahrnehmung Vorstellungen gestaltet werden, geht ein anderer, entgegengesetzter zur Seite, in welchem der Inhalt der Vorstellung in ein Bild sinnlicher Erscheinung oder in die Qualität eines sinnlichen Reizes verwandelt wird. Es entspricht der Verschiedenheit des Ausgangspunktes, der hier und dort genommen wird, daß in dem einen Falle die sinnliche Empfindung stark und kräftig, im andern matt und unbestimmt in das Bewußtsein tritt. Aus zweiter Hand gewonnen, muß die Farbenfrische und sichere Linienführung sich verlieren, welche im ersten, ursprünglichen Entstehen der Empfindung eigen war.

Vermöge dieses inneren Zusammenhanges zwischen Vorstellung und sinnlicher Empfindung kann nun auch der Unterricht eine Einwirkung auf die letztere durch zweckmäßige Wahl und Gruppierung der ersteren ausüben, durch welche auch im Geiste der Zöglinge die Vorstellungen in Anschauungen sich verwandeln. Am leichtesten und schnellsten wird diese Umsetzung sich vollziehen, wenn der Gegenstand der Vorstellung ein konkreter ist. Ein lebendiger Vortrag der naturgeschichtlichen, geographischen und geschichtlichen Disziplin kann mit Sicherheit darauf rechnen, daß die planvoll, in passender Ordnung verbundenen Vorstellungen im Hörer ein zusammenstimmendes Einzelbild oder Gruppenbild erzeugen. Es ist möglich, ein Tier oder eine Pflanze so lebensvoll darzustellen, daß wir sie mit Augen zu sehen glauben; der Unterricht kann den eigentümlichen Bau eines Gebirges, die Richtung der Bergkette, die Gestalt und Vegetation, er kann die Windungen eines Flusses, die Beschaffenheit seiner Ufer, die Geschwindigkeit seiner Bewegung, der Unterricht kann endlich die äußere Erscheinung von geschichtlichen Persönlichkeiten, von Ereignissen, Schlachten, Aufzügen, mit einem Worte von allen äußeren Vorgängen, deren gedacht wird, in einer Anschaulichkeit vergegenwärtigen, daß wir Augenzeugen derselben zu sein wähnen. Der Gewinn eines solchen Unterrichtes ist nicht hoch genug zu schätzen, sein Inhalt prägt sich tief ein, er wird nicht nur vom Denken, sondern zugleich von der Empfindung angeeignet, er erhält so die Bedeutung eines Erlebnisses.

Aber auch ein Unterricht, der einen abstrakten Gegenstand darzustellen hat, kann und soll nach Anschaulichkeit streben. Diese Anschaulichkeit ist freilich eigener Art. Sie ist teils Raum, teils Zeit=, teils Zahlanschauung. Unser Denken und unsere sinnliche Empfindung sind so innig mit einander verbunden, daß alle unsere Vorstellungsgruppen in irgendeinem Maße Gegenstand sinnlicher Anschauung werden. Gedanken, welche wir noch nicht in ein klar geordnetes und fest bestimmtes Verhältnis zu einander gesetzt haben, erscheinen uns wie Elemente, die zusammengeballt an einem Punkte sich drängen; beginnen wir die einzelnen Vorstellungen von einander zu sondern, um jeder einzelnen uns bewußt zu werden, so gleichen sie auf einer Raumfläche nebeneinanderliegenden Punkten, welche wir zählend zusammenfassen; verknüpfen wir endlich die Begriffe zu Urteilen und Schlüssen, so entsteht eine neue Gattung von Anschauungen; jene Gedanken erscheinen als frühere, diese als spätere, die einen als höher, die anderen als niedriger stehend, während wir noch andere, denen wir gleichen Wert zuerkennen, auch nebeneinanderstellen. Und längere Gedanken=

reihen betrachten wir als Ketten, deren einzelne Glieder wir als zeitlich aufeinanderfolgende Elemente und in Zahlen sie zusammenfassend, verbinden. In dem Maße, als uns diese Anordnung gelingt, gewinnen wir eine Übersicht. Die Anwendung dieses Wortes, um eine Beherrschung von Gedankenreihen zu bezeichnen, unterstützt das Recht unserer Voraussetzung, daß logische Operationen von Anschauungsbildern, die gleichzeitig mit denselben entstehen, begleitet werden. Ein Mittelglied zwischen beiden Vorgängen bildet die Vorstellung einer graphischen Firierung der logischen Operation. Wir vergegenwärtigen uns die schriftliche Gestalt, welche wir unserem Gedankengange geben würden, bilden Sätze, sondern sie ihrer Gliederung entsprechend, stellen sie unter einander.

Je mehr der Unterricht darauf bedacht ist, den Gedankenstoff, welchen er darbietet, zu einem geordneten Ganzen zu gestalten, dessen einzelne Glieder nach leicht erkennbaren Gesichtspunkten mit einander verknüpft sind, desto sicherer darf er darauf rechnen, daß sich im Geiste des Zöglings begleitende Anschauungsbilder entwickeln, welche die Aneignung des Lehrobjekts wesentlich fördern.

§ 22.

Früher als die Fähigkeit zu zusammenhängendem, logischem Denken erwacht in der Seele des Kindes die Phantasie und offenbart sich in der Thätigkeit des Spiels, durch welche sich das Kind eine Scheinwelt erbaut, in welcher es, frei von den Schranken der Wirklichkeit, willkürlich zu schalten vermag. Der Erziehung fällt hier nur die zwiefache Aufgabe zu, auf der einen Seite den Spieltrieb des Kindes zu fördern, auf der andern ihn von allzu häufigem Wechsel der Objekte zurückzuhalten. Eine Beschränkung des Spieltriebes ist erst dann notwendig, wenn die Ansprüche des Unterrichts in das Leben des Kindes eintreten. —

Bei der Neigung des Kindes, die Welt als ein System frei waltender Kräfte zu betrachten, und bei seiner Abneigung, sie als ein gesetzmäßig geordnetes Ganzes anzusehen, fühlt sich das Kind vermöge der inneren Verwandtschaft seines

Geisteslebens zur Märchenpoesie hingezogen; und die Erziehung wird mit Rücksicht auf den hohen ethischen Wert des deutschen Volksmärchens den Zugang zu diesem ihrem Zögling nicht verwehren, wenn sie auch je nach der Sinnesart des letzteren bald engere, bald weitere Schranken für die Beschäftigung mit der Märchenwelt festsetzen wird. — Unter den Lehrobjekten, welche auf die Entwicklung der Phantasie einen bestimmenden Einfluß ausüben, heben wir den Sprachunterricht, soweit er die Interpretation ästhetischer Litteratur zum Inhalt hat, und den Religionsunterricht hervor. Für die Auswahl in der Lektüre muß in gleichem Maße die Bedeutung des Inhalts und der Form maßgebend sein, beiden muß der Charakter der Klassicität eignen. Auf der abschließenden Stufe des Unterrichts, welcher die deutsche Dichtung dem Verständnis der Schüler erschließen will, tritt ergänzend, zugleich der Privatlektüre entgegenkommend und ihr den Weg weisend, die Darstellung des Entwicklungsgangs der deutschen Litteratur ein. Dieselbe hat die Aufgabe, stofflich sich beschränkend, das Interesse vor allem den Meistern der Dichtung zuzuwenden. In einer andern Beziehung vermittelt die Lektüre ästhetischer Abhandlungen das Verständnis der poetischen Litteratur. Welches Maß ästhetischer Produktion die Zöglinge gewonnen haben, läßt sich aus den Aufsätzen derselben erkennen, da, ganz abgesehen von dem Thema, Sprache und Darstellung eine ästhetische Beurteilung fordern. Die Lektüre der Dichtungen fremder Völker in ihrer eigenen Sprache wird nicht das Maß ästhetischer Einwirkung ausüben können, welches die eigene Litteratur hervorzubringen vermag. Die deutsche Jugend wird nur von den Epen Homers, den Tragödien des Sophokles und den Dramen Shakespeares einen gleichwertigen Eindruck empfangen. Die Interpretation, welche ein ästhetisches Verständnis der Dichtungen erreichen will, muß in diesem Zweck Wegweisung und Maß der darzubietenden Mitteilungen suchen.

Wenn auch in ethischen Motiven wurzelnd, verwirklicht sich doch das religiöse Leben durch Vermittelung der Phantasie und übt auf die Entwicklung derselben einen tiefgreifen-

den Einfluß. Schon durch die stete Beziehung des Sichtbaren auf das Unsichtbare, durch die ethisch-ideale Verklärung
der Welt zum Reiche Gottes giebt sie der Phantasie die
kräftigsten Impulse. Aber verstärkt und bereichert wird diese
durch Phantasiethätigkeit vermittelte ideale Anschauung durch
den geschichtlichen Charakter der Offenbarungsreligion. Die
Einheit von Idee und Wirklichkeit, als vollendet in der Gestalt Jesu Christi angeschaut, vorbereitet durch die alttestamentliche Entwicklungsstufe, sich auswirkend durch die Thätigkeit der Kirche, zeigt der Phantasie ein Bild von unendlicher
Perspektive, reich an ergreifenden Handlungen, die bald zu
tiefstem Schmerz, bald zu höchster Freude das Herz erschließen.
Es ist das Drama der Menschheitsgeschichte im Lichte der
Ewigkeit, das sich hier dem Auge darstellt. Und so fordern
wir denn auch, daß der Unterricht in der christlichen Religion die Impulse auf die Phantasie ausübe, welche von der
Qualität ihres Inhalts ausgehen. Zum Religionslehrer ist
nur geeignet, wer diese Impulse erfahren hat und zu verbreiten befähigt ist.

Leicht schließt sich an die Betrachtungen, die wir eben geschlossen haben, als neues, unmittelbar folgendes Glied die Untersuchung, welcher wir uns jetzt zuwenden. Das Kind, dessen
Sinnesleben erwacht ist, vermag noch nicht Denkoperationen auszuüben, welche den logischen Gesetzen gehorchen; wohl aber sehen
wir, wie seine Phantasie, sich kräftig entfaltend, bald die kleine
Welt, die Gegenstand der sinnlichen Wahrnehmung geworden ist,
umgestaltet, bald aus ihren Elementen eine neue Welt hervor-
zaubert. Aber nicht nur vermöge zeitlicher Succession tritt die
Entwicklung der Phantasie in die unmittelbare Nähe der erwachenden Sinnlichkeit, es ist auch ein inneres Band, welches
jene mit dieser verknüpft und den inneren Grund der zeitlichen
Aufeinanderfolge bildet. Hier wie dort ist es die Empfindung,
von welcher der Impuls der geistigen Thätigkeit ausgeht; hier
wie dort sind es Bilder und Anschauungen, auf deren Erzeugung
und Gestaltung dieselbe gerichtet ist. Aber während das Gebiet
der sinnlichen Wahrnehmung in der äußeren Wirklichkeit, welche
die subjektiven Erscheinungen hervorruft, seine Schranke findet, ist

14 *

der Phantasie ein weiterer Spielraum gegeben. Sie vermag das Bild, welches die Sinnlichkeit darbietet, reicher auszustatten, indem sie es da ergänzt, wo es ihr zu arm erscheint; sie vermag durch eigentümliche Deutung es zum Ausdruck von Beziehungen des Gemütes zu gestalten. Es ist ihr möglich, Lücken auszufüllen, welche, Ereignisse und Zustände trennend, dieselben zu befremdlichen Rätseln machen; sie kann endlich aus den Elementen der sichtbaren Welt eine neue Welt erschaffen.

In dreifacher Gestalt tritt uns die Wirksamkeit der Phantasie entgegen. Wir finden sie schöpferisch bildend, reproduzierend und in der Reproduktion in Ergänzungen und Deutungen teilweise neu erzeugend; wir finden sie endlich rezeptiv und in der Rezeption zugleich kritischen Werturteilen sich erschließend. Diese drei Gestalten sind aber nicht zeitlich von einander gesondert, sondern werden zugleich wirksam, wenn auch bald diese, bald jene überwiegend erscheint. Es liegt dies in der Natur der Thätigkeiten begründet, in denen das Leben der Phantasie sich darstellt und auswirkt.

Alle ästhetische Produktion ist in Richtung und Gegenstand durch früher empfangene Eindrücke bedingt, welche für das Subjekt eine ästhetische Qualität besaßen; und alle ästhetischen Eindrücke hinterlassen mehr oder weniger den Reiz zu produktiver oder reproduktiver Thätigkeit. Doch ist die rezeptive und produktive Thätigkeit selten in gleichmäßiger Entwicklung begriffen; während die heranreifende Jugend selten eine schöpferische Phantasie zeigt und vielmehr darauf gerichtet ist, die Erzeugnisse fremder ästhetischer Produktion sich anzueignen, sehen wir die Phantasie des Kindes sich in mannigfachen, freien Gestaltungen bewähren, während dasselbe nur in beschränktem Maße an der Betrachtung des Schönen, wie Natur oder Kunst es darbieten, sich erfreut. Die Unruhe und Rastlosigkeit, welche dem körperlichen Sein des Kindes eigen ist, breitet sich auch über sein geistiges Leben aus. Und da die Phantasie früher als alle anderen Funktionen des höheren, geistigen Lebens erwacht, kann es uns nicht befremden, daß wir die Thätigkeit des Kindes von den Impulsen ästhetischer Produktion vorzugsweise erfüllt sehen.

Das geistige Leben des Kindes geht im Spiel auf. Nun

trägt freilich nicht jedes Spiel, weder des Erwachsenen noch des Kindes, einen ästhetischen Charakter. Es giebt viele Spiele, die ausschließlich der Übung geistigen oder körperlichen Könnens dienen, aber die meisten Kinderspiele stehen im Dienste ästhetischer Phantasie. Und zwar ist es vor allem die Neigung zu dramatischer Poesie, die sich in ihnen kundgiebt. Wenigstens in dem Sinne können wir diese Behauptung wagen, als die Spiele der Kinder darauf ausgehen, eine Handlung darzustellen, in welcher die auftretenden Faktoren eine Bedeutung empfangen, welche ihnen im objektiven Weltzusammenhange nicht zukommt. Die Kinder erheben sich zu einer Stufe der sozialen Dignität, zu welcher sie bewundernd aufschauen; sie agieren als Vater oder Mutter, als Lehrer, als König oder Ritter, als Königin oder Prinzessin, oder auch — als Kutscher. Und die Mobilien, welche die gewohnten Räume ausfüllen, empfangen die mannigfachste Bedeutung, repräsentieren bald diese, bald jene Person, bald diese, bald jene Erscheinung der irdischen Wirklichkeit. So bildet sich das Kind eine eigene Welt, der es in raschem Wechsel einen neuen Sinn verleiht; mit geringer Veränderung wandelt sich die Scene, und der Tag verläuft in der Produktion kleiner Dramen, die, schnell abgeschlossen, durch kurze Pausen getrennt, aufeinanderfolgen. Je weniger das Kind imstande ist, den Gliedern des Weltzusammenhangs eine objektive Gültigkeit zuzuerkennen, desto ungehinderter fühlt es sich, nach den zufälligen Eingebungen der Phantasie mit ihnen zu schalten.

Der Erziehung ist hier nur ein beschränkter Spielraum zu eingreifender Thätigkeit gewährt. So lange die Ansprüche des Unterrichts noch nicht an das Kind herantreten, ist nur Anlaß vorhanden, die im Spiele sich äußernde Phantasie des Kindes zu unterstützen; wie dies im Geschenk von Spielobjekten auch allgemein geschieht. Doch weisen wir darauf hin, daß ein Spielzeug, je größer seine technische Vollkommenheit ist, desto weniger dem Spielen selbst Raum gewährt. Der Phantasie bleibt keine eigene schöpferische Thätigkeit übrig. Nach kurzer Freude wird daher gemeiniglich das kostbare Spielzeug in die Ecke gestellt. Die Vollkommenheit eines Spielwerks haben wir darin zu suchen, daß es der Phantasie nicht bloß die Freiheit des Waltens läßt, son-

dern ihr auch eine Vielheit von Richtungen zeigt und zum Ver=
folgen derselben anregt. Und so wird der Mangel an künstlerischer
Vollendung, den der Blick des Erwachsenen als Störung empfindet,
ein Vorzug, den das Kind zu schätzen weiß. Und ebenso möchten
wir davor warnen, das Kind mit einer Fülle von Spielwerken
gleichsam zu überschütten; nicht bloß, weil dasselbe dann so leicht
ihren Wert gering schätzt und im Bewußtsein seines Reichtums
wenig schonend mit ihm umgeht, sondern auch, weil es zu einer
Steigerung der ihm angeborenen Neigung zu schnellem Wechsel
der Beschäftigung verführt wird, welcher die Erziehung entgegen=
treten, der es aber nicht neue Nahrung geben soll; wie diese
denn überhaupt darauf hinwirken muß, daß das Kind nicht un=
aufhörlich ein Spiel mit dem andern vertausche, sondern vielmehr
ein und demselben Spiele eine gewisse Zeit zuwende. Das Kind
soll lernen, auch im Spiel Ernst und Hingabe zu bewähren und
die Flatterhaftigkeit zu bekämpfen, zu der es so sehr geneigt ist,
um so mehr, als im Spiel sich die ganze geistige Thätigkeit des
Kindes erschöpft, dasselbe gleichsam seine Arbeit, seinen Beruf
bildet. —

Es entspricht der Willkür, mit welcher die Phantasie des
Kindes über die objektive Wirklichkeit schaltet, mit der sie ihren
Erscheinungen bald diese, bald jene Bedeutung zuerkennt, daß es
keiner Gestalt der Poesie mehr Empfänglichkeit entgegenbringt, als
dem Märchen. Trägt doch sein Spiel selbst märchenhafte Züge!
Und wie in eine Märchenwelt schaut das Kind in den Verlauf
des Menschenlebens hinein. Keine unabänderlichen Gesetze, denen
das sichtbare Sein Gehorsam schuldet, bedingen sein Urteil über
den Zusammenhang der Dinge; wie es selbst mit Mühe, unter
vieler Selbstverleugnung, lernt, den eigenen Willen der Autorität
des Erziehers und der von ihm bestimmten Ordnung zu unter=
werfen, so sieht es auch in der objektiven Wirklichkeit, soweit die=
selbe nicht seiner Machtübung zur Verfügung steht, eine Vielheit
unberechenbarer, frei waltender Kräfte, die bald eine freundliche,
bald eine feindliche Stellung zur Menschenwelt einnehmen.

Bei dieser inneren Verwandtschaft zwischen dem Märchen und
der Kindesseele, bei dieser Übereinstimmung in der Weltanschauung
hier und dort ist es begreiflich, daß das Kind mit großer Vor=

liebe der Märchenerzählung lauscht und der Märchenlektüre sich zuwendet. Doch kann dies für uns kein entscheidendes Motiv bilden, uns für die pädagogische Verwendung des Märchens aus= zusprechen. Vielmehr müssen wir auch der Erwägung Raum geben, ob wir nicht im Interesse der Klärung der kindlichen Welt= anschauung, ihrer Befreiung von den Elementen der Willkür, von der Märchenpoesie unsere Zöglinge fernhalten sollen. Und in der That, wenn wir darin eine erschöpfende Charakteristik der= selben zu finden hätten, daß sie ein Weltbild in sich schließt, wel= ches jeglicher Gesetzmäßigkeit und Bestimmtheit entbehrt, so würde es uns nicht zweifelhaft sein, daß wir dem Kinde den Zugang zur Märchenpoesie völlig verschließen oder doch nur sehr selten er= öffnen dürften. Wenn wir dennoch anders urteilen, so ist es das Bewußtsein des ethischen Wertes, der wenigstens dem deutschen Volksmärchen eignet, welches uns bestimmt.

In zwiefacher Beziehung tritt die ethische Qualität desselben hervor; in den scharfen Gegensätzen, welche hier sittlich=gute und sittlich=böse Charaktere trennen, und in der Gewißheit einer Welt= ordnung, in welcher das Sittlich=Gute ebenso sicher seinen offenbaren Lohn findet, wie das Sittlich=Böse eine vernichtende Strafe erwartet. Diese ethische Qualität des Märchens entspricht aber völlig der ethischen Entwicklungsstufe des Kindes. Hier wie dort fehlt Ver= ständnis und Würdigung der ethischen Probleme, denen der mo= derne Roman sich zuwendet. Hier wie dort ist für eine Welt= anschauung kein Raum, in welcher äußeres Geschick und innere Anlage als Ursachen schwerer Verirrungen oder diese letzteren im Glorienscheine einer göttlichen Berechtigung erscheinen; hier wie dort fehlen die Voraussetzungen für jene schwankenden Existenzen, welche der moderne Roman uns so häufig zeichnet, die, hierhin und dorthin gezogen, eines eigenen Schwerpunktes entbehrend, mehr unser Mitleid in Anspruch nehmen, als unserem richtenden Urteil anheim fallen; hier wie dort endlich suchen wir vergeblich nach den Bedingungen, welche eine Lösung schwerer Verwicklungen er= möglichen, ohne daß durch Leiden Unrecht und Schuld gesühnt würde. Kein größerer Gegensatz in der Behandlung ethischer Probleme als zwischen Märchen und Roman. Hier eine Vielheit der Gesichtspunkte für die Beurteilung der handelnden Charaktere, welche nicht befestigte Gemüter leicht verwirrt und ihre sittliche Bildung schädigt; dort nur eine Norm, welche über den sittlichen Wert entscheidet. Hier eine langsame Entwicklung, schwere Kämpfe, dort Charaktere, die von vornherein gut oder böse sind und diese Qualität bis zuletzt festhalten. Es ist die sittliche Einfachheit und Strenge des deutschen Volksmärchens, welche eine pädagogische Verwendung desselben gestattet, ja wertvoll macht. Auch dürfen wir nicht fürchten, daß die Naturanschauung der Märchen ihren Freunden die Wirklichkeit zu lange in täuschendem Gewande darstelle. Zu groß ist der Gegensatz zwischen dieser und jener, als daß ein Kind anhaltend versucht sein könnte, die Welt der Märchen in der Welt wiederzusuchen, der wir nach unserer sichtbaren Erscheinung angehören. Zu bald und zu eindrucksvoll bezeugt auch dem kindlichen Bewußtsein die Wirklichkeit die Gültigkeit ihrer Gesetze, als daß dasselbe sie ignorieren, sich über sie hinwegsetzen könnte. Mag es in einzelnen Fällen angezeigt sein, daß die Erziehung die Märchenlektüre einschränkt, damit träumerischer Sinn es nicht vorziehe, sich in der Welt eine geistige Heimat zu schaffen, welche hier die Phantasie gebildet hat; eine allgemeine Gefahr liegt nicht vor. Ja, wir wagen die Behauptung, daß eine Kindheit, welche nicht vom Duft der Märchenpoesie erfüllt war, in eine jugendliche Entwicklung übergehen wird, welche, idealer Weltbetrachtung unhold, allzu leicht mit dieser Wirklichkeit sich befreundet. Und ebenso sind wir geneigt, vorauszusetzen, daß einer Kindheit, welche die Luft der Märchenwelt geatmet hat, eine Jugend folgen werde, die, einer idealen Weltauffassung erschlossen, diese Wirklichkeit auf eine höhere Stufe zu erheben entschlossen ist und eine verklärende Vollendung derselben erwartet.

Wenden wir uns jetzt der Frage zu, inwieweit der Unterricht es vermag, auf die Entwicklung der Phantasie einen fördernden Einfluß auszuüben, so dürfen wir von der Einwirkung absehen, welche der Lehrvortrag vermöge der sinnlichen Anschaulichkeit, die ihm eigen sein soll, hervorbringt, da wir dieser Aufgabe des Unterrichts schon gedacht haben, und können uns auf die Disziplinen beschränken, welche der Phantasie höhere Ziele stellen, ihr freiere Bahnen zeigen und ihr einen wertvolleren Inhalt geben. Es sind ausschließlich die Disziplinen, welche die ästhetische Litte-

ratur des eigenen Volks und fremder Völker uns eröffnen, und
es ist der Religionsunterricht, die jetzt unsere Aufmerksamkeit in
Anspruch nehmen.

Indem wir zuerst auf den sprachlichen Unterricht den Blick
lenken, insoweit derselbe ästhetische Elemente vermittelt, werden
wir diese sowohl nach ihrer Form als nach ihrem Inhalt zu
betrachten haben. Es unterliegt allerdings keinem Zweifel, daß
beide von einander unzertrennlich sind; daß ohne ästhetische Form
wohl ein ästhetischer Rohstoff, ein zu ästhetischer Behandlung ge-
eignetes Thema, aber kein ästhetischer Inhalt gedacht werden kann;
und ebenso steht es fest, daß eine ästhetische Form, der ein be-
deutender Inhalt fehlt, uns nur als ein Mißbrauch der Poesie,
als eine Entwürdigung derselben erscheinen muß. Nichtsdestoweniger entspricht sehr häufig dem Wert der Form keineswegs die
Bedeutung des Inhalts und umgekehrt. Je weniger dies nun
der Fall ist, je mehr sich ein Mißverhältnis zwischen beiden
Seiten zeigt, desto bestimmter müssen wir darauf dringen, daß
derartige Darstellungen nicht in die Lektüre aufgenommen werden,
welche ästhetischer Bildung dienen soll. Nur was in gleichem
Maße durch Schönheit der Form und Bedeutsamkeit des Inhalts
ausgezeichnet ist, was den Charakter der Klassicität an sich trägt,
darf hier den Gegenstand des Unterrichts bilden. Der Schüler
kann so allein lernen, daß der Wohlklang der Sprache nur ein
leeres Wortgeklingel ist, wenn ihm ein kräftiger Gedankeninhalt
fehlt, und daß dieser nur dann Geltung gewinnen kann, wenn er
im Gefäß der schönen Form erscheint.

Der Begriff sprachlicher Klassicität darf aber keineswegs auf
die Darstellung der ästhetischen Meister, die wir als Klassiker verehren, beschränkt werden; wir müssen ihn vielmehr überall da
verwirklicht finden, wo uns die Einheit von wertvoller Form und
bedeutsamem Inhalt begegnet. Und so giebt es in unserer deutschen Litteratur eine große Fülle ausgezeichneter Lesestücke, Er-
zählungen in gebundener und ungebundener Sprache, die vermöge
der Mustergültigkeit, mit welcher sie den volkstümlichen Ton
treffen und zum Gemüt des Kindes reden, einen Anspruch auf
Klassicität haben, obwohl die Namen ihrer Verfasser nur in kleineren Kreisen bekannt sind und hochgeschätzt werden. Kleiner ist

die Zahl der deutschen Schriftsteller, die es verstanden haben, klassische Darstellungen für die mittlere Lehrstufe zu schaffen. Die Ursachen dieser Erscheinung sind leicht zu erkennen.

Auf der frühen Entwicklungsstufe des geistigen Lebens, an welche der elementare ästhetische Unterricht sich wendet, ist der Gesichtskreis des Zöglings ein beschränkter. Die poetische Verklärung von Vorgängen, die das tägliche Leben mit sich führt, von einzelnen Ereignissen, wie sie durch den Wechsel der Jahreszeiten bedingt werden, von festlichen Höhepunkten der Familiengemeinschaft, genügt hier völlig dem Bedürfnis des Gemüts. Und wem es gegeben ist, diese einfachen und doch innerlich so reichen Themata in schlichter, zum Herzen redender Sprache poetisch zu gestalten, hat den Weg zum Kindesherzen gefunden und wird ein Klassiker in der Litteratur der Kinderwelt. Wie wir schon vorhin bemerkten, können wir uns rühmen, eine nicht geringe Zahl solcher Klassiker zu besitzen. Die Sinnigkeit des deutschen Genius, die ihn befähigt, in die Kindesseele sich zu versetzen, mit ihren Augen zu schauen und ihren Empfindungen Worte zu verleihen; die hingebende Liebe, mit welcher derselbe die Vorgänge im Naturleben belauscht und zu Trägern der eigenen Bewegungen des Gemüts erhebt; die Innigkeit endlich, welche unser Familienleben auszeichnet und uns in unseren vier Wänden die Quelle des höchsten irdischen Glücks finden lehrt: — das sind die Faktoren, denen die deutsche Litteratur den Reichtum an klassischen Darstellungen der Welt des Kindergemüts dankt.

Es ist viel schwieriger, für die Entwicklungsstufe, auf welcher der Übergang aus der Kindheit zur Jugend sich vollzieht, Stoffe zu finden und ihnen Formen zu geben, welche die Phantasie fesseln, ohne sie zu überreizen; welche einen kräftigen Gedankengehalt in sich schließen, ohne durch überwiegende Lehrhaftigkeit zu ermüden; welche endlich einer ethischen Weltanschauung dienen, ohne dieselbe aufdringlich vorzutragen. In diesem Alter überschreitet der Geist des Zöglings die engen Schranken, in deren Grenzen er sich bis dahin bewegt hat; er beginnt, von der Welt Besitz zu nehmen, welche er in der Vielheit ihrer Beziehungen nur durch das Medium einer stark erregten und wenig gebildeten Phantasie zu betrachten vermag; es sind große und gewaltige Geschicke,

die er einst zu erleben erwartet, eingreifende, mit Ruhm gekrönte
Thaten, die er zu vollbringen gedenkt. Die Welt erscheint ihm
als der Schauplatz von Vorgängen, welche mit der bis dahin er=
fahrenen Wirklichkeit sich nur in wenigen Punkten berühren.
Poetische Darstellungen, welche diese Gemütsstimmung ansprechen
sollen, werden daher nicht die alltägliche Wirklichkeit zum Gegen=
stande wählen dürfen, da sie nicht mehr der Phantasie volles Ge=
nüge bietet, sondern es müssen in der That ergreifende Handlungen
und Geschicke das Objekt derselben bilden. Da sie aber zugleich
die Phantasie klären sollen, müssen die Charaktere, Handlungen
und Vorgänge, welche hier gezeichnet und erzählt werden, psycho=
logisch und ethisch motiviert erscheinen; dürfen keine ethischen Pro=
bleme gestellt werden, welche das noch so sehr der Kräftigung be=
dürftige Urteil nur verwirren könnten; müssen endlich alle abstrakten
Schematisierungen vermieden, nur konkrete, individuelle Farben
gewählt werden. Es wird wenige deutsche Jugendschriftsteller ge=
ben, die voll und ganz diesen Ansprüchen Genüge geleistet haben;
und die es gethan, dürfen sich vielleicht auch nur auf wenige ein=
zelne ihrer Darstellungen berufen.

Auf der abschließenden Stufe der jugendlichen Entwicklung
sind es die klassischen Dichtungen der deutschen Meister oder, ge=
nauer bezeichnet, ist es eine Auswahl derselben, welche dem Stu=
dium zugrunde liegt. Vor allem sind es Dramen, welche durch
eingehende Interpretation dem Verständnis erschlossen werden
müssen. Es sei uns gestattet, der dramatischen Werke einzeln zu
gedenken, deren Lektüre die Schule nicht unterlassen darf, und über
welche hinauszugehen wir nicht raten möchten. Wir nennen zuerst
Schillers „Tell", „Maria Stuart", „Jungfrau von Orleans" und
„Wallenstein". Der historische Hintergrund, auf dem diese Dramen
ruhen, die geschichtliche und sagengeschichtliche Bedeutung der Hel=
den, das Zurücktreten der Liebesbeziehungen, die empfindungsvoll
bewegte Sprache, der schwungvolle und kräftige Ton, die Voll=
gewißheit der Überzeugung, ja die Rücksichtslosigkeit, mit welcher
eine ideale Weltanschauung hier zur Geltung gebracht wird, endlich
das farbenreiche Bild, welches der Anschauung sich darbietet, alle
diese für Schillers dramatische Dichtungen so charakteristischen Züge
entsprechen der Gemütsstimmung der Jugend; und woran die

ästhetische Kritik mit Recht Anstoß nimmt, das rhetorische Pathos, die Allgemeinheit der Charakteristik, gerade dies ist eine Quelle ethischer Kraft für den jugendlichen Geist, der Kompromissen mit der Wirklichkeit, dem Ausgleichungsprozeß zwischen Idee und Geschichte wenig Sympathieen entgegenbringt. Und dies ist wahrlich nicht zu bedauern. Wer nicht in der Jugend, wenigstens zeitweise, einem rücksichtslosen, wesentlich ungeschichtlichen Idealismus gehuldigt hat, steht in Gefahr, einem sinnlichen Genußleben oder einem trivialen Arbeitsmechanismus zu verfallen.

Im scharfen Gegensatz zur dramatischen Dichtung Schillers, die mit jugendlichem Ungestüm von der Welt im Namen der Idee Besitz ergreift und sie im vielfarbig leuchtenden Strahlenglanz verklärt, steht Lessings überwiegend kühle, kritische Darstellung, in welcher weniger die schöpferische Kraft der Phantasie als die Macht des Verstandes, der Phantasie zu gebieten, sich offenbart. Denn das einzige Drama Lessings, in welchem auch eine hervorragende Phantasie wirksam ist, und in welchem eine gewaltige Energie leidenschaftlicher Erregung pulsiert, dem wir nicht anstehen den höchsten Preis zuzuerkennen, „Emilia Galotti", eignet sich nicht für die Lektüre im Unterricht der Schule. Das Gebiet sittlicher Verwicklungen und Probleme, das wir hier betreten; die Situationen, in welche wir hier geführt werden; die Gemütszustände, in welche wir hineinschauen, liegen der Jugend fern und sollen ihr fern liegen. Wir sollen nicht den Schleier fortziehen, der Erfahrungen verhüllt, welchen nur sittlich gefestigte Charaktere nahen dürfen, während ein Gemüt, das noch nicht eine gegründete sittliche Gesamtanschauung gewonnen hat, von ihnen verwirrt und gestört wird. Es sind nur zwei Dramen Lessings, in deren Verständnis einzuführen die Schule berufen ist: „Minna von Barnhelm" und „Nathan der Weise", Dramen, die freilich nicht auf der dichterischen Höhe stehen, welche Lessing in der „Emilia Galotti" erreicht hat, vielmehr vielfach die Schranken zeigen, die seiner dramatischen Kraft gezogen waren, die aber sowohl durch das Thema, welches sie lösen wollen, als durch die Behandlung, welche demselben zuteil wird, der Jugend zugänglich sind, sie fesseln und sittlich kräftigen. Die Klarheit und Durchsichtigkeit der Exposition, die Einfachheit der Charaktere machen diese Dramen, vor allem „Minna

von Barnhelm", zu einem unveräußerlichen Bestandteil der Schul=
lektüre für die Zöglinge der oberen Klassen. In erster Linie
nennen wir allerdings Minna von Barnhelm. Tellheim, der
Repräsentant der unbedingten Ehrenhaftigkeit, der absoluten In=
tegrität des Charakters, der auch die Trübung, welche eine irrende
öffentliche Meinung über seinen Namen ausbreitet, so schmerzlich
empfindet, muß in einer zur Ritterlichkeit erzogenen Jugend die
lebhaftesten Sympathieen erwecken, wie ebenso Minna, welche die
hingebendste Liebe und sich selbst bewahrende weibliche Würde in
gleichem Maße verwirklicht, auf dieselbe eine lebhafte Anziehung
ausüben muß. Das Thema dieses Dramas, die Ausgleichung
zwischen Liebesglück und persönlicher Ehre, wie sie sich auf histo=
risch bedeutsamem Boden vollzieht, entspricht voll und ganz den
Stimmungen, welche wir bei einer edelgesinnten Jugend voraus=
setzen müssen.

Zweifelhaft kann man sein, ob „Nathan der Weise" für die
Schullektüre geeignet ist. Denn die hier vorgetragene Grund=
anschauung über den Wert der drei monotheistischen Religionen in
ihrem Verhältnis zu einander nach Maßgabe ihrer Beziehung zur
Humanitätsidee ist eine irrige. Freilich nicht daran dürfen wir
Anstoß nehmen, daß ein Jude ein höheres Maß sittlicher Voll=
kommenheit aufweise als ein Christ. Hat doch auch der Herr den
Juden einen Samariter zum Vorbilde aufgestellt. Offenbar kann
unter günstigen Konstellationen das Glied einer niederen religiösen
Entwicklungsstufe einen höheren sittlichen Rang einnehmen als An=
gehörige einer höheren, ja der höchsten religiösen Entwicklungsstufe.
Auch ist die Gestalt Nathans nicht so ungeschichtlich, als wir voraus=
zusetzen geneigt sind; vielleicht geschichtlicher, als Lessing selbst ge=
wußt hat. Wer H. Reuters „Geschichte der religiösen Aufklärung
im Mittelalter" gelesen hat, weiß, daß im 12. und 13. Jahrhundert
eine Mischung der religiösen Ideen des Christentums, Judentums
und Mohammedanismus sich vollzog, aus welcher Persönlichkeiten
in der Sinnesweise Nathans hervorgehen konnten. Nathan ist ein
Jude, der sich die christliche Humanitätsidee angeeignet hat. Aber
daß dieser christliche Ursprung seiner Humanität geleugnet wird,
daß Judentum und Mohammedanismus in ein gleiches Verhält=
nis zur Humanitätsidee mit dem Christentum gesetzt werden,

während nur dieses allein sie erzeugt hat, Islam und Judentum
sie aber negieren, diese irrtümliche Behauptung Lessings ist es,
welche das christliche Bewußtsein verletzt und unbefestigte Gemüter
irreführt. Nehmen wir noch hinzu, daß in Nathans Fabel der
echte Ring nach des Richters Spruch wahrscheinlich verloren gegangen ist, also auch das Christentum noch nicht das letzte Wort
der Religionsgeschichte bildet, ganz in Übereinstimmung mit der
Anschauung, welche Lessing in der „Erziehung des Menschen-
geschlechts" vertritt, und bedenken wir endlich, daß das sittliche
Handeln von der Qualität des religiösen Gemütslebens und Erkennens fast völlig losgelöst erscheint, so werden wir den Widerspruch des christlichen Bewußtseins gegen den Grundgedanken unseres
Dramas für völlig berechtigt anerkennen müssen.

Nichtsdestoweniger bleiben wir bei der Befürwortung der
Aufnahme von Lessings „Nathan" in die Schullektüre; allerdings
unter der Voraussetzung, daß der Geist der Kritik, dessen Neu-
belebung wir Lessing danken, auch auf seine eigene Schöpfung
angewandt werde. Es ruht ein eigener Zauber auf diesem Drama,
dessen Wirkung nur wenige Leser oder Hörer sich werden entziehen
können. Und es ist keineswegs nur die Schönheit der Sprache,
die Feinheit der Erfindung, das Ergreifende der Handlung, der
Reichtum an Gedanken, welche uns fesseln. Auch da, wo wir
widersprechen müssen, fühlen wir uns angezogen. Der freie, offene
Sinn, der des Edeln und Guten sich freut, wo immer es ihm
entgegentritt; der auch unter störenden Verdunkelungen das Licht
des göttlichen Ebenbildes, das sonnenhafte Auge der Seele erblickt,
welches sehnend und ahnend dem Vollglanz des Evangeliums sich
zuwendet, hat in Lessings „Nathan" einen kräftigen, und durch das
Medium der Poesie das Gemüt erwärmenden, freilich aber auch
getrübten Ausdruck gefunden. Das ist die historische Bedeutung
unseres Dramas, durch welche es zum dichterischen Anwalt einer
neuen Zeit geworden ist.

Es ist nun einmal das Schicksal neu auftauchender Ideen,
mit rücksichtsloser Einseitigkeit zur Geltung gebracht zu werden.
Vielleicht, daß ihre Wirksamkeit dadurch bedingt ist. Die Folge-
zeit mäßigt, beschränkt, gleicht aus. Im Lichte einer solchen kritischen Interpretation gelesen, kann Lessings „Nathan" auch das

chriſtliche Bewußtſein anſprechen; darf es auch nicht religiöſe Ver=
tiefung von ihm erwarten, ſo doch Erweiterung des Blicks und
Hinweiſung auf die ſittlichen Aufgaben, in deren Löſung chriſtliche
Frömmigkeit ſich bewährt.

In der Lektüre Goetheſcher Dichtungen vollendet ſich der
Unterricht, welcher der Entwicklung und Bildung der Phantaſie
gewidmet iſt. Beſchränkt freilich wird der Kreis der Werke blei=
ben müſſen, welche Gegenſtand der Interpretation werden. Teils
die Kürze der zugemeſſenen Zeit, teils der Inhalt der Dichtungen,
der jugendlichem Verſtändnis und jugendlicher Entwicklung nicht
zugänglich iſt, ſchließt hervorragende Dichtungen von der Schul=
lektüre aus. Nicht bloß die Proſawerke Goethes, ſondern auch
Deutſchlands „Göttliche Komödie“, der „Fauſt“, den freilich nur der
verſteht, welcher das Skizzenhafte im Abſchluß des zweiten Teils
erkennt, fallen außerhalb derſelben. Ausſchließlich auf das Epos
„Hermann und Dorothea“ und die Dramen „Götz von Ber=
lichingen“, „Iphigenia“, „Taſſo“ wird dieſelbe gerichtet ſein.
Am leichteſten erſchließt ſich „Götz von Berlichingen“ dem jugend=
lichen Verſtändnis. Der hiſtoriſche Hintergrund, die untergehende
Sonne des Rittertums, die ſcharfen Gegenſätze zwiſchen ſchlichter
deutſcher Treue, wie Götz und Eliſabeth ſie darſtellen, und dem
Egoismus der Begierde, wie ſie in Weislingen und Adelheid her=
vortreten, zwiſchen Ritterburg und biſchöflichem Hofe, die An=
ſchaulichkeit und Sinnfälligkeit der Handlung, die ſcharfe Zeichnung
durchſichtiger Charaktere gewinnen und feſſeln das jugendliche Ge=
müt. Eine höhere Stufe geiſtiger Bildung ſetzt „Hermann und
Dorothea“ voraus. Die äußere Handlung iſt gering; die Sphäre,
in der ſie ſich verwirklicht, bildet bürgerliches Stillleben, nur leicht
bewegt von der fernen politiſchen Revolution, die als fremdes
Element vorüberzieht; die Entwicklung fällt vor allem in das
Innenleben der handelnden Perſönlichkeiten, Reflexionen über Welt=
geſchick und Menſchenleben ſind vielfach in die Darſtellung ver=
flochten; ſo bereitet das Epos das jugendliche Gemüt, die Quellen
ſittlichen Handelns und geſchichtlicher Entwicklung im Innern des
Menſchengeiſtes zu ſuchen, es ſammelt und vertieft. So führt es
den Zögling zu einer höheren Stufe des geiſtigen und ſittlichen
Bewußtſeins und befähigt ihn, einer verſtändnisvollen Lektüre der

„Iphigenia" und des „Tasso" sich zuzuwenden. Immer geringer wird
hier die äußere Handlung, immer mehr zieht sich die Entwicklung
in das verborgene Innenleben des Geistes und Gemütes zurück.
Dort ist es der Sieg der freilassenden, die einzelne Persönlichkeit
achtenden Idee der Humanität über die harte Barbarei des Volks-
egoismus, der gefeiert wird; hier sehen wir die ästhetische Sinnesart, die im Kultus des eigenen Empfindungslebens aufgeht, an
der feindlichen Berührung mit der äußeren Wirklichkeit, die allgemeinen, unabänderlichen Gesetzen folgt, scheitern. Hier und dort
steht eine edle weibliche Gestalt im Mittelpunkt, die Maß und
Selbstbeschränkung gebietet, wie sie diese sittlichen Güter in sich
verwirklicht. Hier und dort sammelt sich der betrachtende Geist
in der Erwägung gedankenreicher Sprüche, welche den Sinn des
Lebens deuten; hier und dort endlich vernehmen wir bewundernd
eine Sprache, welche durch vollendete Schönheit, durch Ruhe in der
Bewegung, durch Adel und Erhabenheit unmittelbar das Gemüt
harmonisch stimmt. Die deutsche Nation besitzt keine Dramen,
welche, wie diese, die Phantasie reinigen und vertiefen; keine Dramen,
welche, wie diese, die aus der Schule scheidende Jugend zur Selbstbeschränkung und zum Maß, zu edler Menschlichkeit und zu einer
Liebe auffordern, welche in jedem Menschen das göttliche Ebenbild
erkennt und achtet.

Dem Verständnis dieser klassischen Dichtungen dient der Vortrag der deutschen Litteraturgeschichte, den wir insofern als mittelbare Pflege und Bildung der Phantasie betrachten dürfen. Es
bedarf wohl kaum der Hinweisung darauf, daß derselbe mit möglichst wenig Jahreszahlen die Schüler belasten darf, welche das
Gedächtnis doch nicht zu bewahren vermag, und welche nur das
Interesse vom Wertvollen ablenken. Auch sind wir wohl der
Verpflichtung überhoben, daran zu erinnern, daß es hier nicht
darauf ankommt, eine Vollständigkeit des Details zu erzielen, sondern vielmehr darauf, den allgemeinen Entwicklungsgang unserer
Litteratur zu zeichnen, in denselben anschauliche Biographieen
der Dichter aufzunehmen, welche den Geist einer Periode cha-
rakterisieren; endlich die Meisterwerke deutscher Dichtung durch
Darstellung ihres Inhalts und durch eine kritische Würdigung dem
Verständnis zu erschließen. Der Vortrag der Litteraturgeschichte

soll nicht sowohl nach Extensivität, als vielmehr nach Intensivität streben. In diesem Sinne gelehrt, wird unsere Disziplin zugleich die Aufgabe erfüllen, für die Privatlektüre der Dichtungen, die infolge beschränkter Zeit nicht Gegenstand der Interpretation im Schulunterricht sein konnten, die Wegweisung zu gewähren.

Die Erreichung der Zwecke, welche der Vortrag der Litteraturgeschichte verfolgt, wird wesentlich unterstützt durch die Lektüre wertvoller ästhetischer Abhandlungen. Lessings „Laokoon" und die Hamburgische Dramaturgie, Schillers Aufsätze „Über naive und sentimentalische Dichtung", „Über das Erhabene" pflegen hier mit Recht bevorzugt zu werden; nicht bloß ihr hoher philosophischer Wert entscheidet, auch nicht die Leichtigkeit und Einfachheit der Darstellung, welche die Grenzen jugendlichen Erkennens nicht überschreitet, auch nicht endlich der Impuls zu kräftiger Erkenntnisarbeit, der von diesen Werken ausgeht; es ist vielmehr vor allem der uns hier gewährte Einblick in die ästhetischen Grundsätze unserer Dichter, der diese Wahl bestimmt. Wir lassen es dahingestellt, ob diese ästhetischen Abhandlungen im Schulunterricht gelesen werden oder der Privatlektüre überlassen bleiben. Darüber kann nur das Maß der Zeit entscheiden, über welches der Unterricht verfügt. Aber auch, wenn derselbe darauf verzichten muß, innerhalb seiner Grenzen diese Aufsätze zu interpretieren, darf er sich doch der Verpflichtung nicht entziehen, sich durch mündliche oder schriftliche Berichterstattung der Schüler davon zu überzeugen, ob und inwieweit ein richtiges Verständnis dieser Werke erzielt ist, und dahin zu wirken, daß dasselbe gewonnen werde.

Hier sei uns noch ein Wort über die ästhetische Privatlektüre der Schüler auf der höchsten Stufe der Bildungsanstalten gestattet.

Daß dieselbe für das weibliche Geschlecht, so lange dasselbe Objekt der Erziehung bleibt, stetig strenger Kontrolle unterworfen bleiben muß, unterliegt keinem Zweifel. Wir müssen die weibliche Jugend von allen Vorstellungskreisen fernhalten, welche irgendwie die Reinheit des sittlichen Bewußtseins trüben könnten. Und so werden wir denn auch den jungen Mädchen keineswegs alle Dichtungen unserer Klassiker in die Hand geben. Dagegen werden wir sie der männlichen Jugend, die an der Ausgangsschwelle einer Gelehrtenschule steht, ausnahmslos gewähren. Es ist kein Widerspruch,

15

daß wir der Privatlektüre anheimgeben, was wir prinzipiell von der Schullektüre ausschließen. Denn, was dieser überwiesen wird, muß Gegenstand sorgfältiger, eingehender Interpretation werden. Die angeregten Ideen treten hier daher mit voller Klarheit in das Bewußtsein; was dagegen jener überlassen ist, geht flüchtiger am Gemüt vorüber, bleibt in einem gewissen Helldunkel und gewinnt nicht leicht eine beherrschende Gewalt über das Seelenleben; sittlich verwirrende Vorstellungen, die hier entstehen können, werden durch die Macht der Ideen niedergehalten, welche die Erziehung in der Seele hervorgerufen hat, und welche sie im vollen, hellen Lichte zu erhalten sich bemüht. Halten wir unsere männliche Jugend, so lange sie unserer Erziehung unterstellt ist, von der Lektüre lasciver Romane fern, welche die sittliche Kraft untergraben; aber versagen wir ihr nicht die freie Lektüre unserer Klassiker. Wo, wie hier, eine ideale Weltanschauung, ein kräftiger Gedankengehalt überall zutage tritt, liegen in der Dichtung selbst Faktoren, die, unterstützt von den erziehenden Mächten, welche auf den Schüler Einfluß ausüben, gegen sittlich verwirrende Vorstellungen, welche die Dichtung veranlaßt, reagieren. Lascive Romane dagegen, die ausschließlich das sinnliche Genußleben reizen, sind ein Gift, gegen dessen verderbliche Wirkung wir den sittlichen Organismus schützen müssen, selbst wenn wir vertrauen dürfen, daß er schließlich dasselbe ausscheiden werde. Wir sollen ihn auch vor den Schwächezuständen bewahren, die mit einem solchen Ausscheideprozeß verbunden sind.

Gedenken wir ferner der Pflege der Phantasie, welche die Abfassung deutscher Aufsätze vermittelt. Wir werden dieselben später einer eingehenderen Besprechung zu unterziehen haben, da sie ja keineswegs in erster Linie der Entwicklung der Phantasie dienen wollen. Aber in zweiter Linie haben sie allerdings auch diese Aufgabe im Auge. Nicht bloß, insofern sie häufig ästhetische Themata zu lösen suchen, auf der niederen Stufe Gedichte paraphrasieren, auf der höheren Dichtungen analysieren und charakterisieren; auch nicht bloß, insofern die anschauliche Darstellung von Naturvorgängen und landschaftlichen Reizen den Gegenstand der Aufsätze bildet; sondern vor allem, insofern nicht bloß Angemessenheit des Ausdrucks, Klarheit der Satzbildung, sondern auch Schönheit der Sprache das Ziel bildet, welches der Schüler erreichen soll. Freilich ein Ziel, welches nur wenigen zugänglich sein wird, da hier mehr ursprüngliche Anlage und Begabung, als Sorgfalt und Fleiß auf Erfolg rechnen dürfen.

Nicht in demselben Maße wie das Studium der klassischen Dichtungen der eigenen Nation vermag die Lektüre von Litteratur=werken fremder Völker auf die Bildung der Phantasie einen ge=staltenden Einfluß auszuüben. Der entgegengesetzte Fall wird nur dann eintreten, wenn entweder keine eigene nationale Litteratur vorhanden ist, welche der fremden als gleichwertig zur Seite treten kann, oder, wenn jene von früher erreichter Höhe herabgesunken ist, und die hervorragenden Werke fernliegender Jahrhunderte, welche einen hohen ästhetischen Genuß gewähren könnten, in Ver=gessenheit geraten sind.

In jener Lage befand sich das Mittelalter, das, wenigstens in seiner ersten Hälfte, ausschließlich auf die Schätze der antiken Litteratur angewiesen war; in dieser Deutschland vom Zeitalter der Reformation bis zur Mitte des achtzehnten Jahrhunderts, indem es während dieses ganzen Zeitraums überwiegend aus den Quellen der antiken und französischen Litteratur schöpfte. Aber dies waren anormale, abnorme Zustände. Nur nationale Dichtungen von klassischem Wert, in denen die Phantasie des Volksgeistes einen mustergültigen Ausdruck gefunden hat, vermögen die ästhetische Kraft der Nation in die ihr eigentümlichen Bahnen zu leiten.

So werden wir denn auch das Studium der anderen Völkern entstammenden Dichtungen, welches der Schulunterricht vermittelt, nicht in erster Linie als ästhetischen Zwecken dienend betrachten dürfen. Schon die Schwierigkeiten, welche die Aneignung der fremden Sprache gewährt, beschränken den ästhetischen Genuß. Auf der andern Seite freilich steigert denselben die unmittelbare Lektüre des Originals, welche des störenden Mediums einer Über=setzung zu entraten vermag.

Auf dem Gebiet der antiken Litteratur ist es mehr die grie=chische als die römische Poesie, welche die Kraft der Phantasie weckt und bildet.

Die deutsche Jugend, welche in die Ideenwelt unserer klas=sischen Dichter eingeführt wird, von dem Reichtum und der Tiefe

15 *

ihres Empfindungslebens bewegt ist, wird an der römischen Poesie
gerade die Eigenschaften vermissen, von denen Impulse auf das
Gemüt ausgehen; wie sehr sie sich auch am bunten Wechsel von
Kampfesscenen in der Aneis oder am anmutigen Vortrag der
genußfrohen Weltweisheit des Horaz erfreuen mag. Am meisten
vermöchte die stimmungsvolle Darstellung in Ovids Metamorphosen
die Phantasie zu fesseln, wenn nicht sprachliche Motive die Lektüre
dieses Schriftstellers einer früheren Stufe zuwiesen, auf welcher
das ausreichende Maß ästhetischer Bildung, Empfänglichkeit und
Würdigung schwerlich erzielt ist. Dagegen stehen die griechischen
Dichtungen, welche den Schülern im Unterricht zugänglich werden,
Homers „Odyssee" und „Ilias", die Sophokleischen Dramen auf der
künstlerischen Höhe, welche die klassischen Dichtungen unserer Nation
behaupten; ja zu den Werken Homers blicken wir noch immer als
zu unerreichten Mustern bewundernd empor. Und deshalb erschließt sich auch hier weit und tief die Phantasie des Lesers; sie
folgt willig, wenn der Dichter mit erschütternder Gewalt die tra-
gischen Geschicke des Menschenlebens darstellt und der Klage über
der Götter hart belastenden, unabwendbaren Rat einen ergreifenden Ausdruck verleiht: und sie läßt sich gern in die Kampfebene
Trojas führen, nimmt bewundernd an den ritterlichen Heldenthaten
teil, in denen die Völkergeschicke sich entscheiden sollen, oder begleitet den klugen Griechen auf seinen an Abenteuern reichen,
schmerzvollen, aber durch Frauenhuld erleichterten Wanderwegen,
bis zur Rückkehr auf die heimatliche Insel an die Seite der treuen
Gattin, zugleich an der anschaulichen Darstellung und der Unmittelbarkeit sich erfreuend, mit welcher Götter und Menschen ihres
Herzens geheime Gedanken kundgeben.

Blicken wir schließlich auf die französische und englische
Litteratur, soweit sie den Schülern zugänglich ist, so werden
wir darüber nicht in Zweifel sein, daß die letztere in namhaft
höherem Maße als die erstere einen bildenden Einfluß auf die
Phantasie auszuüben vermag. Nicht als ob es jener an Dichtungen fehlte, welche eine kräftige Thätigkeit derselben bezeugten,
aber gerade sie sind durch Thema und Behandlungsweise von der
Lektüre der Jugend ausgeschlossen; und die klassischen Dramen
eines Racine und Corneille, welche wir derselben mit Recht dar-

bieten, sind vermöge des deklamatorischen Pathos, das ihnen eignet, dessen ermüdende Wirkung durch das eintönige Versmaß des Alexandriners noch gesteigert wird, nicht imstande, auf die Entwicklung der Phantasie bereichernd und gestaltend einzuwirken. Molières Lustspiele bilden eine genußreichere Lektüre, seiner frohgemuten und doch sittlicher Motive keineswegs entbehrenden Phantasie folgen wir gern; aber da die Charaktere, die er zeichnet, doch mehr allgemeine moralische Typen als ausgeprägte individuelle Persönlichkeiten sind, auch in der Lösung der dramatischen Spannung sich eine gewisse Monotonie der Erfindung zeigt, so dürfen wir auch von ihm eine tiefer gehende Einwirkung auf die Entwicklung der Phantasie nicht erwarten.

Dagegen besitzt die englische Litteratur eine Fülle von Dichtungen, welche durch den Reichtum der Phantasie, der ihnen eigen ist, sowie durch den sittlichen Gedankengehalt, der sie auszeichnet, Anspruch darauf hat, als ein wertvoller Faktor für die Bildung der jugendlichen Phantasie betrachtet zu werden. Um so mehr, als der größte englische Dichter, Shakespeare, uns so innig vertraut geworden ist, als wäre er Deutschland ursprünglich angehörig; als die hervorragendsten Romanschriftsteller Englands in unserem Jahrhundert, Walter Scott und Charles Dickens, ebenso eine unbestrittene Ehrenstelle in der Lektüre unserer Jugend einnehmen, wie die Erwachsenen sich an ihren Schriften erfreuen. Es ist der Typus des germanischen Genius, der die Litteraturen beider Völker vereinigt und die eine an dem geistigen Gewinn der andern geschwisterlich teilnehmen läßt. Um so mehr ist es zu bedauern, daß unsere wissenschaftlich höchsten Unterrichtsanstalten, unsere Gymnasien, die englische Sprache und Litteratur aus ihrem Studienkreise ausgeschlossen haben und statt ihrer die französische als Lehrobjekt gewählt. Es war dies zulässig, so lange die französische Sprache Weltsprache war, und die vornehme deutsche Gesellschaft ihre aristokratische Qualität durch die Beherrschung derselben legitimierte; seitdem aber die englische Sprache in demselben oder doch fast in demselben Maße Weltsprache geworden ist und unsere gebildete Gesellschaft die englische Sprache und Litteratur vor der französischen bevorzugt, ist nicht mehr Grund vorhanden, der letzteren den Platz einzuräumen, auf den jene viel größeren Anspruch hat. Die logisch bildende Kraft, welche der französischen Sprache eignet, kann der Gymnasiast wahrlich entbehren, der im Studium der griechischen und lateinischen Sprache die vielseitigsten und feinsten logischen Beziehungen, deren die menschliche Sprache fähig ist, zu erkennen und zur Geltung zu bringen gelernt hat. Uns scheint allen Anforderungen, welche im Interesse der französischen Sprache an das Gymnasium gerichtet werden können, Genüge geleistet zu sein, wenn zu diesem Zweck in der ersten Klasse ein zweijähriger Kursus mit zwei wöchentlichen Stunden bestimmt wird. Der in der Aneignung fremder Sprachen geübte Schüler wird in dieser Zeit ohne große Schwierigkeiten das Maß von Kenntnissen sich erworben haben, welches die Bedingung für die Lektüre französischer Schriftsteller bildet. Und das mag genügen; ist doch auch das Ziel, welches gegenwärtig unsere Gymnasien zu erreichen pflegen, kaum ein höheres.

Es bleibt uns übrig, der Interpretationsweise zu gedenken, welche zum Zwecke des Verständnisses der gelesenen Dichtungen und im Interesse der Entwicklung der Phantasie durch dasselbe zur Anwendung zu bringen ist.

Natürlich können die Grundsätze, für die wir hier eintreten, voll und ganz nur bei der Lektüre deutscher Dichtung zur Geltung gelangen, da nur hier ausschließlich ästhetische Zwecke in das Auge gefaßt sind, während bei der Lektüre einer in fremder Sprache verfaßten Dichtung die grammatische Aneignung jener zugleich, wenn nicht in erster Linie, beabsichtigt ist. So ist es also die Interpretation deutscher Dichtungen, die wir jetzt vor allem im Auge haben.

Zwei Irrwege sind hier zu meiden. Der eine läßt durch eine Überfülle von Erklärungen der unmittelbaren Wirkung der Dichtung auf das Gemüt des Schülers keinen Raum; der andere, soweit nur irgend möglich eigener Zuthat sich enthaltend, steht in Gefahr, einen nicht innerlich angeeigneten Stoff darzubieten. Über das Maß der darzureichenden Erläuterung muß der Zweck derselben entscheiden. Er kann kein anderer sein, als einen verständnisvollen Genuß der Dichtung zu vermitteln. Daher ist jede Interpretation verwerflich, welche durch entbehrliches Mitteilen von historischen oder geographischen Details oder durch logisch-gramma-

tische Analysen das ästhetische Interesse und die ästhetische Em=
pfänglichkeit zerstört, das Ganze in Einzelheiten auflöst und so
den Gesamteindruck aufhebt; dagegen dient eine Interpretation der
ästhetischen Aufgabe, welche das Auge auf den Gedankengang der
Dichtung richtet, ihre Einheit dem Verständnis erschließt, die
Eigenart der einzelnen Charaktere, welche die Dichtung zeichnet,
die Motive ihres Handelns, den inneren Zusammenhang der Er=
eignisse vergegenwärtigt. Die Interpretation soll dem poetischen
Kunstwerk nicht anders als einem Werke der bildenden Kunst, einer
Statue, einem Gemälde, gegenüberstehen. Hier und dort kann
es nur ihre Aufgabe sein, auf die Schönheit desselben hinzuweisen,
welche dem oberflächlichen Blick entgeht. Inwieweit die Schüler
selbst zur ästhetischen Interpretation zu veranlassen sind, darüber
können wir erst im folgenden Abschnitt unserer Darstellung uns
aussprechen, wenn wir im Zusammenhang mit der Aufgabe, die
Erziehung zum logischen Denken in das Auge zu fassen, zugleich
die Frage zu beantworten haben, durch welche Mittel die Unter=
richtsmethode diesen Zweck zu erreichen vermag. — —

Außer dem Gebiet der Dichtung ist es die Sphäre der Re=
ligion, deren Aneignung die Thätigkeit der Phantasie voraussetzt
und auf sie einen bildenden Einfluß ausübt. Nicht als ob die
Religion ein Erzeugnis der Phantasie wäre, vielmehr sind es
ethische Motive, aus denen sie erwächst; es ist das tiefste und
dringendste Bedürfnis des Gemüts und Gewissens, das Verlangen
nach Freiheit und Frieden, nach Vergebung und Erlösung, welchem
sie Genüge gewährt. Aber die Phantasie ist eine, wenn auch
nicht die einzige, psychische Funktion, durch welche sich die Religion
verwirklicht. Ihr Objekt, Gott, ist unsichtbar; seine Realität
wird erfahren im verborgnen Grunde der Seele, in der Welt
der Erscheinungen, in den Vorgängen des Naturlebens, in der
Geschichte der Völker, im Verlauf der Entwicklung des einzelnen
Menschen erkennt der religiöse Sinn die Stätte der göttlichen
Offenbarung. Und auf dem Boden der Offenbarung, auf welchem
die Religion die vollkommene Gestalt gewinnt, wird alles irdische
Sein, alles menschliche Handeln durch die Kraft heiliger Liebe in
den Dienst Gottes gestellt, die Welt in Gottes Reich verwandelt.
Endlich betritt die religiöse Hoffnung das Reich der Voll=

endung und sieht in einer dem Tode entnommenen, übersinnlichen Weltsphäre das herrliche Ziel, welches die Menschheit und der Einzelne erreichen soll. So erbaut sich die Religion in Glaube, Liebe, Hoffnung mitten im irdischen Sein eine höhere, unsichtbare Welt, welche doch auf die Wirklichkeit der Erscheinung stetig bezogen ist, ihre Stoffe verwendend und umgestaltend. Dieses Incinanderschauen von Göttlichem und Menschlichem, Himmlischem und Irdischem, Unsichtbarem und Sichtbarem, und das aus diesem Schauen seine Motive schöpfende Handeln vollzieht sich unter Mitwirkung der Phantasie. Denn das ist ja die eigentümliche Funktion derselben, ein Unsichtbares als gegenwärtig zu schauen, durch Beziehung auf dasselbe dem Sichtbaren eine veränderte, neue Beleuchtung zu geben und ihr gemäß es umzubilden.

Besondere Impulse empfängt die Phantasie durch den geschichtlichen Charakter der christlichen Offenbarungsreligion. Das Idealbild der Religion, welches wir gezeichnet haben, ist der vollkommenen Gestalt entnommen, welche dieselbe auf dem Boden des Christentums gewonnen hat. Nur hier ist die wahre, vollkommene Religion verwirklicht, nur an dem hier uns dargebotenen Maßstab können wir den Wert bestimmen, welchen wir den Gestaltungen auf niederen Entwicklungsstufen zuzuerkennen haben. Denn das Christentum ist nicht eine Religion neben vielen, sondern die Religion, in welcher alle anderen Religionen aufgehoben sind, weil ihre Wahrheitselemente in ihr enthalten, ihre Verirrungen abgestreift, ihre Lücken ausgefüllt sind.

Diese Dignität der christlichen Religion legitimiert sie als die abschließende Offenbarung Gottes. So charakterisieren wir sie nicht in dem Sinne, in welchem wir in jeder Religion, bald mehr, bald weniger, Spuren göttlicher Offenbarung erkennen können; das Christentum ist nicht quantitativ und graduell, sondern qualitativ und spezifisch von allen Religionen unterschieden und über sie erhaben. Es ist, angeschaut in der Gestalt Jesu Christi, nicht Gotteswerk neben Menschenwerk, sondern reines, lauteres Gotteswerk, in reinem, lauterem Menschenwerk verwirklicht, es ist die Stiftung des Reiches Gottes auf Erden. In Christus ist demselben das Haupt gegeben, welches die ihm einwohnende geistig-sittliche Lebenskraft versöhnend, erlösend und heiligend der sich ihm im Glauben erschließenden Menschheit mitteilt und dieselbe sich so zu seinem Leibe anbildet.

Diese geschichtliche Erscheinung des Reiches Gottes, vorbereitet in der alttestamentlichen Entwicklung, sich auswirkend durch Vermittlung der Kirche in der Menschheit, welchen Reichtum von Impulsen bietet sie einer auf das Heilige gerichteten Phantasie! Es ist vor allem die Lichtgestalt des Heilandes, des sündlosen Gottes= und Menschensohnes, der sie sich zuwendet. Bald sieht sie ihn gnadenbringend den Mühseligen und Beladenen nahen, bald erblickt sie ihn im Riesenkampfe mit der Weltsünde; jetzt erscheint er im Jüngerkreise belehrend und mahnend, warnend und tröstend, jetzt steht er strafend und drohend dem verblendeten Volke und seinen haßerfüllten Führern gegenüber; wir begleiten ihn nach Golgatha, schauen zum Gekreuzigten empor, der einsam duldend im vollendeten Gehorsam unsere Schuld sühnt und das Werk der Erlösung erfüllt; wir stehen am offenen Grabe; der auferstandene Sieger über Tod und Grab offenbart sich uns; und endlich schauen wir ihm nach, da er sichtbar von uns scheidet, um unsichtbar immer uns gegenwärtig zu bleiben. Und weiter richtet sich unser Blick auf das Wirken und die Werke seiner Boten, die in seinem Sinn das Evangelium verkünden und die Erde in eine Stätte des Reiches Gottes verwandeln, auf ihre Arbeiten und Kämpfe, auf ihre Leiden und Siege.

Es ist die Geschichte des religiösen und sittlichen Ideals, des urbildlich in Christus, abbildlich in den Seinen verwirklichten Ideals, auf welche unser Auge gelenkt wird. Es ist die Geschichte der gottgeeinten, von ihm bestimmten, ihm sich erschließenden Menschheit, auf welcher es ruht. Wahrlich, es giebt keinen Gegenstand, der in gleichem Maße einer ideal gestimmten Phantasie entgegenzukommen, in gleichem Maße den Eindruck höchster Erhabenheit und friedevoller, friedenbringender Harmonie zu erzeugen vermöchte.

Es ist eine andere Richtung, in welche die alttestamentliche Geschichte unsere Phantasie leitet. Religion und Volkstum ist hier unauflöslich mit einander verflochten. Das religiöse Element erscheint daher mit politischen Motiven und Bewegungen eng verbunden. Hat dieser Zusammenhang zur Folge, daß ein farbenreiches Bild uns vor Augen tritt, in welchem die geschichtlichen Mächte, Völker und Fürsten, handeln und wirken, Kampf und Heldentum den Schauplatz erfüllen, so doch auch, daß das religiöse Element nur in getrübter Gestalt sich offenbart. Aber gerade die sinnlich=geschichtliche Vermittlung der alttestamentlichen Religion entspricht der Entwicklungsstufe des kindlichen Sinnes, der eines äußeren, sichtbaren Vehikels bedarf, um das Unsichtbare zu er= greifen.

Aber noch in einer andern Beziehung kommt die alttesta= mentliche Geschichte dem Gemütsbedürnis des Kindes entgegen. Es sind die Gestalten der Patriarchenzeit, deren Bild sich tief der Kindesseele einprägt. Das Gebiet ihres Handelns ist beschränkt, die Motive desselben sind durchsichtig und leicht verständlich, die Charaktere sind scharf gezeichnet. Und die Handlungen selbst, welche Fülle ergreifender Momente schließen sie in sich! Ein Abraham, der Vaterhaus und Vaterland verläßt, in unbekannte Ferne zie= hend, der auch den eigenen Sohn zum Opfer bringt, weil Gott es gebietet. Ein Joseph, zuerst ein Dulder, den Bruderneid in die Fremde stößt; dann ein Bild jugendlicher Reinheit, über die Ver= suchung siegreich, und gleich darauf ein Märtyrer im Gefängnis; endlich ein Segenspender für Ägypten, für Israel, für die Seinen. So klar und bestimmt treten hier überall die Grundzüge frommen Sinnes hervor, Gehorsam und Treue; so unverhüllt offenbaren sich zugleich die Begierden des sündhaften Herzens; so deutlich, so laut und vernehmbar redet hier die Sprache der göttlichen Vor= sehung, die straft und richtet, belohnt und erhebt, die auf wunder= baren Wegen prüft, läutert und vollendet, daß keine Darstellung in gleichem Maße das Kindesgemüt zu bewegen und sittliche Kräfte mitzuteilen vermag.

Aber auch für eine höhere Entwicklungsstufe giebt die alt= testamentliche Religion der Phantasie reichen Stoff. Dürfen wir in ihren geschichtlichen Darstellungen Elemente der epischen Poesie erkennen, so ist es eine rhetorische Dramatik, die in den prophe= tischen Schriften sich offenbart. Der Widerspruch zwischen dem heiligen Willen Gottes und dem unheiligen Willen Israels; die Strafgerichte, welche Gottes Zorn über das ungehorsame Volk verhängt: Israels Reue und Bekehrung, Rettung und Verherr=

lichung, diese Reihe schmerzreicher und gnadenvoller Entwicklungsstufen, durch das Gesetz heilsgeschichtlicher Dialektik verknüpft, in
der Perspektive der Weltvollendung und Naturverklärung angeschaut, das ist der gewaltige Inhalt der alttestamentlichen Weis-
sagung. Und die Sprache und Darstellung steht auf der Höhe,
welche der Gegenstand fordert. Es sind Handlungen, welche der
Prophet uns vor Augen führt, in welche er uns als miterlebende
Zeugen hineinversetzt: Handlungen, die zuerst im Unsichtbaren
des Geistes und Gewissens sich vollziehen, dann aber in sichtbaren
Ereignissen und Geschicken sich vollenden.

In geringerem Maße wird die didaktische Epik des Hiob und
die Lyrik der Psalmen die jugendliche Phantasie fesseln. Die
religiöse Konzentration, die hier waltet, die in immer neuen Varia-
tionen das eine Thema darstellt; der große Raum, welcher der
naturbeschreibenden Phantasie eingeräumt ist, setzt, um ästhetisch
gewürdigt zu werden, Gemütsstimmungen voraus, welche der Jugend nicht eigen zu sein pflegen. Die sich immer gleichen Vorgänge des Naturlebens liegen ihr ferner als die Ereignisse und
Handlungen der geschichtlichen Entwicklung. Ihr fehlt die Objektivität der Anschauung, welche sich gern in den gesetzmäßigen Verlauf der Naturerscheinungen versenkt. Es überwiegt die Subjektivität des Selbstbewußtseins, die nur am Gleichartigen ein lebhaftes Interesse zu empfinden vermag. Und ebenso ist sie wenig
geneigt, den Blick auf einen engen Kreis von Vorstellungen, wie
wertvoll auch derselbe sei, anhaltend zu richten, sondern vielmehr
eifrig darauf bedacht, immer neue Elemente dem Empfindungsleben
und der Erkenntnis einzuverleiben. —

Wir haben in diesem Abschnitt unserer Darstellung Christentum und Religion ausschließlich unter dem ästhetischen Gesichtspunkt betrachtet. Es bedarf wohl kaum der Bemerkung, daß wir
weit davon entfernt sind, denselben als den entscheidenden und
maßgebenden für den christlichen Religionsunterricht anzusehen.
Ist die Religion überhaupt in ihrem innersten Wesen eine ethische
Qualität, eine Befriedigung ethischer Bedürfnisse, so ist dieser ethische
Charakter der Religion auf dem Boden des Christentums zur
entscheidenden Geltung gelangt. Die Niederhaltung und Verhüllung der ethischen Qualität durch ästhetische Elemente, wie sie der

Naturalismus des Heidentums zeigt, ist hier aufgehoben. Daraus
folgt aber nicht, daß Christentum und Religion ihrer innersten
Natur nach kein Verhältnis zum Ästhetischen haben, und daß die
Herstellung eines solchen notwendig eine Verdunklung ihrer eigen=
tümlichen Qualität herbeiführen müsse; es folgt nur daraus, daß
der ästhetische Faktor vom ethischen völlig durchdrungen werde, daß
jener nichts anderes sein wolle als eine Vermittlung für diesen.

Aber wir können noch weiter gehen; das Christentum läßt
nicht bloß das ästhetische Element zu, es fordert dasselbe. Die
Gesamtanschauung, welche es in sich schließt und in dem Gemüt
entfaltet, welches die Heilswahrheit innerlich erlebend sich aneignet,
zeigt nicht nur der Phantasie ein Bild, dessen innere Größe sie
fesselt, sondern erzeugt auch eine Gefühlserregung, erweckt eine
Seelenstimmung, welche dieses Bild mit gläubiger Liebe und ahnen=
dem Hoffen erfaßt.

Und so werden wir denn den Anspruch an den Religions=
unterricht stellen müssen, daß er das Gefühl nicht unberührt lasse
und die Thätigkeit der Phantasie hervorrufe; bald entfaltend und
Raum gewährend, bald zügelnd und beschränkend, immer führend
und wegweisend. Gewiß dürfen wir über den Wert des Re=
ligionsunterrichts nicht nach dem Maße entscheiden, in welchem
er Gefühl und Phantasie erregt; aber ebenso wenig unterliegt es
einem Zweifel, daß der Religionsunterricht sich der Aufgabe nicht
entziehen darf, auch diese Kräfte der Seele für seinen Gegenstand
zu wecken. Bleibt sie ungelöst, so wird derselbe nicht Herz zu
Herzen schaffen, weil der Schüler den Eindruck empfangen wird, daß
es dem Lehrer nicht von Herzen geht. Der Religionsunterricht
wird ohne Erregung des Gemüts ethische Kräfte nicht hervorzu=
bringen vermögen. Unauflöslich aber mit lebhafter Bewegung
des Gefühls ist die Thätigkeit der Phantasie verknüpft. Es ist
eine Reihe von Anschauungen, aus denen die Erregung des Ge=
müts erwächst, von denen sie begleitet wird, in denen sie sich
offenbart. Aber freilich, da es sich hier um Vorgänge handelt,
die mit innerer Notwendigkeit eintreten, können wir dem Religions=
lehrer keine Anweisung geben. Er kann nicht künstlich hervor=
bringen, was ihm vermöge seiner Naturanlage oder inneren Ent=
wicklung versagt ist. Nur sind wir der Meinung: wer die Be=

zeugung der Heilswahrheiten nicht mit warmem Gefühl zu durch=
dringen vermag, nicht ein lebensvolles, begeisterndes Bild der
Anschauung darzubieten imstande ist, ist ebenso ungeeignet für die
Thätigkeit eines Religionslehrers wie für die Aufgaben eines
Geistlichen.

Das Erkennen.

§ 23.

1) Der Erkenntniswert der Lehrobjekte.

Das Erkennen, welches der Jugend erreichbar ist, ge=
winnt nur auf sehr beschränktem Gebiete vollkommene Un=
abhängigkeit und Freiheit, auf den meisten anderen bleibt es
an die Autorität des Lehrvortrags und des Lehrbuchs ge=
bunden. Doch soll und kann der Schüler auf den oberen
Klassen der Gelehrtenschulen die Methode, an welche freies
wissenschaftliches Erkennen gebunden ist, sich aneignen. Aber
auch auf den niederen und mittleren Stufen dient der Unter=
richt der Erreichung dieses Zwecks, insofern er zu logischem
Denken nötigt und erzieht. Die Objekte des Unterrichts
sind nun teils Thatsachen, die erzählt und vom Gedächtnis
aufgenommen werden, teils Gesetze und Wahrheiten, die er=
kennende Aneignung heischen. Dort waltet die Autorität des
Lehrers, hier die Freithätigkeit des Schülers. Doch ist dieser
Gegensatz nur ein relativer, da auf der einen Seite das
Gebiet der Thatsachen eindringendem Verständnis erschlossen
werden soll, auf der andern Gesetze und Wahrheiten zu einem
nicht geringen Teil bald zeitweise, bald dauernd in der Ge=
stalt von Thatsachen dargestellt werden müssen. Trägt das
Unterrichtsobjekt den Charakter des Thatsächlichen, so muß
die erkennende Aneignung desselben vom Einzelnen zum All=
gemeinen aufsteigen; bildet aber den Inhalt des Unterrichts
eine Wahrheit oder ein Gesetz, so steigt das Denken vom
Allgemeinen zum Einzelnen nieder. Aber auch in derselben
Disziplin lösen beide Thätigkeiten des Denkens, die ana=
lytische und die synthetische, einander ab.

Nach dem Maße, in welchem eine Disziplin ihr Objekt als ein denknotwendiges zu erweisen vermag, bestimmt sich ihr Wert für die formale Entwicklung des Erkennens. So scheint es, daß wir der Mathematik die erste Stelle anweisen müssen, weil sie, wie keine andere Disziplin in diesem Maße, in steter Vollziehung logischer Operationen fortschreitet. Doch wird ihr Wert durch das beschränkte Gebiet, für welches ihre Sätze Gültigkeit haben, gemindert. Unter den naturwissenschaftlichen Disziplinen, welche in die Sphäre des Schulunterrichts fallen, ist es die Physik, welche vermöge der ihr eignenden mathematischen Methode denselben Erkenntniswert wie die Mathematik in Anspruch nehmen darf, während der Unterricht in den beschreibenden Naturwissenschaften nur ein geringes Maß formal-bildender Kraft besitzt. Unter allen Unterrichtsobjekten, welche der Schule zufallen, besitzt das Studium der Sprachen den höchsten Erkenntniswert, sowohl in formaler Beziehung, indem es zur vielseitigsten Ausübung aller logischen Operationen nötigt, als auch in materialer Hinsicht, indem die Lektüre hervorragender Schriftsteller einen umfassenden und eindringenden Blick in das innere Leben des menschlichen Geistes, in die Welt seiner Gedanken und Empfindungen, gewährt. Die formalen Zwecke des Sprachstudiums finden ihren Abschluß im Unterricht in der formalen Logik, während die materialen Ziele in der Abfassung von Aufsätzen über schwierigere Themata ihre Vollendung erhalten. Während der Unterricht in der Mathematik und in den Naturwissenschaften unmittelbar ausschließlich eine formale Einwirkung auf die Entwicklung des Erkennens ausübt, eignet dem geschichtlichen, geographischen und Religionsunterricht nicht sowohl in formaler, als vielmehr in materialer Beziehung ein hervorragender Wert für die Bildung des Erkennens.

So kommen wir zu dem Ergebnis, daß der materiale Wert einer Disziplin in dem Maße steigt, als ihr formaler Wert sinkt und umgekehrt. Doch vermag der Unterricht auf Gebieten, welche, wie das religiöse, vor allem materiale Einwirkungen ausüben wollen, durch reichliche Gewährung von

Gesamtanschauungen diese auch da zu sichern, wo er durch die Qualität des Objekts genötigt ist, unmittelbar über= wiegend die formale Thätigkeit des Erkennens in Anspruch zu nehmen.

So zeigt sich uns von neuem, daß nur das Sprach= studium, mit der Lektüre und Interpretation klassischer Schrift= steller verbunden, gleichmäßig das formale und materiale Er= kennen fördert und deshalb an Erkenntniswert alle anderen Lehrobjekte übertrifft. Es steht daher mit Recht im Mittel= punkt des Unterrichts in Gelehrtenschulen.

Wissenschaftliches Erkennen, das in reiner Gestalt vollzogen ist und das Ziel erreicht hat, auf welches es gerichtet war, schließt keine Elemente in sich, welche nur menschlicher Autorität ihre Geltung danken, nimmt nur Elemente in sich auf, welche sich dem forschen= den Geiste als Wahrheit ergeben haben. Was die Vergangenheit als Weisheit der Gegenwart überliefert, wird von dieser in wissen= schaftlichem Erkennen geprüft, und nur, was die Probe bestanden hat, eignet sie sich als Besitztum an. Und so erfüllt sich auch hier des Dichters Wort: „Was du ererbt von deinen Vätern hast, erwirb es, um zu besitzen."

Aber in dieser reinen Gestalt ist wissenschaftliches Erkennen nur dem gereiften Geist zugänglich, nicht aber der Jugend, die zur Mündigkeit und Reife erzogen werden soll. Die Thätigkeit ihres Denkens besitzt noch nicht die Energie, das Objekt der Wissenschaft sich allseitig anzueignen; noch nicht die Fähigkeit, in vielfacher Kombination die Fäden zweckvoll zu verschlingen; noch nicht die Kraft, bis zum letzten Ziele lange und mühsame Wege zu verfolgen. Und so ist das Wissen der Jugend reich an Be= standteilen, welche es auf Grund der Lehrautorität aufgenommen hat, aber arm an Elementen, welche sich ihm als Ergebnis wissen= schaftlichen Erkennens gebildet haben. Nur auf dem Gebiete der Mathematik, welche den Lehrsatz aus der Beweisführung hervor= gehen läßt, sowie innerhalb der Naturwissenschaft, insoweit dieselbe in Beobachtung und Experiment dem Schüler die Belege für ihre Behauptungen vergegenwärtigt, vermag dieser eine wissenschaftliche Erkenntnis zu gewinnen. Dagegen muß der Schüler geschichtliche und geographische Darstellungen, ohne ihre Richtigkeit kontrollieren zu können, im Glauben an das Wort des Lehrers anerkennen, und auch die sprachlichen Regeln muß er so lange ohne eigenes Urteil als zutreffend ansehen, bis sich ihm dieselben in der Lektüre der maßgebenden Schriftsteller bestätigt haben. Auch ein umfassender Einblick in den organischen Bau der Sprache, wie er nur unter Voraussetzung sprachphilosophischer und sprachgeschichtlicher Studien erreichbar ist, bleibt der Jugend durchaus versagt. So trägt der Unterricht bis zum Abschluß der Erziehung immer autoritative Elemente in sich, wenn sich dieselben auch im Verlaufe seines fortschreitenden Ganges verringern, und reines, wissenschaftliches Erkennen wird der Jugend nur auf sehr beschränktem Gebiete zugänglich.

Aber diese Schranke werden wir nicht beklagen dürfen, da ja auch der wissenschaftliche Forscher immer nur auf einem einzelnen Gebiete, mag dasselbe nur einen kleinen Kreis umschließen, mag es über weite Strecken sich ausdehnen, sich eine Erkenntnis erwerben kann, welche fremde Autorität abzulehnen berechtigt ist. Bei dem Reichtum von Kulturelementen, über welchen die Gegenwart verfügt; bei der vielfachen Gliederung, welche jede Wissenschaft in sich selbst erzeugt; bei der Mannigfaltigkeit von Disziplinen, die neu entstehen, wird ja leider das Gebiet immer enger, auf dem wir forschend erkennen, wächst dagegen immer mehr die Summe von Wahrheiten, die wir nur als Thatsachen auf Grund fremder Autorität uns anzueignen vermögen.

Es kann daher nicht die Aufgabe des Unterrichts sein, den Schülern in den Lehrobjekten Probleme für ihr eigenes wissenschaftliches Erkennen zu zeigen; und es wäre thöricht, das Wissen der Schüler nur insofern zu schätzen, als in demselben ein Ergebnis wissenschaftlichen Erkennens sich offenbart. Vielmehr hat sich der Unterricht nur das Ziel zu setzen, die Schüler die Methode wissenschaftlichen Erkennens zu lehren. Und diesem Interesse kann auch genügt werden, wenn der Unterricht den autoritativen Charakter der Lehrüberlieferung bewahrt. Denn der Unterricht soll ja nicht einen rohen, unverarbeiteten Stoff mitteilen, sondern soll ihn vielmehr nach den Gesichtspunkten gestalten, welche die Bedingungen wissenschaftlichen Erkennens bilden. In dieser Umwandlung soll die Jugend das Lehrobjekt empfangen; besitzt doch über-

haupt ein Wissensgebiet nur insofern den Charakter eines Lehrobjekts, als es im Interesse erkennender Aneignung bearbeitet und
gestaltet ist. Wir setzen also voraus, daß der Lehrvortrag den
Prozeß des Denkens zeigt, durch welchen eine wissenschaftliche Erkenntnis gewonnen wird; daß aus demselben die Wege erfahren
werden, welche betreten werden müssen, um das Ziel zu erreichen.
Es ist für diesen Zweck völlig gleichgültig, ob der Lehrer selbst
wissenschaftliche Forschungen über das Lehrobjekt, welches er vor-
trägt, angestellt hat oder nicht; es kommt nur darauf an, daß
der Schüler aus seiner Darstellung die Fragen kennen lernt, welche
zum Zweck wissenschaftlicher Erkenntnis erhoben werden müssen;
und daß die Gesichtspunkte, unter welchen das Objekt betrachtet
werden muß, ihm zum Bewußtsein kommen. Auf dem Gebiet
der Naturwissenschaften und der Mathematik dagegen ist dem
Schüler, wie wir vorhin schon bemerkten, wissenschaftliches Erkennen
unmittelbar zugänglich, entsprechend der Eigenart dieser Disziplinen.
Auch die Aufsätze, die auf der abschließenden Stufe höherer Unterrichtsanstalten ausgearbeitet werden, können zur Darstellung eigener wissenschaftlicher Erkenntnis der Schüler sich gestalten. Ästhetische, historische, ethische Themata, die seiner Bildung angemessen
sind, deren Bearbeitung die Beherrschung eines beschränkten Materials fordert, können von ihm im Sinne wissenschaftlichen Erkennens behandelt werden.

Es bedarf wohl nicht der Hinweisung darauf, daß die Übung
im wissenschaftlichen Erkennen, die Aneignung seiner Grundsätze
ein Ziel bildet, welches nur Gymnasium und Realschule, letztere
allerdings in beschränkterem Maße, sich setzen dürfen, und daß
auch sie nur auf den höheren Stufen sich diesem Ziele zu nähern
vermögen, während in den niederen und mittleren Abteilungen die
Aneignung von Thatsachen und Wahrheiten, das Verständnis und
die sichere Anwendung von sprachlichen Gesetzen die einzige Aufgabe ist, die gelöst werden muß. Und doch, wie könnte am Abschluß des Unterrichts wissenschaftliches Erkennen sein Ziel bilden,
wenn nicht von Anfang an dasselbe in das Auge gefaßt würde?
Und dies ist in der That auch der Fall. Jeder Unterricht in den
oberen und den unteren Klassen auf dem Gymnasium und der
Realschule ist eine Übung im logischen Denken. Und ist wissen-

ichaftliches Erkennen etwas anderes als die allseitige Anwendung der Gesetze logischen Denkens? Wer sich daran gewöhnt hat, die Erscheinungen nicht bloß als gegebene Thatsachen anzusehen, sondern nach ihrer Ursache und Wirkung zu fragen; wer geübt ist, nicht nach den Zufälligkeiten der Ideenassociation seine Vorstellungen zu ordnen, sondern sie zu innerlich zusammenhängenden Urteilen zu gestalten; wer Schlüsse zu ziehen und Begriffe zu bilden gelernt hat; wer das Naturleben und das geschichtliche Handeln nach den Gesichtspunkten von Zwecken, die erreicht, und von Mitteln, die gewählt werden müssen, beurteilt, — befindet sich auf dem Wege, dessen letztes Ziel das wissenschaftliche Erkennen bildet. Und so bezeichnen wir logisches Denken und wissenschaftliches Erkennen als die Aufgaben, in deren Lösung die Erziehung zur Intelligenz, die intellektuelle Bildung durch den Unterricht ihren Abschluß findet. Was sich der Anschauung als zusammenhängende sinnliche Erscheinung unmittelbar darstellte, offenbart hier den verborgenen geistigen Grund, auf dem es ruht, die Gesetze, welche ihm gebieten. Und die Phantasie, welche in den Idealgebilden einer scheinbaren Wirklichkeit für die Bedürfnisse des Gemüts Befriedigung suchte, findet hier in den Notwendigkeiten des Gedankens sowohl die Schranken, an die ihre schöpferische Thätigkeit gebunden ist, als auch die Ergänzung, deren sie in ihrem eigenen Interesse nicht entraten kann. Denn der menschliche Geist, ausschließlich dem Zuge der Phantasie folgend, wird schaffend nur schwankende, haltlose Gestalten erzeugen, nur wertlosen Gebilden das Dasein geben, wird aufnehmend einem Traumleben, einer erschlaffenden Genußsucht verfallen, welche die sittliche und geistige Energie verzehrt. Nur, wenn sie von der strengen Arbeit des Denkens unterstützt, begleitet und ergänzt wird, ist die Phantasie eine segenspendende Göttergabe, ohnedem aber nur eine zerstörende Gewalt. Und so fordert es der Zweck der Erziehung, ihre Aufgabe, zu sittlichen Charakteren zu bilden, die Energie des Geistes zu wecken, daß sie mittels des Unterrichts ihre Pfleglinge zur Arbeit des logischen Denkens und wissenschaftlichen Erkennens nötigt.

Zwiefach ist das Objekt des Unterrichts; teils sind es Thatsachen, teils Wahrheiten und Gesetze, die er darbietet. Jene müssen vom Lehrer erzählt, vom Schüler im Gedächtnis aufgenommen und bewahrt werden; diese soll der Zögling erkennend sich aneignen. Dort waltet die Autorität des Lehrers, hier die Freithätigkeit des Schülers. Doch ist dieser Gegensatz nur ein relativer. Wohl können die Ereignisse der Geschichte, die Thatsachen der Geographie nur durch die Mitteilung des Lehrers dem Schüler bekannt werden, keine apriorische Spekulation vermag sie zu erschließen; — aber zeigt der Unterricht die Bedingungen, unter welchen die geschichtlichen Vorgänge stattfanden, die wirkenden Ursachen, die sie hervorriefen; zeichnet er anschaulich die handelnden Charaktere, die Motive, welche sie leiteten; lenkt er das Auge auf den kausalen Zusammenhang, auf das Ineinandergreifen der wirksamen Kräfte, in deren Zusammenspiel der Farbenreichtum des geschichtlichen Lebens ruht; eröffnet er, soweit dies dem menschlichen Geiste gestattet ist, das Verständnis für den Fortschritt der menschlichen Entwicklung, für die göttlichen Zwecke, die hier erreicht werden, wie verlieren dann die Thatsachen den Charakter der Fremdheit, wie findet dann der Geist sich, sein innerstes Wesen, in ihnen wieder, wie verwandeln sie sich dann in einen Gegenstand wissenschaftlichen Erkennens? — Und ebenso werden geographische und naturgeschichtliche Thatsachen aus der Sphäre des Gedächtnisses in die Sphäre denkender Aneignung erhoben, sobald sich für unser Bewußtsein die Vielheit einzelner Merkmale zu einem Ganzen gestaltet hat, in welchem ein Teil den andern bedingt und alle einem Ziele entgegenstreben. Es liegt allerdings in der Natur der Sache, daß der Unterricht nur auf den höheren Stufen diese organische Qualität der Thatsachen zur Geltung zu bringen vermag, daß er dagegen auf den niederen Stufen sich darauf beschränken muß, durch Zueignung an Anschauung und Phantasie dem gedächtnismäßig Aufgenommenen geistige Lebendigkeit zu verleihen.

Aber auch Gesetze und Wahrheiten, welche der Unterricht darbietet, müssen von demselben zum Teil in der Gestalt von Thatsachen, die eben als solche anerkannt werden sollen, zur Darstellung gebracht werden. Bevor der Schüler sich von der Richtigkeit einer sprachlichen Regel durch die Bestätigung desselben in der Lektüre überzeugt, hat er sie auf Grund der Autorität des Lehrers und Lehrbuchs angenommen. Der mathematische Lehrsatz wird allerdings bewiesen, aber die Methode der Beweisführung bestimmt die pädagogische Autorität.

In eigentümlicher Weise ist innerhalb des Religionsunterrichts Thatsache und Erkenntnis derselben verschmolzen. Auf katholischem Gebiet überwiegt der autoritative Charakter. Die kirchlichen Dogmen werden im Unterricht überliefert, der Schüler eignet sie sich im Gedächtnis an und unterwirft sich ihnen im unbedingten Gehorsam. Die heilige Schrift, auch die neutestamentliche, ist dem Schüler nur teilweise zugänglich, ihre Auslegung ist in entscheidenden Stellen traditionell normiert. Doch fehlt auch hier nicht der Versuch, das autoritativ Mitgeteilte zu beweisen. Eine geschäftige Scholastik bemüht sich, die Autorität der Kirche als notwendiges Postulat zu begründen, vielleicht auch die Dogmen als Wahrheit zu erhärten. Aber auch der protestantische Religionsunterricht kann des autoritativen Charakters nicht entbehren. Auch er verkündet die Heilswahrheiten des Evangeliums als Gewißheiten auf Grund der religiösen Erfahrungen, welche die Kirche im Laufe ihrer geschichtlichen Entwicklung gemacht hat. Aber nicht bloß ist hier die Kirche die christliche und evangelische Gesamtgemeinde, und nicht die priesterliche Institution, sondern die kirchliche Autorität erscheint auch nur als erste, nicht als letzte Instanz. Diese ist das Wort Gottes in der heiligen Schrift. Deshalb giebt der protestantische Religionsunterricht sie den Schülern in die Hand, damit sie selbst prüfen mögen, ob die kirchliche Verkündigung begründet sei oder nicht. Und die Einführung in ihr Verständnis bindet die Jugend an keine autoritative Interpretation, sondern nur an die allgemeinen Gesetze, welche für die Auslegung jedes Schriftwerks maßgebend sind. Und auch diese Gebundenheit an das Wort Gottes in heiliger Schrift verliert nach Maßgabe der fortschreitenden religiös-sittlichen Entwicklung des Zöglings den gesetzlichen Charakter. Ist es der Erziehung gelungen, die Grundzüge christlicher Frömmigkeit in ihrem Pflegling zu pflanzen; hat derselbe im Bewußtsein seiner Sünde und Schuld die rettende Hand des Heilandes und in ihm Gottes selbst ergriffen, dann ist für ihn auch die Autorität der heiligen Schrift der Autorität Christi untergeordnet, und er glaubt ihr als Zeugin Christi. Ja, wir dürfen noch einen letzten Schritt thun. In Christus werden wir Kinder

Gottes, in Christus sehen wir Gottes gnadenreiches Liebesangesicht auf uns gerichtet. Gott hat sich uns in Christus als die Liebe offenbart, und unsere Gemeinschaft mit Gott ist eine Liebesgemein= schaft, ein Gehorsam in der Liebe geworden. Weil wir aber in Christus Gott lieben, so steht die Autorität Gottes uns nicht mehr als eine fremde, gesetzliche gegenüber, sondern als eine in freier Liebe von uns gewollte. Gottes Wille ist prinzipiell mit unserm Willen geeint, wir sind aus dem Verhältnis der Hetero= nomie in den Stand der Autonomie getreten. Der Gegensatz von Theonomie und Autonomie, von Autorität und Freiheit ist in der Liebe ausgeglichen.

Wie nun innerhalb des Protestantismus die bestimmende Gewalt menschlicher Autoritäten immer nur eine provisorische ist und mit dem Wachstum der religiösen Entwicklung in den Glie= dern der evangelischen Gemeinde zurücktritt, so muß auch der evangelische Religionsunterricht vom autoritativen Element den Ausgang nehmen, aber nach Maßgabe der fortschreitenden ethischen Bildung die Wege zu selbständigem religiösen Erkennen bahnen. Dem Verlauf der jugendlichen Entwicklung entsprechend kann nur auf der höchsten Stufe des Gymnasiums und der Realschule dies Ziel erreicht werden, während die Volksschule es der Kirche über= lassen muß, daß sie durch Katechumenatsunterricht, durch Gottes= dienst und Seelsorge das von ihr unvollendet gelassene Werk weiter führe. So kann uns nur der Religionsunterricht auf Realschule und Gymnasium, ja voll und ganz nur der Religionsunterricht auf dem letzteren ein vollständiges Bild der Aufgaben gewähren, welche hier gestellt werden. Doch wird sich auch auf den elemen= taren Stufen des evangelischen Religionsunterrichts erkennen lassen, wie derselbe auf die Lösung dieser Aufgaben vorbereitet.

Die biblische Geschichte bildet den Ausgangspunkt. In einer Reihe einzelner Lebensbilder werden die Grundzüge frommer Ge= sinnung und frommen Handelns vergegenwärtigt, wird das vor= sehungsvolle Walten der heiligen Liebe Gottes dargestellt. Die Persönlichkeit des Heilands, seine sündlose Reinheit, sein Kampf gegen die Sünde, sein Gehorsam bis zum Tode, seine Verherr= lichung werden nach Maßgabe des kindlichen Verständnisses gezeichnet. Das Christentum offenbart sich zuerst als Thatsache, als heilige

Geſchichte in der Weltgeſchichte, als religiös-ſittliche Wirklichkeit; aber als eine Thatſache, die ſich im Gemüt und Gewiſſen des Zöglings beglaubigt. Die religiös-ſittlichen Poſtulate, welche das Menſchenleben erfüllen muß, um einen überweltlichen Wert zu empfangen, machen ſich im geiſtigen Leben des Kindes geltend; die äußere Thatſache wird ſo das Medium, durch welches der Zögling ein religiös-ſittliches Bewußtſein gewinnt. So wird ſchon hier auf der erſten Stufe das äußere hiſtoriſche Element ver-innerlicht, es ſetzt ſich in einem ethiſchen Prozeß fort, der autori-tative Faktor wird der Wegweiſer zur Freiheit.

An dieſen elementaren Unterricht in der bibliſchen Geſchichte ſchließt ſich die Zueignung des Katechismus. Für das proteſtan-tiſche Deutſchland ſollte hier nur der Katechismus Luthers in Betracht kommen, da er allein den Lehrſtoff in der für dieſe Stufe notwendigen Beſchränkung darreicht und die Volksmäßigkeit der Darſtellung beſitzt, welche Herz und Gewiſſen der Jugend be-wegt. Der Heidelberger Katechismus iſt zu reich an dogmatiſchen Stoffen, um hier verwendet werden zu können; pädagogiſchen Zwecken entſpricht nur der Katechismus Luthers, ein klaſſiſches Volksbuch und Jugendbuch.

Der Dekalog, der erſte Artikel, das Vaterunſer müſſen zuerſt angeeignet werden. Hier iſt die Summe der ethiſchen Anſchauungen gezogen, welche die bibliſchen Geſchichten hervorgebracht haben. Die allgemeinen religiöſen und ſittlichen Wahrheiten, welche dort im Zuſammenhange mit einzelnen Ereigniſſen erkannt wurden, er-ſcheinen hier in ihrem Zuſammenhange, in ihrer Begründung. Es ſind nicht Lehrſätze, welche gehorſame Anerkennung fordern, ſondern Lebenswahrheiten, die ſich als ſolche dem Bewußtſein des Zöglings ſchon beglaubigt haben, und für welche immer von neuem der ethiſch-geſchichtliche Beweis aus dem bibliſchen Quellenbuch geführt wird. Auch der zweite Artikel, der ja ausſchließlich Thatſachen in ſich ſchließt, knüpft an die bibliſch-geſchichtliche Darſtellung an; aber hier treten neue Geſichtspunkte ein, wir müſſen den bisher betretenen Pfad pädagogiſcher Würdigung verlaſſen. Gerade die Beſtandteile der evangeliſchen Geſchichte, welche bis dahin dem Zögling zugeeignet waren, werden hier übergangen; und was an ſeine Stelle tritt, lag ihm bis dahin fern. So bezeichnet die

Unterweisung im zweiten Artikel eine neue höhere Stufe, welche der Religionsunterricht beschreitet.

Es handelt sich jetzt nicht mehr darum, Jesus Christus als die vollkommene Erscheinung menschlicher Frömmigkeit und heiliger Lebensgestaltung darzustellen — vielmehr ist vorausgesetzt, daß dies geschehen sei —; sondern das ist die neue Aufgabe, das Erlösungs= werk Christi dem Verständnis der Zöglinge zu erschließen. Und so ist es nicht sowohl der Text des zweiten Artikels, als vielmehr die Auslegung Luthers, an welche wir gewiesen sind. Denn hier sind die geschichtlichen Thatsachen, welche das Apostolikum als Verbürgungen der wahren Menschheit Christi hervorhebt, in ihrer finalen Bedeutung, in ihrem Wert zur Herstellung eines neuen Verhältnisses der Menschheit zu Gott zur Geltung gebracht. Hier steht nun aber allerdings der Zögling einer Heilswahrheit gegen= über, die er noch nicht vermöge eigener Erfahrung zu bestätigen vermag. Es ist die Erfahrung der Kirche, der christlichen Ge= samtgemeinde, die sich ihm darbietet. Er empfängt so die drin= gende Aufforderung, diese Erfahrung auch seinerseits zu machen, damit das Bekenntnis der Kirche auch sein eigenes werde. So lange dies noch nicht geschehen ist, bleibt jenes ihm fremd, eine äußere Autorität. Das Christentum ist eben keine Summe von Wahrheiten, welche der menschliche Geist durch korrekte Denkthätig= keit zu gewinnen imstande wäre, sondern eine geschichtlich ver= mittelte Offenbarungsthatsache, die als solche anerkannt sein will. — Aber da sie ihrem innersten Wesen nach nicht dem Ge= biet der weltgeschichtlichen Vorgänge angehört, ihr Erkennen an ethische Bedingungen geknüpft ist, so muß der Unterricht auch darauf bedacht sein, diese ethischen Bedingungen, soweit Menschen dies vermögen, im Bewußtsein des Zöglings hervorzubringen. In dem Maße, als diese Aufgabe gelöst wird, verwandelt sich aber auch die Erfahrung der Kirche zur Erfahrung des Zöglings und hört auf, als äußere Autorität ihm gegenüberzutreten. —

Noch schwieriger ist die Erläuterung des dritten Artikels, so= wie des vierten und fünften Hauptstücks. Das Bekenntnis des dritten Artikels schließt nur ein Objekt in sich, welches in die sichtbare Erscheinung fällt, die Kirche; die anderen Objekte gehören teils der inneren Erfahrung an, teils stellen sie den Inhalt der christlichen Hoffnung dar. Und so wäre es begreiflich, wenn der Religionsunterricht, welchen die Schule erteilt, die Einführung in das Verständnis dieser Heilswahrheiten auf eine höhere Stufe der Entwicklung verwiese, auch vielleicht es ausschließlich der Kirche überließe, diese schwere Aufgabe zu lösen, und für die Stufe, die wir jetzt im Auge haben, die Katechismus=Interpretation mit dem zweiten Artikel abschlösse. Und insofern vermöchten wir ein solches Verfahren in der That zu billigen, als wir eine vollständige Aus= legung dieser Katechismus=Bestandteile auf der in Rede stehenden Unterrichtsstufe allerdings nicht für möglich erachten, da wir die Erfahrungen, welche hier vorausgesetzt werden, bei unseren Zög= lingen nicht voraussetzen können. Aber es giebt im dritten Ar= tikel auch Elemente, welche diese sich aneignen können und an= eignen sollen, und um dieser Elemente willen wollen wir auch diesen letzten Teil des apostolischen Bekenntnisses in den Unterricht und zwar an diesem Orte aufgenommen wissen. Es ist, wie wir schon vorher darauf hinwiesen, die Lehre von der Kirche, welche hier entwickelt werden soll. Und daß dies, wenn auch in beschränktem Maße, schon innerhalb eines frühen Entwicklungsstadiums möglich ist, kann nicht in Zweifel gezogen werden.

Im dritten Artikel erscheint nun die Kirche, nach Luthers Aus= legung, teils als das Organ, durch welches mittels der Predigt des Evangeliums die Christenheit gesammelt und zum Mannesalter in Christo erzogen wird; teils als die Gemeinschaft, in welcher die sündenvergebende Gnade Gottes sich uns mitteilt. Setzen wir nun voraus, wie wir nicht anders können, daß die Interpretation des dritten Artikels sich an eine Jugend wendet, die schon mit einer gewissen Regelmäßigkeit am Gottesdienste der Gemeinde teilnimmt, so müssen wir auch zugestehen, daß die Jugend diese zwiefache Thätig= keit der Kirche an sich erfahren hat. Sie hat im Gottesdienst ebensowohl den Weckruf der Kirche in der Predigt des Evan= geliums vernommen, wie ihr der Trost der Sündenvergebung dar= geboten ist. Mag nun auch die innerliche Aneignung der Heils= wahrheit seitens der Zöglinge sich noch in den ersten, präparato= rischen Stadien bewegen, so darf doch ein solches Maß derselben vorausgesetzt werden, welches den Unterricht berechtigt, die Per= spektive des Weges, der zurückgelegt werden muß, zu zeigen. Als abschließender **Punkt** dieser **Perspektive** erscheint dann der Inhalt der christlichen Hoffnung, die Vollendung des durch den Dienst der Kirche vom heiligen Geiste erzeugten überweltlichen Lebens.

Läßt der Unterricht das volle Licht auf die Thätigkeit der Kirche fallen, soweit dieselbe von den Zöglingen erfahren ist, und erscheint dagegen im Hintergrunde die Reihe innerer Erlebnisse, die einer späteren Entwicklungsstufe vorbehalten sind, so ist die Interpretation des dritten Artikels vom pädagogischen Gesichtspunkt aus durchaus gerechtfertigt; sie überschreitet dann nicht den Kreis von Erfahrungen, in welchem die evangelische Jugend schon früh heimisch sein kann und heimisch sein soll.

Dasselbe dürfen wir von dem Inhalt der christlichen Hoff=
nung behaupten, wie er in unserm Artikel bezeugt ist. Die Thatsache des Todes als allgemeinen Menschenloses tritt fast täg=
lich dem Bewußtsein der Zöglinge nahe; unter den Geschiedenen befinden sich auch Persönlichkeiten, welche ihrem Herzen nahe ge=
standen haben. Wie sollte da nicht der christliche Trost, die Botschaft von einem ewigen Leben, welches der Tod nicht zerstört, einen bereiten Boden im Gemüt der Zöglinge finden! So zeigt sich uns, daß der dritte Artikel keineswegs dem Bewußtsein der Jugend auf der in Rede stehenden Entwicklungsstufe so fremd und unzugänglich ist, wie es uns zuerst erscheinen will; daß sein In=
halt auf eine erfahrungsmäßige Erkenntnis rechnen darf, nicht bloß auf Grund kirchlicher Autorität als Dogma hingenommen wer=
den muß.

Unentbehrlich, aber auch durchaus dieser Entwicklungsstufe angemessen ist die Interpretation des vierten Hauptstücks, der Lehre vom Sakrament der Taufe. Die Zöglinge sind getauft, sie haben ein Recht auf die Frage, welches Gutes sie durch die Taufe teil=
haft geworden, und welche Verpflichtungen für sie in dieser Thatsache beschlossen seien. Einem Zögling, welcher in das Verständnis des christlichen Glaubens eingeführt, dem der Weg christlichen Wan=
dels offenbar geworden ist, kann eine Antwort auf diese Frage nicht mehr versagt werden. Und der Aufschluß, den unser Kate=
chismus giebt, ist schlicht und einfach, überschreitet nicht die Fassungskraft der Zöglinge. Es sind drei Gedankenreihen, die eingeleitet werden. Das mit dem Taufwasser verbundene Wort

Gottes ist der Vermittler der göttlichen Gnade, diese Wahrheit
bildet den Ausgangspunkt der Darlegung. Daran schließt sich die
Forderung des Glaubens an das Wort Gottes als Bedingung
für den Empfang und die Wirksamkeit der göttlichen Gnade.
Endlich wird diese letztere selbst beschrieben, wie sie sich in einem
unser ganzes Leben erfüllenden sittlichen Prozeß offenbart. Es
ist die durchaus ethisch-reine Gestaltung der Lehre von der Taufe
im Katechismus, welche ihre Aneignung auch auf einer frühen Entwicklungsstufe des Zöglings möglich macht. Wir werden diese
Arbeit Luthers um so mehr bewundern, wenn wir uns die mancherlei Schwankungen, denen seine theologischen Anschauungen über
die Begründung der Kindertaufe unterworfen waren, und die dis-
krete Zurückhaltung, die er hier eigenen Hypothesen gegenüber beobachtet hat, vergegenwärtigen [1]. Nur vermissen wir die Beziehung der Taufe auf die Kirche. Doch giebt das Stiftungswort
Christi Anlaß, diese Lücke auszufüllen.

Zweifelhaft kann es erscheinen, ob die Lehre vom Sakrament
des Abendmahls in den Unterricht aufzunehmen ist, welchen die
Schule noch nicht kommunionfähigen Schülern erteilt, oder ob ihre
Zueignung nicht vielmehr der kirchlichen Unterweisung zu überlassen
sei. Bedenken wir, daß die Kommunion nach evangelisch-kirchlicher
Ordnung den Eintritt in die Gemeinde der christlichen Vollbürger
vermittelt, nur diesen das Recht der Kommunion zusteht; erwägen
wir ferner, daß nach altkirchlichem Grundsatz eine passive Teilnahme an der Kommunion verboten ist [2], daß also die Abend-
mahlsfeier einer noch im Katechumenat sich befindenden Jugend
fremd bleiben muß, so können wir uns nur für Ausschließung
dieses Katechismushauptstücks aus dem Schulunterricht in der Religion für diese Entwicklungsstufe entscheiden. Und zwar aus allgemein pädagogischen wie aus kirchlich-pädagogischen Gesichtspunkten.
So lange noch nicht Kommunionfähigkeit vorhanden ist, fehlen die
Voraussetzungen für das Verständnis der Kommunion. Was aber

---

[1] Vgl. des Verfassers „Liturgik der Reformatoren", Bd. 1 (Gotha
1871), S. 188—195.

[2] Vgl. des Verfassers Schrift „Die Gestalt des evangelischen Haupt-
gottesdienstes" (Gotha 1879), S. 17. 39. 40.

dem Verständnis, hier auf religiösem Gebiet dem durch ethische Würdigung sich vermittelnden Verständnis entzogen ist, soll auch nicht Gegenstand des Religionsunterrichts werden. Und das Interesse der Kirche stimmt hier mit dem allgemein pädagogischen Interesse überein. Die Kirche kann nicht wünschen, daß ihre Mysterien durch Mitteilungen an Unmündige entweiht werden. — Dagegen läßt sich natürlich nichts einwenden, daß, nachdem die Kirche das Verständnis des Abendmahls vermittelt hat, oder während sie damit beschäftigt ist, der Religionsunterricht der Schule auch seinerseits durch eigene Unterweisung die Thätigkeit der Kirche im letzteren Falle unterstützt, im ersteren befestigt. Nur dafür treten wir ein, daß eine Interpretation des fünften Hauptstücks vor Zöglingen nicht stattfinden darf, welchen die Kirche weder die Kommunionfähigkeit noch den Besitz der Bedingungen für das Verständnis der Kommunion zuerkannt hat.

Es kann nicht unsere Absicht sein, den Inhalt des Religionsunterrichts in seiner Beziehung zum Verständnis der Zöglinge weiter zu verfolgen; es kam uns nur darauf an, zu zeigen, wie auf diesem Gebiet in eigentümlicher Weise das autoritative Element der Thatsache und ihre freie Aneignung durch das Erkennen verschmolzen sind. Es ist die Aufgabe der speziellen Pädagogik, den Nachweis zu führen, wie die Durchdringung dieser beiden Faktoren auf allen Stufen des Religionsunterrichts zu gestalten ist. —

Ist es möglich und muß das Absehen jedes Unterrichts darauf zielen, auch das thatsächlich Gegebene der Sphäre des Erkennens zuzueignen, so bleibt doch der Unterschied zwischen Lehrstoffen, deren Objekte den Charakter des Thatsächlichen und Gegebenen tragen, und anderen, welche wir ausschließlich als Ergebnisse der denkenden Thätigkeit des Geistes betrachten müssen, bestehen. Dort ist es das Einzelne, Konkrete, eine Persönlichkeit, eine Handlung, ein Ereignis oder ein Erzeugnis, ein Vorgang, welche das Interesse in Anspruch nehmen; hier dagegen wendet sich dasselbe einem Allgemeinen, einer Regel, einem Gesetz, einer Wahrheit zu. Dort wird das Einzelne vielseitig beobachtet, um dann mit anderem Einzelnen nach dem Maße seiner Verwandtschaft zu einem Ganzen verbunden zu werden. Das Allgemeine steht im Dienste des Konkreten. Hier dagegen wird das Einzelne verwendet, um

das Allgemeine zu belegen, seine Gültigkeit zu erhärten; das Ein=
zelne steht im Dienste des Allgemeinen. So sehen wir zwei ent=
gegengesetzte Weisen des Denkens' je nach der Qualität des Unter=
richtsobjekts gefordert: bald steigt das Erkennen vom Einzelnen
zum Allgemeinen auf, bald vom Allgemeinen zum Einzelnen
nieder.

Aber auch innerhalb derselben Disziplin kommen, einander
ablösend, beide Methoden des Denkens zur Geltung. Auf einer
höheren Stufe geschichtlicher Darstellung erscheinen einzelne Vor=
gänge mit Notwendigkeit aus den Verhältnissen und wirksamen
Kräften der Zeit entsprungen, einzelne Thatsachen aus der allge=
meinen Lage der Dinge folgend. Und ebenso sucht ja im Ex=
periment der Naturforscher auf Grund allgemeiner Gesetze neue
Thatsachen zu entdecken, die dann wiederum die Basis eines all=
gemeinen Gesetzes werden. „Die Frage, die der Geist an die
Natur thut", sagt Trendelenburg, „die Mittel, die er verwendet,
um die Natur zu einer reinen Antwort zu nötigen, stammen
offenbar aus dem geahneten oder schon erkannten Grunde der
Dinge; sie sind synthetisch." [1] Auf der andern Seite dagegen
sehen wir in grammatischen Lehrstunden, welche die Anwendung
sprachlicher Regeln, also die stete Beziehung des Einzelnen auf
das Allgemeine fordern, doch auf dem Gebiet der Formenlehre
den Blick auf eine Summe einzelner sprachlicher Thatsachen ge=
richtet, die schlechthin als gegeben anerkannt werden müssen, und
die der Schüler wenigstens sicherlich nicht als Resultate allgemeiner
Sprachgesetze zu begreifen vermag. Auch die Mathematik ver=
schmäht es nicht, vom Einzelnen aus zum Allgemeinen vorzu=
dringen. „Die Algebra verhält sich in ihrer Richtung analytisch,
da sie die Gleichung wie ein Gegebenes als möglich setzt und ihre
Wurzeln sucht, also die Gründe, welche der Gleichung genügen." [2]
„In der analytischen Aufgabe der Geometrie wird das Geforderte
vorläufig entworfen, und es wird gefragt, unter welchen Be=

---

1) Trendelenburg, Logische Untersuchungen, 3. Aufl. (Berlin 1870),
Bd. II, S. 326.

2) a. a. O., S. 321.

dingungen ein solcher Entwurf aus dem Gegebenen heraus mög= lich werde."[1]

Doch werden wir die Bedeutung, welche das Thatsächliche in der Mathematik behauptet, anders würdigen als in den übrigen Disziplinen. Denn in der Mathematik ist eine Thatsache nur provisorisch eine gegebene, im Verlauf der arithmetischen oder geometrischen Operation verliert sie aber den Charakter des Zu= fälligen und erscheint als notwendig. Dagegen bleiben in den anderen Disziplinen Thatsachen als schlechthin gegeben, bald ver= möge der Qualität des Objekts, bald infolge der Schranken, welche durch die Erkenntnisstufe gezogen sind, auf welcher sich die Zög= linge befinden. In dem Maße nun, in welchem eine Disziplin ihren Inhalt als einen notwendigen zu erweisen vermag, bestimmt sich ihr Wert inbezug auf die Entwicklung logischen Denkens und wissenschaftlichen Erkennens. Und so scheint es, daß wir hier der Mathematik den ersten Rang nicht verweigern dürfen. „Die Mathematik", sagt Waitz, „ist der Form nach die vollendetste Wissenschaft und insofern das Vorbild für alle übrigen. — — Indem die Mathematik dazu dient, den Begriff der Wissenschaft in voller Schärfe zu exemplifizieren, giebt sie dem intellektuellen Interesse dadurch eine feste Begründung und bezeichnet ihm zu= gleich die Zielpunkte, nach denen auch auf allen anderen Gebieten des Wissens zu streben ist. Kein anderer Lehrgegenstand vermag dies in gleicher Weise zu leisten; keiner kann deshalb die Mathe= matik vertreten oder ersetzen; denn selbst die in Rücksicht der methodischen Strenge ihr noch am nächsten verwandten Natur= wissenschaften sind nicht allein weit davon entfernt, ein ähnliches Bild konsequenter und abgeschlossener Systematik liefern zu können, sondern müssen sich sogar so vielfach mit größerer oder geringerer Wahrscheinlichkeit im einzelnen begnügen, daß sie eine Vergleichung mit der reinen Mathematik in dieser Rücksicht nicht aushalten."[2] Nichtsdestoweniger müssen wir doch die bildende Kraft der Mathe= matik beschränken. Sie hat nicht die Qualitäten, sondern nur die Quantitäten und quantitativen Verhältnisse in der Welt der

---

1) Trendelenburg a. a. O., S. 324.
2) „Allgemeine Pädagogik", S. 408. 409.

Erſcheinungen zu ihrem Gegenſtande; und auch dieſe, nicht im Zu=
ſammenhange mit den Objekten, für welche ſie Geltung haben,
ſondern losgelöſt von ihnen, bilden den Inhalt der Mathematik.
So nötigt ſie allerdings wie keine andere Wiſſenſchaft zu logiſch
ſtrengem Denken, übt in der Fertigkeit eines korrekten Beweis=
verfahrens, lehrt folgern und ſchließen; aber da ſie in die Welt
der Qualitäten nicht einzudringen vermag, bleiben ihr auch die
Geſetze verſchloſſen, die in derſelben walten. Es iſt ein ſehr be=
ſchränktes Gebiet, auf welchem ihre Geſetze wirkſam ſind. So
erklärt es ſich, daß häufig mathematiſch hervorragend begabte
Schüler durch große Ideenarmut ſich auszeichnen[1]), und wiederum
andere Zöglinge, welche in den übrigen Disziplinen voll und ganz
befriedigen, in der Mathematik zurückbleiben. Es iſt gewiß richtig,
daß ein ſonſt fähiger Schüler nur durch Mangel an Intereſſe
zurückgehalten wird, die geforderten Fortſchritte in der Mathematik
zu machen. Aber man ſollte auch zugeſtehen, daß es nicht allein
Trägheit, nicht allein Willensſchwäche iſt, welche ihn daran hin=
dert, dies Intereſſe der Mathematik zuzuwenden. Giebt man ein=
mal zu, daß es fleißige Zöglinge giebt, welche bei großer Be=
gabung für ſprachliche Studien nur geringe mathematiſche Fähigkeit
zeigen — und kein Kundiger kann dies beſtreiten —, ſo darf auch
nicht geleugnet werden, daß die Mathematik gewiſſen Individuali=
täten, die an ſich keinesfalls intellektuell gering zu ſchätzen ſind,
Schwierigkeiten bietet, welche ihnen nur die Erreichung eines nicht
hochgeſteckten Zieles geſtatten. Als wir die Bedingungen der Auf=
merkſamkeit zu beſtimmen ſuchten, zeigte es ſich uns, daß dieſelbe
als eine willkürliche nicht auf lange Zeit feſtgehalten werden könne,
daß wir auf ſie als eine anhaltende nur rechnen dürfen, wenn
ſie unwillkürlich vom Intereſſe am Objekt hervorgebracht wird.
Dieſe Thatſache erklärt, weshalb Schüler, welche der Mathematik
kein oder doch nur ein geringes Intereſſe entgegenbringen, in denen
dasſelbe auch nicht durch den mathematiſchen Unterricht erregt

---

[1] Wir erinnern an das Wort F. A. Wolfs: „Dieſe (die Mathematik)
habe ich nie geliebt, denn ich ſahe, daß, je ein beſſerer Mathematiker jemand
war, um ſo unfähiger zeigte er ſich zu den beſten anderen Künſten"; vgl.
K. v. Raumer, Geſchichte der Pädagogik (4. Aufl.), Bd. II, S. 283.

oder doch nur wenig erregt wird, sich immer in der üblen Lage befinden werden, auf mathematischem Gebiete im Rückstande zu bleiben. Und bei der eigentümlichen Beschränktheit des mathematischen Objekts kann dieser Mangel an Interesse kein unlösbares Rätsel sein. Gewiß wird in dem Falle, daß ein geschickter Lehrvortrag und Willensenergie des Schülers konkurrieren, dieser, wie gering auch seine mathematische Begabung sei, doch die wichtigsten Lehrsätze und Operationsweisen sich anzueignen imstande sein: aber es werden immer viele Lücken übrig bleiben, die er nicht auszufüllen vermag, und manche Aufgaben, welche der mathematisch begabte Schüler vielleicht mit Leichtigkeit löst, können ihm Klippen werden, an denen er scheitert.

Nach dem Maßstab der Schätzung, den wir hier anlegen, müssen wir, wie es scheint, den Einfluß der Naturwissenschaften auf die Entwicklung der erkennenden Thätigkeit in ähnlicher Weise beurteilen. Sind sie doch mit der Mathematik eng verbunden, und vollziehen sich doch die physikalischen und astronomischen Untersuchungen durch die Vermittlung mathematischer Operationen. Nur daß diese hier nicht die Verhältnisse abstrakter Größen bestimmen wollen, sondern die allgemeinen Gesetze feststellen, welche der Wirklichkeit der Natur gebieten. Thatsachen bilden hier den Ausgangspunkt, entscheidende Gesetze den Zielpunkt der Erkenntnis. Damit ist aber allerdings ein neuer Faktor eingetreten. Es handelt sich darum, gegebene Thatsachen zu begreifen. Offenbar wird nun der Wert der Naturwissenschaften für die Entwicklung des Erkennens in dem Maße steigen, als dieselben die gegebenen Erscheinungen aus den Bedingungen, welche zu ihrem Entstehen zusammenwirken, zu erklären und die Gesetze, welchen die Naturkräfte folgen, darzulegen imstande sind. Dagegen wird ihnen nur ein geringer Wert für die Entwicklung des Erkennens zufallen, soweit sie sich darauf beschränken, die gegebenen Thatsachen zur Kenntnis zu bringen. So ist die logisch bildende Kraft der beschreibenden Naturwissenschaft unerheblich. Gedächtnis und Anschauung sind es hier vor allem, deren Thätigkeit in Anspruch genommen wird. Wir würden anders urteilen, wenn der Schulunterricht in der Lage wäre, ein organisches Gesamtbild des Naturlebens oder einzelner Gebiete desselben zu zeichnen. Denn die Konstruktion desselben würde den Vollzug aller Operationen des logischen Denkens, die intensivste Thätigkeit des erkennenden Geistes fordern. Aber dies ist eine Aufgabe, deren Lösung sich die Universitäten als Ziel setzen sollen, während sie der Schule verschlossen bleibt. Diese muß sich darauf beschränken, durch Vermittlung der Klassifikation, durch Hervorhebung gewisser charakteristischer Merkmale, die einer Vielheit von Erscheinungen gemeinsam sind, diese zu einer Einheit zusammenzufassen. Indem die so entstehenden einzelnen Gruppen wieder nach gewissen gemeinsamen Zügen verbunden werden, und indem dieser Prozeß der Subsumtion unter höhere Einheiten sich immer von neuem fortsetzt, erscheint das Naturleben als ein geordnetes Ganzes. Diese systematisierende Thätigkeit, die ursprünglich durch eine Kette von Syllogismen entsteht, wollen wir keineswegs gering schätzen, weder in materialer Beziehung, insofern die Klassifikation auf den objektiven Qualitäten der sinnlichen Erscheinungen ruht, noch in formaler Hinsicht, insofern sie den Geist nötigt, vergleichend zu beobachten, das Gemeinsame zu erkennen, Charakteristisches hervorzuheben und eine Vielheit zu einer Einheit zu gestalten; aber weder vermittelt uns die Klassifikation ein inneres Verständnis der Natur, da sie uns über das thatsächlich Gegebene nicht hinausführt, noch veranlaßt sie das logische Denken zur Ausübung von Operationen, die eine erhebliche Anstrengung fordern. Der Lehrer muß sogar stetig den logischen Prozeß vergegenwärtigen, durch welchen die Klassifikation entstanden ist, damit ihre Aneignung nicht bloß zu einem Akte des Gedächtnisses werde.

Es giebt nur eine naturwissenschaftliche Disziplin, welche auf die Entwicklung des Erkennens einen hervorragenden Einfluß ausübt und zugleich dem Verständnis der Zöglinge einer höheren Lehranstalt sich erschließt, die Physik. Denn die allgemeinen Kräfte des Naturlebens, deren Wirken den Gegenstand der Physik bildet, erscheinen hier als einem Gesetz unterworfen, dessen Bestimmungen mathematischer Berechnung unterliegen. Die erkenntnisbildende Kraft der Physik haben wir eben in dieser mathematischen Bedingtheit derselben zu suchen. Und insofern dürfen wir ihr noch einen größeren pädagogischen Wert als der reinen Mathematik zuerkennen, als ihre Verbindung mit den konkreten Kräften der

Naturwelt ein höheres Maß des Interesses hervorzubringen geeignet ist, und daher hier der Faktor wegfällt, welcher für viele Zöglinge dem Erwerb einer gründlichen und umfassenden mathematischen Erkenntnis hindernd entgegentritt. Wenn nur nicht das Studium mathematischer Physik das Vorhandensein einer sicheren Beherrschung der Mathematik als höherer Arithmetik voraussetzte. Und so sehen wir dieselben Schwierigkeiten hier wiederkehren, welche, wie es sich uns früher zeigte, für eine Reihe von Zöglingen die bildende Kraft der Mathematik beeinträchtigt. Und eben deshalb vermögen wir der Physik ebenso wenig wie der Mathematik den ersten Platz unter den Disziplinen nach Maßgabe ihrer erkenntnisbildenden Kraft einzuräumen. Diese Stelle gebührt ausschließlich den Sprachen.

Sie gebührt ihnen, weil das Studium einer Sprache das Studium der Gesetze des Erkennens selbst in sich schließt. Vollzieht sich unser Denken durch ein inneres, nicht laut werdendes Sprechen, bildet die Sprache, die schriftlich aufgezeichnete oder mündlich vermittelte, die Fixierung des Denkprozesses, der so einen vorläufigen Abschluß gewinnt, so ist die Erkenntnis der Gesetze, die für eine Sprache maßgebend sind, zugleich die Erkenntnis der Gesetze, die dem Denken gebieten. Alle die Operationen des Denkens, deren korrekte Ausübung die Voraussetzung jeglicher wissenschaftlicher Erkenntnis bildet, werden in der Aneignung einer Sprache von uns vollzogen.

Daß wir diesen Gewinn allerdings nicht vom Studium der Muttersprache, sondern nur von der Erforschung einer fremden Sprache erwarten dürfen, liegt auf der Hand. Die logische Organisation der Muttersprache ist unser Eigentum geworden, ohne daß es einer bewußten Thätigkeit von unserer Seite bedurft hätte; und es fällt uns daher schwer, die Objektivität des Standpunkts zu gewinnen, um diesen mit unserer Subjektivität verwachsenen Besitz von derselben zu lösen und als ein Fremdes anzuschauen, das wir auf die Gesetze zurückführen sollen, die es bestimmen. Es fehlt uns jegliches Interesse daran; der Zögling fragt sich, weshalb er sich eines sicheren Besitzes entäußern solle, um denselben mühsam wiederzugewinnen. Wertvoll kann das grammatische Studium der eigenen Sprache nur sein, wenn diese nur mangelhaft angeeignet ist, mehr oder weniger dem Zögling ein fremdes geblieben, um dessen Besitz er ringt, und wenn die Aneignung einer fremden Sprache, die immer auch die korrekte und sichere Handhabung der eigenen Sprache vermittelt, ausgeschlossen ist; die Volksschule ist die einzige Lehranstalt, auf welcher der Grammatik der Muttersprache ein Platz angewiesen sein muß. Gymnasium und Realschule können derselben entbehren und sich auf gelegentliche Mitteilungen, je nachdem das Bedürfnis es heischt, beschränken; die Grammatik fremder Sprachen im Zusammenhang mit der Interpretation ihnen zugehöriger Schriftsteller ist die Aufgabe, zu deren Lösung sie berufen sind.

Nach zwei Seiten gliedert sich diese Aufgabe; bald gilt es, aus der eigenen in die fremde, bald, aus der fremden in die eigene Sprache zu übertragen. Dort wird gefordert, von allgemeinen Regeln auszugehen und ihnen gemäß das Einzelne, Wortbildung und Satzbau, zu gestalten; hier soll die Vielheit einzelner Worte und Satzteile nach allgemeinen Gesetzen geordnet und zu einem logischen Ganzen umgewandelt werden. Dort ist das Verfahren synthetisch, hier analytisch. Und welcher Inhalt eignet diesen Regeln, die der Schüler so nach zwiefacher Richtung anzuwenden lernt? Es sind die mannigfachsten Gestaltungen des Kausalitätsverhältnisses, die hier zur Darstellung gelangen; es sind die einfachsten und offenbarsten, wie die verschlungensten und nur der Schärfe des eindringenden Gedankens zugänglichen logischen Beziehungen, welche hier ihren Ausdruck finden. Das Studium der Sprache führt in die Werkstätte des menschlichen Geistes; die unmittelbarste und vielseitigste Thätigkeit des Erkennens wird hier bald durch Reproduktion vergegenwärtigt, bald durch Produktion ausgeübt.

Und nun messen wir die bildende Kraft der Sprachen im Vergleich mit der Mathematik und den Naturwissenschaften nach ihrem materialen Wert. Die Mathematik und die Naturwissenschaften haben zu ihrem Gegenstande ausschließlich die Gesetze, welche die Welt, insoweit sie in die sinnliche Erscheinung fällt, bestimmen; die Sprachen offenbaren uns die Gesetze, nach denen das übersinnliche Geistesleben des Menschen thätig ist, und zwar nicht bloß die logischen, sondern auch die psychischen und ethischen.

Die Lektüre der hervorragenden Schriftsteller, welche nicht minder wie das grammatische Studium den sprachlichen Unterricht ausfüllt, öffnet dem Blick der Zöglinge das Seelenleben, die Weltanschauung, wie sie auf bestimmten Kulturstufen den Persönlichkeiten, welche wir als ihre Repräsentanten betrachten dürfen, eigen waren. Die Zöglinge sehen die mannigfaltigsten Erregungen des Gemüts, Furcht und Hoffnung, Schmerz und Lust, Sorge und Zweifel, Vertrauen und Ergebung aufsteigen; sehen, wie bald diese, bald jene Empfindung die Stimmung beherrscht, wie sie sich jetzt kreuzen, wie die eine das Anschwellen der andern hindert, wie dann wieder verwandte Bewegungen zusammenschmelzen und, eine starke Schwingung dem Gemüt verleihend, dasselbe energisch nach einer Richtung treiben. Aber ebenso ist es die ethische Weltanschauung des Schriftstellers, seiner Zeit und seines Volks, welche sich durch die Lektüre dem Bewußtsein des Zöglings erschließt. Das sittliche Ideal, welches dem Schriftsteller vorschwebte; die Wege, auf denen ihm dasselbe erreichbar erschien; die Bedeutung, die er den einzelnen Gestaltungen des sittlichen Lebens zuerkannte; die Beurteilung, der er die Zustände der Gegenwart und Vergangenheit unterzog; die Schätzung, in welcher er den Wert von hervorragenden Zeitgenossen und Helden verflossener Jahrhunderte bestimmte; mit einem Wort, die ethische Gesamtanschauung eines Schriftstellers tritt hier zutage und teilt sich unwillkürlich dem Zögling mit.

In ethischer sowohl wie in psychischer Beziehung darf nun die Lektüre nationaler Schriftsteller dasselbe, wenn nicht ein größeres Recht als die fremde Litteratur in Anspruch nehmen. Denn es kann keinem Zweifel unterliegen, daß von dem Maße innerer geistiger Verwandtschaft auch das Maß der Einwirkungen auf unser Gemütsleben bedingt ist; das Wort wird am tiefsten in dasselbe eindringen, das in unserer Sprache laut wird, in dem der Genius des eigenen Volks zu uns redet. Es sind immer abnorme, obgleich durch geschichtliche Entwicklung begründete Verhältnisse, wenn, wie in der Zeit der Renaissance die lateinische Sprache und Litteratur und im vorigen Jahrhundert die französische, fremdes Schrifttum den entscheidenden Einfluß auf die Geistesbildung einer Nation gewinnt. Doch müssen wir für das Gebiet des Unterrichts

allerdings dies im allgemeinen unzweifelhaft richtige Urteil be=
schränken. Die klassischen Philosophen unseres Volkes sind der
Jugend durchaus unzugänglich; auch ein Zögling der ersten Klasse
des Gymnasiums ist nicht fähig, die Schriften von Leibniz und
Kant, geschweige die spekulative Philosophie eines Fichte, Hegel,
Schelling zu studieren, während er es wohl vermag, mit Ver=
ständnis und Genuß Dialoge Platons zu lesen, und Ciceros Po=
pularphilosophie ihm keine Schwierigkeiten bereitet. Und ebenso
werden ihm die klassischen Historiker des Altertums leichter zu=
gänglich sein als die Meisterwerke Rankes. Und zweifeln wir
daran, daß es im pädagogischen Interesse vorzuziehen ist, der
Lektüre der Jugend die Staatsreden eines Demosthenes und Cicero
als die Reden deutscher Parlamentarier darzubieten! Die Schrift=
steller des klassischen Altertums haben ihren Darstellungen, ohne
daß dadurch der Gedankengehalt beeinträchtigt worden ist, eine
Klarheit, Durchsichtigkeit und Einfachheit verliehen, wie dies keine
andere Zeit und kein anderes Volk vermocht hat. Die wissen=
schaftlichen Klassiker unserer Nation und der modernen Kulturvölker
überhaupt sind gedankenreicher und tiefer; ihr Blick reicht weiter,
das Gebiet ihrer Forschungen ist umfassender geworden; die Ziele,
welche sie sich stellen, sind höhere, wie das moderne Kulturleben
überhaupt ungeachtet aller Schäden, unter denen es leidet, eine
Fülle geistiger Beziehungen in sich schließt, welche der Antike
fremd waren. Die Befreiung der Subjektivität und im Zu=
sammenhange damit die Entfaltung individueller Eigenart; die
Mannigfaltigkeit eigentümlicher Bestrebungen auf dem Gebiet des
politischen und kirchlichen, wissenschaftlichen und künstlerischen Le=
bens, die sich auf dem Grunde der frei gewordenen Individualität
erhebt; die Neigung, den individuellen Faktoren auf allen Gebieten
des geschichtlichen Seins Raum zu geben; diese charakteristischen
Züge der modernen Zeit, welche ihren Vorzug bilden, aber frei=
lich auch so große Gefahren für sie in sich schließen, erzeugen
in derselben einen Farbenreichtum und eine Vielheit geistiger
Beziehungen, welche dem Verständnis der Jugend zu große
Schwierigkeiten bereiten, als daß wir ihr den Zutritt in die
Werkstätte der modernen Wissenschaft, den Zugang zur Lektüre
der Schriften, in welchen die moderne Welt ihr wissenschaftliches

Selbstbewußtsein ausgesprochen hat, gewähren dürften. Sie würde nur Verwirrung, aber nicht Klärung des Bewußtseins erfahren. Und eben deshalb ist es auch nicht zulässig, moderne Staats- oder Gerichtsreden der jugendlichen Lektüre darzubieten. Gerade die Thatsache, in welcher wir die Schranke der Antike erkennen, die Fesselung der individuellen Subjektivität, macht das klassische Altertum zu dem geschichtlichen Gebiet, in welchem die Jugend heimisch sein soll und sein kann. Hier hält die Autorität der objektiven Faktoren die Entwicklung des Individuums zurück, und infolge dessen erscheint das geschichtliche Leben der griechisch-römischen Welt leichter übersehbar. Die treibenden Gedanken treten deutlich hervor, der Ideenkreis der handelnden Charaktere ist begrenzt, die Empfindungen, welche sie bestimmen, die Motive, denen sie folgen, lassen sich unschwer erkennen. So bleibt das klassische Altertum der unersetzliche Quell, aus welchem vor allem der Unterricht der Jugend schöpfen muß, der ihre Bildung zu wissenschaftlichem Erkennen sich als Aufgabe stellt.

Nicht, als ob die nationale Litteratur dem Zögling fremd bleiben sollte; das Gegenteil ist der Fall, und wir haben im vorigen Abschnitt die bildende Kraft, welche der deutschen Dichtung eignet, gewürdigt. Aber ist nicht auch gerade die deutsche klassische Dichtung durch eine Einfachheit ausgezeichnet, welche an die Antike erinnert und ihre Spuren deutlich verrät, zeigt sich nicht in ihr eine Verschmelzung des modernen und antiken Geistes, eine Durchdringung des subjektiven und objektiven Faktors, durch welche jene Elemente eine Beschränkung erfahren? In der klassischen Dichtung der deutschen Litteratur erkennen wir die Versöhnung der subjektiven Individualität mit den objektiven Mächten, welche die ethische Welt bestimmen. Die freie Selbstbeschränkung des Subjekts, der im schweren Kampf errungene Gehorsam gegenüber der göttlichen Weltordnung, das ist das Thema der großen Dramen unserer klassischen Dichter. Der moderne Genius erhebt sich hier über die Schranken und Einseitigkeiten, von denen er vermöge seiner Eigenart so schwer sich zu befreien vermag, und darin liegt der hohe pädagogische Wert unserer klassischen Dichtung. —

Die materiale und formale Bildungskraft des sprachlichen

Studiums verschmilzt mit einander, wenn der Schüler genötigt wird, sei es in fremder, sei es in der Muttersprache, seine Gedanken über ein ihm gestelltes Thema im Zusammenhange darzulegen. Ist das Medium der Darstellung eine fremde Sprache, so wird der Wert dieser Übung vorzugsweise auf dem formalen Gebiet zu suchen sein, denn der Schüler ringt noch zu sehr mit der Sprache, um die Neigung zu empfinden, schwierigeren Gedankengängen in ihr Ausdruck zu geben. Aufsätze in der Muttersprache dagegen werden auf der niederen Stufe allerdings in erster Linie formalen Zwecken dienen, auf der höheren Stufe aber in gleichem Maße die Aufgabe verfolgen, die Herrschaft des Schülers über die Sprache zu bewähren und ihn zu nötigen, in zusammenhängendem und eindringendem Denken, seien es Thatsachen der Geschichte, Erscheinungen des Naturlebens, Werke der Kunst, seien es Gesetze oder Wahrheiten, zu erfassen und zu erkennen. Gerade in dieser letzteren Beziehung hat der Aufsatz für die Schüler der oberen Klassen von Gelehrtenschulen eine große Bedeutung. Er nötigt die Schüler, wenn auch auf beschränktem Gebiet, sich eine eigene Weltanschauung zu bilden. Denn allerdings sind wir der Meinung, daß der deutsche Aufsatz auf der hier in Rede stehenden Stufe auch dieser Aufgabe genügen soll. Auch W. Schrader, der so energisch darauf dringt, daß die Aufsatzthemata die Fassungskraft der Schüler nicht überschreiten, wünscht doch auch, daß sie der Erweiterung oder Klärung ihres Gedankenkreises dienen. Wenn derselbe ausgezeichnete Pädagogiker „Aufgaben philosophischen Inhalts, Beurteilung schwierigerer geschichtlicher Verhältnisse, namentlich aber die leider noch so sehr beliebten Themata aus der ästhetischen Kritik" [1]) ausgeschlossen wissen will, so können wir im wesentlichen beistimmen, nur mit dem Vorbehalt, daß wir eine ethische Wahrheit, obgleich sie eine philosophische Behandlung zuläßt, doch nicht zu den Thematen philosophischen Inhalts rechnen, da eine philosophische Behandlung hier nicht gefordert wird, und mit der weiteren Einschränkung, daß Aufgaben, welche den Schüler zur Versenkung in ein dichterisches Kunstwerk nötigen, aber nicht

---

1) „Erziehungs- und Unterrichtslehre für Gymnasien und Realschulen", 3. Aufl. (Berlin 1876), S. 452.

zur naseweisen Überhebung über dasselbe veranlassen, Versuche z. B., einzelne Charaktere klassischer Dramen aufzufassen oder den Fort=schritt der Handlung in einem Drama darzustellen, auch nicht unter dies Verbot fallen.

Hier schließt sich die Frage an, ob und inwieweit ein Unter=richt in der philosophischen Propädeutik in den Lehrplan der Gymnasien aufzunehmen sei. Von vornherein schließen wir jede zusammenhängende psychologische Darlegung aus, ebenso eine encyklopädische Übersicht über das Gesamtgebiet der Philosophie und ihre geschichtliche Entwicklung. Eine wissenschaftliche Behand=lung der Psychologie ist unmöglich, es fehlen die Bedingungen des Verständnisses, und die Mitteilung einiger unbestrittener Data aus der empirischen Psychologie hat nicht nur keinen Wert für die formale Entwicklung des Erkennens und geringen materialen Wert, sondern schließt auch die Gefahr in sich, daß sich im Schüler eine flache psychologische Anschauung bildet, die für ein tiefer ein=dringendes psychologisches Studium ein Hindernis wird. Ähnliche Erwägungen nötigen, von einer Übersicht der Geschichte der Philosophie abzusehen. Gerade die durch Gedankenreichtum und· fortwirkende Kraft ausgezeichneten philosophischen Systeme entziehen sich dem Ver=ständnis der Schüler; nur die philosophische Spreu des Sensualis=mus und Materialismus vermöchten sie einzuernten. Und dies wäre kein Gewinn. Von den großen Philosophen ist nur Platon den Schülern zugänglich, und seine Dialoge werden ja im grie=chischen Unterricht in einer der Fassungskraft der Zöglinge ange=messenen Auswahl gelesen. Eine encyklopädische Übersicht über die Philosophie endlich wäre völlig wertlos, gerade so wertlos, wie die Lektüre des Inhaltsverzeichnisses eines Buches, welches selbst ungelesen bleibt. Die philosophischen Disziplinen, deren wir hier gedacht haben, gehören dem Universitätsstudium an, nicht der Schule, wenn auch gelegentliche Mitteilungen aus denselben hier am Platze sind. Die Interpretation Platons und Ciceros, die Lektüre deutscher Dramen, ästhetischer Aufsätze, auch der Vortrag der deutschen Litteraturgeschichte nötigen dazu. So kann nur die formale Logik hier in Frage stehen, denn für die wissenschaftliche, mit der Metaphysik verbundene Logik fehlen die inneren Voraus=setzungen. Und für die Aufnahme der formalen Logik oder doch ihrer wichtigsten Teile möchten wir allerdings eintreten. Nicht als ob der formale Gewinn, den sie brächte, ein erheblicher wäre, das Studium der alten Sprachen und der Mathematik giebt der Entwicklung des Erkennens kräftigere und mannigfaltigere Impulse; aber sie ist in materialer Hinsicht von Bedeutung, indem sie die Denkoperationen, die wir unbewußt vollziehen, zum Bewußtsein bringt. So bildet der Unterricht in der formalen Logik den Abschluß des Sprachstudiums; die einzelnen logischen Operationen, die der Schüler in Grammatik und Interpretation sich angeeignet hat, erscheinen hier in innerem Zusammenhange und in organischer Verbindung, begründet in der Organisation des erkennenden Menschengeistes.

Den hohen pädagogischen Wert des geschichtlichen und geographischen Unterrichts dürfen wir nicht in der formal bildenden Kraft suchen, die ihm einwohnt, denn diese ist gering; eine erhebliche Anstrengung wird dem erkennenden Geiste hier nicht zugemutet; es ist vielmehr die Thätigkeit der Anschauung und Phantasie, sowie die Aktion des Gedächtnisses, die in Anspruch genommen werden, als die Vollziehung logischer Operationen. Den Inhalt des geschichtlichen Unterrichts bilden Thatsachen und Ereignisse, Zustände und Entwicklungen, Charaktere und Handlungen, nicht Wahrheiten und Gesetze. Wenn wir von geschichtlichen Wahrheiten und Gesetzen reden, so denken wir hier nicht an unbedingte Notwendigkeiten, die sich berechnen lassen, sondern an Ergebnisse, die unter Voraussetzung einer bestimmten Wirksamkeit bestimmter Faktoren zustande kommen. Aber wir können nie vorher wissen, ob in einem gegebenen Zeitpunkte alle konkurrierenden Faktoren vorhanden sein und so, wie wir es gedacht haben, zusammenwirken werden. Es giebt auch für die genialsten Strategen und Politiker immer Überraschungen, die bald durch physische Zufälligkeiten, bald durch das Walten der ethisch-freien Mächte bedingt sind. Nachdem ein Ereignis stattgefunden hat, können wir uns die wirkenden Ursachen desselben vergegenwärtigen, d. h. die Thatsachen aufsuchen, die seine Voraussetzung bilden. Geschichtliche Gesetze sind daher nur als hypothetische allgemein gültig; ob sie sich in einem bestimmten Falle realisieren werden, läßt sich vorher nicht entscheiden; alle Vorausberechnungen können daher immer nur einen bald minderen, bald größeren Grad der Wahrscheinlichkeit in Anspruch nehmen. So kann der geschichtliche Unterricht in formaler Hinsicht nur das Erkennen nötigen, eine kombinatorische Thätigkeit auszuüben, eine Vielheit wirksamer Faktoren auf einander zu beziehen und geschichtliche Erscheinungen als Ergebnisse derselben zu betrachten, also das Kausalitätsgesetz in eigentümlicher Beschränkung zur Anwendung zu bringen. Es ist eine Vielseitigkeit der Beobachtung, des Urteilens und Schließens, zu welcher der geschichtliche Unterricht Anlaß giebt. Aber auch diesen formalen Wert des Geschichtsunterrichts müssen wir beschränken, denn nicht bloß ist für eine solche philosophische Auffassung nur der Zögling der höchsten Stufe des Gymnasiums und der Realschule, und auch dieser nur in begrenztem Maße, empfänglich, sondern der materiale Wert des Geschichtsunterrichts sinkt, je mehr wir die geschichtlichen Vorgänge als moralische Rechenexempel betrachten.

Die begeisternde Kraft, welche vom Geschichtsvortrag ausgehen soll; die Frische, der Farbenreichtum, welche seine Darstellung auszeichnen müssen, sie gehen verloren, wenn an Stelle der Darstellung von Thatsachen, Handlungen und Persönlichkeiten die Reflexion über sie tritt. Der ethische Wert des geschichtlichen Unterrichts haftet am Einzelnen, Konkreten. Nicht als ob von demselben Darstellungen des allgemeinen Kulturlebens ausgeschlossen sein sollten, gewiß nicht; aber auch sie sollen in einer Reihe von Einzelanschauungen uns nahe treten, nach dem Vorbild von G. Freytags klassischen Bildern aus deutscher Vergangenheit. Die verknüpfenden Fäden, welche den Zusammenhang der geschichtlichen Erscheinungen vermitteln, sollen aufgewiesen werden; aber der Blick des Schülers soll nicht vor allem auf diese Fäden, sondern vielmehr auf die Erscheinungen gerichtet werden, welche durch sie zu einem Ganzen verbunden werden.

Einem Mißverhältnis zwischen formal und material bildender Kraft begegnen wir auch, wenn wir die Frage zu beantworten suchen, auf welchen Teil der Geschichte sich der Unterricht konzentrieren soll. Keine Frage, daß in formaler Beziehung die Geschichte des Altertums, vor allem die Geschichte Roms, bei weitem den Vorzug verdient. Nirgends zeigt sich ein solches Maß der Folgerichtigkeit der Entwicklung, sowohl auf dem Gebiet der äußeren wie inneren Politik, eine solche Kontinuität in der dialektischen Bewegung wie hier. Und auch die anderen charakteristischen Züge der antiken Welt, deren wir vorhin gedachten, müssen wir als Faktoren betrachten, denen eine intensive Kraft zur formalen Bildung des Erkennens einwohnt. Nicht so hoch können wir den materialen Wert des Unterrichts in der römischen Geschichte schätzen. Wie sehr wir auch die Energie bewundern, mit welcher die Helden Roms, Staatsmänner und Feldherren, von der öffentlichen Meinung getragen, ausschließlich den Interessen des Staates sich hingeben; die Ausschließlichkeit, mit der hier der Staatsgedanke sich zur Geltung bringt, die untergeordnete Stellung, die hier allen anderen ethischen Interessen angewiesen ist, kann keine Sympathieen in uns erwecken, verletzt uns und stößt uns ab. Die Rücksichtslosigkeit, mit der hier der Staatskultus, der ja allerdings der antiken Welt überhaupt eigen ist, ausgeübt wird, kann nicht auf unsere Billigung Anspruch erheben. Wenden wir uns nun dem Mittelalter und der neueren Zeit zu, so ist der materiale Wert des diesen Perioden gewidmeten Unterrichts größer als der formale. Überall zeigt sich die Macht, welche der Individualismus gewonnen hat. Wie viele Staatengebilde treten uns hier entgegen, deren einheitliche Zusammenfassung eine lockere ist; bald liegt der Schwerpunkt in den einzelnen Teilen, bald wird in heftigen und lange währenden Kämpfen mühsam ein Gleichgewicht zwischen der Gewalt des Reichs und der Macht der Territorialherren hergestellt, und nur vereinzelt gelingt es thatkräftigen, von der Gunst der Umstände unterstützten Herrschern, die überwiegende Macht des Reiches zur Geltung zu bringen. Dies das Bild, das uns die Geschichte Deutschlands zeigt. Mehr logische Konsequenz zeigt die Geschichte Englands und Frankreichs, in denen Schritt für Schritt die Staatseinheit über den Partikularismus den Sieg gewinnt. Dagegen sehen wir in Italien die Einheit des Staates sich völlig auflösen und dies Land zu einem Spielball fremder Mächte werden, bis in der neuesten Zeit der Einheitsstaat gegründet wird. Vergegenwärtigen wir uns ferner die Mannigfaltigkeit der Verfassungsformen, wie sie nicht bloß in den einzelnen Reichen, sondern sogar in den verschiedenen Teilstaaten desselben Reiches sich bilden;

vergegenwärtigen wir uns sodann, daß durch den Eintritt der Kirche als eines neuen bestimmenden Faktors der geschichtlichen Entwicklung bis dahin unbekannte Gegensätze hervortreten, die bald zu Kämpfen zwischen Hierarchie und Staat, bald zu Streitig= keiten zwischen politischen Parteien führen, bald endlich aus inner= kirchlichem Zwiespalt erwachsen: so stehen wir vor einer solchen Vielheit individueller Gestaltungen, vor einer solchen Mannig= faltigkeit von Beziehungen, daß eine einheitliche Zusammenfassung derselben uns schwer wird. Ja wir durchwandern oft Jahr= hunderte, in denen wir vergeblich nach einem Fortschritt der Ent= wicklung suchen. Aber wie sehr hinsichtlich der formal bildenden Kraft die neuere Geschichte von der Antike, zumal vom Römer= tum, übertroffen wird, — in materialer Beziehung müssen wir jener den Vorzug geben. Gerade diese Vielheit individueller Gestal= tungen, die Mannigfaltigkeit von Bestrebungen, welche den Welt= lauf bestimmen, von Motiven, welche die einzelnen Persönlichkeiten leiten, die Vielseitigkeit von Interessen, die sich in ihnen kreuzen, infolge dessen der Reichtum individuell entwickelter Charaktere, alles dies giebt der Beschäftigung mit der neueren Zeit, in welche wir hier das Mittelalter mit einschließen, einen Reiz, und übt Impulse auf unser Gemütsleben aus, welche die Antike nicht her= vorzubringen vermag. Es ist eine reichere vielseitigere Entfaltung des Gemütslebens, die uns hier entgegentritt und fesselt; es sind daher auch vielseitigere ethische Einwirkungen, die wir hier er= fahren.

Welche Aufgaben erwachsen bei dieser Lage der Dinge dem geschichtlichen Unterricht? Von der Volksschule dürfen wir ab= sehen, da hier ein zusammenhängender geschichtlicher Unterricht nicht erteilt werden kann, weil dazu ebenso die Zeit wie die inneren Voraussetzungen fehlen. Der Unterricht in der Religion und in der deutschen Sprache muß hier die Kenntnis der wichtigsten histo= rischen Vorgänge vermitteln. Die Erläuterung der biblischen Ge= schichte giebt Anlaß, einen Blick in die Entwicklung der alten Welt zu vermitteln, und die Reformationsgeschichte führt in die Bewegungen des Mittelalters und der neuen Zeit ein. Das deutsche Lesebuch endlich muß Stoffe enthalten, die der vaterlän= dischen Geschichte angehören, und so dem Lehrer Gelegenheit bieten,

eingehend die hervorragenden Fürsten und Helden, sowie die be=
deutungsvollen Ereignisse derselben darzustellen und den Schülern
zuzueignen. Der geschichtliche Unterricht dient hier ganz dem
materialen Interesse. Es ist anders auf dem Gymnasium. Da
dasselbe, wie wir früher gesehen haben, seinen Mittelpunkt im
Studium des klassischen Altertums besitzt, so muß es auch der
griechischen und römischen Geschichte das volle Interesse zuwenden,
um so mehr, als die Schüler ja hier befähigt sind, zum Teil
quellenmäßig diese geschichtlichen Entwicklungen zu verfolgen. So
überwiegt hier das formale Interesse.

Und vermöge der klassischen Bildung, welche das Gymnasium
darbietet, kann hier der Unterricht auch der mittelalterlichen Ge=
schichte ein höheres Maß formal bildender Kräfte abgewinnen, als
sonst möglich wäre. Denn nicht bloß bildet die germanisch=roma=
nische Welt eine Kultureinheit auf Grund der antiken Bildung, so
daß die Summe wissenschaftlich gebildeter Männer als Latinitas
bezeichnet wird, sondern das deutsche Königtum setzt als römisches
Kaisertum das Imperium fort. In Karl dem Großen, Karl dem
Kahlen und in den Ottonen erfährt die Antike eine, wenn auch
nicht währende Renaissance. Und der Ausgang des Mittelalters,
die Einleitung der Reformation, ist durch die Wiedererweckung des
klassischen Altertums bedingt. So ziehen sich, von der Antike aus=
gehend, orientierende Linien durch das vielgestaltige Mittelalter,
bedeutungsvoll für einen Schüler, der in der römisch=griechischen
Welt heimisch geworden ist.

Einen geringeren Wert hat das Studium des klassischen
Altertums und des Mittelalters für die Realschule. Nicht sowohl
darauf gerichtet, in die Genesis unseres Kulturlebens einzuführen,
als vielmehr, in der unmittelbaren Gegenwart zu orientieren, darf
sie schneller durch die Gebiete eilen, deren Ideenwelt so weit von
dieser entfernt ist, und muß das Interesse vorwiegend der neueren
Zeit zuwenden. Ihr kann sie einen weiteren Raum gewähren,
als dies dem Gymnasium möglich ist. Da das Studium der
englischen und französischen Sprache und Litteratur für die Realschule
mit Recht in erster Linie steht, so darf die neuere Geschichte dieser
Länder den Gegenstand eines eingehenden Unterrichts bilden. Dies
ist dem Gymnasium versagt. Das Studium der neueren Ge=

schichte ist hier in engere Grenzen geschlossen. Zwei Gesichts=
punkte müssen für die Auswahl maßgebend sein: das nationale
und das religiöse Element. Es bedarf keiner Begründung, daß
der Gymnasiast nicht minder wie der Zögling der Realschule in
der deutschen Geschichte eine eingehende Unterweisung empfangen
muß. Der eigentümliche Entwicklungsgang unserer Nation ver=
bindet zu einem unzertrennlichen Ganzen die Geschichte des Reichs
und die Geschichte Preußens. Der Zerfall der Reichseinheit und
der Wiederaufbau derselben auf neuer Basis durch das Haus der
Hohenzollern gehen Hand in Hand. Im großen Kurfürsten, Fried=
rich dem Großen, Friedrich Wilhelm III. und IV. erweitert sich
die preußische zur deutschen Geschichte, bis König Wilhelm I. das
preußische Fürstenhaus zum Träger der deutschen Kaiserkrone erhebt.
Nimmt so die deutsche Geschichte die preußische in sich auf, so
berührt sie sich auch mit der Geschichte der anderen Völker, und
soweit dies der Fall ist, müssen diese auch im geschichtlichen Unter=
richt des Gymnasiums berücksichtigt werden. Aber auch noch von
einem andern Standort der Betrachtung aus richtet sich das In=
teresse des geschichtlichen Unterrichts auf dieselben. Die Geschichte
der Reformation, die Darstellung der Verbreitung des Protestan=
tismus, seiner Kämpfe, Niederlagen und Siege, nötigt zu einem
Blick auf fast alle Kulturvölker. Aber auch hier bildet Deutsch=
land, die Wiege der Reformation, den Ausgangspunkt; die Ge=
schichte des Protestantismus ist mit der nationalen Geschichte ver=
schmolzen. Es bedarf endlich keiner Rechtfertigung, daß der ge=
schichtliche Unterricht Bewegungen, welche die ganze Kulturwelt
ergriffen haben, denen also auch die eigene Nation ausgesetzt war,
nicht übergehen darf. Dagegen kann es zweifelhaft sein, ob der=
selbe die Entwicklung der Partikularstaaten und Provinzen, denen
die Schüler angehören, zum Gegenstande einer besonderen Dar=
stellung machen soll oder derselben nur gelegentlich gedenken, so=
weit der Vortrag der deutschen Geschichte Anlaß giebt. Wir
würden uns für das letztere entscheiden, zumal der Unter=
richt in der politischen Geographie reichlich Gelegenheit zu wert=
vollen Ergänzungen gewährt. Bei der Energie, welche dem deut=
schen Partikularismus eignet, ist nicht zu fürchten, daß derselbe
ohne sonderliche Pflege verkümmern werde; unser Interesse wird

mehr darauf gerichtet sein müssen, ihn zu beschränken, als ihn zu nähren.

Der formale Bildungswert des geographischen Unterrichts bestimmt sich nach den umfassenden Disziplinen, denen sein Stoff zugehörig ist, den Naturwissenschaften und der Geschichte. Die physikalische Geographie betrachtet unseren Erdball teils unter dem geologisch-geognostischen Gesichtspunkt, teils in astronomischer Beziehung, teils endlich als Objekt der beschreibenden Naturwissenschaften; die politische Geographie dagegen geht von historischen Anschauungen aus. Allerdings entsteht die Geographie als einheitliche Wissenschaft durch die Kombination dieser Gesichtspunkte. Es ist die Wechselwirkung des physischen und geschichtlichen Faktors, die Bedingtheit des einen durch den andern, worauf sie den Blick lenkt; aber immer wird der Gesichtspunkt, von dem sie ausgeht, entweder ein naturwissenschaftlicher oder ein historischer sein; ersteres, wenn Anlage und Geschichte einer Bevölkerung durch die Qualität des Bodens, letzteres, wenn dieser durch die Eigenart einer Bevölkerung bedingt erscheint. Dort betrachten wir den Menschen als Naturwesen, hier die Erde als Objekt geschichtlicher Veränderungen. So besitzt der geographische Unterricht ebenso die formal bildende Kraft, welche den Naturwissenschaften eigen ist, wie er an dem Maß derselben teilnimmt, welches der Geschichte einwohnt. Doch müssen wir allerdings erwägen, daß die Gesetze keiner dieser beiden Disziplinen hier unbedingt zur Geltung gelangen, da die bestimmenden Faktoren sich gegenseitig beschränken. Infolge dessen muß bei einer auf ein größeres geographisches Gebiet gerichteten Untersuchung die naturwissenschaftliche die geschichtliche Betrachtungsweise ablösen, und umgekehrt. Und insofern ist die geistige Thätigkeit, welche das geographische Studium fordert, vielleicht nach keiner Seite hin eine intensive, wohl aber durch die Extension der Betrachtung und die Nötigung, vielfache Fäden zu verknüpfen, doch ein wertvoller Vermittler für die formale Entwicklung menschlichen Erkennens.

Doch müssen wir allerdings zugestehen, daß die Geographie diesen Wert nur für die höheren Stufen des Gymnasiums und der Realschule gewinnen kann, während die unteren und mittleren Klassen dieser Anstalten vom geographischen Unterricht vor allem eine Bereicherung und Schärfung der sinnlichen Wahrnehmung zu erwarten haben. Worin wir die materiale Bedeutung des geographischen Studiums suchen, darüber haben schon unsere Ausführungen über die formal bildende Kraft desselben Aufschluß gegeben. Der Erdball in seiner Beziehung zur Menschheit, in die Geschichte derselben als integrierender Faktor verflochten, das ist ihr Gegenstand. Die eigentümlichen Aufgaben, welche die Beschaffenheit des Erdbodens den einzelnen Völkern stellt, die bald hemmenden, bald fördernden Einwirkungen, die von derselben ausgehen, mit einem Wort die Menschheit in ihrer Einheit mit der Stätte ihrer Arbeit und ihres Genusses, tritt hier in einem großen, farbenreichen Bilde vor unser Auge. Und so ist es ein neuer, eigentümlicher Blick in das Schaffen und Walten des Menschengeistes, sowie in die Geschicke, denen er unterworfen ist, und in die Aufgaben, die ihm gestellt sind, welchen dieser Unterricht vermittelt. In der Natur der Ziele, welche das Gymnasium verfolgt, ist es begründet, daß hier der geographische Unterricht mehr eine allgemeine Anschauung vermitteln will, und daß die Einzelheiten, auf die er hinweist, der Herstellung dieses Totalbildes dienen sollen, während die Realschule vor allem das Interesse auf die Vielheit der konkreten geographischen Erscheinungen richtet und mit ihnen vertraut macht, entsprechend den praktischen Zwecken, in denen sie ihre Aufgabe zu suchen hat.

Der Gegensatz zwischen formaler und materialer Bildungskraft, der uns schon mehrfach entgegentrat, offenbart auf dem Gebiet des Religionsunterrichts die intensivste Energie. Dieselbe Disziplin, welche wie keine andere auf Gemüt und Gesinnung des Zöglings einzuwirken vermag, giebt doch der formalen Entwicklung des Erkennens nur geringe Impulse. Aber dieses Mißverhältnis darf uns so wenig befremden, daß wir vielmehr dasselbe von vornherein erwarten müssen. Zwischen den theoretischen und praktischen Funktionen des menschlichen Geistes besteht bei aller Wechselwirkung doch eine gewisse Spannung. Je mehr unsere Denkthätigkeit eine streng wissenschaftliche Gestalt annimmt, desto weniger vermag unser Gemütsleben ihr teilnehmend zu folgen; und auf der andern Seite, je lebhafter unser Gemütsleben in Anspruch genommen wird, desto mehr Abneigung empfinden wir, wissenschaft-

liche Operationen auszuüben. Es ist im letzten Grunde der Ge=
gensatz zwischen Allgemeinem und Persönlichem, zwischen der Rich=
tung auf das Abstrakte und der Versenkung in das Konkrete, der
hier zutage tritt.

Das Gemüt haftet am Einzelnen, Konkreten, das theoretische
Erkennen am Allgemeinen. Eine innere Durchdringung beider
Seiten findet nur insoweit statt, als die erkennende Thätigkeit,
wenn sie zu relativen und definitiven Abschlüssen gelangt, eine
bald mehr, bald weniger ausgedehnte Gesamtanschauung entwickelt,
welche als solche immer auch ein praktisches Interesse erweckt; und,
insoweit die Motive unseres Handelns, die Gesamtstimmung un=
seres Gemütes und die Qualität unserer Gesinnung auf Über=
zeugungen ruhen, an deren Begründung wir daher ein ethisches In=
teresse haben. So erklärt sich das eigentümliche Doppelverhältnis
zwischen Religion und Theologie. Jener sind die Ergebnisse dieser
sehr wertvoll; sie fragt, ob sie durch dieselben gestört oder gefördert
wird, während die theologischen Studien ihr gleichgültig bleiben.

Daraus ergeben sich die Postulate, welche wir an den Re=
ligionsunterricht zu stellen haben. Schon früher hatten wir den=
selben bei einem anderen Anlaß bis zu den mittleren Stufen ver=
folgt. Aus dieser Darlegung ging hervor, wie hier ausschließlich
der Blick auf das materiale Interesse gerichtet ist, wie auf die
formal bildende Kraft des Religionsunterrichts nicht gerechnet
wird. Es fragt sich, ob derselbe Gesichtspunkt auch auf den
höheren Klassen der Gymnasien und Realschulen festgehalten wer=
den kann; mit anderen Worten, ob auch hier von allen theologi=
schen Elementen zu abstrahieren sei. Wir versuchen diese Frage
zu beantworten, indem wir den einzelnen Objekten des Religions=
unterrichts uns zuwenden, die hier in Frage kommen.

Daß eine Einführung in die heilige Schrift und eine Lektüre
einzelner Bücher oder doch größerer Abschnitte derselben auf diesen
Stufen unentbehrlich ist, liegt auf der Hand; ebenso, daß der
Gymnasiast die neutestamentlichen Schriften im Grundtext lesen
muß. Eine solche Bibellektüre läßt sich nun ohne wissenschaftliche
Operationen nicht verwirklichen. Wenn auch selbstverständlich alle
kritischen Untersuchungen ausgeschlossen werden und die philologischen
Arbeiten nur auf das schlechthin unentbehrliche Maß beschränkt, so

jetzt doch schon das Bemühen, den Gedankenzusammenhang und Fortschritt eines biblischen Abschnittes oder einer ganzen Schrift zu erkennen, ebenso wie die Bestimmung der maßgebenden Begriffe ein nicht unerhebliches Maß wissenschaftlicher Thätigkeit voraus. Es ist dasselbe Resultat, das sich uns aus der Aufgabe einer Einführung in die Geschichte der heiligen Schrift und ihrer einzelnen Teile ergiebt. Von der Aufnahme einer biblischen Einleitungswissenschaft in den Religionsunterricht sehen wir freilich ab. Sie kann nicht auf das Interesse des Schülers rechnen. „Mitteilungen über den Verfasser, die Entstehungszeit, die Gliederung, den Inhalt der einzelnen biblischen Bücher können wohl als Gegenstand gelehrt=wissenschaftlicher Untersuchungen einen großen Reiz ausüben, aber das Aggregat von Notizen, welches dem Schüler allein zugänglich ist, besitzt diese Kraft nicht." [1]) Statt dessen empfiehlt es sich, eine Geschichte des Reiches Gottes vorzutragen und mit derselben die wichtigsten Mitteilungen über Entstehung und Beschaffenheit der sie beurkundenden biblischen Bücher zu verknüpfen. Aber auch die Lösung dieser Aufgabe ist an die Bedingung einer wissenschaftlichen Thätigkeit des Schülers geknüpft. Die Ansprüche, welche der historische Unterricht überhaupt erheben muß, sind auch für den geschichtlichen Unterricht, welcher das Werden des Reiches Gottes zum Inhalt hat, unerläßlich.

Ein zweites Objekt des Religionsunterrichts auf den höheren Stufen von Gelehrtenschulen bildet die Kirchengeschichte, also wieder eine geschichtliche Disziplin, welche daher auch dieselben Forderungen an die Denkthätigkeit des Schülers stellen muß, welche der historische Unterricht auf dieser Stufe erhebt. Freilich bleibt häufig der kirchengeschichtliche Unterricht erheblich unter diesen Anforderungen zurück, indem er bald seine Aufgabe darin sucht, den inneren religiösen Entwicklungsgang einzelner hervorragender Persönlichkeiten darzustellen, bald gleichmäßig allen Richtungen des kirchlichen Lebens das Interesse zuwendet, bald endlich in dem einen wie in dem andern Falle die Erscheinungen des kirchlichen

---

1) Vgl. den Aufsatz des Verfassers „Der Religionsunterricht in den höheren Klassen gelehrter Schulen" (Fliegende Blätter des Rauhen Hauses 1877, Nr. 1), S. 8.

Lebens und die Persönlichkeiten, welche dasselbe bestimmt haben, möglichst von den allgemeinen weltgeschichtlichen Bewegungen los-löst. Nimmt der kirchengeschichtliche Vortrag diese Richtung, so steht er nicht auf derselben Höhe, auf welche die Schüler durch den Unterricht in der allgemeinen Geschichte erhoben werden, und es ist daher zu befürchten, daß diese dem kirchengeschichtlichen Unterricht kein ausreichendes Interesse schenken. Sie stehen ja nicht mehr auf dem elementaren Standpunkt, auf welchem die historische Bildung durch biographische Darstellungen vermittelt wird; wie sollte daher eine biographische Behandlung der Kirchen-geschichte ihnen genügen! Und gestaltet sich die Biographie zur Darlegung des religiösen Entwicklungsganges ihres Helden, so wird je länger je mehr eine ermüdende und abstumpfende Mono-tonie Platz greifen. Denn das unmittelbare religiöse Leben, wel-ches die intensivste Konzentration der geistigen Thätigkeiten bildet, bewegt sich eben deshalb auf eng umgrenztem Gebiet. Aber ebenso wenig können wir es billigen, wenn der kirchengeschichtliche Unter-richt allen Gestaltungen des kirchlichen Lebens gleichmäßig Rechnung zu tragen sich bemüht. Die Lehrgeschichte läßt sich nur im Zu-sammenhange mit der Geschichte der Philosophie so darstellen, daß sie dem Verständnis erschlossen wird und Interesse erregt. Und doch einen wie großen Teil pflegt gerade sie im überlieferten Lehrstoff einzunehmen! Aber eben deshalb wird er auch nur dem Gedächt-nis zugeeignet und bleibt ein totes Kapital. Ein lebensvoller Vortrag der Kirchengeschichte muß dieselbe in die innigste Be-ziehung zur Weltgeschichte zu stellen suchen. Sie soll als die Innenseite der letzteren erscheinen, als die Ergänzung, deren diese bedarf. „Bei der Trennung des kirchen- und weltgeschichtlichen Gebietes wird jenes zu leicht als ein Anhang und Zusatz zur Geschichte der Menschheit angesehen, dem als solchem nur ein zu-fälliger Wert zukomme, wenn es nicht etwa sogar als ein stören-des Element empfunden wird. Dieser Auffassung ist aber von vornherein der Zugang verwehrt, wenn die Kirchengeschichte in die Weltgeschichte als ein Glied aufgenommen ist, durch welches diese die höchsten idealen Kräfte empfängt und zum Reiche Gottes gestaltet wird." Aber noch ein anderer Gewinn wird so erreicht. Die kirchengeschichtlichen Ereignisse und Persönlichkeiten, auf welche

der Blick sich richtet, erhalten eine individuelle, konkrete Natur=
farbe.

Wird dagegen die Beziehung auf das weltgeschichtliche Ge=
biet ausgeschlossen, „so erscheinen die Heldengestalten der Kirche
vielleicht als Heiligenbilder, aber das eine sieht aus wie das
andere, ihnen fehlt Fleisch und Blut, sie kommen uns nicht nahe,
und wir gehen kalt an ihnen vorüber. Wird diese Beziehung da=
gegen ein für den Vortrag maßgebender Gesichtspunkt, so mögen
die Väter der Kirche vielleicht einige Strahlen von der Glorie
verlieren, die ihr Haupt umschwebt, und mancher Erdenstaub wird
an ihnen haften bleiben, der ihnen bis dahin zu fehlen schien,
aber sie werden durch jenen Verlust gewinnen und durch diese
Beimischung nicht verlieren. Denn nun fühlen wir es, das ist
Fleisch von unserm Fleisch und Bein von unserm Bein; des=
halb können wir mit ihnen empfinden, deshalb können sie auf uns
wirken" [1]).

Diese Auffassung des kirchengeschichtlichen Unterrichts zeigt
uns auch das Maß an, in welchem der dogmengeschichtliche Stoff
zur Verwendung kommen darf und muß. Entwicklungen auf dem
Gebiet der Lehre, welche das allgemeine kirchliche Bewußtsein nicht
berührt haben, sondern sich ausschließlich auf die theologischen
Kreise beschränkten, fallen nicht in den Rahmen des Unterrichts.
Dagegen dürfen von demselben dogmatische Bewegungen nicht aus=
geschlossen werden, an welchen das allgemeine kirchliche Bewußt=
sein teilgenommen hat. Aber auch hier allerdings werden wir
die theologische Behandlung, die der dogmatischen Frage zuteil
geworden ist, ausscheiden und nur, insoweit dieselbe in das kirch=
liche Bewußtsein aufgenommen wurde, ihr auch einen Platz in
dem kirchengeschichtlichen Vortrage anweisen. Daß durch diese
stete Beziehung der Kirchengeschichte auf die Weltgeschichte jene
dieselbe wissenschaftliche Qualität und Dignität gewinnt, welche
dieser eignen, ist nicht der größte Gewinn, den die von uns em=
pfohlene Behandlungsweise gewährt; einen größeren, weil mate=
rialen Gewinn erkennen wir darin, daß die Realität der Kirche,

---

1) a. a. O., S. 12. 11.

ihre die Ereigniſſe des Weltlebens bedingende, freilich auch von
ihnen bedingte Gewalt den Schülern zum Bewußtſein kommt.

Den dritten Gegenſtand des Religionsunterrichts auf den
höheren Klaſſen von Gelehrtenſchulen bildet das kirchliche Bekennt=
nis, welches ſowohl inbezug auf ſeinen allgemein chriſtlichen In=
halt wie nach ſeinem ſpezifiſch evangeliſch=proteſtantiſchen Charakter
gewürdigt ſein will. Darüber herrſcht wohl unter allen einſich=
tigen Pädagogikern Übereinſtimmung, daß der Vortrag eines dog=
matiſchen oder ethiſchen Syſtems nicht ſtatthaft iſt, weil derſelbe
nicht auf ausreichendes Verſtändnis und Intereſſe rechnen könnte;
und ebenſo unterliegt es keinem Zweifel, daß die Augsburger
Konfeſſion, das Grundbekenntnis der deutſch=evangeliſchen Kirche,
der Interpretation unterzogen werden muß. Nur das kann
zweifelhaft ſein, ob es zu empfehlen iſt, die Darſtellung der chriſt=
lichen Heilslehre an die Interpretation des Augsburger Bekennt=
niſſes anzuſchließen, oder ob es wünſchenswert iſt, die chriſtlichen
Grundwahrheiten ohne maßgebenden Text darzulegen. Wir können
uns weder für das eine noch für das andere entſcheiden; für das
letztere nicht, weil, wenn ein maßgebender Text fehlt, der Unter=
richt, um eine Einheit zu gewinnen, genötigt iſt, ein dogmatiſches
und ein ethiſches Syſtem zu konſtruieren, was, wie wir ſahen,
unzuläſſig iſt; für das erſtere nicht, weil die Auguſtana wohl ge=
eignet iſt, um das proteſtantiſche Bewußtſein über ſeinen eigen=
tümlichen Inhalt im Gegenſatz zum römiſchen Katholicismus und
den Sekten zu orientieren, aber wenig dazu angethan, die allge=
meine chriſtliche Heilslehre zu begründen. „Schon formell=didak=
tiſche Bedenken liegen vor. Das Zuſammengehörige iſt dort unter
verſchiedene Artikel zerſtreut. Der dritte Artikel handelt von der
Erbſünde, der neunzehnte von der Urſache der Sünde; wieder der
ſechſte redet vom neuen Gehorſam und der zwanzigſte von den
guten Werken. Die Aufeinanderfolge der Artikel iſt ja nicht
durch katechetiſche Zwecke, ſondern durch das Intereſſe, die Stel=
lung des Proteſtantismus zu Rom und zu den Sekten zu prä=
ciſieren, veranlaßt. Eben deshalb iſt die Augsburgiſche Konfeſſion
wohl geeignet, den Leitfaden zu bilden, um dieſe Gegenſätze des
Proteſtantismus zum Bewußtſein zu bringen; aber iſt ſie in dem=
ſelben Maße auch geeignet, den Inhalt des allgemein chriſtlichen

Glaubens zu vergegenwärtigen? Auf diese Frage antworten wir mit Nein."[1] Auch daran wollen wir erinnern, daß die ersten drei Artikel streng dogmatisch formuliert sind und biblischer Unmittelbarkeit entbehren. Der Text, dessen wir für die Darstellung der christlichen Heilslehre bedürfen, ist nicht die Augsburger Konfession, sondern Luthers kleiner Katechismus, dessen zweites, viertes und fünftes Hauptstück den dogmatischen Lehrstoff, dessen erstes und drittes den ethischen darbieten. Natürlich wird es hier darauf ankommen, die christliche Heilslehre in dem Maße wissenschaftlich zu begründen, als das Verständnis der Schüler es gestattet. Sie sollen einen tiefen Eindruck davon empfangen, daß das Christentum das letzte, vollendende Wort Gottes an die Menschheit ist, und daß in ihm die versöhnende, heiligende, beseligende Gnade Gottes uns offenbart ist; sie sollen zugleich die Überzeugung gewinnen, daß alle dem Christentum widerstreitenden Weltanschauungen darin sich als Irrtümer erweisen, daß sie die tiefsten Bedürfnisse des menschlichen Herzens nicht zu befriedigen vermögen.

Wenden wir uns jetzt noch einmal der Frage zu, ob der Religionsunterricht in den oberen Klassen der Gelehrtenschulen theologischer Elemente entbehren kann. Diese Frage werden wir insofern unbedingt verneinen, als der Lehrer die Ergebnisse theologischer Arbeit verwenden muß, und die Aufgaben, die christliche Gesamtanschauung zu vergegenwärtigen und die Eigenart des Protestantismus dem Verständnis zu erschließen, ernstes, wissenschaftliches Denken in Anspruch nehmen. Dagegen werden wir der theologisch-wissenschaftlichen Arbeit hier keinen Raum gewähren, insofern dieselbe auf Systembildung und deshalb auf formelle Konstruktionen gerichtet ist, und insofern sie, durch Auseinandersetzung mit abweichenden wissenschaftlichen Darstellungen sich vollziehend, ein großes geschichtliches Material in sich aufnimmt.

Steigt nun durch den wissenschaftlichen Charakter des Religionsunterrichts auf den höheren Stufen der Gelehrtenschulen seine formell bildende Kraft, so scheint es doch, als ob gerade dadurch sein materialer, ethischer Wert verliere. Allein es liegt nur in der Hand des Lehrers, daß auch dieser zur vollen Geltung

---

[1] a. a. O., S. 13.

gelangt. Den Weg, der ihm gewiesen ist, haben wir früher ge=
zeigt. Das wissenschaftliche Denken in seiner unmittelbaren Thätig=
keit bietet unserem Gemüt kein Genüge; aber sobald dasselbe zu
einem Resultat, wenn auch nur einem vorläufigen, gelangt ist,
entsteht in uns ein Gefühl der Befriedigung, und unser Gemüt
erfährt eine die Gesamtstimmung fördernde Einwirkung. Ein bis
dahin uns verschlossenes Gebiet hat sich geöffnet, und wir freuen
uns des erquickenden Bildes, das sich nun vor uns ausbreitet.
So gleichen wir dem Wanderer, der auf ermüdendem, steilem
Wege emporklimmt, ohne daß dem Auge der Reiz der Fernsicht
gewährt wird, der aber endlich doch eine freie Stätte erreicht, von
der aus sein bewundernder Blick in die Weite zu schauen vermag.

So wird es auch die Aufgabe des Religionslehrers sein, die
Thätigkeit des wissenschaftlichen Denkens, die sich bald mehr, bald
weniger in der Sphäre der Abstraktionen bewegt, von Zeit zu
Zeit abzubrechen und die Schüler auf eine Höhe zu führen, auf
welcher sich ihnen eine Aussicht in den Gnadenratschluß der gött=
lichen Liebe, in den Entwicklungsgang der göttlichen Offenbarung,
in die Pflanzung und Ausbreitung des göttlichen Reiches eröffnet.
Sie sollen den Eindruck empfangen, daß der Weg, den sie gehen,
zu grünen Auen und frischen Wassern leitet; und je weiter sie
fortschreiten, desto williger soll ihr Gemüt werden, in das bewun=
dernde Wort einzustimmen, das aus des Apostels Paulus Munde
drang, als sich auch ihm nach langem Wandern am Ziele eines
angestrengten Nachdenkens über Gottes Wege eine weite, herr=
liche, beseligende Aussicht erschloß: „O welch' eine Tiefe des
Reichtums, beides der Weisheit und Erkenntnis Gottes! Wie
gar unbegreiflich sind seine Gerichte und unerforschlich seine Wege.
Denn von ihm und durch ihn und in ihm sind alle Dinge. Ihm
sei Ehre in Ewigkeit. Amen." (Röm. 11, 33. 36.)

§ 24.
2) Der Erkenntniswert der Lehrmethode.

Entsprechend den Manifestationen der Erkenntnisthätigkeit
muß die Lehrmethode den Geist des Zöglings bald zu frei
schaffendem Bilden, bald zur Reproduktion, bald endlich zu

Operationen veranlassen, in denen sich der Fortschritt von
der Reproduktion zur freien Produktion vermittelt. Der
Unterricht bedient sich daher des freien Vortrags, um neue
Erkenntnisobjekte zuzueignen; veranstaltet Übungen, um die
Herrschaft des Zöglings über Gesetze und Regeln zu bewähren; nötigt diesen endlich, an die Lösung schwierigerer Aufgaben heranzutreten, damit er die Fähigkeit zu freier, dem
Erkenntnisfortschritt dienender Produktion beweise. Je mehr
die Lehrmethode die Freithätigkeit des Schülers in Anspruch
nimmt, desto mehr steigt ihr formaler, sinkt ihr materialer
Erkenntniswert. Je mehr sie dagegen die Freithätigkeit des
Lehrers in den Vordergrund stellt, desto mehr steigt ihr materialer, sinkt ihr formaler Erkenntniswert. So zeigt sich
uns die Notwendigkeit, daß die Lehrmethode bald diese, bald
jene Weise des Unterrichts, indem die eine die andere ablöst,
zur Anwendung bringe, damit der Gegensatz zwischen formaler und materialer Erkenntnis sich ausgleiche. Der formale Erkenntniswert des Vortrags wächst, wenn derselbe das
Fragverfahren in sich aufnimmt. Es ist nicht sowohl die
prüfende, als die entwickelnde Frage, die wir hier im Auge
haben. In ihrer reinen Gestalt, in welcher sie den Fortschritt zu schlechthin neuen Erkenntnissen hervorbringt, kann
sie im Unterricht keinen Raum finden; wohl aber ist ihr
hier eine Stätte bereitet, insofern sie im Dienste der Vorbereitung neuer Erkenntnisse oder der organischen Verknüpfung
schon gewonnener Einzelerkenntnisse steht. Ihr Wert ist nicht
logisch, sondern psychologisch begründet; wie auch psychologische
Erwägungen zur Beschränkung ihrer Anwendung nötigen.
Wenn dem Unterricht im Vortrage des Lehrers der Ausgangspunkt gegeben ist, so ist es das Fragverfahren, in welchem er sich fortsetzt. Den Zielpunkt kann er aber nur im
Vortrag des Schülers finden, welcher die Vielheit der im
Fragverfahren gewonnenen Erkenntnisse zu innerer Einheit
zusammenfaßt.

Schon die Betrachtungen über die Wege zur intellektuellen
Bildung, die bis dahin uns in Anspruch genommen haben, gaben
uns mehrfach Anlaß, die Grundsätze zu bestimmen, denen die

Unterrichtsmethode folgen soll, und ebenso zeichneten wir Züge aus dem Bilde derselben, als wir der Bedingungen gedachten, an welche Entstehung und Erhaltung der Aufmerksamkeit geknüpft ist, und als wir die Mittel aufzuweisen suchten, durch welche die ge= dächtnismäßige Aneignung der Lehrobjekte gefördert wird. So kann uns nur die Aufgabe obliegen, die Basis zu finden, auf der diese einzelnen Forderungen ruhen, den allgemeinen Charakter der Lehrmethode darzustellen.

Da der Unterricht in erster Linie darauf gerichtet ist, formell und materiell Erkenntnisse hervorzubringen, und da alle Bemühun= gen desselben, die Wahrnehmung zu schärfen und die Phantasie anzuregen und zu entwickeln, doch immer dem Zwecke der Er= kenntnisbildung untergeordnet bleiben, indem sie teils eine Vor= stufe und Vorbedingung der letzteren sein wollen, teils eine Er= gänzung, welche dem Erkenntnisinhalt den Zugang zum Gemüts= leben des Zöglings erschließt, da ästhetischer Genuß als ausschließ= licher Zweck im Unterricht nur einen sehr beschränkten Raum erhalten kann, so wird auch die Untersuchung, der wir uns jetzt zuwenden, nur auf das Ziel gerichtet sein können, die Lehrmethode zu finden, welcher für die Entwicklung des Erkennens der höchste Wert eignet. Es ist der Erkenntniswert der Lehrmethode, nach welchem wir über den Wert der Lehrmethode überhaupt zu ent= scheiden haben.

Gehen wir von der Thatsache aus, daß im Erkennen die intensivste Thätigkeit des denkenden Geistes geübt wird, so ergiebt sich uns das Postulat, daß jede Lehrmethode, eben weil sie der Entwicklung des Erkennens dienen will, auch eine angespannte, energische Thätigkeit des Geistes hervorbringen und erhalten muß. Vergegenwärtigen wir uns nun die Qualität dieser Thätigkeit, so erscheint sie uns als Hervorbringung von Gedankenzusammenhängen, durch welche wir Thatsachen, Gesetze oder Wahrheiten, die Welt der Wirklichkeit oder die Welt der Kunst bald dem Geiste zuzu= eignen, bald aus demselben zu erzeugen bemüht sind. Das Er= kennen ist immer zweckvolle Gedankenproduktion, nie das Spiel zufälliger Vorstellungsassociationen. Aber diese Produktion kann eine zwiefache Gestalt annehmen, die Gestalt der Wiedererzeugung, des Nachschaffens, und die Gestalt des frei schaffenden Bildens.

Dazwischen liegen Thätigkeiten, in denen, übergangsformationen vergleichbar, Elemente der Reproduktion und der reinen Produktion sich mit einander verbinden.

So wird denn auch der Unterricht diese drei Manifestationen der Produktion in Anspruch nehmen. Der Vortrag des Lehrers fordert die Reproduktion seines Gedankeninhalts seitens des Schülers. Schwierigere mathematische Aufgaben und Aufsatzthemata nehmen die frei schaffende Thätigkeit des Schülers in Anspruch; übersetzungen, sei es aus der fremden Sprache in die Muttersprache, sei es aus dieser in jene, leichtere Aufsatzthemata und mathematische Arbeiten heischen eine Thätigkeit des denkenden Geistes, welche, im wesentlichen Reproduktion, doch, wenn auch auf beschränktem Gebiet, nur unter Mitwirkung der freien Produktion sich vollzieht. Der Vortrag, die übung, die Lösung schwierigerer Aufgaben sind die drei Wege, welche die Lehrmethode beschreiten muß, um formell und materiell die Erkenntnisthätigkeit des Schülers zu entwickeln.

Handelt es sich um die Zueignung neuer Erkenntnisobjekte, so ist der Vortrag des Lehrers der Faktor der Vermittlung; soll die Herrschaft über Gesetze und Regeln erworben und bewährt werden, so ist der Unterricht auf übungen angewiesen; soll endlich der Schüler in freithätigem Erkennen fortschreiten, so wird von ihm die Lösung diesem Zwecke dienender Aufgaben gefordert werden. Der Unterschied zwischen den Arbeiten, die wir hier als übungen, und den anderen, die wir als Lösung schwieriger Aufgaben bezeichnen, liegt nicht in ihrer äußeren Gestalt, sondern in ihrer inneren Qualität. An sich kann eine übersetzung oder eine mathematische Leistung ebensowohl unter den Gesichtspunkt einer übung als einer schwierigeren Aufgabe gestellt werden; ersteres, wenn die sichere Herrschaft über die angeeigneten Gesetze und Regeln auch schon die korrekte Lösung verbürgt; letzteres, wenn jene nur eine Bedingung bildet, ohne welche die Arbeit nicht hergestellt werden kann, während die andere in zweckvollen Erwägungen und Gedankenverknüpfungen ruht, durch welche der Schüler den Widerstand des Problems zu brechen sich bemüht.

Bilden Vortrag, übung und Aufgabe — es sei uns gestattet, diese verkürzte Form zur Bezeichnung des letzten Begriffs

zu wählen — eine Stufenfolge, in welcher freilich kein Glied ent=
behrt werden kann, in der aber doch, wie es in der Natur der
Sache begründet ist, das eine die Basis für das andere bildet,
so liegt der Gedanke nahe, daß die Unterrichtsmethode, so lange
sie durch den Vortrag sich vermittelt, einen nur geringen Erkennt=
niswert besitze; daß derselbe sich steigere, wenn sie Übungen ver=
anstaltet, und daß er das volle Maß gewinne, wenn der Schüler
mit der Lösung schwierigerer Aufgaben beschäftigt wird. Und in
der That können wir diese Voraussetzung in einer Beziehung nur
durchaus bestätigen, um sie allerdings in anderer Hinsicht mit
Entschiedenheit zu verneinen. Der Gegensatz zwischen formaler
und materialer Erkenntnis und die Spannung, deren derselbe
fähig ist, treten uns hier von neuem entgegen. Je mehr die
Lehrmethode der formalen Erkenntnis dient, desto geringer ist der
Gewinn, den die materiale Erkenntnis davonträgt, und umgekehrt.

Ohne Zweifel kann der Vortrag, da er nur zur Reproduktion
nötigt, die formale Erkenntnisthätigkeit nicht in demselben Maße
anregen, wie Übung und Aufgabe, welche die freie Produktion in
Anspruch nehmen. Wenigstens gilt dies von dem Lehrvortrag,
wie er auf der Schule in Übung kommt, während der Lehrvortrag
auf Universitäten, in welchem ein wissenschaftliches System zur
Darstellung gelangt, eine reproduzierende Thätigkeit fordert, deren
Erkenntniswert die bildende Kraft einer eigenen Ausarbeitung
überschreitet. Aber, wie gesagt, Vorträge dieser Qualität liegen
außerhalb des Rahmens des Schulunterrichts. Vergegenwärtigen
wir uns nun aber den materialen Erkenntniswert des Vortrags,
so können wir keine andere Gestalt der Lehrmethode ihm gleich=
stellen. Denn durch ihn allein wird ein inhaltlicher Gedanken=
fortschritt vermittelt, werden neue Thatsachen, Gesetze und Wahr=
heiten dem Bewußtsein des Schülers einverleibt. Dies geschieht
nicht durch die Übung, welche nur den vorhandenen Erkenntnis=
bestand des Schülers konstatieren will, und nur in geringem Maße
durch Lösung von Aufgaben, da die Fähigkeit des Zöglings, einen
neuen Erkenntnisinhalt durch eigene Thätigkeit zu gewinnen, eine
sehr beschränkte ist.

So zeigt sich uns der innere Zusammenhang, der zwischen
dem Vortrag auf der einen, Übung und Aufgabe auf der andern

Seite besteht, und so ergiebt sich uns die Notwendigkeit, daß beide Faktoren, einander ablösend, zusammenwirken und dadurch den Gegensatz zwischen formaler und materialer Erkenntnisbildung ausgleichen.

Aber auch der Vortrag selbst vermag die formal=bildende Kraft, die ihm eignet, zu steigern, indem er die Frage in sich auf= nimmt. Es ist eine zwiefache Aufgabe, welche hier die Frage zu lösen hat. Sie soll einmal dem Lehrer Gewißheit verschaffen, daß der Schüler dem Vortrag aufmerksam gefolgt ist und seinen Inhalt verstanden hat; sie soll sodann den Fortgang der Erkennt= nis selbst vermitteln. Sie erscheint als prüfende und als ent= wickelnde Frage. Es ist die letztere, deren Erkenntniswert wir zu bestimmen haben. Untersuchen wir zuerst, inwieweit sie über= haupt mit Rücksicht auf die eigentümliche Qualität der Lehrobjekte möglich und zulässig ist. Am wenigsten scheint das historische Ge= biet ihr Raum zu gewähren, da Thatsachen nicht erschlossen wer= den können, sondern als gegeben aufgenommen werden müssen. Und in der That ist hier auch die entwickelnde Frage nicht statt= haft; denn die an diesem Orte zulässige Frage, welche den That= bestand in die Erinnerung zurückrufen will, der die Voraussetzung für die jetzt mitzuteilenden neuen Begebenheiten bildet, ist nicht entwickelnder, sondern prüfender Natur. Nur insofern kann hier von der entwickelnden Frageform die Rede sein, als der Lehrer allerdings in der Lage ist, durch geschickte Leitung eines Frag= verfahrens eine solche Kombination von Erkenntnissen im Bewußt= sein zu erzeugen, daß die neu eintretenden durch die früheren als bedingt erscheinen. Aber auch auf den meisten anderen Gebieten des Unterrichts verhält es sich ebenso; der Fortschritt des Er= kennens vollzieht sich auch hier so, daß schlechthin neue Erkennt= nisse nicht durch Folgerungen aus schon vorhandenen Erkenntnissen gewonnen werden, sondern durch Mitteilungen des Lehrers, daß also die Frage, welche allein mit vollem Recht die entwickelnde genannt werden muß, nicht angewandt werden kann. Nur für die Frage, welche darauf ausgeht, einen inneren Zusammenhang in den Erkenntnissen des Schülers hervorzubringen, ist Raum ge= geben. Möglich dagegen ist die rein entwickelnde Frage auf dem mathematischen Gebiet, auf dem ein stetiger logischer Fortschritt stattfindet, obwohl auch hier der Lehrer die entscheidenden Operationen selbst angeben wird, da nur das mathematische Genie ausschließlich unter Leitung des Fragverfahrens sie zu finden vermöchte.

Das Lehrobjekt, auf dem die entwickelnde Frage ihre höchsten Triumphe gefeiert hat, ist der Religionsunterricht. Allein auch hier ist ihr nur ein beschränkter Spielraum gewährt. Denn der Inhalt des christlichen Glaubens ist uns durch göttliche Offenbarung vermittelt, und seine Heilswahrheiten schließen Heilsthatsachen in sich. Wer diese sich innerlich angeeignet hat, erkennt sie als tiefste Weisheit, sieht im göttlichen Heilsratschluß einen Zusammenhang und eine Notwendigkeit, die er in Demut anbetet. Aber diese Notwendigkeit ist nicht logisch=metaphysischer, sondern logisch=ethischer Natur, sie wurzelt in der Vollkommenheit der Liebe. Wäre es anders, ließe sich die christliche Religion absolut demonstrieren, so wäre es unbegreiflich, daß nicht alle eines klaren und energischen Denkens fähige und darin geübte Menschen wenigstens in intellektueller Hinsicht Christen werden. Der Rationalismus allerdings, dessen Katechetik die entwickelnde Frage im Religionsunterricht zur Geltung gebracht hat, war dieser Meinung. Er war davon durchdrungen, daß der Inhalt des christlichen Glaubens keimartig in jedem menschlichen Bewußtsein schlummere, und daß es nur der katechetischen Maieutik bedürfe, um ihn zu wecken und an das helle Tageslicht zu führen.

Aber auch abgesehen von der Verkennung des Offenbarungscharakters der christlichen Religion, deren der Rationalismus sich schuldig machte, bewegte er sich in der Illusion, daß die Summe religiöser und moralischer Wahrheiten, die ihm als Inbegriff des Christentums erschienen, dem menschlichen Bewußtsein immanent seien, während sie in der That der christlichen Offenbarungsreligion entlehnt sind. Und so ist denn auch der vom Rationalismus anerkannte Inhalt der christlichen Wahrheiten nicht demonstrierbar.

Bei dieser Lage der Dinge kann denn auch auf dem Gebiet des christlichen Religionsunterrichts von einer entwickelnden Frage, die schlechthin neue Erkenntnisse vermittelt, nicht die Rede sein. Darum ist aber der entwickelnden Frage keineswegs hier der Weg verbaut, nur müssen wir uns darüber völlig klar sein, daß sie im Dienste der Reproduktion steht. Zöglinge, die mit den Grund=thatsachen des christlichen Glaubens vertraut sind, zu christlicher Gesinnung erzogen wurden und erzogen werden, können allerdings durch entwickelnde Fragen zur Erkenntnis des inneren Zusammen=hangs der Heilswahrheiten geführt werden, die sie bis dahin nur als eine Summe einzelner Lehren gekannt hatten.

Sind wir nach diesen Ausführungen nicht in der Lage, von der entwickelnden Frage einen Fortschritt in der Erkenntnis zu erwarten, durch welchen bis dahin unbekannte Wahrheiten dem Bewußtsein der Schüler erschlossen werden; müssen wir vielmehr diesen Fortschritt als Werk des Vortrags betrachten, so werden wir den Wert der entwickelnden Frage darin zu suchen haben, daß dieselbe den Erkenntnisfortschritt vorbereitet und den inneren Zusammenhang erkannter Wahrheiten vermittelt. Sie löst jene Aufgabe nach zwei Seiten hin, indem sie einmal die vom Schüler erworbenen Vorstellungen dergestalt organisiert, daß sie sich zum soliden Unterbau für den Erkenntnisfortschritt qualifizieren; indem sie sodann die Verbindungsglieder herstellt, durch welche die neuen Erkenntnisse mit den schon vorhandenen zu einem Ganzen ver=schmolzen werden; sie löst diese Aufgabe, indem sie den Vollzug der logischen Operationen hervorruft, durch welche die Vielheit einzelner Erkenntnisse zu einem mit innerer Notwendigkeit sich zu=sammenschließenden Ganzen verbunden wird. Nicht, als ob nicht auch der Vortrag diese Aufgaben lösen könnte, ja lösen müßte, gewiß ist dies der Fall; wir können sogar die Behauptung wa=gen, daß der Vortrag erheblich besser als das Fragverfahren dies Ziel zu erreichen imstande ist. Denn während jener einen stetigen Fortschritt gemäß der Qualität des Objekts darstellt, ist dieses durch die Individualität des Zöglings genötigt, zeitweise Seiten=wege einzuschlagen, die mit Zeitverlust auf den Hauptpfad zurück=führen.

So haben wir denn die große Bedeutung der entwickeln=den Frage ausschließlich darin zu sehen, daß sie den Schüler zu gesteigerter Selbstthätigkeit nötigt. Während der Vortrag des Lehrers dem Schüler gestattet, sich in abschweifenden Gedanken=gängen zu ergehen, wird ihm dies durch das Fragverfahren un=

möglich gemacht; er wird gezwungen, seine volle Aufmerksamkeit
dem unmittelbaren Unterrichtsobjekt zuzuwenden und die vom
Lehrer geforderten Denkoperationen zu vollziehen. Hätte dieser
die Gewißheit, daß der Schüler mit gespanntem Interesse seinem
Vortrage folge, so könnte die entwickelnde Frage ganz wegfallen,
und nur die prüfende Frage, welche kontrollieren will, ob der
Vortrag auch volles Verständnis gefunden hat, wäre am Ort.
Wie ja der akademische Unterricht durchaus auf die Anwendung
der entwickelnden Frage Verzicht leistet. Es ist die psychische
Schwäche des Schülers, sein Unvermögen, anhaltend dem Vortrage des Lehrers zu folgen, welche uns zum Gebrauch der entwickelnden Frage nötigen. Nicht logische, sondern psychologische
Motive sind es, die ihren Wert begründen. Denn es ist ein
Irrtum, zu meinen, der Schüler befinde sich im Fragverfahren in
größerer Selbständigkeit. Dies kann nur in formaler Beziehung
zugestanden werden, in materialer Hinsicht ist dies durchaus nicht
der Fall, da ja der Schüler durch die Aufeinanderfolge der Fragen geleitet wird. Er befindet sich auch hier ganz in Abhängigkeit vom Lehrer. Auf der andern Seite sind es psychologische
und logische Motive, die es notwendig machen, daß der entwickelnden Frage im Unterricht Schranken gezogen werden. Denn
die angespannte Selbstthätigkeit des Schülers, welche von ihr in
Anspruch genommen wird, vermag nicht allzu lange anzuhalten;
es tritt nach einiger Zeit eine Abspannung ein, welche das Fragverfahren unfruchtbar macht. Und sodann dürfen wir nicht vergessen, daß dasselbe auch eine Zerstückelung des Stoffs herbeiführt,
durch welche der Überblick über das Ganze, die Erkenntnis seiner
inneren Einheit erschwert wird. So müssen Vortrag und Fragverfahren einander ablösen. Kehrt nun der Unterricht von diesem
zu jenem zurück, so bedarf es, um den stetigen Zusammenhang
des letzteren zu sichern, noch einer andern Aktion des Schülers.
Derselbe muß den Ertrag des Fragverfahrens in einem eigenen
Vortrag zusammenfassen. So sehen wir im Vortrag des Lehrers
den Ausgangspunkt, im Vortrag des Schülers den Zielpunkt des
Unterrichts; dazwischen liegt das Fragverfahren. Eine Einheit,
deren inneres Verständnis seitens des Schülers noch nicht verbürgt ist, bildet den Anfang des Unterrichts; eine Vielheit, welche

die einzelnen Bestandteile des Vortrags dem Bewußtsein des
Schülers einverleibt, setzt ihn fort; eine Einheit endlich, deren
Inhalt dem Bewußtsein des Schülers erschlossen ist, vollendet ihn.
Aber der Fortschritt vom Vortrag des Lehrers zum Vortrag des
Schülers vermittelt sich durch das Fragverfahren.

Druck von Friedr. Andr. Perthes in Gotha.